HUMANITIES AND SOCIETY

意识形态与现代文化

John B. Thompson

[英国] 约翰 · B. 汤普森 著 高铦 等译

译林出版社

图书在版编目（CIP）数据

意识形态与现代文化 /（英）约翰·B. 汤普森（John B. Thompson）著；高铦等译.
—南京：译林出版社，2019.3（2022.1重印）
（人文与社会译丛）
书名原文：Ideology and Modern Culture
ISBN 978-7-5447-7660-8

I.①意… II.①约… ②高… III.①意识形态－研究 ②现代文化－研究 IV.①B022
②G04

中国版本图书馆 CIP 数据核字（2019）第 010642 号

著作权合同登记号 图字：10-2015-083 号

意识形态与现代文化 ［英国］约翰·B. 汤普森 / 著 高铦 文涓 高戈 汐汐 / 译

责任编辑 陈 锐
装帧设计 胡 苨
校 对 孙玉兰
责任印制 单 莉

原文出版 Polity Press, 1996
出版发行 译林出版社
地 址 南京市湖南路 1 号 A 楼
邮 箱 yilin@yilin.com
网 址 www.yilin.com
市场热线 025-86633278
排 版 南京展望文化发展有限公司
印 刷 江苏凤凰通达印刷有限公司
开 本 880 毫米 × 1230 毫米 1/32
印 张 12.5
插 页 2
版 次 2019 年 3 月第 1 版
印 次 2022 年 1 月第 3 次印刷
书 号 ISBN 978-7-5447-7660-8
定 价 68.00 元

主编的话

刘　东

总算不负几年来的苦心——该为这套书写篇短序了。

此项翻译工程的缘起，先要追溯到自己内心的某些变化。虽说越来越惯于乡间的生活，每天只打一两通电话，但这种离群索居并不意味着我已修炼到了出家遁世的地步。毋宁说，坚守沉默少语的状态，倒是为了咬定问题不放，而且在当下的世道中，若还有哪路学说能引我出神，就不能只是玄妙得叫人着魔，还要有助于思入所属的社群。如此嘈嘈切切鼓荡难平的心气，或不免受了世事的恶刺激，不过也恰是这道底线，帮我部分摆脱了中西“精神分裂症”——至少我可以倚仗着中国文化的本根，去参验外缘的社会学说了，既然儒学作为一种本真的心向，正是要从对现世生活的终极肯定出发，把人间问题当成全部灵感的源头。

不宁惟是，这种从人文思入社会的诉求，还同国际学界的发展不期相合。擅长把捉非确定性问题的哲学，看来有点走出自我囿闭的低潮，而这又跟它把焦点对准了社会不无关系。现行通则的加速崩解和相互证伪，使得就算今后仍有普适的基准可言，也要有待于更加透辟的思力，正是在文明的此一根基处，批判的事业又有了用武之地。由此就决定了，尽管同在关注世俗的事务与规则，但跟既定框架内的策论不同，真正体现出人文关怀的社会学说，决不会是医头医脚式的小修小补，而必须以激进亢奋的姿态，去怀疑、颠覆和重估全部的价值预设。有意思的是，也许再没有哪个时代，会有这么多书生想要焕发制度智慧，这既凸显了文明的深层危机，又表达了超越的不竭潜力。

于是自然就想到翻译——把这些制度智慧引进汉语世界来。需要说明的是，尽管此类翻译向称严肃的学业，无论编者、译者还是读者，都会因其理论色彩和语言风格而备尝艰涩，但该工程却绝非寻常意义上的“纯学术”。此中辩谈的话题和学理，将会贴近我们的伦常日用，渗入我们的表象世界，改铸我们的公民文化，根本不容任何学院人垄断。同样，尽管这些选题大多分量厚重，且多为国外学府指定的必读书，也不必将其标榜为“新经典”。此类方生方成的思想实验，仍要应付尖刻的批判围攻，保持着知识创化时的紧张度，尚没有资格被当成享受保护的“老残遗产”。所以说白了：除非来此对话者早已功力尽失，这里就只有激活思想的马刺。

主持此类工程之烦难，足以让任何聪明人望而却步，大约也惟有愚钝如我者，才会在十年苦熬之余再作冯妇。然则晨钟暮鼓黄卷青灯中，毕竟尚有历代的高僧暗中相伴，他们和我声应气求，不甘心被宿命贬低为人类的亚种，遂把迻译工作当成了日常功课，要以艰难的咀嚼咬穿文化的篱笆。师法着这些先烈，当初酝酿这套丛书时，我曾在哈佛费正清中心放胆讲道：“在作者、编者和读者间初步形成的这种‘良性循环’景象，作为整个社会多元分化进程的缩影，偏巧正跟我们的国运连在一起，如果我们至少眼下尚无理由否认，今后中国历史的主要变因之一，仍然在于大陆知识阶层的一念之中，那么我们就总还有权想象，在孔老夫子的故乡，中华民族其实就靠这么写着读着，而默默修持着自己的心念，而默默挑战着自身的极限！”惟愿认同此道者日众，则华夏一族虽历经劫难，终不致因我辈而沦为文化小国。

一九九九年六月于京郊溪翁庄

目　录

前　言 ······ 001

导　论 ······ 001
第一章　意识形态的概念 ······ 029
第二章　现代社会中的意识形态：
对一些理论论述的批判性分析 ······ 080
第三章　文化的概念 ······ 131
第四章　文化传输与大众传播：传媒产业的发展 ······ 174
第五章　走向一种大众传播的社会理论 ······ 226
第六章　解释的方法论 ······ 280
结　语　批判理论与现代社会 ······ 339

注　释 ······ 343
索　引 ······ 366

前　言

本书是我早先一部著作《意识形态理论研究》中最初勾画的一些思想的发展。早先那部著作主要是对当代社会理论中若干突出贡献的批判性评估。在评估过程中，我提出了一些建设性想法，涉及意识形态的性质与作用，意识形态与语言、权力和社会背景的关系，以及意识形态在具体情况中可被加以分析和解释的方法。本书的目的是开始研究、发展这些想法，使它们形成一个系统的理论解释。这一解释肯定得益于他人——其他理论家以及其他从事经验和历史研究的人——的作品。但是我设法超越我得到的使我受益的材料，试图扩展现有的分析架构，并促进进一步的思考与研究。

虽然在许多方面本书是《意识形态理论研究》一书中提出的研讨项目的继续，但有一个方面与前书有很大不同：在本书中，我力求更多注意象征形式由于并借以在社会领域流通的社会的形式和过程。所以我以相当篇幅专注于大众传播的性质与发展，我认为那是现代文化的一个肯定的特征和现代社会的一个中心的维度。我对大众传播的性质和对传媒机构及发展的分析引出了更多的问题，我无法在本书的范围内充分讨论，但我计划在以后一部关于社会理论和大众传播的著作中作进一步探讨。

vii 在思考本书中讨论的思想时，我得益于他人的一些评论与批评。特别要提到安东尼·吉登斯和戴维·赫尔德：他们一直在共同进行一场极有价值的对话，而且无疑会继续具有极大的价值。彼得·伯克、利兹贝思·古德曼、亨利埃塔·穆尔和威廉·乌思怀特读了本书的初稿，给了我许多有益的、鼓励的回馈。我还要感谢埃夫里尔·西蒙兹熟练的文字加工，感谢吉利恩·布罗姆利细心的编辑工作，感谢布莱克韦尔—波利蒂与斯坦福大学出版社的许多人对出版和发行本书做出的贡献。最后，我要感谢最近多年中腾出空来，帮助我撰写本书的许多朋友，他们的慷慨之助不是我几句致谢的话所能表达的。

约翰·B. 汤普森

viii 1989年12月于剑桥

导　论

今天，我们生活在一个象征形式的广泛流通起着根本的、越来越大的作用的世界中。在所有社会中，象征形式——语言陈述、姿势、行动、艺术作品等——的产生与交流是且始终是社会生活的普遍的特点。但是，由于现代社会受早期现代欧洲资本主义发展推动而到来，象征形式的流通的性质和范围呈现一种具有质的不同的新现象。技术手段结合面向资本积累的机构而发展，使得象征形式能以迄今无与伦比的规模生产、再生产和流通起来。整个17世纪、18世纪和19世纪，报纸、小册子和书籍以不断增大的数量生产出来；从19世纪以来，生产与流通手段的扩大伴随着欧洲等地读写文化水平的显著提高，所以印刷物可以被越来越多的人所阅读。通常称为大众传播的这些发展因象征形式的电码化与传输的进展而得到进一步的推动，这种进展使我们获得作为20世纪晚期特点的电子电信的各种形式。今天，在许多西方工业社会中，成年人每周平均花25至30小时看电视——这不包括他们另外花在下面活动上的时间：听收音机或音响，读书看报看杂志，以及消费大规模跨国界传媒产业的其他产品。而且，当今之世几乎没有什么社会不

受到大众传播机构和机制所触及，因此几乎没有什么社会不向大众媒
1 介象征形式的流通开放。

尽管大众传播在现代世界的意义日益增长，它的性质与含义却在社会与政治理论文章中较少受到注意。在某种程度上说，这种忽略是由于学科分工所致：社会与政治理论家们甘愿（我认为是错误的）把大众传播的研究留给传媒与传播研究专家。在某种程度上，这种忽略也是由于今天许多理论家所专注的种种问题都是19世纪与20世纪初期思想遗留的结果。正是马克思和韦伯、迪尔凯姆、齐美尔、曼海姆等人的著作，已在许多方面定下了当代理论辩论的议程。当然，这些人和其他思想家的遗产也不一定是一副重担。这些思想家作为伴随产业资本主义发展而来的社会变革和政治动乱的评论者，他们关注一大批社会现象，阐述对20世纪后期的环境在许多方面仍然适用的一系列概念与理论。但是，在他们的阐述中，既有深邃的观察与启发，也有盲目性、过于简单化和一厢情愿的乐观。今天的社会和政治理论家面临的部分任务是筛选这份遗产，寻求和认定哪些方面可以和应当保留，这些方面可以如何重建以考虑到现代社会的变化特点。我们面对社会与政治现象时并非一片空白：我们根据由过去传下来的概念和理论来观察这些现象，我们也根据现在出现的种种发展来逐一修正或取代、批评或重构这些概念与理论。

在以下各章中，我把意识形态的概念与理论作为起始点。意识形态一词最初出现于18世纪的法国，在此后的两个世纪中经历了许多变化。它受到歪曲、重述和重构；它被社会和政治分析家讨论并结合进新兴的社会科学论述；它还回流到社会与政治生活的日常语言之中。至于我把意识形态的概念与理论作为我的起始点，那是因为我相信对意识形态进行思考的传统中有一些有价值的内容和值得继续保留的东

西。虽然在这个传统中有许多误导和错误，我们仍能从中滤出一些在今天具有可行性和急迫性的问题。意识形态的概念与理论界定了一个分析的领域，它仍然是当代社会科学的中心并构成日趋活跃的理论辩论的题材。 2

然而，我也要指出，对意识形态进行思考的传统也存在某些局限。最重要的是，关心意识形态问题的作家们未能适当对待现代世界中大众传播的性质和影响。这些作家中有些人确实承认大众传播的重要性——他们的确是注意到大众媒介日益增大的作用的第一批社会与政治理论家。但是，即使是这些作家也倾向于对大众传播的性质和影响采取比较模糊的看法。他们不把大众传播的发展看成是现代社会中出现的一种社会控制的新机制，统治集团的思想可以通过这种机制得到宣传和扩散，通过它来操纵和控制从属集团的认识。意识形态被视为一种“社会胶合剂”，而大众传播则被看作一种涂抹黏胶的特别有效的机制。对意识形态与大众传播之间关系的这种一般看法是我将要详细批判的内容之一。当前有关现代社会中意识形态及其作用的辩论，以及在理论上阐述大众传播的性质与影响的一些尝试，其中许多内容公开或含蓄地表述了这种看法。但我认为这是一种基本上有缺陷的看法。

本书的主旨之一是对意识形态与大众传播之间的关系作出详尽而不同的解释——或者更确切地说，根据大众解释的发展重新思考意识形态的理论。在探讨这项主旨时，我将采取一种三阶段的论证策略。我一开始将重新考虑意识形态概念的历史，追溯其主线轮廓和偶尔的弯路。根据这样简要分析历史的背景，我将制定意识形态的一个特定概念，它保留了这个概念的某些遗产，同时去除了一些在我看来站不住脚的设想。此后我将研讨近年来提出的有关现代社会意识形态性质与作用的某些一般理论表述。我要说明这些表述在许多方面是不充分的，特别是它们对大众传播的处理以及其对于意识形态理论的意义。

为了克服这个缺陷，我们必须改变分析的焦点：这是我第二阶段的论证策略。我将主张我们必须阐明一项理论架构，使我们能了解大众传播的明显特点和它的特定发展道路。这项架构的关键就是我所谓的
3 **现代文化的传媒化**。这点，我指的是象征形式的传输越来越多地通过传媒产业的技术与体制机构的中介这一总进程。我们生活在当今社会里，象征形式的制作与接收越来越多地通过媒体产业各种技术体制机构的中介。对这一进程的探索包括若干考虑。在概念上，我们必须研讨象征形式的性质以及它们与制作、传输和接收它们的社会背景的关系，研讨的范围属于传统上界定的文化概念的领域。在历史上，我们必须重新构建某些技术传输手段的发展以及这些技术手段已经并且仍然在部署的体制形式。在理论上，我们必须思考这一传媒化总进程的性质，它对现代世界的社会与政治生活的影响，它对一般的社会与政治理论、特别是对意识形态理论的含义。

我的论证策略的最后阶段是在方法论层面。这里我要提出早先各章中提出的概念与理论论点的方法论含义，并表明这些论点尽管看来抽象却在实践上有不同之处，既在社会研究的实践上有不同，又在我们了解社会研究实践的方式同社会世界中人们的日常实践之间的关系上有不同。在探讨这些方法论问题时，我试图表明对一般象征形式的分析，特别是对大众传媒象征形式的分析中包罗的内容。根据我重新阐述的意识形态概念，我还试图表明这种方法论架构也能用于意识形态分析。这些方法论思考并不要取代我排除经验性研究——无须引申我的意图。它们只用以促进经验性研究，并增进我们理解研究一个客体领域时所涉及的内容，这个客体领域由许多主体所组成，他们制作、接

收和了解象征形式作为其日常生活中的常规内容。

完成这项论证策略以后，我将提出一系列有关意识形态、文化、大众传播、解释和批判的建设性建议。我希望这些建议构成对一批理论和方法论问题的条理清楚和言之成理的看法，这些问题在当前社会与政治理论的辩论以及一般的社会科学辩论中都是中心所在。在这篇导论的余下部分，我将集中谈谈这些建设性建议。我要说明界定我所持 4
观点的某些思想和设想，它们也是我对他人著作批评的根据，同时表明我对他人著作的感激。

意识形态的概念与理论

当我们使用“意识形态”一词时，不论在社会与政治分析方面还是在日常生活谈话中，我们提出了一个具有长期、复杂历史的概念。为什么这个概念在今天如此含糊，有那么多不同的用法和细微差别的含义，是因为这个概念自从两个世纪以前被引入欧洲语言以来，它经历了漫长而迂回的道路：今天它表现的多种含义就是这一历史进程的产物。但还有一个进一步的因素加深了意识形态概念的含糊性。当我们在今天使用“意识形态”一词时，或者听到别人使用它时，可能不能完全确定它是描述性地使用呢，还是规定性地使用，它只是用来描述一个事态（例如一个政治思想体系）呢，还是也用来（或者甚至首先用来）评价一个事态。在我们日常使用这一词语时，含糊性是很明显的。今天很少有人会自豪地宣称自己是“意识形态家”，而许多人却会毫不犹豫地宣告自己是保守派或社会主义者、自由派或民主派、女权主义者或生态主义者。意识形态是**别人**的思想，是除了自己以外某人的思想。把一种观点称为“意识形态的”，似乎就是已经在含蓄地批评它，因为意识形态的概念似乎带有一种负面的批评意义。

在过去二十多年来的社会与政治理论著作中，对于意识形态概念含糊的遗产有两种一般反应。一种反应是设法使这个概念趋于平淡。这一般包括明显地或含蓄地试图剔除这个概念中的负面意思，把它结合进社会科学使用的描述性概念之中。这就出现了意识形态的所谓**中性概念**。根据这个概念，意识形态可被视为有关社会行动或政治实践的“思想体系”、“信仰体系”或“象征体系”。在这一概念的基础上，不去试图区分意识形态所激发的各种行动或计划；每项政治纲领中都有意识形态，意识形态也是每个有组织政治运动的特征。掌握这一概念，分析家就可以设法勾画和描绘激发社会和政治行动的主要思想体系或
5 信仰体系。这种研究思路的例证就是要把意识形态作为“主义”——保守主义、共产主义、里根主义、撒切尔主义、斯大林主义、马克思主义。这些“意识形态”和其他思想或信仰体系，都可以加以分类、分析，分解为它们的组成成分并追溯到它们的原始来源；分析家们会说，这样做不用对有关的思想或信仰体系做出或暗示任何贬义的判断。

对于意识形态概念含糊遗产的第二个反应是干脆不用这个概念。因为这个概念太含糊、太有争议，在历史上太被抹黑、抛来掷去当作谩骂名称，今天没法为社会、政治分析的目的而去拯救它。近年来，这种反应在一些最有创见和观察力的社会思想家中间有了发展，部分原因是与意识形态概念紧密关联的马克思主义在学术上的遭遇。但是我感到这个反应似乎是短视的。这种反应不是对它的含糊遗产加以筛选以确定是否还留下一些值得维持的东西，却主张放弃或者更一般地拒绝开始寻找。这种反应不是去问与意识形态概念有关的思考传统是否显示了一批值得我们继续注意的问题（即使它由于误导和站不住脚的设想也曾模糊了这些问题），却选择抛弃这个问题，或者更多地是去设想

一个答案同时却不做学术努力去设法确定它。

我在这里提出的立场不同于上述对意识形态概念含糊遗产的两种一般反应。不像第二种反应，我认为意识形态的概念仍然是社会与政治分析的学术语汇中的一个有用的重要概念。但是也不同于第一种反应，我认为这个概念不能那么容易地剔除它批判性的负面意思，更确切地说，我认为在试图剔除其负面意思时，人们忽略了这个概念以某种假象设法唤醒我们注意的一堆问题。我要设法在我重新阐述意识形态概念时提出来的，正是这堆问题。因为我不想抹去这个概念的负面意思，而要把这层意思作为它涉及问题的索引，作为它可以加以保留和创造性地发挥的一个方面，所以这种重新阐述可以视为意识形态的一个**批判性概念**。它保留了意识形态概念在其大部分历史中带有的负面含义，并把意识形态分析同批判问题结合起来。

我在重新阐述意识形态概念时，力求把这一概念再集中于有关意 6
义与权力相互关系的一批问题上。我认为意识形态的概念可以用来指特殊情况下意义服务于建立并支持系统地不对称的权力关系的方式——这种权力关系我称之为“统治关系”。就广义而言，意识形态就是**服务于权力的意义**。因此，对意识形态的研究要求我们调查象征形式在其中应用和配置的社会背景；而且要求我们探询象征形式所调动的意义是否（和如何）在具体背景下服务于建立和支持统治关系。意识形态研究的独特性在于后面的问题：它呼吁我们询问象征形式所建构和传达的意义是否服务于或不服务于维持系统不对称的权力关系。它号召我们根据某种情况来研究象征形式：根据运用或配置这些象征形式在某些具体情况下可能有助于产生、培育、支持和重建的结构化社会关系。

如果我们这样来重新阐述意识形态概念，就把意识形态分析带进了概念性与方法论问题的领域，这具有更加一般的范围与意义。意识形态分析可以视为一个更广泛问题的组成部分：作用与相互作用的特点，权力与统治的形式，社会结构的性质，社会再生产与社会变革，象征形式的特征及其在社会生活中的作用。这些更广泛关心的问题激发了我在本书中提出的论点和建议。一些更广泛的问题将在第三章中探讨，我在那里研讨象征形式的某些特征并探索它们同结构方式不同的社会背景之间的关系。总的方法论性质的其他问题在第六章里讨论，我在那里考虑在研究一个客体领域时要涉及些什么内容——一个客体领域同时又是一个主体领域：个人在其中制作、接收和认识那些对他们并对设法进行解释的分析家们都有意义的象征形式。我们根据意义和权力相互作用来重新阐述意识形态概念，这就要求研讨这些广泛的问题。在本书中，我不能说已经完全详尽地并完全以它们所要求的周密性讨论了这些广泛问题。我想，我至多指出了一条可以一贯而可行地遵循的道路。

提议对意识形态概念作重新阐述，使我们能避免败坏许多近来理
7 论著作的若干倾向。它使我们避免先前提到的那种倾向：把意识形态视为一种“社会胶合剂”，它通过把社会成员联合到一起并提供集体共有的价值观与规范，成功地稳定社会。这种设想盛行于当代著作中，然而它所根据的设想是可疑的而且不可行的。没有什么证据能说明某种价值观或信仰是现代工业社会中全体（或者即使大多数）成员所共有的。而且，没有理由认为复杂的工业社会的稳定要求并依靠对特定价值观与规范的一种共识。只要我们社会有“稳定的”社会秩序，这种稳定同样很容易来自价值观与信仰的多样性、个人与团体之间不断增加的分歧、反对态度可能被变成政治行动共识。我之所以强调这一点，并不是要表明没有对价值观与规范进行社会分析的余地。但是，我希望

把意识形态概念与寻求集体共有的价值观加以区分，把它重新定向于研究把意义用来维护统治关系的复杂方式。

提议对意识形态概念作重新阐述，也使我们能避免各种著作中流行的那种倾向，即把意识形态视为某种象征形式或象征体系本身（保守主义、共产主义等）的特点或特征。根据我这里提出的看法，象征形式或象征体系本身并不是意识形态的：它们是不是意识形态的，以及在多大程度上是意识形态的，取决于它们在具体社会背景下被使用和被理解的方式。在研究意识形态时，我们并不是简单地关注对一个思想或信仰体系进行分类和分析，也不是分析一种象征形式或象征体系本身。我们所关注的是某种所谓**象征形式的社会运用**。我们所关注的是象征形式是否、以何种程度以及如何（如果是的话）在它们制作、传输和接收的社会背景下被用于建立并支持统治关系。这种看法可以使我们把一种象征形式或象征体系在某一背景下视为意识形态的，而在另一背景下视为激进的、颠覆性的、竞争性的；它可以使我们把例如一种对人权的论述在某一背景下视为支持现状而在另一背景下视为颠覆。把象征形式分析为意识形态时，就要求我们联系这些意识形态被使用和掌握的具体社会—历史背景来加以分析。

提议对意识形态概念作重新阐述，也使我们能避免把意识形态视为完全甚或有关现代国家中体制化了的权力形式。现代国家的机构，
以及占据现代社会中通称为政治空间的无数其他组织（政党、压力集团 8
等），都是极其重要的权力与统治的场所；但它们不是唯一的场所，甚至也不一定是大多数时间大多数人的最重要场所。对大多数人来说，对他们产生影响的最直接的权力与统治关系是那些作为他们日常生活典型社会背景的场所：家庭，工作地点，教室，同业团体。在这些场所中，个人花费大部分时间，采取行动与互动，谈话与倾听，追求自己的目标

并听取他人的目标。它们是以复杂方式组织起来的。它们涉及权力与资源的不平等与不对称，其中有些可能与更广泛的不平等和不对称相联系，这由一个背景到另一个背景重复发生，这涉及男人与女人之间的关系、黑人与白人之间的关系、有产者与无产者之间的关系。我们在研究意识形态时，对日常生活背景的关注与对组成狭义政治领域的具体机构的关注并重。当然，这并不意味着狭义政治领域与此无关，也并不意味着我们应完全集中于日常生活中的琐碎细节而忽视一般的结构性特征与制约。这只是意味着我们不应忽略象征形式的运用与配置方式以及它们与我们大多数人在其中花费大部分时间的结构化社会背景中的权力关系的交叉方式。

如果我们根据意义与权力的相互作用来重新阐述意识形态概念，还能避免理论著作以及日常用语中常见的那种倾向——把意识形态看作纯属**幻想**，看作“真实”事物的颠倒或扭曲的形象。这个观点得自马克思、恩格斯一段著名的、常被引用的话的启发，他们把意识形态的运行比作照相机的功能，以倒转的形象反映世界。但这个观点——其简明性富有吸引力，其理论自信令人惊讶——却可能把我们引入歧途。它使我们认为意识形态是一个形象与意识的领域，这个领域并不充分反映先于我独立于这些形象与意识的社会现实。可是社会领域很少会像它说的那么简单。我们作为个人都融于各种社会关系之中，而且经常不断地参与评论它们，向自己和他人描述它们，通过行动、象征与语言文字说明，重述和改变它们。我们用以表达自己和了解他人的象
9 征形式并不构成相对于真实世界的某个虚无缥缈的另类世界，它们部分地构成社会中“真实”的东西。我们把意识形态的研究重新集中于安置象征形式的领域，集中于象征形式用于建立和支撑权力关系的方式，就是在研究社会生活中十分真实的方面。因为就某种程度来说，社

会生活是一个角逐场，通过文字与象征以及通过使用强力来进行斗争。意识形态，就我在这里提出和阐述的意义而言，是这种斗争的一个组成部分；社会生活的创造性和构成性特点，就是通过包括不断交换的象征形式的行动与互动来得到支持与再造，得到竞争与变革。

到现在为止，我一直在讨论意识形态的概念以及对这一概念的含糊遗产不同回应方式的优缺点。然而，今天使用这个概念的许多作者首先感兴趣的是社会再生产与社会变革的实质问题。在他们的著作中，意识形态的概念在一个更广阔的理论架构或论点内起某种作用。这些作者可以用相当宽松和不精确的方式使用这个概念，他们可以因这种不精确而合法地受到批评；但是，如果我们想了解和欣赏他们对这个概念的使用，我们必须重建和评估它在其中起作用的更广阔的理论架构。这是我在第二章中面对的任务。这里我关心的主要不是这个概念的历史轨迹以及今天对它重新阐述的前景，而是各种当代作家所提出的意识形态概念在其中起核心作用的一批架构或论点。例如，我将考虑阿隆、贝尔和古尔德纳的著作，阿尔都塞和普兰查斯的著作，霍克海默、阿多诺和哈贝马斯的著作。把讨论转到这个更一般的理论层面，我们可以更清楚地了解到当代社会与政治理论家使用意识形态概念的方式——他们试图以这个概念来突出什么，以及他们试图用这个概念来说明什么。我们也能了解到这些理论家忽略了什么或者未能充分考虑什么。

我在这方面将提出的主要论点是：使用意识形态概念的当代理论家未能充分考虑大众传播的性质与发展，以及它在现代社会中作为意识形态媒介的作用。在某些情况下，这是因为意识形态概念是有关现代工业社会兴起所带来的文化转型的宏大理论叙事的一部分。根据这
个宏大叙事，现代工业社会的发展在文化领域伴随着信仰与实践的不 10
断世俗化和社会生活的不断理性化。当宗教和巫术对于被资本主义工

业化不安宁的活动所困扰的人们失去它们的控制时，就有了一种新的信仰体系出现的基础：可以不借助来世价值观或存在而动员人们的世俗信仰体系的出现。正是这些世俗信仰体系被一些当代理论家描述为“意识形态”。他们认为，工业资本主义的发展兴起了一个“意识形态时代”，它由法国大革命所创始，而以20世纪初期激进革命运动为其顶峰。因此文化转型的宏大叙事赋予意识形态概念一个特殊的作用（按上面所解释的意思理解为一个中性的概念）。意识形态的概念，据这种理论叙事认为，被用来描述那些填补因宗教与巫术衰微而出现的文化真空的信仰体系，它在一个发生迅速和空前社会变革的世界里为人们提供新的觉悟形式和新的意义架构。

文化转型的宏大叙事深深刻印在社会与政治理论的论述之中。它作为一种一般的（往往是含蓄的）理论建构，许多作家在其中观察和分析现代社会的发展。我想，这种叙事包含某些见地，对于了解现代社会从中世纪和早期现代欧洲脱颖而出的条件是重要的。但这种叙事也在某些基本方面是误导的。这些方面之一是：我认为这些宏大叙事的理论家们误认了有关现代社会发展的主要文化转型。这些理论家沉迷于所谓的世俗化与理性化的过程而往往忽视了在他们眼前发生的意义远为巨大的一个过程：那就是，大众传播机构的迅速扩散和传输网络的发展——商品化的象征形式就通过它们传向日益扩大的受众领域。这就是我所描述的现代文化的传媒化过程。我认为，这个过程构成了与现代社会兴起有关的主要转型之一。了解这个过程对于了解今天的世界十分重要，这个世界越来越多地被体制化的传播网络所穿越，个人的经历越来越被象征生产与传输的技术体系所中介。了解这个过程也将提
11 供一个可资选择的理论架构，使重新阐述过的意识形态概念可以起某些作用。

现代文化的传媒化

在设法了解我所说的现代文化传媒化的过程时，我从文化的概念开始。当我们谈到“文化”时，谈到社会生活中被大众传播的发展所转变的和继续在转变的领域时，我们指的是什么呢？我们怎么能把大众传播的发展理解为文化领域的一种发展、理解为一种文化转型呢？文化的概念有它本身漫长而复杂的历史，一种可能产生和意识形态概念史同样多的变异和含糊性的历史。然而，我相信文化的概念仍然是一个重要而有价值的观念，它经过适当的重新阐述后对社会分析的基本领域作了界定。在第三章中我对文化的概念作了澄清和重新阐述。步格尔茨等人类学家著作的后尘，我认为文化的概念可以适当地用来一般性地指社会生活的象征性质，指社会互动中交换的象征形式所体现的意义特征。但是对社会生活象征性质的这种强调必须由对以下事实的强调所补充（这在格尔茨的著作中并不总是明显的）：象征形式都深植于包含权力关系、冲突形式、资源分配不平等的结构性社会背景之中。这种双重强调界定了我所谓的文化的“结构性概念”。由于这个原因，文化现象可以视为**结构化背景中的象征形式**；而文化分析则可以看作对象征形式意义构成和社会背景化的研究。

把象征形式视为背景化的现象就是把它们看作一般是由位于特殊社会—历史背景下、赋有各种资源与能力的个人所生产和接收的。象征形式可能带有它们所产生的社会条件的痕迹——例如，说话可能带有一个特定社会阶级或地区背景的口音、习语和音调。象征形式的社会背景化也意味着这些形式可能成为估价、评估和冲突的复杂过程的对象。这里我集中于我所谓的**价值化过程**（valorization），也就是象征形式以此和从中获得某种“价值”的过程。这方面有两类价值特别重要。
12 第一类可以称为“象征价值”：象征价值是根据生产和接收它们的个人对它们的评估而具有的价值，根据它们被这些个人赞美或谴责、珍惜或蔑视而具有的价值。第二类价值是“经济价值”，我们可以把它解释为象征形式依靠在市场上通过交换而取得的价值。在这个意义上，并非所有的象征形式都有经济价值，但是象征形式的经济价值化是一个重要的过程，它是历史地发展起来的，而且在现代社会中起越来越重要的作用。当象征形式受到经济价值化时，它们就成为商品，或者像我一般说的“象征货品”，可以在市场上买卖或交换。艺术品市场的发展，乃至建立画廊和拍卖行——艺术品可以在那里以极大的金额交易——就是经济价值化过程的生动例子。

把象征形式描述为处于特定背景下的个人所生产和接收的有意义的现象，我们也意指象征形式一般是以这种或那种方式由生产者传递给接收者的。我把这描述为**象征形式的文化传输**，我将把这个过程分为三个方面。首先，文化传输包括使用一种技术媒介或物质基础，象征形式靠它生产和传输。技术媒介使意义内容有某种程度的固定，并使象征形式有某种程度的再生产。固定和再生产的程度决定于媒介的性质——刻在石头上的信息，与写在或印在纸上的信息相比，一般有程度高得多的固定性，但有程度低得多的再生产性。文化传输的第二个方面有关技术媒介在其中部署的体制机构。技术媒介的部署往往是更大体制背景的一部分，它包括象征形式的生产系统和选择传播的渠道。第三个方面关系到哈罗德·英尼斯和安东尼·吉登斯所谓的文化传输的“时空离距”（space-time distanciation）。一个象征形式的传输必定在某种程度上有关这种形式与它原先产生的背景的分离：它在空间上和时间上与这种背景相脱离并插入位于不同时间与地点的新背景。这样，象征形式就具有我所谓的时空方面的“延伸效力”。它们可以被在时间与空间上远离原初产生背景的广大潜在接收者所使用。

对文化概念与相关问题的这种理论思考提供了一种架构，我们可 13
以在其中开始考虑大众传播的兴起与发展。我们可以根据基于文化传输某些技术手段以及着眼于商品化象征形式大规模生产与普遍传播的一批机构的逐步建立，广泛地构想大众传播的兴起。大众传播的最早形式以印刷技术为基础，使用印刷纸作为传输手段。这方面的关键性发展通常被联系于美因茨的金匠约翰·古腾堡，他发明了金属字模铸模的方法并应用到传统的螺旋压印机上以生产印刷品。到15世纪末，全欧洲主要的贸易中心都已配置了印刷机，大众传播的时代开始了。

在第四章里，我追溯了从15世纪到当前的大众传播的兴起与发展，勾画出主要的体制形式，描述了基本的技术方法，并突出了最新的发展趋势。我设法表明，大众传播的发展怎样从一开始就紧密结合商业组织的扩张和现代国家的发展。虽然我提供了广泛的历史解释，我特别专注于近期的广播传媒的兴起，即通过电磁波向不确定的大量听（观）众传输信息的媒体。今天，最重要的广播媒体与电视传输有关，因此我较为详细地考虑这些传媒。我还研讨了整个传媒产业内部基于经济、政治与技术因素的最新发展。这些发展包括传媒产业内部日益增长的集中化与多样化，传媒公司活动的日益全球化，以及新传播技术的部署，诸如有关电缆传输与卫星传输。这些过程导致了大规模**传播综合大企业**的形成，它与各种涉及信息与传播生产和传播的产业息息相关。这些综合大企业在性质上是多媒体的和跨国的，它伸展到全球，快速买卖特定的传媒公司，从一个半球向另一个半球瞬间传播信息与通信，把信息发射到全世界无数人的起居室。

第四章里记述的发展与趋势，可以说是现代文化传媒化的体制核 14

心。它们深刻而不可逆转地形成了象征形式在现代社会中生产、传输与接收的方式，以及人们经历在时空背景上远离他们的行动与事件的方式。这些发展部分地组成了现代社会，部分地组成了我们今天生活的社会中的“现代”事物。就是说，那是组成现代社会的一部分，因为“现代”就是象征形式的交换不再首先局限于面对面互动的背景，而是广泛地、越来越多地由大众传播的体制与机制所中介。当然，现代文化的这种传媒化进程只是现代社会形成的一个方面。这个进程是和工业资本主义的发展（以及其他形式的工业发展）并进的，是和现代国家（以及政治参与的有关形式）的兴起并进的。这些进程以复杂的方式相互重叠；它们在不同的历史与地理背景下走不同的道路。但它们一起界定了我们今天生活的社会基本轮廓，这种轮廓正日益具有全球性质。

因大众传播的出现而产生的传输的新规律有些什么特点呢？我们应如何理解大众传播的性质，它影响社会互动的方式，它在社会和政治生活中起的作用和应有的作用？这些问题我将在第五章里讨论，我将勾勒一种大众传播社会理论的雏形。我强调，虽然大众传播涉及象征形式的交换，由此建立的那种传播却相当不同于那些普通日常对话的内容。因为大众传播一般包含信息从生产者到接收者的单向流动。不像在交谈的对话情景中听取者也可以是应答者，**大众传播在生产者与接收者之间建构一种基本的断裂**，接收者相对而言没有干预传播进程和促成其进展与内容的能力。当然，接收者确实有一些干预能力；例如，他们可以写信给编者，打电话给电视公司来表达他们的看法或表示反对。但是，虽然特定的机构和技术媒介容许各种接收者的回应，传播过程的基本不对称性仍然未受触动。

15 这种不对称性对于我所谓的**技术媒介的互动影响**是有作用的。我用这种提法来指大众传播的技术媒介已经改变并能够改变现代社会中社会互动性质的方式。技术媒介的部署不应视为仅仅是预先存在的社会关系的补充，而是我们应把这种部署视为服务于**产生**新的社会关系，新的行动与互动方式，新的表达自己和回应他人的方式。技术媒介的创造特点被所谓的媒介理论家所强调，其中最有名的是马歇尔·麦克卢汉；但是麦克卢汉阐述这一点的方式却相当特殊，而且在某些方面难以置信。所以我对这个主题以不同的方式加以说明。我集中关注电子传媒的大众传播，并首先集中关注电视，把互动影响分为若干层面，并逐一进行详细分析。在最基本的层面，**技术媒介的部署把社会互动与具体场所分开了**，因此人们即便不在同一时空背景下也能相互互动。这种作用是所有技术媒介的特点，它涉及某种程度的时空离距（例如，一次电话交谈）；但就大众传播而言，由此建立的互动具有某种特定形式。由于大众传播在象征形式的生产与接收之间构建了一种基本的断裂，它造成了时空方面一种特殊类型的互动，我们称之为“传媒的准互动”。它是“互动”，因为它包含人们与他人的传播，他人以某种方式回应，可以形成与他人之间的友谊、感情或忠诚的联系——有时是紧密的联系。但它是“准互动”，因为传播流动主要是单向的，接收者的回应方式是受严格局限的。

技术媒介的部署把社会互动与具体场所分开，就使人们能**对远距离的他人起作用**。技术媒介能使人们与远方的他人沟通，人们还可以调整他们的沟通行为以便与新媒介的使用所提供的机遇相一致。电视媒介的存在产生了一种新型的行动，它以可用于电视为目的，也就是说，能通过电视传输给空间上遥远的潜在观众。一旦上了电视，行动（以及进行该行动的人）就具有一种新的**可见性**，这在一般的大众传播，特别是电视出现以前完全是不可能的。大众传播的这个方面长期以来一直被在国家机构内追求和行使权利的人们所承认：**在大众传播时代，**

16 **政治与掌握可见性的技巧密不可分**。但是，重要的是应强调：大众传播所提供的更大可见性既是巨大的政治机遇，又是空前的政治风险。通过电视媒介，政治人物可以与数量巨大和广泛分散的观众交流，可以小心地、有控制地表达自己和说明观点。但是，这种媒介也有可能使政治人物显得不够格、孤陋寡闻和失控，而且在方式上和程度上前所未有。在电子传媒的政治舞台上，一句即兴的话或一次感情勃发可以导致一位有抱负的领袖落马。我们身边就有例子可用来说明大众媒介可见性造成特殊的政治脆弱性，这种脆弱性是传媒化过程已经渗入并在某种程度上已经重构政治舞台的那些社会所内在固有的。

如果说技术媒介的利用已经改变人们生产和传输信息的方式，它也改变了那些把接收这些信息作为每日生活常规的人的生活状况。就比较直接的意义来看，像电视这种技术媒介的运用可以改变（而且在很大的程度上已经改变）现代社会中大多数人日常生活的空间与时间组织，这是事实。电视机往往在家中占据中心位置，其他空间和活动围绕它组织起来。特定的节目安排可以决定人们组织他们一晚、一天或一周活动的时间流程。但是技术媒介的运用可以在更复杂且不那么显著的意义上改变接收者的生活状况。因为它使人们能经历到发生在时间和空间上遥远的地方的事件，而这种经历可能回过来引导或激励接收者方面的行动或回应方式，包括集体或协同的行动方式。接收传媒输送来的事件大大扩展了人们在原则上可能面临的经历的范围。它使得在世界一边的人们见证到在世界另一边发生的事件并以个人或集体对此作出回应。当伦敦或纽约、莫斯科或布拉格的人们打开电视看到东德边防卫队拆除柏林墙时，他们是在见证着有重大历史意义的事件，即便这些事件是在世界上遥远的地区发生的；而这些事件本身因此受到
17 了前所未有的新型的**全球性监视**。人们能够参加不再局限于同一地点

的文化经验领域，国家和其他组织的活动向着越来越具有全球性的眼光开放。

虽然大众传播的发展所带来的传媒经验的领域不再局限于共处同一地点，然而这个新经验领域的性质与潜在影响是被传媒信息在其中生产、传输与接收的背景所特有的体制安排和权力形式所塑造的。主张“出版自由”的传统自由派论点所根据的设想是：最具约束力的、最可阻碍新兴媒介表达多种意见和观点的权力形式，就是现代国家所建构的权力形式。对于早期自由派思想家如杰里米·边沁、詹姆斯·穆勒和约翰·斯图亚特·穆勒来说，成立一家不受国家监控的独立的报刊对于发展民主政体至关重要，在这样的政体中，多种意见可以发表，统治者的活动可以受到检查、批评，必要时可加以制止。可以谈很多来支持这些早期自由派思想家提出的论点；在今天的世界里，不论在西方或东方，国家官员试图限制信息流通和思想交往的做法并没有消失，这些论点仍然有其适用性与紧迫性。但是，我要说，考虑到现代社会中传媒机构的性质与作用，关于出版自由的传统自由派理论今天就只有有限的价值了。早期的自由派理论家如此强调政权的危险，却没有足够考虑出自不同来源的一种威胁：传媒产业作为商业公司毫无约束的增长。而且，传统自由派理论的发展首先涉及报纸与出版业，它不能轻易而直接地转换成在20世纪具有如此重要性的那些传媒产业部门，这些部门以不同的技术媒介为基础，在根本上不同的体制架构内发展。

为了试图超越关于出版自由的传统自由派理论，并考虑20世纪后期传媒产业发展最合适的体制架构，我主张所谓**有调控的多元主义原则**。“有调控的多元主义”，我的意思是一个宽广的体制架构，它既可容 18
纳又可保护在大众传播不同领域中许多独立传媒机构的多元存在。这个原则要求两项具体的措施：传媒产业中资源的分散化，以及传媒机构与政权的运作相隔离。这个原则界定了一个宽广的体制空间——这个空间的一边是市场力量不受约束的活动，另一边是传媒组织受国家的直接控制——在这两者之间，传媒机构可以活动和发展。这个空间可以容纳各种具体的组织形式，不论它们位于公共领域、私人领域或者可以说是中间组织的领域内。但是它也是一个必须视为以跨国规模存在的空间。传媒机构很久以来就不复在单一民族国家范围内活动；与卫星技术有关的传输形式的跨国性质仅仅代表最新的（或许是最急剧的）全球化进程的阶段，那是大众传播的发展所推动和反映的。如果我们要最充分地利用大众传播领域新技术部署所提供的新机遇，如果我们要避免大众传播发展至今所展示的危险，那么“有调控的多元主义原则”的实施则将要求当代政治舞台上往往缺乏的一种政治意志和国际合作。

大众传播的社会理论的发展提供了一种背景，我们可据此重新考虑与现代社会中意识形态分析有关的问题。如果我们以象征形式推动的意义有助于建立和维持统治关系的方式来考虑意识形态，那么我们就能看到大众传播的发展对于意识形态现象的性质与范围具有巨大的后果。随着大众传播的发展，象征形式的流通日益脱离某个共同的具体地点，因此意义的运用越来越能超越象征形式在其中产生的社会背景。只是有了大众传播的发展，意识形态现象才能成为**大众**现象，也就是，能影响多样而分散的背景下大量人的现象。如果说大众传播已成为意识形态在现代社会中运作的一种主要媒介，那是因为它已成为象征形式生产与传输的一种主要媒介，因为由此产生的象征形式能以空
19 前规模流通，传达给千百万人，他们除了都能接收大众传媒的信息以外没有多少共同之处。但是，大众传播的意义虽然不应被低估，但我们必须加上两点限定。第一点限定是：大众传播虽然已成为现代社会中意

识形态的一个主要媒介，但它并不是唯一的媒介。重要的是，要强调意识形态（广义地理解为服务于权力的意义）是在日常生活各种背景下运作的，从朋友之间的普通谈话到电视黄金时间的部长讲话。那些关心意识形态的理论和分析的人如果完全只关注大众传播，那就错了，正如他们如果忽视大众传播就是误入歧途一样。第二点限定是：大众传播的发展虽然产生了一套现代社会中意识形态运作的新的参数，但是关于一些特定大众传媒信息是否是意识形态，却不能抽象地加以回答，而必须在一个系统解释的方法论架构内加以探询。只有以这种方式，我们才能避免文章、书籍中太常见的那种倾向——认为某种传媒信息本身就是意识形态，而且在整个社会领域都有效。对一种系统方法论的详尽阐述将使我们能对传媒信息的意识形态性质提出一种看法，它比较严格，比较严谨。

解释的方法论

本书大部分讨论具有普遍理论性质的问题——意识形态的概念与作用，文化的概念与文化传输的特点，大众传播的发展及其对社会与政治生活的意义。但是我的论点的一个重要部分是：这些普遍理论问题能够且应当结合带有更具体的方法论性质的问题。在第六章里，我探讨了理论与方法论之间、理论反思与方法上的详细探讨之间的一些联系。我的目的主要不是对一些特定研究方法的取舍，而是要勾画出一个广泛的方法论架构，可以在其中安置特定的方法并使它们相互联系，还可以在其中评估它们的价值和它们的局限。

在建立这个架构时，我吸收了一个通常称为解释学的特定思想传统。为什么选择解释学？这一出自古希腊的古代思想传统对现代文化

20 的学者可以提供些什么呢？我们可以从两个层面回答这个问题。在一般的层面上，这一传统提醒我们注意我所谓的**社会—历史研讨的解释学条件**。这些条件源于社会—历史研讨的客体领域的构成，这种客体领域在某些基本方面有别于自然科学的客体领域。因为，社会—历史研讨的客体领域不仅是供观察与说明的客体和事件的联结：它也是一个主体领域，这个主体领域是由一些主体所组成，他们在日常生活的常规过程中不断地参与了解自己与他人，产生有意义的行动与思想，并解释他人产生的行动与思想。换言之，社会—历史研究的客体领域是一个**先期解释过的领域**（pre-interpreted domain），在这个领域中，了解和解释的过程是组成这个领域的个人日常生活中的常规活动。社会—历史领域的先期解释性是一种基本特征，它在自然科学中没有类似情况。在进行社会—历史研究时，我们是在设法了解和说明一批现象，这些现象已经以某种方式和在某种程度上被社会—历史领域一部分人所了解；简言之，我们是在设法再解释一个先期解释过的领域。

解释学的传统可以使我们注意到社会—历史研究方面这些和其他的解释学条件，它也能在更具体的层面上向我们提供一些研究的方法论方针。我按照我所谓的**深度解释学的方法论架构**发展了这些方针。深度解释学的思想来自保罗·利科等人的著作。这种思想的价值在于它能使我们创建起一种以解释（或再解释）意义现象为取向的方法论架构，但不同类型的分析仍能在其中发挥合法的、互相支持的作用。它能使我们看到解释过程不一定对立于关注象征形式结构性特征或行动与互动的社会—历史条件的各种类型的分析，而相反地，这些类型的分析可以联结和构建为解释途径的必要步骤。它也能使我们认识到特定的分析方法可以看清一个现象的某些方面而略去其他方面，它们的分析优点可能基于严格的限制，这些特定的方法最好被视为一个更全面的方法论中的局部阶段。

我提出深度解释学作为分析文化现象(即分析结构背景中的象征形式)的一个总的方法论架构。因此,深度解释学是包括三个主要阶段 21
或程序的一种方法论架构。第一阶段可以称为"社会—历史分析",有关象征形式生产、流通与接收的社会与历史条件。这个阶段之所以重要,是因为象征形式并不是生存在真空之中:它们是背景化的社会现象,它们在特定的社会—历史条件下生产、流通与接收,这种条件可以借经验的、观察的、实录的方法加以重建。深度解释学架构的第二阶段可以称为"正式的或推论的分析"。进行正式或推论分析就是把象征形式作为复杂的象征构造来研究,它显示一种联结的结构。这个阶段之所以重要,是因为象征形式是背景化的社会现象,**而且**有更多内容:它们是象征构造,依靠它们的结构特征,可以并声称代表某种东西、意指某种东西、就某种东西说些什么。正是由于象征形式的这种额外的不能回避的方面,要求有不同类型的分析,要求有一个分析阶段主要关注象征形式的内部组织,关注它们的结构特征、模式和关系。但是这个分析阶段虽然完全合理,如果脱离了深度解释学的架构并把自身作为目的来进行的话,就会成为误导。就其本身来说,形式或话语分析能成为——在许多事例中已经成为——一种抽象的行动,脱离了社会—历史条件,不顾象征形式正在表达的内容,而它要设法揭示的是象征形式的结构。

深度解释学架构的第三个也是最终的阶段可以正确地称为"解释(或再解释)"。这个阶段有关创造性地阐明一个象征形式说了什么或代表了什么;有关创造性地构建可能的意义。解释阶段根据的是社会—历史分析和正式的或推论的分析的结果,但它在一个合成构造的过程中超越了它们。它利用社会—历史分析和正式或推论分析来显示象征形式的社会条件和结构特征，它还设法以此解释一个象征形式，详细阐明它说些什么、代表什么、有关什么。在下述意义上，这个解释阶段同时也是一个再解释阶段：这是由深度解释学架构各阶段进行协调的对一个客体领域的再解释，这个客体领域已经被组成社会—历史领
22 域的主体所解释和了解。我们在提出对象征形式的一个解释时，就是在对一个先期解释过的领域进行再解释，因此进入了一个在性质上会引起解释冲突的过程。

我提出作为文化分析一般架构的深度解释学观点可以适应意识形态分析。我认为意识形态分析是深度解释学的一种特定形式或版本。这种形式的特定性在于：各阶段的深度解释学方法都被运用以凸现象征形式的意识形态特点，也就是说，以凸显意义服务于建立和维持统治关系的方式。“意识形态解释”阶段根据深度解释学的方法论架构加以阐明，获得了精确的含义：解释意识形态就是阐述象征形式所调动的意义与该意义所维持的统治关系之间的联系。意识形态的解释依靠社会—历史分析和正式的或推论的分析阶段，但给予它们批判性的强调：它使用它们的目的在于揭示意义服务于权力。意识形态的解释是具有批判意图的深度解释学。因此，当我们关注于解释象征形式的意识形态特点时，解释过程中所固有的潜在冲突就有了一个鲜明的新形式。

如果我们把注意力转向分析大众传播背景下的象征形式，我们必须面对一批新的方法论问题。这些问题主要来自前述的事实，即：大众传播在象征形式的生产与接收之间确立了一种基本断裂。有鉴于这一特点，我们必须对大众媒介的象征形式采取一种有所不同的观点。我们必须区分大众传播的三个方面或客体领域，然后对每个方面以不同方式使用深度解释学程序。这三个方面是：第一，大众媒介象征形式的生产与传输或扩散；第二，传媒信息的构建；第三，传媒信息的接收与

占用。我把这称为大众传播的“三重观”。所有这三个方面都包括在大众媒介象征形式的生产与流通之中。但由于大众传播在生产与接收之间确立了一种断裂，生产与传输情况一般有别于接收与占用情况，必须分开加以分析。虽然大众传播的每个方面可以分开加以分析（一般
在有关大众传播的经验文献中），三重观突出了一个事实，即每一方面 23
都要从一个复杂的整体过程的其他方面中抽取出来。这个三重观提醒我们：大众传播的综合情况要求有分析所有三个方面的能力，并表明这些方面在大众媒介象征形式的生产、传输与接收中如何相互关联。

我所做的关于意识形态解释的阐述，结合大众传播的三重观，使我们能够以一种新的方式来对待有关在日益大众媒介化的文化背景下设法分析意识形态的方法论问题。在早先许多论述大众传播意识形态性质的文章中，分析家们倾向于主要或专门集中于传媒信息的结构与内容，他们考虑那些信息本身而忽略它们的结果。这类分析陷入了我所谓的“内在主义的谬误”。我在提出我的方法论建议时特别关切的是要避免这种谬误。我们在设法分析大众媒介形式的意识形态性质时，必须考虑到大众传播的所有三个方面——传媒信息的生产/传输，构建，接收/占用——我们还必须对可以称为**大众传媒产品的日常占用**的情况给予特别关注。如果我们关心意义用于建立和维持统治关系的方式，那么我们必须研讨大众传媒象征形式所推动的意义如何被人们所了解和占用，人们在他们日常生活的过程中接收传媒信息，把它们结合进他们的生活。我们必须研讨他们的日常理解、他们接收和占用的常规方法，以及产生这些接收方法和理解过程的社会—历史条件。我们不能把这些方法和过程视为理所当然；我们不能设想用某种方式构建起来的一个信息将被一切背景下的一切接收者都以某种方式来理解；我们不能声称或佯装忽略传媒信息的结果而只关注这种信息的结构与

内容。通过考察关于大众传播其他方面的传媒信息的日常占用，我就可以发展出对大众媒介象征形式的意识形态性质的一种解释，这种解释避免了内在主义的谬误，突出了传媒信息所推动的意义服务于维持或瓦解、建立或破坏结构化社会背景的方式，在这种背景下，人们接收这些信息并把它们结合进他们的日常生活。

24 通过再次系统地阐述这方面的方法论问题，我们不但可以避免内在主义的谬误，而且避免了常常伴随它的那种神话——被动接收者的神话。有一种思想认为，传媒信息的接收者都是被动的旁观者，他们只是简单地吸收他们面前屏幕上闪出的图像或者从版面上闯入眼中的内容，这种看法是一个神话，同占用的真实性质毫无相似之处，占用是理解和解释的不断发展的过程，是讨论、赞成与整合的不断发展的过程。占用的过程是一个主动的、潜在批判性过程，在这一过程中，人们做出不断**理解的努力**，弄懂他们所接收的信息的努力，联系它们并与他人共享的努力。由于涉入了这种努力的理解，人们也就通过他们接收和设法理解的信息进行了（不论多么含蓄和不自觉）一个自我塑造和自我理解的过程，进行了一个再形成和再理解自己的过程。在接收传媒信息和设法了解它们的过程中，在联系它们并与他人共享的过程中，人们重塑了他们经验的疆界，修正了他们对世界和对自己的理解。他们并不是被动地吸收提供给他们的东西，而是主动地、有时是批判地进行自我塑造和自我理解的持续过程，今天在这个过程中，接收和占用传媒信息成为一个整体组成部分。

意识形态解释所固有的批判潜力可以部分地视为对自我塑造与自我理解过程的一种贡献。我们提出一种意识形态解释，就是提出一种可以不同于组成社会领域的人们的日常理解的解释。意识形态解释可以使人以一种新的眼光不同地看待象征形式，从而使人不同地看待自己。它可以使他们重新解释一个象征形式，联系它产生与接收的条件，联系它的结构特征与组织；它可以使他们质疑或修正他们对一个象征形式的先前的理解，从而改变对他们自己和他人的理解视野。我把这个过程（在意识形态解释中就含有其可能性）描述为**日常认知的解释性转变**——亦即，组成社会领域的人们的日常理解、态度和信念的解释性转变。

意识形态解释包含着批判潜力的第二个方面是：它开辟了批判性思考的途径，这种思考不但有关非专业行动者的日常认识，而且涉及这些行动者卷入的权力与统治关系。意识形态解释必定包括对结构性权力关系的社会—历史分析，与此相关，也对象征形式的作用进行考虑。25
因此，意识形态解释可以激发对权力与统治关系、它们的基础、它们的根据以及它们得到支撑的方式进行批判性思考。正是在这个意义上，意识形态解释同所谓的**统治的批判**具有内在的联系：它在方法论上预先倾向于激发对权力与统治关系的一种批判性思考。这就是为什么意识形态解释可以引发组成社会领域的某些人强烈反应的原因之一。它触动了权力的神经，它突出了在现有社会关系中最为得利和最不得利的人们的地位，它还研讨了某些象征机制，由于这些机制，那些不对称的社会关系在社会生活的日常活动中得以建立和维持。

一般的解释过程，特别是意识形态解释，就社会—历史研究领域中可能和适当的种种正当理由提出了某些问题。我对这些问题的看法是零碎的。我并不寻求某种会神奇地解决一切争端的一般标准，而是要问在此研究领域中我们可以期望有什么样的争论，以及我们如何来合理地解决它们。这种看法要求我们分析问题，解决问题，并设法界定（尽管是暂时的）某些条件，可以在这些条件下比较和辩论相互冲突的解释和观点，提出不同的论证和论点，还能解决分歧。对正当理由问题

的这种零碎看法可能使那些盼望确定性的人，那些盼望某种艰难而牢
固地奠定我们对社会—历史领域认识的“基础”（在此使用这个关键比
喻）的人感到失望。但是，这种对确定性的追求是误导的；它是一种认
识论的冲动，它在这种学术标准难以对付的复杂的客体领域中造成混
乱。另一方面，我主张的这种零碎看法可能在那些长期以来已经放弃
追求确定性的人看来未免落伍，他们对现代（或“后现代”）时代的看
法是：我们已经或应当最终认识到并没有正当理由的可行标准，我们所
具有的就是互相竞争、互相嘲弄、靠自身拥有的权力来站住脚跟或溜之
大吉的多种解释。但是，我认为这些批评走得太远。我们可以拒绝对
确定性的追求而不必放弃设法阐明我们能借以对一种解释是否可行或
26 者一种体制是否公正作出合理判断的条件。这些条件不能决定我们的
判断，而这些判断也不一定绝对可靠。但是，在社会—历史研究领域，
我们正在设法理解一个已经被组成这个领域的主体理解过的客体领
27 域，在此领域内进行合理的判断可能是一种特别有价值的收获。

第一章

意识形态的概念

两个世纪以来，意识形态的概念在社会与政治思想的发展中一直占有中心的或许有时是不光彩的地位。“意识形态”这个词最初是由德斯蒂·德·特拉西用来指一门他提出的观念科学的，很快却成了一场唇枪舌剑的政治斗争的武器。“意识形态”最初包含欧洲启蒙运动的一切信心和积极精神，很快成了一个谩骂的词，它被认为指的是某种思想观念的空洞无物、毫无根据和晦涩诡辩，尽管它所描述的科学应该代表一个最高阶段。意识形态的概念艰难地诞生，而且似乎这还不够，后来的生活史也是毫无幸福的。意识形态的概念在19世纪和20世纪初被新兴的社会科学以不同方式所采用，时而拉向这方，时而推向那方，但在所有的时间它依然是日常政治斗争中起某种作用的名称。当我们今天使用意识形态的概念时，这个概念仍然具有（不论如何淡薄）它多重用法的历史特点。

在本章中，我要再次追溯意识形态概念的历史轮廓，考虑到不但要突出复杂学术历程的曲折，而且要提出更有建设性看法的途径。我要探究的不但是这个概念的起源与发展，而且是今天重新阐述这个概念的前景，要重新明确意识形态的概念，使之具有积累起来的意义而避免过去可以看到的许多陷阱。我对这个概念的历史说明将是必要的有选择性的，将省略许多外形和转折以利于更加充分观察的讨论。[1]但是我的目的将在于识别主要的轮廓，尚未结束的主要历史发展。我将从18
28 世纪后期法国对意识形态概念的起源谈起。然后我将观察马克思著作中使用这一概念的一些方式。虽然马克思无疑是意识形态概念史上最重要的人物，他的著作却并未提供单一的、一贯的观点。他偶然地、不定地使用这一术语；我们可以看出与它的用法有关的若干不同主题。在本章的第三部分中，我将考虑卡尔·曼海姆的著作。曼海姆的《意识形态与乌托邦》是这一复杂历史中的一个关键内容；它把意识形态概念集中在思想的社会决定的一般问题上，从而把对意识形态的分析作为与知识社会学共同扩展的过程。在本章最后部分中，我拒绝曼海姆著作中提出的把意识形态概念一般化的倾向。我将提供这个概念的系统阐述，保留了它的负面性质，作为一个批判性概念，但反对任何把意识形态分析视为纯属论战的意见。我将制定一个意识形态的概念，它吸收了这一概念在历史上包含的一些主题，但设法为现代社会对意识形态的解释提供一个建设性看法的基础。

意识形态与观念学家

"意识形态"（ideology）一词最初是由法国哲学家德斯蒂·德·特拉西在1796年用来描述他的一门新学科的计划的，这门学科有关对观念和感知的系统分析，对它们的产生、结合与后果的分析。德斯蒂·德·特拉西是一位富有的、有教养的贵族，他曾经研究过诸如伏尔泰、霍尔巴赫和孔狄亚克等启蒙思想家的著作。德·特拉西支持与法国大革命有关的许多改革，但他像其他贵族后裔的知识分子一样，在雅各宾派恐怖时期被捕下狱。[2]在德·特拉西和他的一些难友看来，罗伯斯庇尔似乎是在设法毁掉启蒙运动。这些知识分子认为，雅各宾派恐怖野蛮的无政府状况可以通过对观念作系统分析为基础的哲学与教育联合活动来加以抵制：这就是在革命时期可以遵循启蒙运动的遗产。许多前贵族和知识分子在恐怖时期死亡或被处决，德·特拉西却在1794年罗伯斯庇尔下台后不久被释出狱。1795年晚些时候，随着国家研究院的建立，德·特拉西和他的朋友们在新的共和国里上升到了权力地位。该研究院替代了被罗伯斯庇尔废止的皇家学院。除了一个科学院和一个文学与美术部以外，这个研究院还包括一个道德伦理与政 29
治科学部。后者的主导部门有关感知与观念分析，德·特拉西在1796年当选该部门的主管。

德斯蒂·德·特拉西对他负责的新学科勾画了宗旨，他在1796年间在道德伦理与政治科学部发表的一系列回忆录中谈到了这些。继孔狄亚克之后，德·特拉西认为我们无法认识事物本身，只能认识对事物的感知所形成的观念。如果我们能系统地分析这些观念与感知，就能为一切科学知识提供坚实的基础，并得出更为实际的推理。德·特拉西对这一新兴的事业提出的名称是ideology——从字面上说就是“观念学”。观念学是“肯定的，有益的，可以具有严格精确性的”[3]。在谱系上，它是“第一科学”，因为一切科学知识都包罗观念的结合。它也是文法、逻辑、教育、道德的基础，以及最终是“最伟大艺术”的基础……是“用人类从他的同类中获得最大的帮助和最小的烦恼这种方式来调节社会的基础”[4]。通过对观念和感知的谨慎分析，意识形态会使人性可以被认识，从而会使社会与政治秩序可以根据人类的需要与愿望重新加以安排。观念学将把道德与政治科学安置在坚实的基础上，并纠正它们的错误和“偏见”——这是德·特拉西从孔狄亚克和培根那里继承的启蒙运动信心。

虽然德·特拉西看到把观念学扩展到社会和政治领域的可能性，他的大部分贡献都有关对智力官能的分析、经验的形式和逻辑与文法的方面。他的四卷本《观念学的要素》出版于1803年至1815年间，研讨了思想、感觉、记忆与判断等官能，以及习惯、动作和意志等。德·特拉西越来越关注要发展一种坚实而严格的自然主义，在其中，人类被视为物质现实的一部分，是比较复杂的一种动物物种。因此，德·特拉西认为，“观念学是动物学的一部分”，对人类官能的分析之所以重要，是因为“如果我们不知道一个动物的智力官能，那么对它的了解是不完全的”。[5]德·特拉西后来的著作以观念科学的名义继续进行原来的观念学工程，把这一工程包罗在彻底的自然主义之内。但是到这些著作面世的时候，“ideology”一词已有了一个新的、相当不同的含义，这个含义很快掩盖了发现者宏大的目的。

30 德斯蒂·德·特拉西和他在国家研究院的同事们都和共和主义政治有密切联系。他们一般都同意孔多塞关于人类可通过教育臻于完善的观点，以及孔狄亚克关于分析感知与观念的方法。他们把大革命的过度行为归于雅各宾派的狂热，而不是归于革命体制本身，他们把革命体制视为进步与启蒙的柱石。由于与共和主义的这种密切联系，德·特拉西及其同事们的学说的命运在一定程度上取决于大革命本身的命运。当拿破仑·波拿巴在1799年从埃及回国时，他发动了一场成功的军事政变而成为第一执政，这是他全权担任了十年的职位。拿破仑采取了德·特拉西及其同事们的一些观念来制定一个新的宪法并对国家研究院的一些成员奖以利益丰厚的政治职位。但是与此同时，他又不信任他们，因为他们所提出的关于共和主义的归属构成对他的独裁野心的潜在威胁。因此拿破仑嘲笑“观念学”的主张：他认为那是一种脱离政治权力现实的抽象的推测性学说。1800年1月，《对外关系信使报》的一篇文章谴责该集团，把它“称之为形而上学派系或者‘观念学者’”，说它胡乱对待大革命而现在又在阴谋反对新政权[6]。当公众舆论开始反对大革命时，拿破仑——后来他声称创造了“观念学者”一词——利用了这种转变而把共和主义的代表人物解除武装。

拿破仑对观念学者的反对在下一个十年中加强了，当他力求建立的帝国开始崩溃时，这种反对达到了高潮。观念学家成为拿破仑政权失败的替罪羊。当拿破仑在灾难性的俄罗斯战役后于1812年12月回到巴黎时，他谴责观念学者颠覆国家和法治。他向国务会议发表了一篇讲话(这篇讲话后来发表在《箴言报》上)，他谴责观念学并把它的特点说成是精明治国的对立面：

> 我们美好的法国所遭受的病患应归罪于观念学，那种虚幻的形而上学，它晦涩地寻求民众立法基础的初始推动力，而不是去利用人类心灵和历史教训所知晓的规律。这些错误不可避免地，而且在事实上，导致了嗜血人物的统治……如果有人得到召唤来重振一个国家，他必须采取绝对相反的原则。[7]

当拿破仑的地位在国内外都受到削弱时，他对观念学的攻击就更
加扩大和狠毒。几乎所有各类宗教和哲学思想都被谴责为意识形态。 31
这个词本身已成为一个死命压制反对派以支撑摇摇欲坠的政权的皇帝手中的武器。

随着拿破仑在1814年4月退位和波旁王朝的恢复，德斯蒂·德·特

拉西恢复到一个具有政治影响力的职位上，但那时他对观念学的原来计划已被拿破仑时期的争斗所销蚀而黯然失色了。科学即作为原先被视为是卓越的观念学（通过提供观念的发生、结合和联系的系统情况，来对一般的科学知识提供基础，特别是促进社会自然调节），观念学已成为各方的方向，它的哲学主张已由于它与共和主义的联系而有所妥协。而且，当“ideology”一词流入政治舞台而被一位受到围攻的皇帝把它掷回哲学家时，这个词的含义和关联开始改变了。它不再只是指**观念学**，而且也开始指**观念本身**，那就是说，指一批据称是错误的、脱离政治生活实际现实的观念的主体。这个词的含义也改变了，因为它再不能毫不动摇地主张启蒙运动的实证精神了。最值得尊敬的、作为实证与卓越科学的观念学逐渐让位于只值得受嘲笑和鄙视的、作为抽象和幻想观念的意识形态。作为意识形态概念史上特点的基本对立之一——正面或中立意义与负面或批判意义之间——在它生命的头十年中即已出现，虽然这种对立的形式与内容在以后的年代中有相当大的改变。

德斯蒂·德·特拉西原来的观念学工程的陨落现在看来似乎不足为奇。这项工程雄心勃勃的普遍性，正如在它以前和在它以后的其他工程一样，必然会让位于专业化学科的发展，它们可以深入研究特定的领域，不受一个自命为基础科学的主张所妨碍。德·特拉西原先工程的有意思之处不在于这项工程本身的性质与内容（他的著作如果不联系到意识形态概念的话，确实已大部被淡忘，今天可能已完全被忽视），而在于这项工程突出了意识形态概念的出现以及其曲折历史的情况。这个概念的出现是作为在标志现代科学诞生的社会与政治动荡背景下
32 试图发展启蒙运动理想的一部分。不论意识形态概念自国家研究院时期以来的发展过程有多长，不论它的用法变得多么多种多样，然而它仍

然联系着启蒙运动的理想,特别联系着对世界(包括社会—历史领域)理性的认识的理想,以及对人类理性自决的理想。这种联系所表现的方式在各个人物中有相当大的差别。如果说对德・特拉西来说,联系是直接而明显的(观念学是卓越的科学,它促进人类事务的进步),那么对拿破仑来说,它是不言明的和对抗的(观念学是矫饰的哲学,通过只以抽象说理为基础来试图决定政治与教育原理从而煽动反叛)。马克思的独特贡献在于他接过了拿破仑使用这个词的负面和对抗的意义,但通过把它结合进深深得益于启蒙运动精神的理论框架和政治纲领而改变了这个概念。

马克思的意识形态概念

马克思的著作在意识形态概念史中占有中心地位。由于马克思,这个概念获得了新的地位,成了一种批判手段和新的理论体系中的一个组成部分。但是,尽管马克思在这方面的著作是重要的,马克思使用意识形态概念的确切方式以及他对围绕其用法的许多问题和设想的处理方式却是不清晰的。确实,正是马克思著作中意识形态概念的含糊性部分地造成了有关他的著作遗产的不断论争。在本节中,我不试图研讨马克思对"意识形态"一词多种用法所带来的所有不同含义,我也不去追溯马克思的朋友们和追随者(诸如恩格斯、列宁、卢卡奇和葛兰西)使用这个词的种种方式。[8]我将设法识别意识形态概念在马克思著作中使用的若干特定理论背景。我这样做,将设法提出意识形态在马克思著作中的若干不同概念,当然,这些概念相互重叠,但是涉及不同问题和不同的思想运动。因为马克思的著作提供给我们的并不是有关社会—历史领域及其构成、动力与发展的单一而连贯的看法,而是多种观点，它们在某些方面一致，在别的方面又矛盾；它们在某些点上聚合，在其他点上又分歧。这些观点有时被马克思明白地表述，但有时又在
33 他的论点与分析中含而不露。我将设法表明这些不同观点可以说产生了显著的理论空间，意识形态的若干概念在其中并存，而马克思自己并未对此加以清楚阐明或者有说服力地加以协调。

意识形态与青年黑格尔派：论战概念

马克思对法国理论家们（观念学家）的著作以及拿破仑的攻击，是很熟悉的。他在1844年至1845年流亡巴黎期间曾经阅读并摘录了德斯蒂·德·特拉西的一些著作。正是紧接着这一时期以后，马克思、恩格斯撰写了《德意志意识形态》这部长篇著作，他们在文中批评了诸如费尔巴哈、鲍威尔和施蒂纳等“青年黑格尔派”的观点。马克思、恩格斯把这些思想家观点的特点称为“德意志意识形态”，他们是在按照拿破仑对“ideology”一词的用法，并把理论家们的著作与青年黑格尔派的著作进行比较：青年黑格尔派的著作在19世纪初期德意志相对落后的社会与政治条件下相等于德·特拉西及其朋友的学说。正如拿破仑对这些学说大加辱骂从而对“ideology”一词作了一个负面的变调，马克思、恩格斯也嘲笑他们同胞的观点。如同观念学家（理论家们）那样，青年黑格尔派热衷于一个幻想，认为要打的真正战役是观念的战役，认为对所接受的观念采取批判态度，就可以改变现实。马克思、恩格斯对青年黑格尔派“批判思想”的批判是试图使他们往昔朋友们的看法解除武装。他们的目的“在于揭穿同现实的影子所作的哲学斗争，揭穿这种如此投合沉溺于幻想的精神萎靡的德国人民口味的哲学斗争，使这种斗争得不到任何信任”[9]。青年黑格尔派自认为是激进派，但是，他们事实上相当保守，只不过是把自己看成狼的绵羊。马克思、恩格斯把他

们的观点称为“德意志意识形态”，试图通过把他们与几十年以前曾在法国被强烈谴责的学说联系在一起而使之得不到信任。

因此马克思、恩格斯在《德意志意识形态》中以论战方式来使用“意识形态”一词。他们的目标是明确的——青年黑格尔派的观点——因此“意识形态”被用作一个辱骂词。青年黑格尔派的观点是“意识形态的”，意思是说，他们高估了观念在历史上和社会生活中的价值和作用；他们“认为观念、思想、概念，即被他们变为某种独立东西的意识的一切产物，是人们的真正枷锁，就像老年黑格尔派把它们看作是人类社会的真正羁绊一样”[10]。因此青年黑格尔派以观念反对观念，以言辞抗争言辞，而结果则是真实的世界毫无变化。他们看不到他们的观念 34
与德意志社会—历史情况之间的联系，不能给自己的批判以任何实际、有效的力量。可以把这样使用“意识形态”一词的特点称为“论战概念”：**因此意识形态是一种理论学说和活动，它错误地认为观念是自主的和有效的，它不了解社会—历史生活的真正情况与特点**。这种论战概念受惠于拿破仑对理论家们主张的攻击，在于它和拿破仑都蔑视对脱离实际的政治观念的偏爱，在于它表示它深信这种观念与偏爱是幻想或误导。但是马克思、恩格斯发展他们概念的方式以及对它的用法都大大超越拿破仑的目的与考虑。

意识形态论战概念的创见主要不在于这个概念本身，而在于它联系到一系列有关社会决定意识的设想，有关社会—历史领域的分工和科学研究。这些设想形成了可以称之为意识形态论战概念的可能性条件。让我们依次观察每一个设想。

设想一：人类意识的形式决定于他们生活的物质条件。思想、构想以及更一般的观念的产生不应被视为自主的过程，甚至更不应被视为决定历史道路的过程，而应被视为结合并决定人类集体生产其生存手段的世俗活动的过程。在制定这一设想时，马克思、恩格斯首先关注于把他们的看法与他们视为黑格尔及其追随者与批评者唯心主义哲学的做法并置："德国哲学从天上降到地上；和它完全相反，这里我们是从地上升到天上。"[11]但是他们也要声称这种唯心主义哲学做法本身就是特定物质条件的产物——事实上它是唯心主义的，把观念作为原因而不是结果，所以它曲解了自身的性质和它设法了解的社会—历史领域的性质，简言之，它是意识形态的。如果我们假定社会决定意识，我们就能看到青年黑格尔派的意识形态是德意志相对落后的社会、政治与经济条件的表现。而且，这一点可以加以普遍化。这就是马克思、恩格斯时常被引述的一段话："如果在全部意识形态中人们和它们的关系就
35 像在照相机中一样是倒现着的，那么这种现象也是从人们生活的历史过程中产生的，正如物像在视网膜上的倒影是直接从人们生活的物理过程中产生的一样。"[12]这段话中最令人难忘的是关于照相机的隐喻，这个比喻影响了不止一个评论者[13]，但主要之点是声称把意识与观念视为自主的和有效的，因而把实际关系中的人们视为观念的产物而不是观念的产生者，其本身就是特定社会—历史条件与过程的结果，正如"物像在视网膜上的倒影是直接从人们生活的物理过程中产生的一样"。

意识形态的论战概念也联系有关分工的设想。**设想二**：历史出现的体力劳动与脑力劳动之间的分工促成了把观念视为自主的和有效的理论学说与活动的发展。马克思、恩格斯论断了人类社会的一种原始状况，人们在其中只意识到自身的需求、他们的当前环境以及他们与其他人的有限互动。在这一阶段，意识只是"群体意识"，无法解脱地与生活的物质条件交织在一起。但一种分工逐渐发展起来，开始时是两性的活动分工，然后自发地或"自然地"根据不同需求与能力（例如体

力）的分工，最终在体力劳动与脑力劳动之间出现了一种分工，这种分工使那些从事脑力劳动的人能生产观念，它们似乎能独立存在，不受物质生活过程的制约，具有自身的历史和力量。体力劳动与脑力劳动之间的分工也阻碍了这些人看到他们是在自主的幻想下劳动的。

> 从这时候起意识**才能**真实地这样想象：它是某种和现存实践的意识不同的东西；它不用想象某种真实的东西而能够**真实地**想象某种东西。从这时候起，意识才能摆脱世界而去构造“纯粹的”理论、神学、哲学、道德等。[14]

正如马克思、恩格斯说的，“纯粹的”理论、神学、哲学、道德等这一堆东西的形成标志着作为理论学说与活动意义上的意识形态的出现，它们被认为是自主的，实际上并不是。

与论战概念相联系的第三个设想有关对社会—历史领域做科学的 36
研究。**设想三**：构成意识形态的理论学说与活动可以根据对社会与历史的科学研究来加以解释并应当被这种研究所取代。它们可以根据这种科学来加以解释，意思是说，它们可以表明是特定社会与历史环境的产物，例如青年黑格尔派的观点可以表明只是德意志真实的悲惨状况的写照。它们应当被一种科学所取代，表明取决于它们所未察觉的环境，因之破坏了它们声称的自主性，这些理论学说与活动丧失了它们的可信性并让位于一项后继学科：社会—历史领域的实证科学。“思辨终止的地方，即在现实生活面前，正是描述人们的实践活动和实际发展过程的真正实证的科学开始的地方。关于意识的空话将销声匿迹，它们一定为真正的知识所替代。”[15]这项设想表明，马克思、恩格斯接近于德斯蒂·德·特拉西的原先计划，尽管他们同他之间存在着许多分歧。

因为，虽然马克思、恩格斯把德·特拉西的工程视为抽象与幻想理论学说意义上的意识形态概要，他们却和德·特拉西一样相信实证科学的优点，而且通常和他一样信仰启蒙运动的理想。这一复杂的概念史的讽刺意味之一是：把生活作为所谓的卓越科学和“观念学”，却成为一种理论观点的一部分，这种理念观点声称具有荣登科学宝座的资格，而谴责其前辈为叛徒。

意识形态与阶级觉悟：副现象概念

虽然马克思、恩格斯最初把意识形态概念用于他们对青年黑格尔派的攻击方面，但是，他们在刻画社会结构与历史变革中，这个词后来有了一个更为一般的作用。这个更为一般的作用在《德意志意识形态》中已很明显，因为马克思、恩格斯开始把观念的产生与扩散同阶级之间的关系联系起来。他们在一处指出，“统治阶级的思想在每一时代都是占统治地位的思想。这就是说，一个阶级是社会上占统治地位的**物质**力量，同时也是社会上占统治地位的**精神**力量”[16]。这一段话预示着一个意识形态的新概念的发展，这个概念更为清楚地出现在马克思1859
37 年的《政治经济学批判导言》等处。我们可以把这个新概念描述为“副现象概念”，因为它把意识形态视为取决于和来自经济条件与阶级生产关系。**根据副现象概念，意识形态是一种观念体系，它表达的是统治阶级的利益而以幻想的形式代表阶级关系**。意识形态表达的是统治阶级的利益，就是说，组成意识形态的观念，在任何特定历史时期都表达统治的社会集团力求保持其统治地位的野心、关注和一厢情愿的考虑。但意识形态以一种幻想的形式代表阶级关系，这些观念并不准确地描述有关阶级的性质与相对地位，而是以赞同统治阶级利益的方式来歪曲这些关系。

阐述了这种副现象概念，意识形态一词就在马克思的理论架构内具有一种系统的作用。这一架构在1859年的《政治经济学批判导言》中非常简明地（虽然有所简单化地）勾画出来。这里不需要详细研讨该《政治经济学批判导言》，因为它的论点是人所共知的。但我们可以通过其中的一小段话来使我们更清楚地看到意识形态的这种副现象概念。马克思指出，当不断发展的生产力同现存生产关系发生冲突时，社会革命的时代就到来了，他接着说：

> 在考察这些变革时，必须时刻把下面两者区别开来：一种是生产的经济条件方面所发生的物质的、可以用自然科学的精确性指明的变革，一种是人们借以意识到这个冲突并力求把它克服的那些法律的、政治的、宗教的、艺术的或哲学的，简言之，意识形态的形式。……我们判断这样一个变革时代不能以它的意识为根据，相反，这个意识必须从物质生活的矛盾中去解释。[17]

从《政治经济学批判导言》等处的这段话和其他的话中，我们可以得出一些设想，它们构成了副现象概念。我将再次集中于三个主要的设想。**设想一**：在一定的社会中，我们可以区分（1）生产的经济条件，（2）法律与政治上层建筑，（3）意识的意识形态形式。每一种确切内容并未被马克思明确地说明，例如，（3）是否总是与（2）清楚地区分，是个争议点；一个社会中这些不同方面或层次之间关系的性质一直是 38
广泛争辩的问题。没有争论的是，马克思认为生产的经济条件在决定社会—历史变革过程中具有首要作用，所以它们应被视为解释特定社会—历史变革的一种主要手段。

这第一个设想直接导向了第二个。**设想二**：意识的意识形态形式不能就其表面价值来理解，而要参考生产的经济条件加以解释。马克思评论说："我们判断一个人不能以他对自己的看法为根据，同样，我们判断这样一个变革时代也不能以它的意识为根据。"[18]要了解社会—历史变革，我们必须**开始**研究生产的经济条件的发展，它"可以用自然科学的精确性指明"，而我们对这种发展的认识将使我们能解释作为有关时代特点的意识的意识形态形式。而且，通过以这种方式来解释意识的意识形态形式，例如，通过说明宣告私有财产神圣性与普遍性是一个阶级（其统治与生活取决于拥有这种财产）特定利益的表现，我们也可以**揭露**这种意识的形式。揭露一种意识的形式，就是表明它是幻想的、错误的或者没有正当理由的；它意味着不但能根据社会—经济条件来加以解释，而且它歪曲了这些条件或者除了经验性地表明它反映地位决定于这些条件的集团的特殊利益以外并无正当理由。根据这一概念，把一种意识的形式定为"意识形态的"，就意味着它可以被解释为并从而被揭露为统治阶级利益的一种表现。因此，关注于调查社会生活经济条件并以此解释意识的形式的一项自命为**科学**的研究，可以使之服务于一项**批判**，它揭露意识的形式以及（更具体地）哲学家等人的理论与概念是意识形态的。

意识形态的副现象概念联系到有关现时代进步性质的第三种设想。在以前的社会形态中，阶级之间的关系总是与宗教及感情联系交织着的，因此剥削过程被责任、荣誉和价值的感情所掩盖。但是，当资本主义出现之后，这些传统价值观都被破坏了，社会关系在人类历史上第一次对参与生产的人们变得明白可见。与现时代相联系的这一巨大
39 变革被马克思、恩格斯在《共产党宣言》中生动地描绘了：

> 生产的不断变革，一切社会关系不停的动荡，永远的不安定和

> 变动，这就是资产阶级时代不同于过去一切时代的地方。一切固定的古老的关系以及与之相适应的素被尊崇的观念和见解都被消除了，一切新形成的关系等不到固定下来就陈旧了。一切固定的东西都烟消云散了，一切神圣的东西都被亵渎了。人们终于不得不用冷静的眼光来看自己的生活地位、他们的相互关系。[19]

因此，正是现代资本主义生产方式的运动，伴随它不断发展的深刻动荡，使得社会关系明白展示给人们，使他们不得不“用冷静的眼光”来看自己的实际生活地位。**设想三**：现代资本主义的发展产生了清楚了解社会关系以及消灭意识形态所依托的阶级对抗的条件。从属阶级可以史无前例地了解它的阶级地位以及它在一般历史进程中的地位。它可以使自身构成革命阶级，一个具有知识与经验的阶级，不但能成为一个新的统治阶级，而且要消灭这些阶级；无产阶级是一个掌握人类普遍利益的阶级。现时代的先进的、动态的特质将保证无产阶级的最后胜利；它可能遭受暂时挫折，但就长远来看，包括资产阶级辩护士的意识形态观念，没有任何东西能阻挡它。确实，当胜利的时刻临近时，一小批“资产阶级理论家”会抛弃他们的阶级而联合无产阶级，他们将承认无产阶级是整个人类的斗士。资产阶级意识形态的衰落是历史本身的运动之必然，在这个运动中，无产阶级必然涌现为新时代的先驱者。

意识形态与过去的精神：潜在概念

可是，在马克思的有些著作中，历史的运动显得不那么直接。社会对抗日益简单化的看法，即一切社会冲突逐渐简化为资产阶级与无产阶级之间的对立和无产阶级本身的不断启蒙，被一种观点所反对，这种

40 观点把现在描述为复杂的场面而不是简单的场面，是多种分立而不是一大对立，是人们被过去的形象与表述所吸引、在以前作出的文本基础上表现他们的历史作用，而不是通过经验与科学调查而获得知识。[20]这是一种叙述失败与失望故事的观点。当社会关系据说越来越为参与生产的人们所看到的时候，这种观点还提出那些人们可能继续从其他地方希望看到过去的东西或者珍惜一些与他们的阶级利益没有关系的一些形象与观念。这里就有一种不同的意识形态概念的成分，这个概念可以表述如下：**意识形态是一个代表体系，它通过使人们着眼于过去而不是将来，或者着眼于掩盖阶级关系和脱离对社会变革的集体追求，用以维持现存的阶级统治关系**。我将把这个描述为“意识形态的潜在概念”，有两个理由：第一，马克思在这种潜在概念出现的背景中并不使用“意识形态”一词。他却谈到“幻想”和“固定的观念”，谈到潜藏在人们中间诱使他们迷信与偏见的“精神”和“幽灵”。所以，我们可以把这作为马克思的一种**意识形态**概念，只是在承认我们扩展了“意识形态”一词去指马克思所描述而未加定名的一些社会现象，马克思在具体分析中感性地、为难地描绘这些现象，但在理论层次上他并没有以一个分立的概念加以归类。

我把这个意识形态概念描述为“潜在”的第二个理由是：它指的是一系列现象，它们并不适合于马克思在1859年《政治经济学批判导言》中勾画的理论架构和《共产党宣言》中提出的现时代情况。因为意识形态的潜在概念所提到的现象并不仅仅是经济条件与阶级关系的副现象；它们是具有某种程度自主性与有效性的象征构造。它们构成象征与口号、风俗与传统，推动人们或阻止人们，促进人们或限制人们，使我们不认为这些象征构造完全是由生产的经济条件所决定，并全部根据生产的经济条件来解释的。而且，意识形态的潜在概念所提到的现象证明了在现代资产阶级社会中传统象征与价值观的坚韧性，“一系列古老而悠久的偏见与意见”的坚韧性。这些传统象征与价值观并没有被生产的不断革命化所一劳永逸地清除；它们生存下来，修改和转变自己，确实在革命前夕重新成为一股强有力的反动力量。意识形态的潜在概念使我们注意到，社会关系可以被象征构造的流行或扩散所支持， 41
社会变革可以被它所制约。它使我们注意到，我们可以在一个进行着空前社会变革的社会内描述一个**社会保护过程**，马克思敏锐地觉察到这个过程，但他或许不愿充分指出它的含义。

我们来考虑一下马克思在《路易·波拿巴的雾月十八日》中提出的导致路易·拿破仑·波拿巴于1851年12月政变事件的说明。马克思肯定把这些事件描绘为决定于路易·菲利浦资产阶级君主制期间生产力与生产关系的发展。正是这种发展奠定了大规模工业和工业无产阶级兴起的基础，这加深了正统派与奥尔良派之间的分歧，它造成了1847年的经济危机而加速了1848年的政治动乱。但是马克思的说明完全不是专门包含在这些方面。相反，马克思的说明中最惊人的内容是它把1848年至1851年的事件并不描绘为经济层次出现的不可避免的过程的结果，而是**尽管**物质生活条件不断变革却被仍然持续的传统所诱发的过去形象卷入的事件。因此，《路易·波拿巴的雾月十八日》一开始的著名词句：

> 一切已死的先辈们的传统，像梦魇一样纠缠着活人的头脑。当人们好像只是在忙于改造自己和周围的事物并创造前所未闻的事物时，恰好在这种革命危机时代，他们战战兢兢地请出亡灵来给他们以帮助，借用它们的名字、战斗口号和衣服，以便穿着这种久受崇敬的服装，用这种借来的语言，演出世界历史的新场面。[21]

当人类参与创造自身历史和从事空前任务的时刻，他们在这种事业的风险和不确定面前退却了，他们从过去召唤代表来保障他们能持续下去。当持续受到威胁的时刻，他们**发明**了一个恢复平静的过去。从1848年至1851年，那是在法国出现的一场旧革命的幽灵，躲在拿破仑死后面具背后那笨拙和平凡的路易·波拿巴。“自以为借助革命加速了自己的前进运动的整个民族，忽然发现自己被拖回到一个早已死灭
42 的时代。”[22]当法国社会被一次经济危机所震动而似乎处在一场新革命前夕时，它却被一种在最后关头无法容纳的传统压力所阻止。

值得注意的是，马克思在1850年撰写1848年至1849年的事件时，设想到了一场紧迫的革命造反活动在无产阶级领导下已经临近法国。[23]马克思认为，政府的一些措施诸如重新实行酒类税正在使得农民革命化，驱使他们走到与他们天然的阶级同盟无产阶级的同一战线上。可是马克思在两年后就政变以后的认识写作时，他的乐观情绪减弱了。革命仍然列在日程上，但是政变已经表明它不是临近了，而是“还处在通过涤罪所的历程中”[24]。为什么1848年至1851年的事件没有促成一场彻底的革命而是模仿过去的一个反动政权呢？这个偷了革命之火的政权的基础是什么呢？马克思认为，路易·波拿巴之所以能发动他的成功政变，是因为他代表了法国社会中人数最多的阶级——小农。虽然小农的阶级利益与无产阶级的利益相一致，他们却还没有准备与无产阶级在一场共同斗争中拿起武器。他们还不会以自己的名义追求自身的利益，而是要求一位在他们头上成为**主人**而能补偿他们支离破碎的生活状况的**代表**。为什么路易·波拿巴这个笨拙的官僚会爬到既是农民的代表又是农民的主人的地位呢？

历史传统在法国农民中间造成了一种迷信，以为一个名叫拿

> 破仑的人将会把一切失去的福利送还他们。于是就出现了一个冒充这个人的人，而他冒充为这个人，只是因为他……取名为拿破仑。经过了二十年的流浪生活和许多荒唐冒险行径之后，预言终于实现了，这个人成了法国人的皇帝。侄儿的固定观念实现了，因为这个观念是和法国社会中人数最多的阶级的固定观念一致的。[25]

了解为什么1848年至1851年的事件最终导致一场政变而不是一场革命风云，关键在于：组成法国最大阶级的农民支持路易·波拿巴，他们支持他，是因为他们被拿破仑的传奇所迷惑了，他们着迷于一个人物，他披上他们一度视为英雄的衣着而把自己装成救世主。对这场政变的解释，不在于表明那些主要阶级根据它们所谓的利益来行动（那就 43
可能导致相当不同的结果），而在于声称它们根据一种传统来行动，这种传统是由于一名冒名顶替的骗子的语言和形象而复活起来的。

因此，马克思对1848年至1851年事件的分析把一个中心作用归于构成一种传统的象征形式，这种传统在危机时期可以把人们拉回到过去，阻止他们看到其集体利益，阻止他们行动起来改变压迫自己的社会秩序。一种传统可以掌握并控制人，可以引导他们去相信过去就是其未来，相信一个主人就是他们的仆从，从而能支撑一种社会秩序，绝大多数人在其中都从属于统治和剥削的条件。马克思恳求说："让死者去埋葬他们自己的死者"；"十九世纪的社会革命不能从过去，而只能从未来汲取自己的诗情。"[26]但是死者并不是那么容易埋葬的。因为从过去传递来的象征形式是由日常风俗、行为和信仰构成的；它们不像许多没有生气的尸体那样可以抛弃，因为它们在人们生活中起着活跃的、基本的作用。如果说马克思低估了社会生活象征层面的意义的话，他却在19世纪中叶的法兰西背景中看到了它的结果。他突出了语言和形象可以复活一种能支持压迫性社会秩序并阻挡社会变革道路的传统，从而为一项意识形态的新概念划出了空间。这种概念使我们不去关注哲学和理论学说的抽象观念，而是集中于把象征用于特定社会背景并进行转变的方式。这种概念促使我们去观察流通于社会生活中的象征形式产生并支持社会关系的方式，掌握住人们并引导人们走向某些方向。在本章稍后部分，我将回过来讨论意识形态的潜在概念并设法以系统的方式加以发展。但首先我们必须考虑概念史上的一些随后的发展。

从意识形态到知识社会学

在马克思以后，意识形态的概念在马克思主义和新兴的社会科学学科中都扮演了重要的角色。在这一背景下，我不试图概述这个词的多种不同用法，这可以在这一内容广泛的著作中看出来。我将设法突
44 出这些著作中一个显著的中心倾向，我将把这种倾向描述为**意识形态概念的中性化**。在马克思的著作中，意识形态概念保有消极的、反对的意思，那是从拿破仑手中得来的。这种消极的意思在马克思著作包含的各种意识形态概念中转变为不同的方式，但是消极性的意思则是共同具有的。由意识形态构成的学说与观念属于抽象、歪曲和幻想的领域；它们表达了统治阶级的利益，并且要维持现状；这些现象可以被物质生产条件和社会变革的科学分析所解释、显露，并且——根据马克思著作中包含的至少一种概念——被最终所取代。马克思的著作中并未提示意识形态是社会生活的一个积极的、进步的或必然的因素。马克思认为，意识形态是一种疾患的征象，不是一个健康社会的正常特点，更不是一种社会医疗的药物。然而，在后来的著作中，意识形态概念却失去这种消极意思了。在马克思主义和新兴的社会科学学科内，意识

形态概念以各种方式被中性化了——即使在日常社会论述的领域中“意识形态”一词继续表示一种消极的甚至贬义的意思。

要追溯这种中性化过程，我们可以首先简要地考虑一下马克思以后在马克思主义思想发展方面的一些著作中意识形态概念的命运。意识形态概念在马克思主义内的中性化，主要并不是由于我所谓的意识形态副现象概念包含的一般化所导致的试图明显改变这一概念的结果。这种一般化是要详尽阐述特定社会—历史环境中的阶级斗争战略。因此，列宁在分析20世纪初沙俄两极分化的政治形势时，就号召要详尽地阐述一种“社会主义意识形态”以抗击资产阶级意识形态的影响和避免他所谓的“自发工联主义觉悟”[27]的陷阱。列宁是要强调，无产阶级如顺其自然是不会发展起真正的社会主义意识形态的；它却会被资产阶级意识形态所迷惑而关注于零打碎敲的改良。社会主义意识形态只能由理论家和知识分子所阐明，他们脱离了日常斗争的要求，能够具备更宽广的发展趋势和总体目标的眼光。社会主义虽然不是由无产阶级自发产生的，它却是无产阶级的意识形态，因为它表达和推进了阶级斗争背景下的无产阶级利益。在卢卡奇的著作中，“意识形态”一词显然有类 45
似的用法。卢卡奇在20世纪20年代初思考工人阶级运动面临的任务和问题时，强调“无产阶级意识形态”在决定革命命运方面的重要性。卢卡奇认为，无产阶级无疑将最终完成其世界—历史使命；“唯一争论的问题是它在达到意识形态成熟以前，在真正认识其阶级状况和真正阶级意识以前，要遭受多少苦难。”[28]因为无产阶级深深处在社会—历史进程之中，受到物化和资产阶级意识形态的影响，意识形态成熟的发展要求一个在组织上与阶级公开、而能表达整个阶级的利益的政党之协调。

在这个背景下，我不想审察列宁和卢卡奇阐述中的歧义、精练、含糊、犹豫和不一致。这样的审察会使我们脱离在此关心的总主题；而且各种著作中已经有着对他们观点的详细评论。[29]我想详细研讨的总主题是列宁与卢卡奇著作中对“意识形态”一词的使用方式包罗着意识形态概念的隐含中性化。列宁和卢卡奇吸收马克思的副现象概念并使它适应于阶级斗争的紧急状况，把这个概念加以有效的一般化，使“意识形态”指那些表达和促进参与冲突的主要阶级的各自利益。列宁和卢卡奇虽然强调无产阶级意识形态不一定由无产阶级在事态发展中所产生，他们却重视阐明和扩散这种意识形态以便克服革命的障碍。卢卡奇称，历史唯物主义是“无产阶级备战的意识形态”，确实是“这一斗争中最强大的武器”[30]。但是这样来使用“意识形态”一词消除了我们称之为马克思副现象概念的“不对称方面”。马克思的概念包罗有关参与生产的基本阶级的某种不对称性。构成意识形态的观念是表达**统治**阶级利益的观念；它们不是表达阶级利益本身。马克思从未谈到“社会主义意识形态”或“无产阶级意识形态”，他从来没有把历史唯物主义的特点说成是“无产阶级的意识形态”。他并不认为这种意识形态会使无产阶级对它的阶级处境、利益与目标具有正确的认识。马克思太熟悉拿破仑对理论家（观念学家）的主张了，他不会以这种明确的
46 正面意思来使用“意识形态”一词。马克思认为，意识形态远远不能为无产阶级指明走向胜利的道路，却是可能把无产阶级引入歧途的抽象学说和幻想观念的领域。意识形态远远不是无产阶级可以在它斗争中配置的**武器**，而是争取社会主义的斗争必须克服的**障碍**。列宁和卢卡奇把“意识形态”的用法加以中性化时，有效地消除了副现象概念的不对称方面，并把马克思著作中这一词语带来的消极意思加以中性化。

我在提出这一论点时，首要关心的是用材料证明意识形态概念的一个含蓄的转变，而不是要对列宁与卢卡奇加以攻击或者号召无条件地回到马克思。在卢卡奇的著作中，特别是他关于物化的观念，有一些

因素对于分析意识形态仍然很重要，我将在后面再讨论。而且，马克思对意识形态的评论非常难以捉摸，充满了推测性的设想。如果说马克思有助于突出今天分析意识形态时必须考虑的一些问题，那么这种分析必须根据一些相当不同于马克思使用的设想。如果我们继续吸收马克思的观点，认为意识形态分析是一项**批判性**活动，不能脱离对人们所处的统治关系的思考，那么，我们也必须承认马克思提出的进行批判活动的方式今天不能再维持了。我在适当时候将再来讨论这些问题。但是，我首先要讨论卡尔·曼海姆著作中对意识形态概念的处理，他的《意识形态与乌托邦》代表在马克思主义传统之外第一个系统地试图阐述意识形态这一中性概念。

曼海姆熟悉卢卡奇的工作，曾与卢卡奇共同就学于布达佩斯大学，并被卢卡奇在该校委派一个职务，而卢卡奇则担任短命的匈牙利苏维埃共和国的副文化专员。[31]像卢卡奇一样，曼海姆强调：一切思想都处在历史之中而且是社会—历史进程的一部分，并反过来进而设法理解这个进程。但是曼海姆并不直接地、主要地关注马克思主义的理论和政治问题：他首要关注一种研究知识和思想的社会条件的方法。后来在他的事业中，在他被迫于1933年移居英国以后，他变得越来越专注于教育问题和分析社会重建和变革的文化方面。当曼海姆在20年代末谈论意识形态问题时，他是试图阐明一种研究处于社会之中的思想的解 47
释方法。他希望，通过说明他所谓“思想的社会与活动的根源”，他的方法论观点可以为社会科学带来一种新型的客观性，并“答复对政治生活进行科学引导的可能性问题”[32]。

如果说曼海姆在表达这种希望时显得反映了德斯蒂·德·特拉西关于观念科学原来纲领的目标的话，那么这种反映是透过了马克思著作的棱镜，并在20世纪初期的思想背景中取得了新的地位。说它透过了马克思著作的棱镜，是指马克思对意识形态的讨论被曼海姆视为从意识形态**特定**概念过渡到意识形态**总体**概念的决定性阶段。所谓意识形态的“特定”概念，被曼海姆理解为停留于或多或少自觉伪装、欺骗与谎言层面的一种概念。我们说意识形态的特定概念，是表示对我们的对手提出的观念与观点的怀疑，把它们视为对实际事态性质的歪曲。意识形态的总体概念是指我们把注意力转移到一个时代总体思想结构的性质，或是诸如阶级那样的一个社会—历史集团的性质。我们说总体概念，是表示我们设法掌握思想和经验的概念与模式和一个时代或集团的“世界观”，并把这视为一个集体生活环境的产物。特定概念仍然停留在参与欺骗和责难的人们的层面，而总体概念则有关联系社会背景的集体思想体系。

曼海姆认为，马克思是把意识形态的特定概念过渡到总体概念的第一位思想家，但是他这样做的方式是保留特定概念的一些要素。他超越特定概念时就是他试图把哲学和理论学说以及观念回溯到它们倡导者的阶级地位，使这些学说和观念植根于它们所表达利益的那些阶级的社会—历史条件之中。但是马克思的观点保留了特定概念的一些要素，就是他试图贬损资产阶级思想和批判他的阶级对手的思想，同时认为进行这种批判活动的立场是理所当然的。马克思设法联系他的对手的社会背景来说明和批判他们，但他不应用同样的方法来对待他自己的思想。因此，曼海姆对于他所谓的意识形态总体概念的**特殊**阐述
48 与**一般**阐述作出了进一步的区分。马克思实行了特殊阐述，现在必要的是把这最终过渡到一般阐述，这样就使分析家“有勇气不仅使对手的观点而且使一切观点——包括他自己的观点——接受意识形态分析”[33]，**根据这种一般阐述，“意识形态”可以被视为受社会环境所制约的、是人们（包括参与意识形态分析的人们）所共有的思想与经验模式**

的交织体系。由于意识形态分析最终过渡到一般阐述，它就不是一个党派的思想武器，而成为对社会与思想史的一种研究方法，一种被曼海姆描述为“知识社会学”的方法。这种方法的目的并不是去揭露和贬损对手的思想，而是去分析影响思想（包括自己的思想）的一切社会因素，从而“为现代人们提供对整个历史进程的一项修正观”[34]。

虽然向知识社会学的过渡涉及抛弃早先意识形态概念的评估性，它却提出了它自己的认识论问题。要感激曼海姆以直接和明白的方式面对这些问题，即使他提出的答复最终是不能令人满意的。以曼海姆的观点提出的认识论问题可以称之为**激进历史循环论的认识论问题**。如果一切知识——包括知识社会学所产生的知识——都处在社会与历史背景下，而且只有联系这种情况才是可理解的，那么，我们怎么能避免一切认知只是涉及认知者社会—历史环境的结论呢？曼海姆认为，通过区分**相对主义**与**相关主义**，就可以避免这一结论。“相对主义”是把相当合理地承认思想的社会—历史制约同一项陈旧的、过时的认知理论结合起来的结果，这项理论提出在分析上确实的命题（例如“2×2=4”这样的数学公式）作为一切认知的范式。与这种范式相比较，取决于社会—历史条件的认知形式必然显得“不过是相对的”。但是，如果我们拒绝这种过时的认知理论，那么，我们就会看到一切历史认知都是“相关认知”，而且只有根据认知者与观察者的社会—历史环境才能阐明和理解。历史认知取决于社会—历史环境，这并不是败坏这种认知的一种缺陷，而是在社会—历史领域中的认知可能性条件。

曼海姆承认相关主义本身并不解决人们怎样在历史认知领域内分 49
清真伪。相关主义至多去除掉对这一问题的误导反应，这种反应根据一种老的认知理论，为另一项看法开道。但曼海姆在《意识形态与乌托邦》中勾画的这另一项看法却并不比他设法抛弃的反应更加有理。曼海姆认为，我们在调查中能获得的知识是**局部**的知识，它和更大范围知识和真相有关，最终和历史现实本身的结构有关，就像一个整体的许多局部。虽然我们不能希望立即掌握这一整体，我们可以设法掌握尽可能多的局部观点，并把它们结合为一个动态的、全面的综合。具有最好机会产生这种综合的社会集团是艾尔弗雷德·韦伯所提到的“社会无隶属知识分子”的集团。相对来说不属于任何阶级的和不太坚固地建基于社会秩序的知识分子，面对各种不同的观点，对社会与历史的强力的、整体的特质日益敏感；他们凭借自己的社会地位，能够并愿意产生一个脱离了任何特定地位的综合。

这种社会学的黑格尔主义为曼海姆提供了一个进一步的、更为规范化的任务的基础：那就是判断一个时代的文化。正是在这一背景下，曼海姆提出了一个有所不同的意识形态概念，并把它与乌托邦的概念相对照。这里，意识形态和乌托邦都成为与现实“不协调”或“不一致”的概念。意识形态与乌托邦之超越现实，是指它们设想一些在现有社会秩序的范围内无法实现的行为模式。但是，意识形态从来没有在实现它们计划的行为模式方面取得事实上的成功；而乌托邦则在某种程度上实现了它们的内容，从而可根据它们设想的行为模式来改变现有的社会现实。意识形态是纯粹的设想，对社会—历史领域没有改变的效能，而乌托邦则是最终在这个世界以某种程度实现的观念。我将把这一意识形态概念称为“曼海姆的有限概念”，它可以总结如下：**意识形态是和现实不协调的、在实践中无法实现的观念**。曼海姆承认，在实际环境中，可能难以辨别这个意义上的意识形态和乌托邦概念，因为要区分就必须先有社会—历史现实的明确概念以及关于某些观念最终是否会实现的设想。因为这种设想只有在回顾时才能肯定，所以实现的
50 标准至多是“在区分事实时的补充标准和追溯标准，而这些事实只要是

当代的就会掩埋在党派的意见纷争之中”[35]。

没有必要在这里更详细地研讨曼海姆的观点。他的著作非常难读，有许多含糊不清之处，需要很大篇幅来作充分分析。而我所希望突出的是曼海姆讨论的中心要点导致意识形态概念中性化的方式。曼海姆首要关心的是超越早先情况的党派性质并把意识形态分析转变成一种知识社会学，这种学说以意识形态总体概念的一般阐述为基础。在这种新方案中，“意识形态”主要指处在社会之中、为集体所共有的思想或观念体系；而意识形态分析就是研究这些思想或观念体系被它们所处的社会与历史环境影响的方式。曼海姆的新方案就这样明白地放弃了与拿破仑以来意识形态概念有关的批判性、消极性内涵，并重建具有实际政治结果的一种“观念科学”的原先计划。但是曼海姆知道无法用像德斯蒂·德·特拉西原先提出的东西去实行这一计划。因为正如马克思所表明的，观念并不具有它们自身的微妙中介，而总是受社会与历史因素制约，所以对观念的研究必须是——用曼海姆的术语——知识社会学。而且，对观念的研究本身是处在社会与历史之中的。因此，我们不能简单地把它作为一门“科学”，认为它的正确性标准是不言自明和无可怀疑的。在认识论层面上，知识社会学应被解释为一门自我反思的历史循环论，而不应被看作是以启蒙运动为模式的实证科学。

然而，我们可以公正地提问：把知识社会学的新方案视为意识形态分析的合理继承者或者是具有共同范围，是否有所助益。曼海姆自己在这方面显得有些矛盾。在有些情况下，他强调以前意识形态概念的局限性并主张意识形态观点的一般性，在另外一些文章中，他提出意识形态研究必然是局限的，所以可以与知识社会学区分开。一度，他甚至提出也许最好在知识社会学中避免使用“意识形态”一词而代之以更加中性的“观点”的概念。[36]但是，如果是这样的话，那么人们很可以怀

疑曼海姆试图把意识形态概念加以一般化和中性化能否成功。即使在
51 这样尝试以后，曼海姆承认意识形态整体概念的一般阐述或许毕竟不是一种**意识形态**概念，因为它缺乏“道德内涵”，而这是该概念的一个重要方面。即使在曼海姆试图从传统上与意识形态概念有关的残留问题中提炼出知识社会学的因素以后，也承认这些问题毕竟可以通过不同于知识社会学和补充知识社会学的观点来分开加以讨论。

这种残留问题能否被曼海姆所提出的更加局限的意识形态概念所充分掌握并与乌托邦的观念并列？在意识形态概念与乌托邦的概念之间可以作一个有意思的重要的比较，而曼海姆进行这种比较的具体方式是有问题的。除了与应用所谓“实现标准”的任何尝试有关的明显问题以外，人们可以怀疑曼海姆的更加局限的意识形态概念本身是不是一种似乎可信的阐述。由于这个原因，意识形态是和现实不协调的、在实践中无法实现的观念；它们相似于乌托邦，但只是更加极端的、似乎可以说完全无效验的观念。人们可能不知道，如果严格地应用这些标准的话，会不会有任何可以称之为“意识形态”的东西。或许有意义的是，曼海姆所提出的这种意义上的意识形态是封建社会中基督教友爱的观念，而广泛范围的学说和思想，从千年盛世主义到自由主义，从保守主义到共产主义，都被视为乌托邦。但是，我要在这里强调之点是，曼海姆的意识形态局限概念保留了这个词有关的消极内涵，它集中于两大特点：不协调性和不可实现性；**这里疏漏的是统治现象**。在马克思的著作中，意识形态概念是和统治的观念相联系的，就是说构成意识形态的观念或陈述是以某种方式交织——表达、歪曲、支撑——阶级统治关系的。这种同统治现象的联系在曼海姆的局限概念中没有了，在这方面，曼海姆的局限概念更相似于拿破仑的概念，而不是马克思著作中出现的意识形态概念。在本章其后部分，我将试图恢复意识形态

概念与统治现象之间的联系，并把它发展为可以替现代社会中的意识形态分析提供一个能辩解的概念基础。

对意识形态的再思考：一个批判性概念

在前面各节中，我分析了意识形态概念史上的一些主要方面。我 52
突出了在这一历史过程中涌现的某些具体的意识形态概念，从德斯蒂·德·特拉西的观念科学到马克思和曼海姆著作中可以看到的各种概念。现在我希望超越这一历史研讨而提出意识形态概念的另一种阐述，它吸收了上述的某些内容。我在这样做的时候并不试图为任何特定的意识形态概念正名，也不准备提出某个包罗一切的大综合。我的目的既是更建设性的，又是不过分的。它们是更具建设性的，就是说：我将设法提出一个意识形态概念的新阐述，而不是为某些以前的概念正名。这种新的阐述将获取早先某些概念的精神，但不会去遵循任何特定内容的字面文句。我的目的是不过分的，就是说：我并不试图综合以上重点说明的各种概念，好像这一复杂的意识形态概念史现在可以到达自然的顶点；我将提出的阐述是对这一历史的一项贡献，不是企图提出它的结局。我的目的是不过分的，也就是说：我不谈与意识形态概念有关的许多设想与主张（有时非常雄心勃勃的主张）。没有必要设法去辩护意识形态概念的那些设想和主张，它们最好被视为错综复杂漫长历史上的以前的插曲。当然，我将提出的另一种阐述将含有它自身的设想，在本章和其他地方，我将说明和陈述这些设想。

我要借分清两个一般**类型**的意识形态概念开始。这种区分将使我们能够把各种意识形态概念分为两大基本类别，这将作为发展另一种观点的途径。一项一般类型是我所谓的“意识形态的中性概念”。中性概念意味着指一些现象的特点是意识形态或意识形态的，而并不是说这些现象必定是误导的、幻想的，或者与任何特定集团的利益相一致的。根据中性概念，意识形态是其他的社会生活（或社会研究形式）中的一个方面，并不比任何其他东西更具吸引力或有疑问。例如，意识形态可能存在于每个政治纲领之中，不论它是面向革命、复古或改良，不论它是渴望变革社会秩序或维持社会秩序。意识形态对于反对社会秩
53 序的从属集团以及对于维持现状的统治集团可能都是必要的。就像军事器械或战术技能，意识形态可以是一种面向胜利的武器，但并不面向特定的胜利者，因为它在原则上对任何具有资源和技能来取得和使用它的战斗者开放。

我们可以从第二种一般类型来区分意识形态的中性概念，我把它描述为“意识形态的批判性概念”。批判性概念传达负面的、批判的或贬义的意思。不像中性概念，批判性概念意味着特点为意识形态或意识形态的这种现象是误导的、幻想的或片面的；把一些现象的特点视为意识形态就带有对它们的含蓄批判或谴责。意识形态的批判性概念和意味着负面意思的基础有所不同。我们可以把这种不同基础描述成与特定意识形态概念有关的**负面性标准**，意识形态的中性概念与批判性概念的区别以及负面性标准的区分，使我们能够根据表1.1提出的图式中以前所研讨的各个意识形态概念加以分类。这一图式表明，德斯蒂·德·特拉西、列宁、卢卡奇和曼海姆（他的总体概念的一般阐述）提出的意识形态概述都共同具有一个重要的特性，但这些思想家之间有许多分歧。所有这些意识形态概念都是中性概念，就是说它们不一定传达一种负面的、贬义的意思，不一定意味着意识形态是一种要加以抗击并且可能的话加以消灭的现象。相反，拿破仑、马克思和曼海姆的概念（我描述为曼海姆的限制性概念）则都是批判性概念。它们都传达一

种负面的意思，并意味着被描述为意识形态的现象是易受批判的。

负面性标准（不同的批判性概念由它而带有负面意思）因不同概念而异。在拿破仑对这个词的使用中，“意识形态”带有负面意思，认为这种有关观念既是错误的又是不实际的，既是误导的又是脱离政治生活的实际现实的。马克思的意识形态论战概念保留了这两种负面性标准，而把攻击目标从德斯蒂·德·特拉西的观念学转向青年黑格尔派的哲学思辨。随着过渡到马克思的副现象概念，负面性标准改变了：构 54

表1.1　若干意识形态概念的分类

中性概念	批判性概念	
	意识形态概念	负面性标准
德斯蒂·德·特拉西	拿破仑	AB
	马克思1	AB
	马克思2	BC
	马克思3	BD
列宁		
卢卡奇		
曼海姆1	曼海姆2	AB

图例：

马克思1——论战概念
马克思2——副现象概念
马克思3——潜在概念
曼海姆1——总体概念的一般阐述
曼海姆2——曼海姆的限制性概念
A——抽象的或不实际的
B——错误的或幻想的
C——表达统治利益
D——支持统治关系

成意识形态的观念仍然是幻想的，但它们也被视为表达统治阶级利益的观念。后者的标准被我所用来描述为马克思的意识形态潜在概念的另一标准所取代。根据潜在概念，意识形态是一种陈述体系，它进行掩盖和误导以便支持统治关系。在随后曼海姆的限制性概念的阐述中，
55 负面性标准又具有拿破仑使用这个词以及马克思的论战概念的特点。

这一图式可以扩展到包罗对意识形态理论与分析的更新近的贡献。可是，我不在此扩展这一图式。我将在下一章里考虑一些最近的贡献，但是目的则略有不同：我将较少关注当代作家们使用的具体意识形态概念，而更关注他们对现代社会中意识形态的性质与作用的一般说明。然而，正如我在另外场合[37]所说明的，写到意识形态的大多数当代作家——从马丁·塞利格到克利福德·格尔茨，从阿尔文·古尔德纳到路易·阿尔都塞——都使用了我描述为意识形态中性概念的某些内容。意识形态总的被视为信仰体系或象征形式与实践体系；在某些情况下，这些作家——如几十年前的曼海姆——明白地设法使自己远离他们认为的意识形态“限制性”或“评价性”概念。我在提出有关意识形态分析的另一种观点时，我的目的是相当不同的。我将设法反对我所描述的意识形态概念的中性化。我将试图阐明一项意识形态的批判性概念，吸收早先概念中所包含的一些主题，同时放弃另一些主题；我将试图表明这一概念可以为意识形态分析提供一个有成效的、能辩护的观点的基础，这种观点以具体分析社会—历史现象为方向，但同时保留了这个概念的历史传给我们的批判性质。

根据我将提出的概念，意识形态分析首要关心的是象征形式与权力关系交叉的方式。它关心的是社会领域中意义借以被调动起并且支撑那些占据权势地位的人与集团的方式。我要更加鲜明地界定这个中心内容：**研究意识形态就是研究意义服务于建立和支撑统治关系的方**

式。意识形态现象就是**只有在**特定社会—历史环境中服务于建立和支撑统治关系的有意义的象征现象。**只有在**：重要的是要强调，象征现象，或某些象征现象，并不就是意识形态的，而只有在特定环境中它们服务于维持统治关系时才是意识形态的。我们无法从象征现象自身看出象征现象的意识形态性质。我们能掌握象征现象为意识形态的，因此我们只有把象征现象置于它们能否用于建立和支撑统治关系的社会—历史背景之内，才能分析意识形态。象征现象是否服务于建立和 56
支撑统治关系，这是一个问题，对该问题的回答，只有靠研讨特定环境中意义与权力的相互作用，只有靠研讨结构性社会背景中人们使用、传送和理解象征形式的方式。

在阐述这种意识形态概念时，我吸收了我所描述的马克思的潜在概念。可是，我只保留修改过的一种负面性标准作为意识形态的一种界定性特点：即支撑统治关系的标准。作为意识形态的象征形式理所当然是错误的或幻想的，这并不重要。它们**可能**是错误的或幻想的，确实在某些情况下意识形态**可能**在运行时隐蔽或掩盖社会关系，模糊或歪曲形势，但这些是偶然的可能性，不是意识形态本身的必然特点。把错误和幻想视为意识形态的偶然可能性而不是一种必然特点，我们就能从意识形态分析中解除它从拿破仑以来一直为之拖累的一些认识论负担。参与意识形态分析并不一定预想那些定性为意识形态的现象都表明或能表明是错误的或幻想的。把象征现象定性为意识形态的并不一定强使分析者承受负担来表明定性为这样的现象都在某种意义上是“虚假的”。我们在这里关心的首先不是象征形式的真假，而是这些形式在特定环境中用于建立和支撑统治关系的方式；而完全不是指那些象征形式只有在错误的、幻想的或虚假的情况下才用于建立和支撑统治关系。当然，对意识形态分析的确引起了重要而复杂的辩护问题，我将在以后一章中考虑这些问题。但是，为了有成效地讨论这些问题，重要的是要看到把象征现象定性为意识形态的，并不直接地、必然地意味着这些现象在认识论上是有缺陷的。

我们提出的意识形态概念还有两个方面大大不同于马克思的内容。在马克思著作中，支撑统治关系的标准一般都或明或暗地根据**阶级**关系来理解。马克思认为，阶级统治与从属的关系一般构成了人类社会特别是现代资本主义社会中不平等和剥削的主要轴心。马克思认
57 为，阶级统治与从属的关系——首要的是在各派资本和受压制的无产阶级及支离破碎的农民之间——是靠坚持法国19世纪中叶拿破仑的形象与传奇所支撑的。但是，重要的是要强调阶级关系只是统治与从属的**一种**形式，它们只构成不平等和剥削的**一个**轴心；阶级关系完全不是统治与从属的**唯一**形式。虽然马克思强调阶级关系作为不平等和剥削的基础的意义是对的，但他却倾向于压低两性之间、民族集团之间、个人与国家之间、民族国家与民族国家集团之间的关系的意义；他倾向于认为阶级关系形成现代社会的结构的核心，认为它们的转变是走向摆脱统治和未来的关键。这些强调和设想今天不能认为是不言自明的。我们今天生活在阶级统治的从属继续起重要作用的世界里，但其中还有许多其他形式的冲突，而且在某些背景下它们是有同样甚至更重要的意义。如果我们必须形容马克思过分关注阶级关系，那么，我们也必须分开意识形态概念与阶级统治之间的联系。这种联系必须被视为偶然的而不是必然的。在研究意识形态时，我们可以关注意义支持统治关系的方式，但是我们也可以关注其他种类的统治，诸如男女之间、民族集团与其他集团之间或者霸权民族国家与处于全球体系边缘的民族国家之间的结构性社会关系。

我提出的意识形态概念不同于马克思的内容的另一个方面是不太

明晰的，但仍然是重要的。由于马克思从来没有明白阐述过意识形态的潜在概念，所以难以对它提出明确的、不含糊的意思。当马克思把注意力转向在农民的“固定观念”中得到满足的拿破仑传统和拿破仑传奇的作用时，他首要感兴趣的是这种传统用于支持一套先于和独立于调动象征形式的意义而建立的社会关系。阶级的“自在”存在决定于客观的生产关系，决定于首先具有经济性质的环境——虽然，如果没有一个合适的象征代表的形式使它们能在其中和从中代表它们自身的利益和目标，那么阶级就不会“自为”存在。这种说明的困难在于它似乎 58
要淡化象征形式及其中调动的意义**构成社会现实**的并积极参与建立和支持个人与集团之间关系的程度。象征形式并不仅仅是用于表达或模糊那些象征前阶级基本上和实质上构成的社会关系或社会利益；象征形式却是不断地和创造性地包含在社会关系本身的构成之中。因此，我提出，意识形态概念的形成要根据象征形式调动意义来服务于**建立和支撑**统治关系的方式：建立指的是意义可以积极地创建和制定统治关系；支撑指的是意义可以通过生产与接收象征形式的现有进程来服务于维持和再造统治关系。

为了发展我所提出的关于意识形态概念的重新架构，有三个方面需要详细阐述：意义的观念，统治的概念，以及意义可以服务于建立和支撑统治关系的方式。我将在第三章中比较详细地讨论意义的观念和统治的概念，所以在这里我将简要地说明以后会发展的分析思路。在研究意义服务于建立和支撑统治关系的方式时，我们所关切的意义是包罗在社会背景中和流通于社会领域内的象征形式的意义。我用“象征形式”，来理解由主体所产生的并由主体和别人所承认是有意义的建构物的一大批行动、言词、形象与文本。语言言词和意思，不论是口头的或刻印的，在这方面都是重要的，但是象征形式也可以在性质上是非语言的或近似语言的(例如,一种视觉形象,或者是结合了形象与文字的一种建构物)。我们可以根据四个典型方面来分析象征形式的意义性质——我称之为象征形式的“意向性”、“常规性”、“结构性”和“参照性”四个方面。还有象征形式的第五个方面,我称之为“背景性”方面,它说明象征形式总是包罗在社会结构背景与过程之中。把这些背景和过程说明为“社会结构的”,就是说在各类资源的分布与获得方面
59 有着系统的差异。处在社会结构背景之内的人们,由于他们的位置,具有不同数量和不同获得程度的可用资源。人们的社会位置以及与他们在社会领域或机构中的地位有关的权利,赋予他们不同程度的“权力”,这里就是理解为社会或机构所赋予的能量,使一些人能够或有权作出决定、追求目标或实现利益。当既定权力关系是“系统地不对称”时,那就是说,当特定代理人或代理人团体被长期赋予其他代理人或代理人团体被排除的以及很大程度上得不到的权力(不论这种排除的基础何在)时,我们就谈到“统治”。

关于意义和统治的这些最初特点的描述提供了一个背景,从而使我们探讨有关意识形态概念重新架构所提出的第三个问题:意义以什么方式服务于建立和支撑统治关系?意义有无数的方式可以在特定的社会—历史条件下服务于维持统治关系,我们只有小心地关注实际社会生活环境中意义与权力的相互作用,才能正确地回答这个问题。在以后一章里,我讨论这个问题的方式是提供对一些经验研究特殊例子的详细分析。但是,在这里说明意识形态的某种一般**运行模式**并叙述它们在特定环境下可能联系**象征建构策略**的某些方式,可能是有助益的。区分这些模式和发展这些关联,我的目的并不是要提供意义服务于建立与支撑统治关系的方式的综合情况。我的目的只是简单地初步标示一个丰富的分析领域,我在以后各章中对此将更详尽地加以研讨。

我将区分意识形态运行的五种一般模式:“合法化”、“虚饰化”、“统一化”、“分散化”和“具体化”。表1.2提出这些模式可以联系各种象征建构策略的一些方式。在展示这个图表中的内容以前，我要强调三个条件。第一，我不想声称这五种模式是意识形态运行的**唯一**方式，或者说它们总是各自独立运行；相反，这些模式可能相互重叠和相互加强，而意识形态在特定环境下可以有别的运行方式。第二，把某些运行模式与某些象征建构策略联系时，我不希望主张这些策略是**独特**地联系这些模式的，或者说我提到的策略是**唯一**有关的。人们最多可以说某些策略是**典型地**与某些模式相联系的，同时承认在特定环境下任何已知策略都可以服务于其他目的而任何已知模式都可以以其他方式实现；在提到各种策略时，我的目的是举例说明，而不是提供完全彻底 60
的分类。第三个条件是，在突出象征建构的某些典型策略时，我并不想主张这些策略**本身**是意识形态的。这种策略没有一个是固有的意识形态的。一个已知象征建构策略是否是意识形态的，取决于以这种策略构建的象征形式在特定环境中如何被使用和理解；取决于这样构建的象征形式是否在这些环境下服务于支持或颠覆、建立或破坏统治关系。研讨象征建构的典型策略能使我们觉察到意义可以在社会领域内被调动的某些方式，可以对意识形态运行的一些可能性作出规定，但这不能取代对象征形式在特定的具体环境内与统治关系相交叉的方式进行谨严的分析。

我先来讨论**合法化**。正如马克斯·韦伯观察到的，统治关系可以被描述为合法而加以建立和支持，就是说，被描述为正义的和值得支持的。[38]把统治关系描述为合法的，可以被视为一种对**合法性的要求**，它有某些根据，以某些象征形式来表达，在一定环境下可能或多或少是有效的。对合法性的要求可能的根据，韦伯区分了三种类型：理性根据

表1.2　意识形态的运行模式

一 般 模 式	一些典型的象征建构策略
合法化	合理化 普遍化 叙事化
虚饰化	转　移 美　化 转义(例如：提喻，转喻，隐喻)
统一化	标准化 统一象征化
分散化	分　化 排　他
具体化	自然化 永恒化 名词化/被动化

61

(靠颁行规章的合法性)、传统根据(靠自古以来传统的神圣性)以及感召力根据(靠行使权威人物的卓越性)。基于这些根据的要求可以靠某些象征建构典型策略在象征形式中表达出来。一种典型策略我们可称之为**合理化**，象征形式的产生者构建一系列理由来设法捍卫或辩解一套社会关系或社会体制，从而说服人们值得去支持。另一种典型的策略是**普遍化**。根据这项策略，服务于某些人利益的体制安排被描述为服务于全体人的利益，而且这些安排被视为原则上对任何有能力、有意愿从中取胜的人开放。对合法性的一些要求也可以通过**叙事化**的策略来表达：这些要求包罗在描述过去并把现在视为永恒宝贵传统一部分的叙事之中。有时，传统确实被**制造**出来以产生一种社群归属感和一种超越冲突、分歧、分裂经验的历史归属感。[39]这些叙事是由官方编年史家和个人在日常生活中述说的，其作用在于为掌权者行使权力作辩护，在于使无权的其他人顺从。讲话、纪实、历史、小说、电影被制作成叙事材料，用以描绘社会关系并揭示行动结果，使之确立和支撑权力关系。在日常生活中比比皆是的许多世俗叙事和笑话中，我们不断地参与描述种种世态，通过损人利己的嬉笑来加强事物的外观顺序。通过讲述叙事和接收（听取、阅读、观看）他人讲述的叙事，我们可能被纳入一个象征过程，而在某些环境下服务于建立并支撑统治关系。

意识形态的第二种操作法是**虚饰化**。统治关系可以通过掩饰、否 62
认或含糊其词，或者对现有关系或进程转移注意力或加以掩盖的方式来建立和支撑。作为虚饰化的意识形态可能靠各种不同的策略在象征形式中表达出来。这种策略之一是**转移**：转移这个词习惯上指用一物或一人来谈另一物或另一人，从而把这个词的正面或反面含义转到另一物或另一人。这是路易·波拿巴使用的象征建构策略，正如马克思准确地观察到的，他设法复活一种对帝国英雄尊敬的传统并把自己作为伟大拿破仑的合法继承者。正是"这种古老的伪装和借用的语言"掩盖了世界历史的新面貌，使农民关注过去而不是未来，并防止他们——按马克思的说法——了解他们真正的生活状况。促进社会关系虚饰化的另一种策略是**美化**：把行动、体制或社会关系描述或重新描述，使之具有正面的评价。关于这种做法有许多著名的例子：暴力镇压抗议被描述为"恢复秩序"；监狱或集中营被描述为"新生中心"；以种族分隔为基础的体制化不平等被描述为"分别发展"；剥夺公民权的外国劳工被描述为"客籍工人"。但是美化的做法往往比这些著名的例子所表示的更加隐晦。因此，1982年，梅纳昌·贝京告诉我们：几千军队和几百辆坦克开进黎巴嫩并不是"入侵"，因为根据贝京对这个词的定义，"你入侵一个地方，是要征服它，或者吞并它，或者至少部分征服它。而我们并不觊觎哪怕一英寸土地”[40]。我们使用的许多字眼中有许多空当，有不确定的含糊其词，因此就可以通过细微的甚至难以察觉的意义转换来进行美化。

作为虚饰化的意识形态可以通过另一种策略或一组策略来表达，我们可以把它们归在**转义**的总标题下。[41]所谓转义，我指的是以文字修辞手法来使用语言或象征形式。对转义的研究一般限于文学领域，但是以文字修辞手法来使用语言则远比这种专业学科广泛。转义的最常见形式中包括提喻、转喻和隐喻，所有这些都可以用来虚饰统治关系。
63 提喻包括局部与全体的语义合成：用表示局部的词来指全体，或者用全体的词来指局部。这种技巧可以虚饰社会关系，混淆或倒转集体及其局部之间的关系、特定集团及更广的社会与政治形态之间的关系——例如把“英国人”、“美国人”和“俄国人”这样的一般词语用来指一个民族国家的特定政府或集团。转喻包括用表示一物属性、附体或特征的词来指该物本身，虽然该词和所指内容并无必然联系。通过使用转喻，所指内容可以暗指而不明说，或者可以联系其他事物来给以正、反评价；例如，这是广告中常用的做法，这样做往往能巧妙地、偷偷摸摸地把意思说出来而无须挑明广告中所指或暗含的目的。隐喻包括使用对一件事物并非真正适用的词语。隐喻性表达在句子里把来自不同语义领域的词结合到一起而起到一种弹性作用，如果成功，这种弹性就产生新的持久的意思。隐喻虚饰社会关系，可以把它们或者包罗其中的个人和集团说成是具有其并不真正有的特性，从而强调某些特点和牺牲其他特点使之带有正面或负面的意思。因此，英国前首相玛格丽特·撒切尔夫人常被描述为“铁娘子”，这个隐喻赋予她超人的决断力和坚定性。或者考虑一下撒切尔夫人自己所作的评语，那是她在1988年一次接受报业协会的采访并由英国《卫报》所报道的：她在回顾她当政头八年以及对英国在西方工业国中地位变化的看法时说:"当我开始任职时,他们常常用英国病来谈论我们。现在他们谈论我们时说'看哪,英国得到药方了'。"[42]关于病和药方的隐喻,加上"我们"和"他们"的语言,使这一评论具有生动和有感召力的性质;它把社会与经济发展进程覆盖在疾病和健康的想象之中,而忽略或掩饰了根本的、影响这种进程的真正状况。我提醒大家注意这类转义事例时,当然并不认为语言的借喻修辞都是或主要是意识形态的。我只想说明语言的借喻修辞是日常论述中相当常见的特点,是社会—历史领域中调动意义的有效方式,在某些背景下从中调动的意义可以涉及权力而用以创立、支撑和 64
再现统治关系。

意识形态的第三种操作法是**统一化**。可以通过在象征层面上构建一种统一的形式,把人们都包罗在集体认同性之内而不问其差异和分歧,从而建立和支撑统治关系。以象征形式表现这种模式的一项典型策略是**标准化**。象征形式都适应于一套标准的框架,它被宣传为象征交流可取的共有基础。例如,国家当局所遵循的策略是试图从形形色色的、语言不同的集团背景中发展一种国语。建立一种国语可以有助于在一个民族国家疆界内各集团之间产生一种集体认同感并在各个语言和方言之间产生一种合法的等级制。统一化可以借此达成的另一种象征建构策略是我们所谓的**统一象征化**。这种策略包括构建统一的象征、集体认同感和归属感,使之在一个集团或许多集团中扩散。这里,构建的国家统一象征,诸如国旗、国歌、国徽或各种铭刻标志,都是明显的例子。在实践中,统一象征化可以与叙事进程交织起来,因为统一的象征可以是描述共同历史起源和表明集体命运的一项叙事的组成部分。这不但对诸如现代民族国家等大规模社会组织,而且对较小的社会组织和社会集团,都是常见的,这些组织和集团都部分地通过建立和不断重新确认一种集体认同感的象征统一化进程来团结一致。通过使人们克服不同和分歧而结合到一起，统一象征化在特定情况下就可以服务于建立和支撑统治关系。

意识形态运作的第四种方式是**分散化**。统治关系可以不必通过把人们统一在集体中而建立起来，而是通过分散那些可能对统治集团造成有效挑战的人和集团，或者通过使潜在反对势力面向邪恶、有害或可怕的目标。这里一项象征建构的典型策略是**分化**——那就是，强调人们和集团间的区分、不同和分歧，强调这样一些特性，这些特性使个人和集团分离，并阻止他们对现有关系构成有效挑战或者在权力行使中成为有效的参与者。另一个有关的策略可以称之为**排他**。这包括构造一个敌人，不论是内部的或外部的，它被描写为邪恶、有害或可怕，它被
65 要求人们一起来抵制或排除。这种策略往往与统一化的策略相重叠，因为敌人被视为一种挑战或威胁而要求人们必须团结统一起来。20世纪20年代和30年代的纳粹材料中对犹太人和共产党人的描绘，或者斯大林时代把持不同政见者定为“人民敌人”，都是排他的事例，但这种策略比这些事例更为常见。请看发行量巨大的《太阳报》的一篇社论中的话：在评论火车司机工会“英国机车司机与司炉工联合会”1982年夏季的一次可能的罢工时，《太阳报》提醒读者说，那家工会可能会搞垮它们自己的产业但“永远破坏不了我们”，因为“福克兰群岛战役很清楚地表明，**没有人**能破坏这个国家”[43]。这则评论使用了一种复杂的策略，把“英国机车司机与司炉工联合会”说成是向全国挑战的他人，而且把这种对立夸大成福克兰群岛战争的冲突势力，因此把该工会等同于威胁人民的一股外国势力，而面对逆境的人民必须团结起来，并强调他们抵抗邪恶的意志。

意识形态的第五种操作法是**具体化**：可以通过叙述一项过渡性的

历史事态为永久性的、自然的、不受时间限制的方式来建立和支撑统治关系。过程被描绘为近似于自然的事物，从而掩盖了它们的社会与历史性质。作为具体化的意识形态这样就包罗了消灭或模糊社会—历史现象的社会与历史性质——或者，借用克劳德·勒福尔启发性的话，它包罗重新确立“在社会历史中心‘没有历史的’社会维度”[44]。这种方式可以靠**自然化**策略以象征形式表达出来。社会与历史产生的一项事态可以被处理为一种自然事件或者自然特点的必然结果，例如社会造成的男女分工可以被描绘为心理特点与两性区别的产物。一项类似的策略可以称为**永恒化**：社会—历史现象被描绘为永久的、不变的和不断重现的，从而剥夺了它们的历史性质。风俗、传统和体制看来似乎无限伸展到过去，所以要追溯它们的起源是没有结果的，寻求它们的结果也是无法想象的，它们具有一种难以打破的刚性。它们包罗在社会生活之中，它们的非历史性质被象征形式所再次确认，这些象征形式在建构和重复中使偶发事件永恒化了。

作为**具体化**的意识形态也可以靠各种文法与句法的方法来表达， 66
诸如**名词化**和**被动化**。[45]当句子或句子的一部分、行动和行动参与者的描述都改成了名词时，名词化就出现了；就像我们说“禁止进口”而不说“总理已经决定禁止进口”。当动词改为被动形式时，被动化就出现了；就像我们说“嫌疑犯正在被调查”而不说“警官正在调查嫌疑犯”。名词化与被动化使听者或读者集中注意某些主题而牺牲其他主题。它们删除行动者和代理者，它们要把过程叙述为没有产生它们的主体的事物。它们也通过消除字句的结构或改成进行式从而不提具体的时空背景。这些和其他文法或句法的方法可以在特定情况下把社会—历史现象具体化而服务于建立和支撑统治关系。把过程叙述为事物，删除行动者与代理者，把时间构建成现在式的永恒延伸：这些都是在社会历史中心重建“设有历史”的社会维度的许多方式。

通过指明意识形态的这些各种各样运作方式以及可能与它们有关和可能以此表达的象征建构的某些典型策略，我已经提出可以开始考虑社会生活中意义与权力互相影响的某些方式。我已经提出在社会领域中意义可以借此构建和传达的某些策略与办法，以及这样传达的意义能服务于建立和支撑权力关系的某些方式。可是，正如我已强调的，对这些方面的考虑至多初步说明要探讨的一个领域；这些考虑应视为一些粗略的方针，可以便于进行更实际或历史的研究。因为象征建构的特定策略或象征形式的特定类别本身不是意识形态的：象征策略所产生的意义或象征形式所传达的意义是否服务于建立和支撑统治关系，只能借助下列方式来回答这个问题：象征形式产生与接收的具体背景，研讨它们从产生者传递到接收者的具体机制，以及研究这些象征形式对产生和接收它们的主体所具有的意思。象征建构的策略是象征形式能建立和支撑统治关系的工具；它们可以说是象征方法，便于把意义调动起来。但是，由此产生的象征形式是否服务于支撑统治关系还是
67 会颠覆这种关系，是否支持有权力的人们与集团还是会破坏他们，只能通过以下方式解决这个问题：研究这些象征形式如何在特定社会—历史环境中运行，它们是如何在日常生活的社会结构背景下被产生和接收它们的主体所使用和理解。在稍后阶段我将详细阐述一项方法论架构来进行这类研究。

对某些可能反对的回答

在上一节里，我提出了意识形态的一个概念，集中于由各种象征形式所构建和传达的意义服务于建立和支撑统治关系的方式。这种概念

在某些内容上归功于我所谓的马克思的意识形态潜在概念，但不同于马克思的若干基本方面的内容。这个概念保留了自拿破仑以来与意识形态概念有关的批判性的、负面的意思，但并非指错误和幻想。这种概念使我们注意象征建构的某些策略可以便于重建权力关系的方式，但它要求系统地、详细地研讨象征形式在具体背景下的真实使用以及产生与接收这些象征形式的人们理解它们的方式。在适当时候我将进一步进行这种研讨。现在我将暂时结束对意识形态概念的这种初步讨论，考虑某些可能会针对这里提出的重新阐述的反对意见。

反对一：批评者会反对说："你把意识形态研究集中在意义服务于建立和支撑统治关系的方式，但意识形态研究肯定也应关注那些挑战、辩驳和破坏现状的象征形式、学说和观念。"意识形态研究确实应当关心争辩性的象征形式，因为这些可以有助于突出（正如叛乱突出了压迫性政权）那些服务于建立和支撑统治关系的象征形式。但是，根据我在这里提出的概念，争辩性象征形式不是意识形态的。这一概念具有马克思著作所特有的不对称方面。意识形态可以说并非不关心象征形式所表示和支持的权力关系性质。象征形式只有在服务于建立和支撑 68
系统不对称的权力关系时才是意识形态的，正是这种服务于统治人物和集团的活动既限定了意识形态现象，使之具有特征性并脱离象征形式的一般运转，又赋予提出的意识形态概念以负面的意思。根据这种概念，意识形态在性质上就是霸权的，就是说它必定服务于建立和支撑统治关系，从而重建一个有利于统治人物与集团的社会秩序。意识形态当然可以挑战、辩驳和破坏，而且它们确实在经常受到挑战，一方面是结合的、集体的公开打击，一方面是日常生活中世间象征交往的含蓄打击。这些挑战性、破坏性干预可以称为**争辩性象征形式**，或者更具体地称为**对意识形态批判的初始形态**。意识形态的存在可以引起它的对应面：人们不是消极地接受意识形态及其支撑的统治关系，而会攻击或谴责这种形式与关系，会模仿或讽刺它们，会设法消除意识形态内容在特定环境下具有的力量。这些人这样做，并不是在提出一种新的意识形态（虽然，在其他方面，他们可能也在这样做），而是提出一种初始的批判形式，可以在一种综合解释方法论的架构内以更系统的方式来进行。

反对二：“你把意识形态研究定为对意义服务于建立和支撑统治关系的方式的研究，但是统治关系可以由其他方式得到支撑，例如由冷漠和淡漠，或者仅仅由习惯重复和常规。意识形态研究肯定应当关心后一现象以及关心对象征形式中意义的调动。”毫无疑问，统治关系是以许多不同方式并由许多不同因素所支撑的。在某些环境下，从属人士与集团的冷漠和淡漠，甚或他们甘愿受奴役，可能是重要的。在其他环境下，统治关系之所以得到支撑是由于那种做法已经长期地、经常地在进行而成为不经讨论和不受疑问的习惯或常规；统治关系之所以可能重建，不是由于把意义调动起来支持它们，而只是由于事物一向如此运行。我不想否认这些考虑的重要性。我不想声称（而且这样的提法是相当误导的）：社会关系得到支撑，社会秩序得到重建，靠的只是对
69 象征形式中意义的调动。我所主张的是：把意义调动起来支持统治关系，是一个值得系统研讨的社会现象，它包括这些关系得到支撑的一些方式，对这些方式的研讨是意识形态研究的具体领域。统治关系可以由其他方式得到支撑，这并不意味着这些方式也应当被视为意识形态的一些形式。在某些环境中，统治关系确实可能由暴力、殴打、屠杀和武力镇压造反或抗议来支撑，而把这种支撑统治关系的方式认为是另类意识形态，那很难说是合理的或者有启发的。如果意识形态概念要有益的话，它的适用领域必须是有界限的。我已经提出了一个限制：

把注意力集中于象征形式中调动意义服务于建立和支撑统治关系的方式，把注意力集中于意义以某些方式与权力相交叉的有关许多人的空间。提出的这个限制并不想包罗意义与权力交叉的所有方式，也不包罗统治关系可以得到支撑的所有方式。但是，它界定了一个研究领域，它与早先意识形态概念所标定的领域有某些类似，它的范围是相当大的。

反对三："在谈到意义'服务于支撑'统治关系的方式时，你岂不是在含蓄地采取一种功能主义的观点而且把意识形态研究拴在长期以来已受贬损的一种解释模式上吗？"在研究意识形态时，我们在一般意义上确实关心象征形式在社会生活中起的"作用"，以及它们被人们使用和认识的方式，和这种使用和认识对于重建社会秩序的结果。但是，我们并不采取功能主义观点，我们并不试图以功能主义内容来解释意识形态。如果以功能主义内容来解释意识形态，我们就要像以下这样做：就得设想社会秩序是一个具有某些"需要"的系统，诸如为了维持稳定平衡而必须满足的一套需要；就得设想这个系统的终极状态——例如维持稳定平衡——是已知的；就得认为意识形态的象征形式可以通过表明它们完成某些需要而得到解释。换句话说，我们会设法通过表明意识形态的象征形式满足某些不可缺少的需要来解释它们。从功能主义观点来看，意识形态是**解释对象**，而系统的已知需要则是**解释根据**。 70
这不是我所采取的观点。我并不试图以某一系统（不论什么系统）的某些已知的、无疑问的需要来解释意识形态，而是试图集中注意象征形式在特定环境下被使用和认识方式的性质和结果。在某种意义上，我们所关心的是象征形式被使用和认识的社会"效果"；所关心要解释的是象征形式的使用和认识如何有利于重建权力关系和统治关系。但是，因果语言或解释对象和解释根据的语言对于我们所面对的方法论任务是不适当的。因为，我们不但在对待因与果，而且在对待意义与认识；不但在设法解释，而且在设法阐明。从这里提出的意义上来进行意识形态研究，我们需要一种超过功能主义的方法论架构，它要适应于一种意义客体领域的特点。

反对四："根据意义服务于建立和支撑统治关系的方式来界定意识形态，原则上都是很好的，但是你如何在实践中说明特定的象征形式是否服务于支撑或瓦解、建立或破坏统治关系呢？你如何知道这些象征形式对具体的人们意味的是什么？这些人是处在统治地位还是从属地位？以及这些象征形式的意义与这些人的社会地位之间有什么关系（如果有的话）？"对这些问题提供总的回应是困难的。当应用于特定案例时，并没有简单的大体评估来确定象征形式对特定的人们的意义或者这些人所处社会关系的性质。但是，这并不是说象征形式对特定的人们并无确定的意义或者这些人并不处于确定的社会关系之中。难以确定这些现象，并不意味着这些现象是不确定的。我们可以设法使用各种社会—历史分析来阐明统治关系，例如联系阶级出身、性别或民族的考虑来分析稀缺资源或机构职位的分配和获得。我们可以设法通过观察象征形式的特点并且可能的话把这些特点与在日常生活中产生和接收这些象征形式的人们提出的情况相联系来说明这些象征形式对人们可能具有的意义。我们能设法表明象征形式传达的意义在特定环境中如何服务于建立和支撑统治关系，提出一种解释
71 来说明这些象征形式在它们流通的人们生活中起的作用和具有的结果。"但解释并不是证据。"它确实不是：如果评论者在寻找证据，寻找无可辩驳的明示，那么他或她将会失望。但是这种失望更多地是由于评论者的预期而不是由于分析者的结果。在分析意识形态时，在设法掌握意义与权力的复杂互动时，我们并不是在对待一个承认无可辩驳

的明示的主题(不论是什么)。我们处在转变意思和相对不平等的领域,处在含糊其词和文字游戏的领域,处在不同程度的机会和理解的领域,处在欺骗和自欺的领域,处在掩盖社会关系和掩盖过程的领域。接近这个领域而期望能提供无可辩驳的分析,就像用显微镜来解释一首诗。

反对五:"但如果意识形态研究是解释的事,那么把特定的象征形式刻画为意识形态看来全是随心所欲。毕竟,曼海姆认为要避免意识形态分析中的随心所欲和片面性的唯一办法是把看法概括说明并使分析者自己的立场从属于意识形态分析,或许这是对的。"虽然解释是可以辩驳的,但并不是说它们是随心所欲的。可以有很好的理由提出一个特定的解释并坚持这个解释,那些理由可能在那些情况下相当有说服力,即便它们并不完全是结论性的。一项解释可能是有理的,而且比其他解释更有理得多,这并不意味着排除一切怀疑;在不可辩驳的明示和随心所欲的选择之间有着很大的余地,而意识形态的解释,如同一切形式的解释一样,处于中间领域。意识形态的解释确实提出了具体的问题,因为它解释的现象已经在某些意义上为产生和接收它们的人们所认识,而且它们以复杂的方式与这些人的利益与机会相联系。只有通过下列方式来恰当处理这些问题:小心关注这方面分析的特点,研讨特定解释可以辩解和批评、挑战和持续的方式。曼海姆的建议,不论多么善意,在这方面于事无补,因为它把意识形态分析与研究社会思想状况合并起来,因为它最终得出自相矛盾的立场:设法克服激进历史循环论的认识论问题,使一个社会集团的有限思想具有相对无限的特权。最好使我们一劳永逸地远离曼海姆关于意识形态分析的看法及其矛盾 72
后果。我们可以设法辩解和批评一些解释,提出一些有理和有说服力的解释并表明别人并没有这样做,而无须屈从于那种无益的、混乱的要求去认为每项意识形态分析本身必须从意识形态上进行分析。这并不是说意识形态的解释是确信无疑的，并不是说解释者掌握别人所没有的特权。相反，而是要说任何解释都是可以怀疑的，而且正因为如此，我们在提出一种解释时也必须提出我们认为解释有理的理由和根据、证据和论点；至于这些解释是否有理，这些理由和根据是否有说服力，则不是单靠解释者来判断的事。

在本章中，我追溯了意识形态概念的历史，有着双重目的：一个目的是识别某些主要的意识形态概念，它们在历史过程中出现，对这一词语的丰富和含糊都有关系；第二个目的是为阐述另一种替代的概念提出基础。我已经把这另一种概念定为一种批判性概念，因为，它并不试图消除“意识形态”一词在它历史过程中得来的负面意思，而是要保留这个意思而以特定方式构建它。因此，意识形态仍然是一个批判性概念，一个批判工具，它使我们注意一些往往在日常生活中可以引起批判和陷入纠纷的社会现象。根据这里提出的阐述，意识形态概念使我们注意意义被调动起来服务于统治集团和人们的方式，那就是说，由象征形式所构建和传达的意义在特定情况下服务于建立和支撑社会关系结构的方式，在这种社会关系结构中，某些人和集团比其他人得利更多，某些人和集团为利害关系而要保住这种社会关系结构，而其他人则设法对这种结构提出争议和辩驳。在这个意思上认识的意识形态研究就使分析者投入意义与权力的领域，解释和反解释的领域，分析的对象是在象征与符号范围进行斗争所使用的武器。

73 在随后各章中，我将提出意识形态研究的可供选择的方式的某些方面。我将表明这一方式可以结合进一个更宽广的方法论架构来分析背景化的象征形式。然而，在进行这些更宽广、更建设性的思考以前，我要考虑一些对意识形态理论与分析的最新贡献。曼海姆的著作铁定是这些方面的新内容。近年来,对于有关意识形态分析问题的兴趣大增,对这一主题的著作十分火爆。在下一章中我要选一些这类著作加以研讨。我这样做,就得把中心有所转移:我将较少关注当代作家们使用意识形态概念的不同方式,他们对这一词语不同程度的意义差别,而我将设法突出这一概念在他们对现代社会性质与发展的不同理论论述
中所起的作用。 74

第二章

现代社会中的意识形态：对一些理论论述的批判性分析

在最近几十年里有关现代社会中意识形态分析的问题成了社会政治理论与论争的中心。理论见解大为殊异的许多作家都设法分析意识形态概念、意识形态形式的特点以及它们在社会政治生活中的地位。他们用不同方式设法把意识形态概念结合进有关现代工业社会性质与发展的更广泛的一套设想之中。在本章中，我要研讨对意识形态理论与分析的一些当代著作。我的目的主要不在追溯这个概念的不断变迁，而在突出某些更广泛的设想，今天的意识形态分析正是在这个基础上进行的。因此我将关注广泛的理论架构，这些理论架构对现代社会的性质与发展具有一般的、常常是含蓄的看法。我将设法表明，这些理论架构在某种程度上是19世纪与20世纪初社会思想的遗产。这里，就像许多社会研究的背景一样，当前论争的调研范围要放到一个世纪以前。诸如马克思和韦伯等作家当年所界定的一些问题在很大程度上现在还在论争；他们提出的概念与理论继续在指导着研究与讨论。这本身虽然不一定是有害的——确实，概念的主体与问题的传输是界定一个学术传统或学派的一部分——可是我们必须提问，在具体案例中，从过去传下来的这套设想是否适合于分析我们今天所面临的社会形态与现象。我认为，指导现代社会中许多现今意识形态分析的主要设想在这方面是不适合的。

为了发展这个论点，我将开始重构两套不同的设想并研讨每一套 75
的局限。第一套设想包括一批来自马克思和韦伯等人著作的观念。这些观念一起构成了一个有关现代工业社会兴起的文化转型的总体理论论述。我将把这一论述称为**文化转型的宏大叙事**。这种叙事提供一种架构，其中有着现代社会中意识形态的性质与作用的最新反映。意识形态的兴衰是现代社会象征舞台上演出的历史剧的各个阶段，从意识形态在18世纪的欧洲出现一直到今天的各个阶段。在这宏大叙事的背景内，意识形态被理解为现代所特有的一种特定类型的信仰体系。我把文化转型的宏大叙事区别于第二套设想，它支持有关意识形态性质与作用的一些新近著作——特别是更加明白地具有马克思主义主张的著作。这第二套设想同样构成一种在社会与政治思想上很普遍并有很深影响的总体理论论述。我把这一论述称为**国家组织的和意识形态保证的社会复制总理论**。在这一总理论的架构内，意识形态被概念化为一批价值观和信仰，它们是由国家机构所产生和扩散的，它们服务于复制社会秩序，保证人们忠诚于它。

如我将设法表明的，这两种指导现代社会中意识形态分析的许多新著的理论论述，有着严重的缺点。两种论述所根据的设想在基本方面都是成问题的或是误导的。虽然我对这些论述所做的许多批判涉及它们各自的设想，但我认为它们有一个共同的重要缺点：两种论述都未能恰当处理现代社会中大众传播的性质与中心地位。我将论断：**现代**

文化的传媒化——现代社会的象征形式已越来越经过大众传播的机制和机构所媒介——是现代社会生活的一个中心特征；我将主张：因此，现代社会中令人满意的意识形态分析必须（至少部分地）依据对大众传播性质与发展的了解。

与法兰克福社会研究所有关的批判理论家——从霍克海默和阿多
76 诺到哈贝马斯——的著作的功劳之一是它们设法考虑现代社会中大众传播的中心地位。霍克海默和阿多诺在他们对其所谓“文化产业”的批判分析中，提出了关于现代文化传媒化的最早系统论述之一种，他们试图得出这一进程对现代社会中意识形态分析的含义。同样的，哈贝马斯，尤其是他关于公共领域的早期著作中，研讨了现代社会的政治进程被传媒产业发展所深刻转变的情况。在本章的最后两节中，我将研讨霍克海默、阿多诺和哈贝马斯的贡献。我将设法表明，他们的著作虽然在许多方面是开创性的和颇具启发的，但却没有为大众传播时代重新思考意识形态的概念和分析提供一个令人满意的基础。

意识形态与现时代

我在这里先重构一套有关现代工业社会兴起时文化转型的设想。这些设想构成了一项总理论架构、一项中心理论叙事，它形成了社会与政治分析中的许多问题与论争，包括有关现代社会中意识形态的性质与作用的一些辩论。这个**文化转型的宏大叙事**的一些原始要素可以从马克思和韦伯的著作中看到，虽然直到20世纪50年代和60年代，这种情况才有某种结局。我在研讨这种理论叙事时，不会把自己限制在任何特定思想家的著作中。因为，这种叙事不是那么清楚阐述的一种理论论点，可以在一个或几个作者著作中看出来；它必须从各种文本中去探寻，这样重构起来以后它可以提供与现代社会发展有关的主要文化转型的一种观点。在这种叙事中，意识形态可以发挥作用，作为在宗教和巫术衰落以后出现的世俗信仰体系，它服务于在一个失去了传统的世界里调动政治行动。我要重构这种叙事并研讨它戏剧性情节中的曲折，这不但因为它提供了一种深深影响社会与政治理论的观点，而且因为它提出了与现代社会发展有关的文化转型的一种论述，特别是这些社会中意识形态的性质与作用。我认为，它在某些基本方面受到了误导。

我们可以把这项宏大叙事的关键要素总结为三个主要之点。

第一，工业资本主义在欧洲等地的兴起伴随着在前工业社会流行 77
的宗教与巫术信仰和习俗的衰落。工业资本主义在经济活动层面的发展在文化领域伴随着信仰和习俗的世俗化和社会生活的不断理性化。

第二，宗教与巫术的衰落为世俗信仰体系或“意识形态”的兴起准备了基础，意识形态服务于调动政治行动而与来世价值观或存在无关。前工业社会的宗教与神话认识被植根于社会集体主义、由世俗信仰体系所鼓舞的实际认识所取代。

第三，这些发展促进了“意识形态时代”的兴起，以19世纪后期和20世纪初期的激进革命运动为顶点。根据20世纪50年代和60年代一些理论家的著作，这些运动是意识形态时代的最后表现。今天的政治越来越成为相互争斗的利益的零碎改良和实用主义妥协。社会与政治行动越来越不受号召激进社会变革的世俗信仰体系所鼓动。因此，这种观点的一些主张者认为，我们不但看到了意识形态时代的终结，而且看到了意识形态本身的终结。

我来简要地阐述一下以上的每一点。

第一，工业资本主义的兴起伴随着宗教和巫术信仰以及习俗的衰落，这种观念是19世纪和20世纪初期许多思想家——包括马克思和韦伯——的共识。马克思认为，工业资本主义兴起所带来的那种社会与早先的前资本主义社会有很大不同。前资本主义社会在生产方式方面基本上是保守的，现代资本主义社会则不断扩张、变化和自我转型；现代资本主义社会还消解了传统与文化形式——包括宗教传统——它们都是前资本主义社会的特点。在前一章里，我突出对时代的进步性和非神秘性的强调——《共产党宣言》中对此特别强调。资本主义生产方式不安定的和不停顿的活动使“一切固定的古老的关系以及与之相
78 适应的素被尊崇的观念和见解”都被消除了，“一切固定的东西都烟消云散了，一切神圣的东西都被亵渎了”[1]。马克思认为，社会关系的非神秘化是资本主义发展的固有方面。正是这种非神秘化的过程使得人类有史以来第一次看到他们社会关系的真实面目——剥削关系。正是这种过程使人类处在一个新时代的入口，这个新时代能够和将要被社会的启蒙变革所迎来，这种变革是以共同认识非神秘化的社会关系为基础的。因此，资本主义发展中所固有的非神秘化进程是最终消灭剥削式阶级关系的重要前提——尽管像我在上一章中所指出的，马克思有时承认过去传达的象征形式可能会存留在今人的心中而扭曲了社会变革的轨迹。

韦伯也关心要突出工业资本主义的发展与文化转型和传统之间的联系。与马克思一样，他看到工业资本主义兴起与传统价值观和信仰解体之间的关联。但是韦伯的理由在若干重要方面是不同于马克思的。首先，韦伯认为，文化与传统领域的变化并不仅仅是资本主义自主发展的副产品；相反，宗教观念与习俗的某些转型是资本主义在西方兴起的文化前提。而且，韦伯接着认为，一旦工业资本主义在17世纪和18世纪过程中确立为主导的经济活动形式，它就具有了自己的力量而

免除了曾经是它兴起的必要条件的宗教观念与习俗。资本主义的发展以及相关官僚国家的兴起，不断地使行动理性化并使人类行为适应于技术效能的标准。传统行动的纯个人的、自发的和感情的因素都被有目的的理性筹划和技术效能的要求所挤走。早期的清教徒追求理性经济活动作为一种感召，而对于后代人，这种活动却成为一种迫不得已的东西，成了一种不受人力影响的力量，这种力量约束人的生活，把他们限制在一个无情的铁笼里。

> 自从禁欲主义着手重新塑造尘世并树立起它在尘世的理想起，物质产品对人类的生存就开始获得了一种前所未有的控制力量，这力量不断增长，且不屈不挠。今天，宗教禁欲主义的精神虽已逃出这铁笼（有谁知道这是不是最终的结局？），但是，大获全胜
> 的资本主义，依赖于机器的基础，已不再需要这种精神的支持了。79
> 启蒙主义——宗教禁欲主义那大笑着的继承者——脸上的玫瑰色红晕似乎也在无可挽回地褪去。天职责任的观念，在我们的生活中也像死去的宗教信仰一样，只是幽灵般地徘徊着。[2]

马克思和韦伯都看到了工业资本主义发展与传统宗教信仰解体之间的联系，但是他们的说明却是完全不同的。马克思谈到了社会关系的**非神秘化**并把它视为最终从剥削式阶级关系中得到解放的前提条件，而韦伯则谈到现代世界的**祛魅**，在现代世界中，西方文明的某些传统的、特有的价值观淹没在日益扩展的社会生活的理性化和官僚主义化之中，他有所遗憾地把这视为“现时代的命运”。

第二，马克思与韦伯等人的观点提供了一个背景，使一些思想家认为意识形态的形成与扩散是现代的一个特有的特点。这种论点在曼海

姆著作中已很明显，近年来已经为各种作者所发展[3]。这里我将试图一般性地重构这种论点，而并不过紧地靠拢任何特定理论家的著作。在18世纪晚期和19世纪初期，该论点认为，世俗化正开始在欧洲的工业心脏地带扎根。当越来越多的人被逐出土地，赶进城市，为工业资本主义日益扩大的工厂形成一支劳动力时，旧的传统、宗教和神话就开始失去它们对集体想象的控制。贵族与农奴之间旧有的奴役束缚（这种束缚被忠诚与相互义务的面纱所掩盖）日益成了问题。因为人们被推进一套新的社会关系，它以生产资料私有制和商品与劳动力的市场交换为基础。当这套新的社会关系正在形成的同时，政治权力越来越集中在一个世俗化国家的体制之中——那就是说，这个国家以主权和正规法治为基础，以普遍价值观、法规和权利的要求为理由而不是以某些宗教或神秘价值观或人物的要求（它赋予政治权力以神的意志的权威）为理由。现代国家有别于古代政权的政治体制之处，在于它完全处在社会—历史领域**之内**，因此权力和权力的行使的斗争成为一种包罗在理
80 性与科学、利益与权利的语言中的世俗事务。

社会生活和政治权力的世俗化，为“意识形态”的兴起和扩散创造了条件。在这一背景下，“意识形态”首先被理解为一种世俗信仰体系，它具有进行调动和使之合法的作用。18世纪晚期与19世纪初期标志着这个意义上的“意识形态时代”的开始，正如表现在法国和美国的伟大政治革命，以及各种政治“主义”的扩散——从社会主义和共产主义到自由主义、保守主义和民族主义。政治学说的扩散和效能被18世纪和19世纪特有的两种新发展所促进和加强：这两种新发展就是报业的扩张和识字的增加。这些发展越来越使人们能阅读到社会与政治世界，并分享到他们在日常生活中并未接触的他人的经验。人们的视野从而扩大了；他们成为一个“公共领域”的潜在参加者，通过说理和论

辩来讨论问题、反对或支持一些立场。正是在公共领域的开阔空间里，意识形态的论述出现了，构成了有组织的信仰体系，它提供社会与政治现象的合理解释，它服务于发起社会运动并为权力的行使提供理由。因此，意识形态提供事实上的意义架构，使人们能够在一个从某种意义上说**无根据的**世界中为自己定向，这是因为传统生活方式已被破坏，宗教与神话世界观已经陨落。

第三，如果说与现代工业社会的兴起相联系的文化转型产生了一个使意识形态可以繁荣的新空间，那么，一些理论家认为，这个空间可以被现代社会的随后发展所关闭。关于意识形态时代即将告终的看法不是一个新看法，它也不是所有认为意识形态是现时代鲜明特征的理论家的共识；这种看法可以视为构成一种对文化转型宏大叙事的特定（不是一般共有的）扭曲。所谓“意识形态的终结”的命题最初是由一批自由派和保守派思想家提出来的，包括雷蒙·阿隆、丹尼尔·贝尔、西摩·利普塞特和爱德华·希尔斯，虽然今天在当前进行的理论辩论中仍能听到这个命题的回响。[4]在最初的阐述中，意识形态的终结这个
命题是有关东欧与西方发达工业社会中激进或革命政治学说衰落的一 81
种论点。在第二次世界大战、法西斯主义和纳粹主义的失败、莫斯科审判、对斯大林主义的谴责以及近年来出现的一些其他政治发展与暴行之后，18世纪末与19世纪出现的旧意识形态据说已经大大地丧失了它们的说服力。意识形态主要吸引那些不满现存社会与政治体制的、并已通过号召激进变革来表达他们不满的知识分子。但是20世纪初期的政治事件揭示了这种号召的幼稚与危险。知识分子等人越来越清楚地看到发达工业社会所面临的问题不能仅靠马克思主义和共产主义所主张的那种激进社会变革来解决，因为这类变革引起类似的问题以及新式的暴力和镇压。因此主张意识形态终结的理论家们看到一种新的共

识的出现：旧的“意识形态政治”让位于发达工业社会中的一种新的意义上的实用主义。革命热情在衰退，并且被一种在混合经济和再分配型福利国家（至少在西方）框架内的实用主义和零零碎碎的社会变革方法所代替。主张意识形态终结的理论家们一般都看到意识形态会在欠发达社会里继续繁荣，他们并不完全排除革命热情可能会在发达工业社会中以孤立和不重要的方式偶然发生。但是，他们认为，意识形态时代是指政坛受激进和革命学说所激励而触发热情与炽烈斗争的总形势，这样的时代已经完结，意识形态已经不再是现代工业社会的一个重要特征。

当然，主张意识形态终结的理论家们在非常特殊的意义上来使用“意识形态”一词。他们认为，意识形态并不是任何种类的世俗信仰体系，它们是综合的、总体的学说，它提供对社会—历史领域的明确观点，要求高度的感情归属。对大多数这类理论家来说，马克思主义是意识形态在这种意义上的缩影。马克思主义提供一个系统的、总体的关于社会—历史领域的观点。它预见一个大大不同于当今的未来，这只能通过坚定信仰其目标的人们献身行动来加以实现。意识形态的特点就是：总体的，空想的，激情的，教条的。在这个意义上的意识形态的终结并不一定是政治辩论与冲突的终结，并不一定是表达真正的利益与意
82 见分歧的不同政治纲领的终结。但是，这些辩论、冲突和纲领将不会再被总体的、空想的观念所推动，这种观念鼓动人们去从事革命行动，使他们看不到与其观点相反的任何考虑。随着意识形态时代的逝去，政治进程可以越来越在一个多元化的架构内形成体制化，在这个架构内政党或政治团体竞争当权并实施社会改革的实用政策。意识形态并不是现时代特有的特征，而是作为一种逝去的现代化象征，这种象征会随着工业社会达到经济与政治成熟阶段而逐渐消逝。

我重构了这种文化转型宏大叙事，为的是提出一系列有关现代社会中意识形态的性质与作用的问题。这种叙事有不同的因素和若干个“次要情节”，而且正如我早先指出的，我并不想说整个故事可以从任何一位作者的作品中找到。我从详细的变体和阐述中加以概括以便勾画出一个论点的总貌，它深深地包罗在社会与政治理论著作之中，它继续构成有关现代社会中文化与意识形态性质与作用的辩论。我现在要从重构转向批判评估。我这样做，并不是要提出宏大叙事没有持久的价值：我的目的不是要全盘抹杀这种宏大叙事，而是要突出我认为它造成误导的某些方面。我将把我的注意力限制在两个主要问题上。在这个内容中可以提出其他许多问题：范围如此广泛的一系列论点肯定会引起许多疑问和问题。但是，我所关心的不是详尽的困难，而是总的缺点；我要试图表明：由于一些基本理由，文化转型的宏大叙事并不是合适的架构来分析现代社会中意识形态的性质与作用。

这种宏大叙事的第一个主要缺点是，它主要以世俗和理性化的进程为特点来说明有关现代工业社会兴起时文化转型，这就贬低了我称之为现代文化传媒化的意义。这里的问题并不是简单地指世俗化和理性化进程可能并不如早期社会理论家有时提出的那么广泛和一致——虽然这些进程有可能被过分强调，而宗教信仰和习俗，与早期社会理论家的想象相比，却是现代社会中更为持久的特征。[5]更加重要的是，问题在于，对世俗化和理性化进程的偏重往往无视一种对现代社会中文化形式的性质具有重大得多的意义的发展，那就是，一批有关象征货品 83
大规模生产与大规模分配的机构的发展。我在以后各章中将记载这种发展并提出它的一些含义。这里只要说，由于传统的叙事忽略了这一发展，它对于有关现代社会兴起的文化转型提供了一个严重误导的说明。大众传播的机构与过程已经具有现代社会的这种基本意义，对意识形态和现代社会的任何说明都不能忽视它们。

某些可能与文化转型宏大叙事有关的理论家已经评论了大众传播的发展，这当然是事实。例如，阿尔文·古尔德纳吸收哈贝马斯的早期著作，讨论了印刷业与报业的发展促进了一个公共领域的形成，在其中辩论政治问题，各种意识形态繁荣发展。但是，古尔德纳的说明比较有限，至多也是局部的，他很少考虑大众传播更新形式的意义，特别是有关电子贮存和传输的形式。确实，古尔德纳倾向于认为意识形态是个别的象征系统，认为它首先是在**写作中**实现的，它以书面的理性论述服务于推动社会重建的公共项目。因此，古尔德纳得出这样的结论：电子传媒诸如无线电和电视的发展标志着现代社会中意识形态作用的**下降**。意识形态越来越在整个社会中被取代，在那里，意识越来越因电子媒介产品而形成；意识形态日益局限于大学的有限领域，知识分子在大学里继续从事书面文字的耕耘。[6]这并不是意识形态终结的命题的确切描述，因为古尔德纳承认在当代社会中意识形态具有一种继续不断的、虽然是有限的作用。但是，认为意识形态与写作有着特别关系，因而不会牵涉到电子传播发展，那至多也是一种短视的看法，因为它把意识形态分析完全脱离今天意义最大的大众传播形式。所以，虽然一些可能与文化转型宏大叙事有关的作家并未完全忽视大众传播的发展，但我们可以怀疑他们是否提供这种发展及其对意识形态分析的含义的令人满意的内容。

84 这种宏大叙事的第二个主要缺点与意识形态概念在其中被使用的方式有关。这个概念被不同思想家以不同方式使用，认为它在这种宏大叙事中具有明确的、单一的意思，那是错误的。但是，如果我们把不同的用法加以概括，可以看到这个概念一般用来指个别的信仰体系或象征形式，它们在世俗化以后出现，服务于发起政治运动抑或掌握现代社会中的合法政治权力；换句话说，一般用法符合我所谓的意识形态的中性概念。这种一般用法被特定理论家或理论家集团作了特殊的扭曲。例如，我们看到，古尔德纳往往用“意识形态”指主要以写作实现的以理性论述来推动社会重建公共工程的象征系统。主张意识形态终结的理论家则往往用这个词来指综合的和总体的个别政治信仰体系或学说的具体部分，诸如马克思主义和共产主义。正是这个词的局限性使得他们预测（无疑其中包含许多一厢情愿的想法）意识形态的时代现已结束。

对“意识形态”一词的这种一般用法的主要问题及其具体扭曲，往往缩小或抹杀意识形态与统治之间的联系。在前一章中，我研讨了这种联系并把它与上两个世纪中出现的意识形态主要概念相比较。如果我们吸收这里的分析和接受前一章中提出的意识形态批判性概念，可以看到宏大叙事中的“意识形态”一般用法在两大方面是成问题的。首先，它要我们把意识形态视为一种主要是**现代**的现象，那就是说，作为在17世纪至19世纪期间资本主义工业化过程中出现的那些社会所特有的现象。但是，我似乎感到，这是一个过于局限性的看法。没有必要把意识形态概念按仅在某个历史发展阶段的某些社会中所特有的政治学说、信仰体系或象征体系来加以界定。我已经看到，这个概念包容许多其他定义，而且把这个概念局限在现代社会是否可行或明白，尚很不清楚。难道必须同意在欧洲资本主义工业化以前的社会中谈论意识形态**是没有意义的**，在前工业化欧洲或者世界上其他非工业社会谈论意识形态是没有意义的？我想不是的。在我看来，完全有可能阐明一个无可非议的意识形态概念，它不局限于现时代出现的某一特定学说。 85

宏大叙事中关于“意识形态”一般用法的误导性，还在于它引导我们去关注个别政治学说、信仰体系或象征体系，从而使我们不关注象征形式在日常生活的各种背景下被用来确立和支撑统治关系的多种方式。不论从意识形态概念史或者从思考保持权力的方法，都无法得出把意识形态分析局限于个别政治学说、信仰体系或象征体系的明确和有说服力的理据。这样做，就是对意识形态在现代社会中的性质与作用采取过于狭隘的观点，就是忽略了在日常生活社会背景下支持权力形态的一大批象征现象。也不能说所有与宏大叙事有关的作家都主张意识形态的坚实概念就是个别政治学说、信仰体系或象征体系。更常见的是，这些作家各自在不同作品中（或者甚至在同一部著作中）以不同方式使用“意识形态”一词。但是，毫无问题的是，在他们这些使用中，把意识形态概念作为个别政治学说都是突出的特点，而且主要由此探索了意识形态在现时代的所谓兴衰。如果我们抛开这种概念，也可以抛开意识形态在现时代之初开始出现、后来又从社会与政治领域消失这一看法，就能为意识形态研究重新定向使之具有多种不同的方式，由于这些方式，象征形式被用于、并继续用于为权力服务，不论是在现代的西方社会还是在具体处于其他方面的社会背景中。

意识形态与社会复制

到目前为止，我研讨了与现代工业社会兴起有关的文化转型的一个总的理论叙事，这个叙事提供了现代社会中意识形态性质与作用的一个与众不同的说明。我批评了该叙事对文化转型的描绘以及对意识形态的说明。我现在要转向第二套设想，它们是论述意识形态分析的更晚近的著作的基础。这种著作在许多方面不同于受文化转型宏大叙事强烈影响的作品：它一般在方向上较少历史性，它更关注于分析一
86 般社会，特别是当代资本主义社会被支持和进行再生产的条件。许多

这类著作的方向是马克思主义的，而且一般被认为是对马克思主义的意识形态与国家理论的一种贡献。在这方面，阿尔都塞和普兰查斯的著作特别有影响；[7]而且，部分地由于他们努力的结果，葛兰西的著作在近来的辩论中也相当突出。[8]这些理论家的思想被欧洲等地许多不同作家接纳和阐述。[9]这里我并不试图详细研讨这些理论家的思想或者他们的追随者和批评者的著作。书刊中已有这类详细的研讨。[10]然而，我的确要考虑阿尔都塞、普兰查斯等人著作的一些基本设想，因为这些设想形成一项总理论论述的一部分，它在当代社会与政治理论中相当普遍。我把这种论述形容为**国家组织的和意识形态保证的社会复制总理论**。这不是一种由任何特定作家明白表达的理论，但是构成这一理论的设想可以在特定作家的著作中见到。而且，这些设想在当代书刊中相当普遍，并对构想政治与意识形态问题的方式有足够的影响，因此值得明白地阐明这种设想，重建它们构成的理论论点，并评估它们的优缺点。

国家组织的和意识形态保证的社会复制总理论可以对以下问题作部分回答：为什么一般的社会，特别是当代资本主义社会尽管有种种分歧和不平等的特点而仍能继续存在？该理论对这个问题提供部分的答案，它试图认清促成现有社会关系再生产的一些**机制**。我们可以通过三个主要步骤重建这项理论。

第一，现有社会关系的复制不但要求社会生活物质条件的复制（食品、住房、机器等），而且要求集体共有价值观与信仰的复制。

第二，某些集体共有价值观与信仰构成统治意识形态，它通过向全社会扩散而取得人们遵守社会秩序。

第三，统治意识形态的生产与扩散是国家的任务之一，或者是国家特定部门和官员的任务之一。在完成这项任务时，国家根据在现存社

87 会关系中受益最多的阶级或一些阶级的长远利益行事——那就是说，它根据统治阶级的长远利益行事。

这项总理论说明初看起来有某种道理。它强调国家机构和官员所散布的集体共有价值观和信仰在帮助支撑基于阶级分野的社会中的社会秩序的重要性，可是，尽管初看起来有道理，我想可以表明这种总理论说明是有严重缺陷的。我来依次对上述每个步骤作些考虑。

首先，这项说明一开始就声称社会复制要求社会生活物质条件的复制和集体共有价值观和信仰的复制。它要求社会生活物质条件的复制指的是生产资料（工具、机器、工厂等）和生产者的生活资料（住房、衣着、食品等）必须不断得到供应和更新作为社会生活持续的方面。这一论点中不仅有功能主义的暗示，而且也有反事实的解释：如果生产资料与生活资料不能不断得到供应和更新，那么现有社会关系就会崩溃而发生危机和冲突。这里我不想进一步细究这种论点的逻辑以及这种反事实解释的道理，因为我主要关心的是一个不同的问题。社会复制不仅要求社会生活物质条件的复制，而且要求集体共有价值观与信仰的复制——那就是说，它要求继续提供和更新象征形式，象征形式在某种程度上是集体共有的而且服务于塑造人们的行动与态度。该论点认为，正是象征形式的这种继续提供和更新保证了人们持续顺从于社会秩序的规范性规则与条例。他们被塑造得适应于社会复制这一大的活动中为他们编定的角色。

这项说明是我们称之为**社会复制共识理论**的一种特定文本。根据这一理论，社会关系的不断复制部分地依靠人们集体共有和接受的价值观和信仰的存在，从而使人们联结于社会秩序中。这一理论有许多变异，但我们可以分清两大变体：**核心共识理论**，它认为有某些核心价值观和信仰（自由、民主、机会平等、议会主权等）是广泛共有和坚定接

受的；以及**区别共识理论**，它较少强调核心价值观和信仰的存在而着 88
重处在不同分工的人们的作用和地位所特有的价值观和信仰的重要性。这两种变体经常结合在特定作家的作品中，但它们不一定互相限定。但共识理论的这两种变体都有严重局限性。我们在这里谈其中一些。

核心共识理论的主要缺陷是它夸大了特定价值观和信仰被现代工业社会中人们所共有和接受的程度。虽然有关的证据还远远不是结论性的，它却表明比核心共识理论所提出的有更高程度的异议和不满、疑虑和嘲讽。对英、美一批经验材料的研究发现，那些材料并不表明人们有关价值观和信仰达成重要共识。那项研究还发现不同的阶级在异议程度上各有不同，工人阶级的受访者比中产阶级的受访者在他们的价值观和信仰方面表现更少的共识和更少的内部一致性。[11]60年代与70年代在英国进行的其他研究提出，工人阶级中许多拒绝有关资本积累和财产所有权的价值观和权利；许多人认为大企业在社会上拥有太多的权力，法律对富人有一套对穷人另有一套；许多人相信自己对政府没有多大影响，认为政治制度对老百姓所想的所要的没有呼应。[12]这些调查研究结果，虽然是有限的和试验性的，而且现在在性质上有些过时，却对社会再生产的核心共识理论提出了相当大的怀疑。不能有理地认为现代工业社会中具有一套人们广泛共有和坚定接受的核心价值观和信仰，从而把人们结合在一个共同规范的架构内，因为看来大部分核心价值观和信仰都受到争议，不一致和不满的程度相当高。如果社会复制取决于对核心价值观和信仰的普遍接受，那么，社会秩序不断发展的复制似乎就很不可能了。

区别共识理论并没有那些同样的缺陷。这一理论并不认为存在一套广泛共有的核心价值观和信仰；它却认为只存在属于特定职务和地位的不同套的价值观与信仰，诸如处在或确定某种特定职务或地位的人们将具有适当的价值观与信仰。存在的“共识”并不是许多人对一套核心价值观与信仰的共识，而是特定职务的一套价值观与信仰同担
89 任这一职务或处于这一地位的人所具有的价值观与信仰之间的一种共识。这是乐队演奏般的共识，人们对各自的演奏部分很了解，不用乐谱不用指挥的协调就能演奏。由于人们具有特定角色的那些价值观和信仰并在他们日常生活的常规过程中有效地发挥他们的作用，包罗他们常规活动的社会秩序就由此复制。未必需要大多数人或所有人都共有一套核心价值观和信仰，只要所有人或大多数人具有特定角色的价值观和信仰，就使他们（并推动其）成功地发挥各自的作用。

这种区别共识理论（或者它的其他版本）所提出的社会复制情况无疑是有某些道理的。那种社会化进程和常规活动以及价值观与信仰的不断灌输，对赋予人们具有影响到他们以后行为的社会技能与态度起了重大的作用，这个情况也是没有疑问的。但是，这些情况往往在两个方面过分强调了人被社会进程影响的程度。人们主要被作为这种社会化进程的产物或构成成分以及他们所受反复灌输的对象。但是，人们从来不是社会化进程和反复灌输的总和；他们从来不是顺从地表演为自己编定的角色的演员。他们作为人类的那部分本性使他们在某种程度上使自己善于同其受到的社会进程保持距离，善于反思这些进程，批评、辩驳、嘲笑以及在某种情况下拒绝这些进程。可是，重要的是要看到对社会化进程和反复灌输的这种批评的和辩驳的关系并不一定是破坏社会复制——这就使我们看到区别共识理论可能误导的第二个方面。在日常生活中，人们典型地经历多种社会背景并受到冲突性的社会压力和进程的影响。拒绝这一套价值观和规范可以符合于接受另一套，或者便于他们参与以此使现状复制的社会活动。威利斯提供了一

个出色的说明，表明社会秩序的复制可以是对二级社会化官方机构（指学校）所宣传的价值观和规范进行**拒绝**而无意出现的结果。[13]他在对一批工人阶级孩子的研究中表明他们对学校当局的嘲讽和辩驳看法以及他们对教育制度所支持的个人主义气质和非体力事业方向的拒绝， 90
使他们更加（而不是更少）适宜于离校后干工人阶级的工作。体力劳动的再现并不是人们的价值观与信仰同教育制度所提供的特定职务的那套价值观与信仰之间天衣无缝的结果；相反，正是因为这些十来岁的孩子并不结合进教育制度所宣传的那套价值观与信仰而乐意接受了体力劳动的负担。

所以，社会复制共识理论的这两种变体都有某些局限。虽然区别共识理论比核心共识理论较为细致和有理，两种说明都过多强调价值观与信仰的共识和趋同，两者都缩小异议和不同意见、怀疑和嘲讽、辩驳和冲突的普遍性和意义。共识理论的这两种变体认为社会复制是有关价值观与信仰方面共识（不论是核心的或者特定职务的）结果，但是不断发展中的社会秩序的复制可能更取决于以下的事实：人们都处在各种不同的社会背景之下，他们按惯例和常规方式生活而不一定受到总体价值观与信仰的推动，在反对派的态度可能转变为一致政治行动的问题上**缺乏共识**。普遍的怀疑和嘲讽态度以及拒绝社会化主要机构所宣传的价值观与信仰，不一定代表对社会秩序的挑战。怀疑与敌对往往和传统与保守的价值观相混合并往往被一种顺从感所软化。因性别、民族、技能等的不同而发生分野，这形成了障碍而不能发展成可以威胁现状的运动。只要存在足够的异议阻碍形成一个有效的反对派运动，社会秩序的复制就不需要在价值观与信仰方面具有某些深层的总体共识。

其次，社会复制的共识理论很容易地联系到一种特定的意识形态概念。设想会存在共识的一些价值观与信仰被认为构成了一个统治意识形态的成分，这个意识形态取得人们对社会秩序的顺从。这种统治意识形态提供了事实上的象征胶合剂，它统一社会秩序并把人们结合于其中。由于统治意识形态的普遍存在，各个社会阶层的人们都被结合进一个结构上不平等的社会秩序。据认为，正是由于统治意识形态
91 的无处不在，说明了统治集团安心统治和被统治集团顺从地接受统治。统治意识形态是一个象征体系，它通过把所有阶层的人们结合进社会秩序，帮助了服务于统治集团利益的社会秩序的复制。

在前面的讨论中，我已经提出了一些论点，非常强烈地反对这种所谓“统治意识形态命题”，现在没有必要详谈。[14]让我简要阐述其要点。统治意识形态命题所设想的，可以被描述为**意识形态的社会胶合剂理论**。那就是说，它设想意识形态的作用像一种社会胶合剂，把人们拴在一个压迫他们的社会秩序上。但是，如我们所看到的，并无多少证据支持这个说法：认为不同阶层的人们都以这种方式拴在社会秩序上。可能的是：统治价值观与信仰被统治集团一些成员所共有，赋予这些集团某种内聚力，但几乎没有证据支持这样的观点：认为这类价值观与信仰被从属集团的成员所广泛共有。因此，这种统治意识形态命题设想统治价值观与信仰构成一个作用像胶合剂般的意识形态，它却不能说明它设法要说明的事，那就是：为什么从属集团成员的行动方式并不破坏社会秩序。

用这种方式批判统治意识形态，并不是要否认某些象征形式在我们社会里具有大量象征价值，也不是要否认这些象征形式在某种情况下可以服务于建立、支撑和复制统治关系，更不是要提出意识形态概念在分析社会与政治生活方面起不了有益的作用。统治意识形态命题的问题只在于它提出了关于意识形态在现代社会中如何活动的过于简单

的说明。它认为一套特定的价值观与信仰构成了统治意识形态的成分，其通过的是在全社会扩散，把所有阶层的人们拴到社会秩序上来；但是象征形式服务于维护统治关系的方式要比这种说明所提出的情况复杂得多。关于社会胶合剂的观念是一种概念上的方便说法，它模糊了必须通过更令人满意的方法来对意识形态现象加以研讨的问题。一种更令人满意的方法则不是认为一套特定的价值观与信仰根据事实服务于把所有阶层的人们拴在社会秩序上，它必须研讨处在社会秩序中的不同的人呼应和弄懂特定象征形式的方式，以及这些象征形式在联 92
系它们产生、接收和认识的背景加以分析的时候如何服务于（或不服务于）建立和支撑统治关系。以有关象征形式（或象征性传输的价值观与信仰）凝聚性的一种总的设想来便捷地说明这项分析，就是去支持一项社会复制的不可信的理论，它至多是对意识形态及其在现代社会中运作的非常片面的说明。

最后，统治意识形态的产生与扩散一般被认为是国家或者国家特定部门和官员的任务与成就之一。在这方面哪些部门被认为特别重要，各个作家对此看法不一。我们简要地考虑一下阿尔都塞的著作。阿尔都塞在一篇有影响的文章中区分了“压制性国家机器”（它包括政府、文职官员、警察、法院、监狱、军队等）和“意识形态国家机器”（它包括教会、学校、家庭、法律系统、政治系统、工会、大众传播系统以及如体育和艺术等文化活动）。人们可能合理地提出异议：把这么广泛领域的机构视为国家的一部分，是否有益或有意义。但是，阿尔都塞认为构成意识形态国家机器的那些明显不同的机构与活动却统一于这一事实：依靠它们和通过它们实现的意识形态主要是统治阶级的意识形态——那就是说，它们实质上都是为了宣扬统治意识形态的机制。[15]这些机器内可能还有其他的意识形态成分，但是意识形态场地的结构有利于统治阶级的意识形态，后者对意识形态国家机器施加控制。因此，在这种情况下，国家的各种机构被视为统治意识形态从而产生和扩散的手段，以及生产关系——和作为服从现有事物秩序之主体的人们——从而复制的手段。

就我们在这里的目的而言，没有必要进一步研讨阿尔都塞说明内容的细节，或者去研讨受他影响的作家们著作中可以找到的变异。也没有任何必要通过详尽的原文分析来说明前些段落中的批判也可在一定程度上指向阿尔都塞的说明性内容。在这里，我只想利用阿尔都塞的说明性内容作为一个基础来提出对国家组织的和意识形态保证的社
93 会复制总理论的最后三点反对意见。第一点反对意见是：这项理论倾向于采取一种**对现代国家的阶级简化观**。就是说，国家首要地和最终地被视为一种支持阶级权力的体制机制。在恩格斯某些偶然的言论和马克思一些更实质性的分析[16]以后，普遍都认识到国家的各个机构可以在统治阶级或阶级派系的当前利益与活动以外具有一定程度的自主性；但是这种自主性总是局限于所谓“说到底”国家是在一套由生产活动的阶级性所界定的界限条件内运作。国家的作用或功能与统治阶级的长期利益相一致，虽然国家最好地完成这种作用的办法是对统治阶级及其派系的当前目的保持某种距离和“相对的自主性”。

对国家的这种看法的主要问题不在于它没有解决多少自主性是“相对自主性”以及它称国家与国家机器“说到底”决定于生产经济方式是什么意思。这些问题没有解决，而且可能无法解决，但它们主要也是学究式的兴趣。主要问题在于这种看法没有公正对待现代国家的历史发展和独特性质。这种看法把现代国家及其机构首先按它们支撑一个以阶级剥削为基础的社会关系体系的作用或功能来构想，这种作用部分地通过由意识形态国家机器宣传统治意识形态来进行。但是这是

对现代国家的一种过于狭隘和片面的概念。国家的某些方面和活动无疑可以根据统治阶级的长期利益来加以理解，但很难认为国家机构对其他阶级和主要利益集团的要求毫无反应，也不能言之成理地说现代国家的**所有**方面和活动（包括一些最重要的方面和活动）都能根据阶级利益和阶级关系来加以分析。正如马克斯·韦伯等人的观察，现代国家不但关注社会与经济活动的调节和统治的实施，而且关注在一定领土内维持秩序以及对其他民族国家间保卫疆界。[17]现代国家对于在一定领土内合法使用武力或暴力具有有效的垄断，国家使用暴力，既为了内部控制或平安的目的，也为了外部对其他民族国家防御或侵犯的目的。国家已发展起各种机构和部门，直接间接地有关维护内部和外部边界，这些部门都广泛依靠信息的积累与控制。国家的活动可以（而且 94
往往如此）同其他国家组织的活动发生冲突，以及同社会生活其他领域的人们和组织的活动发生冲突。任何企图只根据或主要根据阶级分析来了解现代国家中各种不同的活动及其所产生的冲突，将是对有关问题的十足简单化。

如果国家组织的和意识形态保证的社会复制总理论倾向于采取一种对现代国家的阶级简化观，它也倾向于主张一种**对意识形态的阶级简化观**。那就是说，意识形态的概念首先和主要有关组成社会秩序的阶级或阶级派系，那就是“统治意识形态”，或统治阶级的意识形态，它组织意识形态领域并表达在意识形态国家机器之中。统治意识形态可以结合来自从属集团或阶级的成分，而且可能有相当于从属集团或阶级的意识形态或“意识形态子系统”，对统治意识形态具有“相对自主性”。但是，这些意识形态子系统受到统治意识形态的抑制；它们是一个意识形态领域的一部分，最终被统治阶级的意识形态所构建。统治阶级正是以这种方式——用葛兰西的话来说——取得了“霸权”：通过意识形态领域的结构化，统治阶级或阶级派系能够行使基于从属阶级"积极同意"的政治领导权，并且把统治阶级的各个派系结合为一个相对稳定的权力集团。

早先提出的一些对于社会复制共识理论的反对意见可以在这里再提出来，因为，意识形态和霸权的这种说明内容显然包括某种设想，涉及把人们结合进社会秩序以及他们同意或隶属于特定的价值观或信仰。但是，我要在这里集中于一个不同的缺点：那就是，这种说明把意识形态和意识形态分析相对化于阶级关系的程度。最终是统治阶级或阶级派系的意识形态构建了意识形态领域，而对意识形态或意识形态子系统的分析则首先要联系构成社会秩序的各阶级和阶级派系来进行。当然，阶级与阶级派系之间的统治与从属关系对于意识形态分析是至为重要的，但是，我认为把阶级关系视为**唯一的**或者在一切情况下
95 **首要的**社会背景结构特点并以此进行意识形态分析，那是相当误导的。相反，我认为认识到存在着基于阶级以外考虑（例如基于性别、年龄或民族的考虑）的系统不对称的权力关系，看来是很重要的；我认为扩大意识形态分析的架构而把这些考虑包罗在内，看来是很重要的。国家组织的和意识形态保证的社会复制总理论只要首先强调阶级关系并把意识形态领域视为最终由统治阶级或阶级派系意识形态所构建的话，就往往会高估阶级在意识形态分析中的重要性并低估其他的统治类型以及支撑它们的象征形式。

我想提出的最后反对意见或最后一些反对意见，与这项说明中对于大众传播的性质与作用的一般特点的提法有关。这项说明的支持者把大众传播机构一般视为意识形态国家机器系统的一部分，那就是说，作为机制之一，或者作为机制的一组，通过它来实现统治阶级意识形态并达到生产关系的复制。可能承认这些机构在相互之间以及对国家的

其他方面具有某种程度的自主性；可能承认大众传媒扩散的意识形态也许包括互有冲突和互相矛盾的因素，也许结合了来自从属集团、从属阶级或阶级派系的成分；但是最终这些大众传播机构则由它们以传输和灌输统治意识形态促成社会聚合和复制的功能来加以界定。[18]这项说明虽然正确地指出大众传播的重要性，可是它描述的特点我认为是误导的。大众传播机构以相对边缘化的方式被视为意识形态国家机器广阔领域中的事物，但这种观点未能公正对待现代文化的传媒化，而且一般也未能公正对待大众传播在现代社会与政治生活中的中心地位。今天，国家与政府、它们的组织与官员们的活动就某种程度上而言在由大众传播的机构与机制**所构成的**领域内进行。大众传播媒介并不仅仅是灌输统治意识形态的若干机制之一；说得确切一点，这些媒介恰好部分地构成了现代社会中进行政治活动的论坛；在这个论坛上以及一定程度上有关这个论坛，人们在行使权力和回应他人行使权力方面采取
行动和作出反应。这些问题我将在随后一章中再作讨论。 96

国家组织的和意识形态保证的社会复制总理论不但未能公正对待大众传播的核心地位和基本特点，它还回避有关现代社会中传媒机构性质与作用的一些关键问题。它指定大众传播机构在主要以阶级关系与阶级分野为概念的社会秩序内具有主要作用或功能，这就预先断定有关这些机构历史发展方式的一系列问题，有关它们在产生和扩散象征货品方面的常规组织与操作方式，有关这些象征货品被人们在日常生活中接收和认识的方式。这项说明把大众传播机构界定为（广义上）国家的一部分，它就模糊和曲解了各大众传播机构与国家部门和组织之间所特有的冲突和紧张关系的性质。只有借助以下方式才能恰当理解这些冲突和紧张关系：更加谨慎地关注大众传播机构的具体活动与目标，分析这些活动与目标怎么和为什么会同国家部门和组织的行为

发生冲突，以及承认国家部门和组织的许多关注事项并不能归纳为：它的职能是为了使基于阶级剥削的社会秩序得到复制或凝聚力。

在上述各段中，我研讨了构成我称之为国家组织的和意识形态保证的社会复制总理论的某些基调主张。我设法表明，在某些方面，那些主张是可疑的：它们提出了一个难以取信的社会复制说明（社会复制共识理论），关于意识形态性质与作用的片面说明（意识形态的社会胶合剂理论），以及关于大众传播发展影响社会与政治生活方式的一项误导性说明。我也认为，在近来辩论中最有影响的一些作家（诸如阿尔都塞和普兰查斯）的著作里，这些缺点结合了对意识形态和国家的阶级简化观。虽然这些作者避免一种把意识形态与国家作为统治阶级工具或武器的绝对工具主义的解释，而强调意识形态领域的结构复杂性和国家的相对自主性，然而他们的分析所遵循的设想认为意识形态
97 和国家最终还是为了基于阶级剥削的社会秩序取得聚合力和复制的机制。

在本章的余下部分，我将撇开分析现代社会中意识形态最新著作的那两套设想。我将把注意力转向两种理论观点，它们在新近的辩论中具有较少中心作用和较少影响力，但它们本身很有意思并且以明显的、创新的方式力求考虑现代社会中大众传播的性质与作用。这两种观点涉及霍克海默和阿多诺对文化产业提出的批判以及哈贝马斯论公共领域结构性转型的早期著作。当然，这些观点联系紧密，两者都一般被认为是法兰克福学派批判理论的变体。可是，这些早一代批判理论家的观点之间有着重大的差异，他们包括霍克海默和阿多诺，以及诸如哈贝马斯等后期批判理论家的观点。我不想在这里详细探讨这些思想家观点中的异同。而是要观察他们著作中直接有关本章关注的问题的那些方面。

对文化产业的批判

早期法兰克福学派理论家们对现代社会中意识形态的性质与作用提出了一种独特而新颖的解释。这一解释是对现代社会发展特点和对现时代人们命运的意义深远的分析的一部分。我在研讨这一解释时，将集中于霍克海默和阿多诺的著作，虽然与早期法兰克福学派有关的其他人——诸如本雅明、马尔库塞、洛文塔尔和克拉考尔——的著作在这方面也是有意思的。[19]霍克海默和阿多诺特别关注他们所谓的“文化产业”的兴起，它导致了文化形式的日益商品化。因此，不同于有关文化转型宏大叙事的多数作家，早期法兰克福学派的理论家们强调了大众传播发展的重要性，并试图重新思考与这种发展有关的意识形态的性质与作用。然而，正如我要设法表明的，对大众传播的这种说明受到一种主题的强烈影响，这一理性化主题也是该宏大叙事的中心；而且这导致了对现代社会凝聚力的夸大看法，以及对现时代中人们命运过 98
分悲观的预测。

早期批判理论家的观点是由20世纪20—40年代期间欧洲和美国历史事件和事态发展所形成的。第一次世界大战末，欧洲对革命动乱的镇压，斯大林主义在苏联的发展，以及法西斯主义在德国的兴起，被批判理论家们解释为：那些迹象说明马克思曾经看到的现代社会中的革命潜力能够被遏止、挫败或者扭向反动的结局。霍克海默和阿多诺根据一种启蒙与统治的总逻辑分析了作为这种进程的社会—历史动力和社会—心理动力，其根源可以上溯到整部人类史。[20]随着知识的增长，人类对自然界——外在自然界以及人类主观的内心世界——的掌握增加了，而且他们越来越把自然界从属于行使技术控制。神话的、泛灵的信仰被不断抛弃而赞同一种科学的、工具的理性，它以技术控制的观点把世界客观化。人类自身也成为这个客观化世界的一部分，而他们对统治逻辑的从属更受资本主义社会中劳动力商品化所加强。但是，人的本性拒绝完全从属；它反抗现代世界所特有的客观化、理性化和官僚主义化的过程。正是这种准本能性的反抗心理被法西斯主义所接过来加以利用。法西斯主义头头们使用了各种精心构筑的技巧来释放群众中被压抑的愤怒和焦虑。他们调动这些非理性的感情，通过对被排斥集团进行疯狂攻击来煽动这种感情并使之成为统治人们的新机制，而人们的准本能性反抗正是法西斯主义成功的来源。

这种启蒙与统治逻辑的总体说明提供了霍克海默和阿多诺用以分析文化产业性质与结果的背景。霍克海默和阿多诺用“文化产业”一词来指19世纪末20世纪初娱乐业在欧洲和美国兴起所带来的文化形式商品化。他们所讨论的例子中包括电影、无线电、电视、流行音乐、杂志和报纸[21]。霍克海默和阿多诺认为娱乐业作为资本主义企业的兴起导致了文化形式的标准化与理性化，而这一过程反过来却使人们以批
99 判与自主方式思考和行动的能力萎缩了。这些产业生产的文化货品是根据资本主义积累和实现利润的目的来设计和制造的；它们并不是群众自己自发产生的，而是按群众消费量身定做的。“文化产业有意结合上层消费者。……群众不是首要的，而是次要的，他们是被算计的对象；机器的附件。”[22]文化产业生产的货品并不决定于它们作为艺术形式的内在特性。而决定于商品生产与交换的公司逻辑。因此，那些货品是标准化的和规范化的，仅仅是基本风格或类型的变更——西方的、神秘的、肥皂剧的。它们影响到一种个性架势，例如对大人物和大明星的特写，但是这种姿态丝毫不能缩小这种货品本身是没有艺术内容的、为利润而生产的标准化对象。

文化产业的产物与传统的艺术品大不相同。在18世纪以及以前，艺术品可以在市场外保持某种自主性，这是由于一种赞助人制度，它保护艺术家不受当前生活需求的影响。这种自主性使得艺术品能够与现存现实保持一定距离，表达疾苦与矛盾，从而对美好生活的思想保有一定的掌握领会。但是，随着文化货品的不断商品化，这种自主性就被破坏了。艺术日益归于商品生产与交换的逻辑，因而丧失了传统艺术形式无目的性所固有的批判潜能。“完全受需求所同化的艺术品蒙骗地剥夺了人们免于功利原则的解放，而这却正是它所开创的。”[23]对艺术品的思考与欣赏被商品交换所取代，其价值首先根据的是它的交换价值，而不是它内在的美学性质。文化产业的致命一击在于把艺术彻底商品化同时把它以非卖品献给消费者。因此，当你在收音机里听一场贝多芬音乐会或者在电视上看威尔第的一部歌剧时，并没有现款交换。但是表面的没有交换是在消费行为之外的一系列商业交易所制造的幻想。消费者得到与艺术品无中介接触的印象，而文化产业则从一系列在消费者背后进行的交易中获得利润。

可是，文化产业的大部分产品不再假装是艺术品了。它们主要是一些象征构件，根据某些事先确定的公式来塑造，充满了陈规的场景、
特点和主题。它们并不对现存的社会规范提出挑战或背道而驰；而是 100
重新肯定这些规范并指责偏离它们的任何行动或态度。文化产业的产品显示自身是经验现实的直接反映或再现，并根据这种“虚假现实主义”来使现状正常化并抑制对社会与政治秩序的批评性反映。人们读到、看到和听到的都是熟悉的陈词滥调，在这种重复熟知的象征领域中灌输了一系列粗陋的口号——“所有的外国人都是嫌疑分子”，“漂亮女子不会做错事”，“成功是生命的最终目的”——它们似乎是不言自明的永恒真理。《社会学诸方面》的集体作者总结文化产业的意识形态

特点如下：

> 如果要把大众文化的意识形态究竟是什么压缩成一句话，那就必须把它描述为下述指令的模仿："成为你自己"作为对已有状况的夸张重复和理由，并剥夺一切超越和一切批评。在这种社会有效精神的局限之中再次向人类只提出已经构成他们存在的条件，而同时却宣称这种当前存在是它自身的规范，这就向人们肯定了他们对纯存在的无信仰之信仰。[24]

不像意识形态的早先形式，这种形式的意识形态的特点是据说（但是幻想的）独立于社会现实，文化产业的新意识形态正在于没有这种独立。文化产业的产品被塑造来适应和反映社会现实，这种现实无须明白的和准独立的理由或辩护，因为消费文化产业产品的过程本身诱使人们去认同流行的社会规范并继续保持他们已有状况。

在霍克海默和阿多诺看来，文化产业的发展是现代社会中增加理性化和物化过程的内在部分，这个过程使得人们越来越难以独立思考和越来越多地依赖于他们极少或无法控制的社会进程。在这里，马克斯·韦伯的影响是明显的：韦伯的理性化、官僚化"铁笼子"被文化产业的"铁系统"所取代，人们在这种铁系统中被实质上相同的、彻底商品化的一大批物体所包围。这种商品化的世界是不提供一个象征空间来使人们能培养他们的想象力和批判性反思，来发展自己的个性和自
101 主性，而是将其精力纳入对标准化货品的集体消费。人们由于追求现有秩序所生产的物品以及消费这些物品时经历的欢乐而向这个秩序去适应和调整。"在商品的神学幻想面前，消费者成了庙堂奴隶。在任何其他地方不作牺牲的人在这里就作了，而且在这里他们完全原形毕

露。”[25]因此，文化产业的发展，更加一般的消费文化的发展，把人们结合进一个理性化的、物化的社会总体；它阻碍了他们的想象力，窒息了他们的革命潜力，并使他们在独裁者和煽动者操纵面前软弱无力。那些被纳粹主义和法西斯主义的花言巧语所席卷的人都是已经被文化产业的步伐所打垮的人。他们已不太是人，而是越来越成为依附于集体的社会原子，他们受压抑的愤怒和抵抗可以被头头所利用，头头们正是精明地使用产生他们依附性的那些技巧。法西斯宣传只需鼓动和再造群众已有的心态；它只要根据他们的原有状况——文化产业的产物——并使用这个产业的技巧来调动他们支持法西斯主义的侵略和反动目的。[26]因此，启蒙进程曾经设法以技术统治自然来控制世界，最终导致了一个理性化的、物化的社会总体，而人类在其中不是主人而是奴仆和牺牲品，他们的意识被文化产业产品所禁锢。人类是否仍然能培养一种批判的和负责的态度？是否仍只能成为可以行使理智判断的自主和独立的人呢？这是霍克海默和阿多诺有时感到悲观的问题，但最终他们对此不作结论。他们并不排除这种消灭个人的理性化和物化过程在未来受到抑制或削弱的可能，而个性将最终重新表现为一个更为人道和民主的生活形式。但是他们也并不预测这一结果。

霍克海默和阿多诺对文化产业的分析代表了社会与政治理论家与现代社会中大众传播的性质与后果达成妥协的最持续尝试之一。我认为，他们强调大众传播的重要性并设法研讨它对社会和政治生活的影响，那是对的。我想，他们提出这一过程已经改变了现代社会中意识形态的性质与作用，那也没错。大众传播已成为信息流通和各种传播的主要渠道，任何重新思考现代社会中意识形态性质与作用的尝试必须 102
充分考虑到这种发展。但是我要说明霍克海默和阿多诺提出的分析最终却是无可挽回的错误。它提供了有益的出发点，但它不能被认为是研讨现代社会中大众与意识形态之间关系的满意基础。我将把我的批评意见集中在霍克海默和阿多诺著作中的三个主题:(1)他们对文化产业特点的描述;(2)他们对现代社会中意识形态性质与作用的说明;(3)他们对现代社会以及对其中个人命运的总体和往往悲观的看法。

第一,霍克海默和阿多诺用“文化产业”一词来一般地指有关大规模生产文化货品的产业。他们设法突出一个事实,即在某些关键方面,它们同大量产出消费品的其他大规模生产的领域并无二致。在一切情况中,货品都根据合理化程序和为了实现利润的目的进行生产和销售;在一切情况中,货品本身都是标准化的和规范化的,即便它们被绘上一种个性的色彩——一个独特的牌子名称,一种明显的品格——以便增加它们的吸引力,在一切情况中,接受者被认为不过是潜在消费者,他们的需求与欲望在适当手段下可以被操纵、鼓动和控制。霍克海默和阿多诺承认文化形式也有其特征;它们提供的形象与表现可以是也可以不是思考的来源、识别的对象或解释的图式。以后我将回来讨论这些特征引起的一些问题。但是首先我要考虑对文化产业的这种总看法是不是一种可在其中来分析大众传播的机构与特点的令人满意的架构。

如果我们记住16世纪以来出现的大众传播形式的多样性和复杂性(关于它的许多特点,我将在稍后一章中概述),我想我们能看到霍克海默和阿多诺采取的总看法是太局限了。他们的看法主要决定于他们想把从韦伯那里吸取的理性化主题同取自马克思和卢卡奇的商品化和物化主题结合起来,并把这些主题安置在一个总体历史观内,这个历史观强调人类越来越缠结在他们和他们的前辈不知不觉地织起的统治网络之中。大众传播的形式和机构只是这个不断扩大的网络的另一部分而
103 已,虽然那是一个核心的、特别有效验的部分。但是这至多是对大众传

播的性质及其影响的一个局部看法。它使我们的注意力集中于大众传播的某些方面——有关传媒产业把象征形式商品化的方面；甚至在这有限的集中范围内，它以相当抽象的方式分析了发展进程，强调一些诸如标准化、重复化和假人格化等的一般特征，而不详细观察传媒机构的社会组织和日常行动，或者一个传媒分支与另一传媒分支之间的差异。而且，霍克海默和阿多诺使我们的注意力集中于大众传播的这些方面，就往往忽视了其他同等重要的特点。在第五章里，我将论述大众传播涉及若干显著的特点：象征货品的体制化生产与扩散，生产与接收之间设定的间隔，象征形式在时间与空间上的效力扩展，以及这些形式在公共领域的流通。霍克海默和阿多诺的著作明白显示了这些特点中的第一点，但不是后面三点。他们的观点大大地受制于传统的理性化、商品化和物化主题而不能公正对待大众传播发展中的新内容和显著不同的内容。由此也不能公正对待现代文化的传媒化。霍克海默和阿多诺设法把一种已经侵入现代社会其他领域的发展逻辑**应用于**大众传播，但是，他们这样做就忽视了大众传播的那些与众不同的和空前未有的特点，那些特点赋予大众传播机构一种在现代社会中独特的、两面派的作用。

第二，我要研讨的第二个主题有关霍克海默和阿多诺对现代社会中意识形态的性质与作用的说明。虽然霍克海默和阿多诺没提出意识形态概念的一项持久讨论（最长的分析请见研究所合作出的集子《社会学诸方面》），但他们在其著作中时常使用意识形态一词，他们清楚地以批判方式使用该词。这里我不想研讨他们对这个词的各种用法，但要集中于意识形态性质与作用的转型，他们认为那联系到文化产业的发展。以前的意识形态的存在形式往往是与众不同的学说，认为对社会现实持某种独立性是有理的。这种所谓的独立性既是其“不真实” 104

的来源(因为这种所谓的独立性是表面的而不是真实的),又是批判精神某种练习的基础(因为意识形态并不仅仅反映存在的东西而且超越它,设想一些事实上并不存在的可能性或理想)。可是,随着文化产业的发展,独立性的伪装就被破坏了。文化产业促成了一种新形式的意识形式,它不再声称独立于社会现实,而是把自己作为**社会现实的一部分**。它存在于文化产业的产品之中,这些产品供人们娱乐,人们在消费这些产品时就再现了这些产品所忠实反映的社会现实。今天的意识形态并不是那么清楚表述的一种学说,处于社会领域之上并盖过它,使它的机构凸显;而是一种特别的大众生产的文化物品,使之成为一种"社会胶合剂"。文化产业产品成为纯交换品和欢乐的来源而没有任何批判性和超越性,就有了一种比以前的意识形态更为普遍和更为模糊的意识形态作用。在每一社会层次上,在愉快消费的行动中,假如社会胶合剂使得现代世界越来越僵化、齐一化和动摇不了,文化产业的产品就把人们拴在压迫他们的社会秩序上。

我认为,霍克海默和阿多诺辩称大众传播的发展对现代社会中文化与意识形态的性质具有根本的影响,这是对的。他们主张意识形态分析不能再局限于研究政治学说而必须扩大到考虑社会领域中流通的各种象征形式,这也没错。但是,也必须指出,他们对于文化产业所产生的新形式意识形态的说明是有严重缺点的。这里我将使自己限于两大主要批评。第一点批评是:完全不清楚文化产业产品的接收与消费具有霍克海默和阿多诺提出的结果。那就是说,完全不清楚人们接收和消费了这些产品就一定会依附于社会秩序,认同于设计的形象,并且无批判地接受分派来的众所周知的智慧。这项批评类似于我针对更晚近的意识形态社会胶合剂理论的批评。这里,正如更晚近的那种版本,
105 社会胶合剂理论把太多方面视为理所当然。表明文化产业产品的特点

是标准化格式、伪现实主义等是一回事；表明人们在接收和消费这些产品时一定会以模仿性、一致性方式行动，或者会以总的使他们拴于社会秩序的方式行动并使现状保持下来，那是另一回事。意识形态的社会胶合剂理论设想看来像胶合剂的东西就会起胶合剂的作用，可是人所共知的是——如果我们把这比喻稍稍再推进一点——有些材料并不适用于胶合剂。

这就提出了一个一般的方法论问题，我将在以后一章中再来讨论。问题是霍克海默和阿多诺试图把文化产品的结果排除于文化产品本身之外。我将把这种做法描述为**内在主义的谬论**。那是一种谬论，因为它不认为分析者在特定文化产品中看到的特点在该产品被人们在日常生活中接收和占用时将会有一定的结果。接收和占用文化产品是一个复杂的社会过程，这包括不断的解释活动和使有意义内容受特定人们和集团的社会结构性背景特点同化。企图把文化产品的结果排除于文化产品本身之外，就是忽略了这些不断进行的解释活动和同化；就是去推测这些产品对人们态度和行为的影响而不去系统地研讨这种影响。当然，霍克海默和阿多诺明白他们的分析往往是推测性的和试验性的。阿多诺在《洛杉矶时报》上对占星学专栏的内容分析中说："我们的结果必须视为是试验性的。它们为我们提供一些公式，其有效性只能通过读者研究来确立。"[27] 这种限制条件是无可争议的。然而，问题是：必要的读者研究从未进行；对文化产品的这种分析和其他分析在实践中自行说明文化产业所产生的新式意识形态如何诱导顺从和一致的行为，加强命定感和依附感，减少想象力，削弱群众的批判精神，从而服务于保持现状。

我对霍克海默和阿多诺关于新式意识形态的说明的第二点批评是：这种说明对于意识形态在现代社会中的活动方式提出了过于限制

性的看法。我已把这种看法描述为意识形态的社会胶合剂理论，因为意识形态主要被视为一种象征物，它流转于社会领域中，把人们拴在社会秩序上，从而使后者日益僵化和抵制社会变革。情况可能是，现代社
106 会中的某些象征形式确实起这种作用，但是，把这种作用视为现代社会中意识形态运作的唯一方式或主要方式，那是不必要的局限。如果我们像我在上一章里那样，视意识形态的概念根据意义服务于建立和支撑统治关系的方式，并试图区分不同的活动方式，那么我们可以看到社会胶合剂理论只突出了意识形态可能运作的某些方式。它突出了象征形式可能达到使社会关系统一化和物化的某些方式，但是它忽略了合法、虚饰和分散的方式。意识形态不是统治关系复制所涉及的唯一因素，统一化和物化也不是意识形态运作所涉及的唯一方式。霍克海默和阿多诺把新式的意识形态描绘为一种社会胶合剂时，提出了有关意识形态运作方式的一种过于限制性的观点，这种观点联系着他们对现代社会和其中人们命运的总体和往往悲观的概念。

第三，我要讨论的第三个主题是有关现代社会的概念以及个人趋于萎缩的有关看法。霍克海默和阿多诺设计现代社会的形象为越来越一体化和物化，向着一条发展的道路推进，如始终不受阻挠，则将导向一个完全理性化、物化和管理的世界。理性化、商品化和物化的过程结合起来产生了一种不可阻挡的趋势。虽然资本主义生产与交换的机制是这种发展的固有方面并已加速了商品化与物化的进程，霍克海默和阿多诺所看到的这一趋势却具有一种超越资本主义具体动力的普遍性。它是早在资本主义生产方式完全控制西方以前的理性化总过程的一部分。这种理性化总过程包括自然界（外在自然与内在自然）日益从属于技术控制的操作；那是一种根深蒂固的人类计划，一种准人类学的人类冒险，人类在其中追求知识与真理的崇高理想，却发现自己陷入了

一张不断扩张的统治之网。确实，他们为自己定下的理想已经被统治逻辑所玷污。伟大的启蒙思想家们号召追求实证科学以便把人类从传统与神话的负担中解放出来，可是尽管他们有这崇高的理想却是把人
类推入了一种新的、更广形式的统治之中。因为“人们之所以要向自然 107
界学习，是为了如何去利用它以便完全统治它和他人。这是唯一的目的。不管它自身如何，很残酷的是，启蒙运动却已消失了它自身意识的任何迹象”[28]。当追求科学知识成了伴随着资产阶级商品生产的扩张，人类就越来越变成一台无情地不断磨碾的机器的附件。就像俄底修斯神话中的划船手，他们的耳朵被塞住，使他们不能听海妖塞壬的美妙歌声；他们又聋又哑，集中精力于他们面前的分工任务，不管哪一边的什么谎言。启蒙运动已成为对群众的全盘骗局，他们批评的敏感性已被极大削弱，因此，他们的抵抗能力、推翻统治束缚并取得某种带有疏离性质的妥协，一定是值得怀疑的。

现代社会有一些特点可能显得霍克海默和阿多诺勾画的总体历史观具有可信性。社会生活许多领域中日益增长的官僚主义化，现代资本主义社会以及声称（或已经声称）某种意义上的社会主义的社会中统治关系和不平等关系的持续存在，生态问题日益增大的重要意义，以及日益警觉到对自然界不加约束地开采的危险性：现代社会的这些特点和其他特点可能被视为符合霍克海默和阿多诺看到的总趋势的发展。但是，这种解释是个笼统的看法，忽视了他们观点的严重局限性。这里我将突出说明两点局限。首先，霍克海默和阿多诺过分强调现代社会的一体性和统一性。他们设计的形象是一种社会，其中的每个成分都越来越剪裁得适合于整体，其中每个方面各居其位，任何形式的背离常规或开始出现的批评都被纳入正轨或者加以排除。那是一种工具理性泛滥的卡夫卡式形象；个人越来越禁闭在一个完全管治的世界之内。

但是这种形象肯定是夸大了的。虽然现代社会在国内和国际确实以许多方式和在许多层次上相互联结,但现代社会内也存在大量差异、杂乱、不一致和抵制,而且很可能继续存在下去。如果现代社会真的如霍克海默和阿多诺提的那么一体和统一,那么我们怎么来解释1989年东
108 欧的民众造反高潮以及政权那么迅速地倒台?霍克海默和阿多诺面对着一种满足了一些人但实现得很少的社会秩序,我想他们倾向于作出错误的、不成熟的结论,认为社会不稳定的根源已经得到控制,一切严重的不满呼声已经压下去。

第二点局限与霍克海默和阿多诺对个人作用衰退的说明有关。在以前的社会里,个性的观念——强调人类的自发性、自主性和独特性的观念——已经被哲学与宗教思想培育起来,但在实践中只是非常局部地得到实现。个性的观念被作为哲学思想中未完成的一项承诺。然而,在现时代,随着大规模工业组织的兴起和大众文化的传播,个人已经越来越被吸收进一个社会总体,它并不对传统的个性观念作出让步。个人越来越依附于不受他们控制的经济与政治力量。他们把自己牺牲给他们赖以生存的大组织。他们丧失了批判性思维的能力以及为争取另一种选择的社会秩序而斗争的意志。他们被彻底地整合进现存的秩序,以致他们的自发性、自主性和独特性都被压制或者实际上被消灭了。文化产业的产品对这种整合起了作用,它们再次肯定现存的秩序并且提供大众偶像使群众心有同感地感受一些在实践中得不到的残余的个性。现代社会已成为一台运转自如的大机器,个人在其中只不过是一些功能性部件。在霍克海默和阿多诺看来悬而未决的唯一问题是:人类被压制的欲望和期待以及郁积在社会表层之下的残余人性,是否能以建设性的、进步的方式释放出来,抑或夭折的个性所产生的挫折是否会被反动势力和蛊惑人心的政客所利用。

这段说明的主要问题在于，它大大高估了个人被成功地整合进现
存社会秩序的程度。正如霍克海默和阿多诺设想现代社会过于具有共
识的形象，所以他们也设想现代个人过于被整合的概念。完全不清楚
的是，现代工业社会中所有人或大多数人是否都整齐地整合进现存社
会秩序，他们的智力官能是否都严重受阻以致不再能进行批判性独立
思维。而且，设想文化产品的接收与消费只服务于加强与现状的一致
性，只服务于消灭已经萎缩的个性，那是太简单了。这种设想建立于内 109
在主义的谬论之上，而且它过于简化了有关接收文化产品、占用它们并
整合进社会背景和接收者的解释架构的过程。这些过程要比霍克海默
和阿多诺考虑的更为多样和复杂。文化产品老套的形象和连番重复的
形式很可能在某种程度上有助于个人的社会化并形成他们的认同特
性。但是，个人也很可能永远不会完全被这些和其他社会化过程所塑
造，他们能够在心智上和感情上至少与那些象征形式——按照他们、为
了他们和围绕他们所构建的象征形式——保持一定距离。即使是孩子
们似乎也机灵地在看得很多的电视动画片中分清事实和幻想，什么是
真实的不真实的和极其愚蠢的，他们在看这些动画片时就是在从事一
场复杂的解释过程。[29]像霍克海默和阿多诺那样设想接收和消费文化
产品就等于宣告个人的灭亡，宣告个人或多或少注定被现代社会的发
展趋势所草率埋藏，那就是过高估计了个性被文化产业（以及其他事物）
所摧垮的程度，就是过分简化了有关接收和使用文化产业产品的过程。

公共领域的转型

在本章的最后一节中，现在我要考虑当代最有影响的批判社会理论的代表人物于尔根·哈贝马斯的一些著作。虽然哈贝马斯受到早期

批判理论家观点的强烈影响，但他从来不是无批判地接受他的学术前辈们的思想：即使霍克海默、阿多诺或马尔库塞的影响很明显，哈贝马斯总是把他们的观点纳入一个新的架构，赋予一种新的意义。哈贝马斯关于公共领域结构性转型的早期著作接受某些批判文化产业的主题，但他以一种新的、深层的方式来重新研讨这些主题。哈贝马斯更多地关注从17世纪到当代的传媒机构的发展，他重新探讨了他称之为“公共领域”的兴起与后来的解体。[30]资产阶级公共领域，作为一种由大众传播的兴起而激起的、以较小的规模和独立报刊为形式的传播与辩论领域，产生了一个论坛，在那里，国家权威可以受到批评，并要求它
110 在一批信息灵通的、善于说理的公众面前为自己辩护。但是，这是一个有限制的脆弱的论坛，而且它被19世纪和20世纪国家和非国家社会机构的发展所有效削弱。国家和大规模商业组织在大众传播领域的增长从根本上改变了兴起中的公共领域，以致这个领域中固有的批判潜力被削弱了或者被推向地下，在今天，它所保留的价值更多地是作为一种承诺、一种急迫的批评原则，而不是一项体制化的现实。

在本节中，我要比较详细地研讨哈贝马斯的论点。我这样做，将首先集中于哈贝马斯的早期著作，特别是有关《公共领域的结构转型》一书中发展的论点。[31]这些论点虽然对了解哈贝马斯更新近的著作极为重要，却尚未在英语世界得到应有的注意。[32]但更加重要的是，我之所以集中于哈贝马斯的早期著作，是因为它代表了极少数系统性尝试，即发展一种有充分历史知识的大众传播社会理论并重新思考意识形态在这一架构内的性质与作用中之一种。在这方面，哈贝马斯的早期著作提供了一些在他较晚近的著作中所没有的东西。因为后者越来越关注社会理性化的问题；大众传播的发展看不到了，而文化转型宏大叙事的一种特定文本则日益突出。我将稍后评论哈贝马斯著作的这一变化。

在《公共领域的结构转型》一书中，哈贝马斯指出，虽然公私区别可上溯至古希腊，在17世纪和18世纪的欧洲，在资本主义经济迅速发展和建立资产阶级宪政国家的背景下，这种区别却有了一种新的显著的形式。狭义的“公共权威”开始越来越多地指国家有关的活动，那就是，指具有法定权限领域的国家系统的活动，并对合法使用暴力具有垄断权。“市民社会”作为公共权威庇护下确立起来的一个私人经济关系领域出现了。因此，“私人”领域既包括日益扩大的经济关系领域，也包括人际关系的亲密范围，这种范围越来越脱离经济活动并固定在夫妻关系上的家庭习俗方面。在公共权威领域和市民社会及亲密范围的私人领域之间，出现了一个新的“公共”领域：资产阶级公共领域，它由私人走到一起自行进行辩论并和国家权威进行辩论有关管理市民社会和国家的行为。这种面对面的手段是有意义的和空前的：这是公众对理 111
性的运用，正如参与辩论的私人所表达的，这**在原则上**是开放的和无约制的。近代欧洲出现的这种公私关系的独特现象现总结如下（表2.1）。

表2.1　资产阶级公共领域的社会背景

私人领域	资产阶级公共领域	公共权威领域
市民社会 （商品生产与交换领域）	政治领域中的公共领域	国　家
亲密范围 （夫妇关系上的家庭）	文艺领域中的公共领域	法　庭

资料来源：根据哈贝马斯《公共领域的结构转型》（第30页）内容编制。

资产阶级的公共领域最初是在文艺领域发展起来的，后来变成对政治问题有直接影响的一个公共领域。在17世纪末和18世纪初，巴黎和伦敦的沙龙和咖啡馆成为讨论和辩论的中心；那里是私人聚会讨论文艺问题以及越来越多地讨论普遍关心的问题的主要场所。这些讨论是由报纸业的发展所促成的。早期的新闻纸和报纸主要关注传递各类信息。到了18世纪期间,它们越来越趋向表达政治观点。报刊成了批判性政治辩论的主要论坛,对国家官员的行动不断提出评论和批评。这在英国特别突出,那里的报刊比欧洲其他地方享有更大的自由。在法国和德国,报刊周期性地受到国家官员的严格检查和控制,只是在宪政国家发展以后,某种程度的报刊自由以及公共领域的其他特征和功
112 能(言论自由,集会结社自由等)才正式体现在法律之中。

虽然资产阶级公共领域**在原则上**对一切私人开放,但**在实践上**则限于人民中的有限部分。有效的接纳标准是财产与教育:在实践中,公共领域由18世纪资产阶级中有阅读能力的公众所组成。这两点有效接纳标准往往限于同一批人,因为教育主要决定于一个人的财产权利。资产阶级公共领域实际组成所固有的阶级偏见被马克思所发现并批评——例如,他在《论犹太人问题》一文中对“所谓的人的权利”的尖刻攻击。[33]但是,哈贝马斯认为,如果资产阶级公共领域的某些方面是阶级利益的某种掩饰的、诡诈的表现,然而它体现的思想和原则却超越了它所实现的历史局限形式。它体现的思想是,一批公民以平等身份聚集到一个论坛,它既不同于国家的公共权威,又不同于市民社会和家庭生活的私人领域,能够通过批判式讨论和说理的辩论来形成一种**公共舆论**。它体现了哈贝马斯称之为“公共性”或“公开性”的原则:就是说,私人的个人意见可以通过向所有人开放的、不受统治约束的一批公民的理性批判辩论而成为一种公共舆论。

如果说体现在资产阶级公共领域内的思想与原则在18世纪欧洲的有利历史条件下从未得到充分的实现,那么在国家和其他社会组织随后的发展中它们就完全黯然失色了。兴起中的公共领域不断受到挤

压，一方面是干预主义的国家越来越多地扩充到广泛的福利活动，另一方面是工业组织的大规模增长越来越具有半公众的性质。这些平行的发展促成了一个重新政治化的社会领域，在其中，有组织的利益集团为夺得更大份额的既有资源而斗争，大大消除了私人之间进行公众辩论的作用。与此同时，曾经为资产阶级公共领域提供论坛的那些机构则或者淡出，或者发生巨大变化。沙龙和咖啡馆的意义渐渐消减，而大众
传播的机构则越来越多地发展成大规模的商业组织。大众传播的商业 113
化在根本上改变了性质：一度曾经是理性批判辩论的特权论坛成为仅仅是另一个文化消费的领域，而兴起中的公共领域则沦为一种受文化产业所塑造和控制的虚假的私密世界。正如哈贝马斯所评论道的，

> 当支配着商品交换和社会劳动领域的市场法则也渗透到为私人所保留的领域时，理性批判的公开辩论就有被消费所取代的趋势，而公共传播网则被分解为个体接收行为，不管在方式上多么一致。[34]

大众传播的商业化不断地破坏它作为公共领域媒介的性质，因为报纸和其他产品的内容被非政治化、个人化和耸人听闻，作为增加销量的手段，而受众则越来越被作为传媒产品的消费者和传媒组织取得广告收入的那些产品的消费者。

除了大众传播的商业化以外，发展出了“舆论营运”的新技术，并越来越多地应用于仍然直接影响于政治问题的那些大众领域。这些技术把个人称为私人公民而不是消费者，并利用理性的人们的公众思想，但使这种思想转而服务于它们自身的目的。在所谓公共利益的帷幕之下，舆论营运工作推进了有组织的利益集团的特定目标。这样，资产阶

级公共领域的残余就具有一种准封建性质：新技术被用来使公共权威取得某种一度被封建宫廷靠筹划宣扬而取得的光辉和个人威信。**公共领域的重新封建化**使它成为一个舞台，使政治成为一场营运好的表演，领导人和各政党常规地寻求非政治化人们的欢呼赞同。一旦有私人使用一项批判原则来反对公共权威的既有权力，“宣传就成为营运整合的原则（由运作机构——政府、特殊利益集团、政党——来处置）”[35]。人民大众已成为一种营运的资源，它被有效地排除于公共讨论与决策进程之外，领导人和政党偶尔靠传媒技术的帮助从中取得足够的赞同，使
114 他们的政治纲领与妥协合法化。

虽然19世纪和20世纪的发展已经破坏了资产阶级的公共领域并把宣传原则转变为既得利益的一种工具，哈贝马斯并不排除原先体现在公共领域内的思想和原则可以在未来不同的基础上重构的可能性。他在《公共领域的结构转型》一书中关于这一主题的话至多也是零碎提到的，但是总的论点思路是相当清楚的：在今天的条件下，公共领域的重构只能通过（1）在社会领域具有主要作用的组织和利益集团（包括政党）**内**肯定和实施一项批判性的宣传原则；（2）约束和控制国家的官僚主义决策过程；（3）“根据人人都能承认的一项普遍利益标准”[36]来相对地处理结构性利益冲突。资产阶级公共领域中出现的批判宣传原则并未从当代政治认识中完全被消除；它继续把一些反对行为推向转型的、变形的宣传方式，那只不过是为博取喝彩的一种戏剧表演而已。就像在某种方式上联系的民主思想，批判性宣传原则保留了它作为一种尺码标准的价值，通过它可以批判地评估现有体制安排的缺点，可以想象探索一种更理性的社会秩序的可能性。

关于资产阶级公共领域形成与解体的这一充分考虑的领域广泛的论点提出了许多问题，对当前的社会与政治分析仍有意义。虽然《公共

领域的结构转型》一书是哈贝马斯最早著作之一并在某些方面已被他的观点的后来发展所补充和取代，但很明显的是，公共领域作为一批以参加理性批判辩论而联合起来的个人群体的思想，在他的著作中仍然是一条指导性脉络。而且，这项早期研究提出了大众传播作为现代社会发展中的一种形成因素的作用，这在哈贝马斯后来著作中并不多见，在论述当代社会、政治思想的其他著作中也是罕见的。我要在这里集中谈及的，首先正是研究中的这一方面。我要提出，虽然哈贝马斯强调大众传播的重要性是对的，但他关于传媒机构发展的解体后果是片面的和过于消极的。我将考虑四个主要之点来详述这一观点：(1) 关于 115
公共领域重新封建化的观念；(2) 关于受众作为消费者的概念；(3) 哈贝马斯关于新意识形态的说明；(4) 关于公共领域的思想在当代的适用性。

第一，哈贝马斯认为，传媒机构的商业化以及在描述政治问题时使用准商业技术破坏了资产阶级公共领域并由一个准封建性质的论坛加以取代。如同古代政权中的封建宫廷，现代政治已成为一种被营运的表演，在其中，领导人和政党定时地寻求非政治化人们的喝彩赞同。毫无疑问，提出今天的政治越来越成为一场**表演**、一种营造形象和左右其传播的行为，这是对的；但是，我认为，把现代文化的传媒化及其对体制化政治的影响解释为公共领域的一种重新封建化，那是不能令人满意的。大众传播的发展为形象与信息的产生与传播提供了新机会，这种新机会存在的范围和进行的方式不能与封建宫廷的表演式行动作比拟。依靠传输的技术媒介，形象与信息被提供给时间与空间上极为广泛的受众；不像宫廷的行为主要面向共处同一当前环境的个人，传媒信息的形象与表达，特别在电视发展起来以后，可以被在空间与时间上极其分散的大量个人所接收和感知。这种新情况给予传播者前所未有的机会去联系和影响大量的人。但是，也应强调，这种情况大大增加了政治领导人的出镜率，限制了他们能控制信息接收的程度以及这些信息被受众解释的方式。而且，由于大众传播在19世纪与20世纪的发展伴随着许多国家中民主化的进程，接收传媒信息的人们具有了新的权力形式和一种新的权力感。因此，大众传播的发展不但为领导人悉心营运的展示及其观点创造了新的舞台，它也给予这些领导人在观众面前新的出镜率和易受责难的软弱性，其程度比以前更为广泛，并具有比以前更多的信息和更大的力度（尽管是间歇地表达）。把这种情景解释为公共领域的重新封建化，就是集中于大众传播时代一个相对表面的方面——营造形象和关注显眼的展示——而忽视关于信息获取和政治权
116 力的基本变化，这都是伴随着大众传播发展而来并由它促进的。

第二，哈贝马斯说明的第二个有关缺点是它要把传媒信息的受众作为被动的消费者，他们被场面所迷住，被精明的技术所操纵，麻木地默认接受现状。公民理性批判辩论的积极参与已经被形象与信息的消极消费所取代，人们服从于一批技术并受其左右，它们被用来制造舆论和共识而没有参与，没有辩论。在这里，这种论点也似乎有某种道理；有一批技术（有些是从广告中借用的）用来营造形象并推进政治领导人和政党的思想，那肯定是对的。但是这种论点可以很容易地加以夸大。太容易认为，由于人们被作为形象与思想的被动消费者，他们已经**成为**被动消费者——就是说，已成为一批被媒体和其他组织有效地塑造与操纵的非政治化的人群。这种看法在哈贝马斯的说明中很明显，但却是值得怀疑的。它犯了内在主义的错误：它根据一种特定文化产品的生产与特点，不合理地推断这种产品被人们在日常生活中接收的时候将具有一种既定的效果。它夸大了人们的被动性以及他们取向于、受制于传媒信息消费的程度。哈贝马斯说明的这个方面没有多少道理。

而且，哈贝马斯的论点对传媒信息的政治效验视为当然，往往忽视了政治进程在大众传播时代具有的新型**脆弱性**。我将在以后更详细地论述，那是因为当今政治进程发生在“信息丰富”的社会环境之中——就是说，人们在其中能比以前更多地取得通过技术媒体传输的信息和传播——政治领导人和国家官员越来越设法对人们行使权力时部分依靠的形象与信息的散播加以控制，但却越来越由于无法完全控制而处于软弱状态。

第三，在对待媒体信息的受众作为被动的消费者（他们被场面所迷住，被传媒技术所操纵）方面，哈贝马斯同意霍克海默和阿多诺在批判分析文化产业时采取的观点。哈贝马斯也同意他们对“新意识形态”的看法，据说大众传播的发展促成了它的出现——我将指出，这是哈贝 117
马斯说明的第三个缺点。根据这种观点，意识形态不再具有如19世纪的政治意识形态那样的由许多分散思想或信仰组成的紧密体系的形式，而是传媒产业产品中所固有的，只要这些产品复制现状并把人们整合进去，消灭任何超越和批判的因素。传媒产业产生一种“虚假意识”和一种“虚假共识”。“公开讨论事务的睿智批评让位于和公开推出的人物或化身表示一致的气氛；同意恰好符合宣传创造的善意。”[37]就现代社会流行的共识程度，那是一种虚假的、营造的共识，因为，它更多地是传媒产业使用的舆论营造技术的结果，而不是公民们使用批判才能在一起进行辩论和讨论的结果。

传媒产业产生的新意识形态的这种内容具有类似于玷污霍克海默与阿多诺著作的那些弱点。意识形态在实质上被视为一种社会胶合剂，它通过传媒产业的产品而在社会领域流通，它把人们整合进社会秩序，从而复制了现状。这种内容，如同霍克海默和阿多诺所说明的内容，提出了现代社会中意识形态及其运行模式的过于局限的概念。像霍克海默和阿多诺那样，哈贝马斯提出了对新意识形态的说明，这种新意识形态过分强调文化产品能够并成功地把人们整合进一种从而可能被复制的社会秩序的程度。但是，哈贝马斯的说明提出了更多的问题，因为他使用诸如“虚假意识”和“虚假共识”的词语而对它们的使用未作充分澄清和说明。他后来的著作在某种程度上可视为试图回应这些问题，扬弃了一些和追溯了一些，使之导向对他的观点的实质性修正。今天，我怀疑哈贝马斯是否还会愿意或多或少地保持他在《公共领域的结构转型》一书中提出的新意识形态的说明。意识形态与虚假意识的概念不再是他著作中突出的内容，大众传播的现象在他的核心关注中已日益边缘化。早先的分析已让位于对现时代理性化进程的情况、特点和结果等一大批广泛的专注问题，在这种专注中凸显了马克斯·韦伯的影响。[38]在他更晚近的著作中，哈贝马斯提出了对现代社会发展的
118 一种说明，它在许多方面符合我称之为文化转型宏大叙事的内容。的确，哈贝马斯在《交往行动理论》第二卷里甚至赞同某种意识形态终结的论题，认为生命世界的理性化已经从日常交往活动中清除了传统世界观中固有的综合和总体倾向，从而消灭了意识形态形成的基础。人们可能仍然无法掌握现代社会中特有的统治结构，启蒙进程可能仍然受阻；但是，如果是这样的话，那不是由于意识形态的运作，而是由于意识形态运作的基础已被破坏。“**日常意识**已被剥夺了综合能力；它变得**支离破碎**……替代‘虚假意识’，我们今天有的是一种‘支离破碎的意识’，由物化机制堵塞了启蒙。”[39]

我认为，哈贝马斯修正了立场中的某些方面肯定是对他早先观点的改进。哈贝马斯把成问题的“虚假意识”丢开，肯定是对的，他在分析现代社会中象征形式的性质和影响时强调支离破碎和物化，也是没错的。但是在这样改变强调点时提出不再去作意识形态分析——哈贝

马斯现在确实似乎想提出意识形态在社会进入文化现代性时已不再起任何重要作用，我觉得这似乎是误导的。这些提法是基于一种对意识形态的相当狭义的概念，把它理解为有关政治积极分子的综合和总体世界观，这个概念在很大程度上雷同于主张意识形态终结的理论家们的看法，是我以前批评过的。而且，哈贝马斯的提法是基于一种看法，认为社会与文化理性化进程已使日常交往活动对人们趋于透明，而“不再为意识形态的结构性暴力提供任何神坛”[40]。哈贝马斯认为，今天，自主子系统的命令从外界强加给生命世界的行动领域，“就像殖民主子进入一个部落社会”，它们煽动一种同化过程，可以理解为“生命世界的殖民化”[41]。不论这种特定论题的优点何在，我认为它无助于或无理由主张日常生活的交往活动已经变得对人们十分透明，以致它不再为意识形态的运作提供任何立足点。日常交往的结构要比哈贝马斯论点中所提的远为复杂和多层，灌注着更多的权力关系。如果我们提出一个更广泛的意识形态的概念，如同我试图在前一章里所做的，那么日常交往活动可以继续被分析为意识形态的场所，的确是中心场所：哈贝马斯 119
最近有关意识形态终结的宣告，如同以前发表的许多诸如此类的东西一样，肯定是不成熟的。

最后，我回到哈贝马斯对公共领域转型的说明并提出这一研究中出现的第四个问题：公共领域的思想可以在多大程度上用来作为思考现代社会中政治与传媒机构发展的模式？哈贝马斯承认，工业社会变化巨大，以至不可能重建在18世纪欧洲存在的资产阶级公共领域。但是，他辩称，公共领域的**思想**在今天仍有价值作为一项批判尺码，他甚至提出（尽管是暂时地）公共领域可以在将来重构，虽然是在不同的体制基础上。我则认为，公共领域的思想在今天并不具有批判尺码的价值；例如，它要我们注意到既不完全由国家控制又不集中于大规模商业组织手中的一种社会交往领域的重要性。我将在稍后讨论这一点。但是，我要在这里提问，除了这类总的考虑以外，公共领域的思想在今天是否具有作为体制重组的一种模式的任何价值？提出（尽管是暂时地）公共领域可以在现代工业社会条件下重构，这是否有理？我认为这种提法是难以置信的，公共领域的思想对20世纪晚期的环境大体上是不适用的。这种思想有两个方面严重限制了它在当代的适用性。

第一点局限在于，正如哈贝马斯所表明的，公共领域的思想是在印刷物的流通相对有限而在诸如沙龙和咖啡馆这样公共论坛进行讨论的条件下出现的。因此，公共领域的原来的思想要联系到作为印刷的媒介，要联系到由印刷物所鼓动和取得信息的情况下在“公共的”（即原则上向人人开放）但不同于体制化政权的论坛中进行面对面讨论的行为。哈贝马斯提出，当培育公共领域的传统论坛很久以来已没落或消失时，公共领域的思想可以在不同体制基础上复活。这一提法的问题是，技术媒体的发展已经大大改变了大众传播的性质及其发生的条件，
120 以致原来的公共领域思想不能简单地在新的立足点上复活。印刷的媒介已越来越让位于大众传播的电子传媒形式，特别是电视；而且这些新的传媒已改变了现代社会中互动、交往和信息扩散的条件。公共领域原来的思想，联系到作为印刷的媒介，以及联系到在一个共同的实体环境内进行面对面互动的行为，不能直接应用于新技术媒体发展所产生的条件。如果我们要弄懂这些条件以及它们所提供的机会，我们必须比哈贝马斯更认真地注意技术媒体的性质及其对社会和政治生活的影响。

为什么公共领域的思想在今天的适用性是有限的，其第二个理由是这个思想基本上联系到参与性意见形式概念。公共领域的思想认为个人通过（并只能通过）原则上向人人开放的自由、平等的辩论而使个

人意见成为**舆论**。但是，这种看法，不论其对18世纪政治生活可能有多大适用性（或许比哈贝马斯所提的程度要少得多），却远离20世纪晚期的政治现实和可能性。当然，在社会生活的许多领域中，个人可以在决策过程中起较大作用，可能有这种情况：在这些过程中增加参与会便于形成哈贝马斯所谓的“舆论”。但是，在全国和国际政治层次，以及在大规模民间与商业组织行使权力的高层，很难看出参与性意见形成的思想如何能以任何重要方式来实施。我们至多能希望的是：有关强有力的个人与组织的活动信息能更多扩散，能有更多样化的扩散渠道和更强调建立一种机制来使这些活动通过它而负有责任并得到控制。在我们今天生活的世界里，仅仅是决策过程的规模和复杂性就限制了它们能以参与性方式组织的程度。因此，公共领域原来的思想就其联系到参与性意见形成的观念而言，在今天的适用性是有限的。

由于这些理由，我们必须以某些怀疑来看待哈贝马斯提出的公共领域在今天可以在不同体制基础上重构的看法。我觉得我们应当把这种看法搁在一边而重新看一下现代文化传媒化和现代政治民主化这两
大进程，这两种进程在很大程度上相互重叠并部分地产生了现时代社 121
会与政治生活的条件。虽然哈贝马斯论述公共领域结构性转型的早期著作并未对这些进程提供令人满意的说明，它却代表对这种说明的有价值的（也许被人有所忽视的）贡献，这样的说明仍然是十分紧迫的。

我在本章中的主要目的是研讨对现代社会中意识形态的性质与地位的一些新近理论观点，我开始时重构对于构建近来的辩论具有很大影响的两大内容——一方面是我称之为的文化转型宏大叙事，另一方面是国家组织的和意识形态保证的社会复制总理论。我认为，除了可以对两者分别提出的若干具体批评以外，这两个内容都未能公正对待现代社会中大众传播的中心地位。正是由于包括霍克海默和阿多诺等

早期批判理论家的功劳，以及哈贝马斯（至少他的早期著作）的功劳，他们强调了大众传播的重要性并设法对有关的意识形态的性质重新形成概念。但是，正如我设法表明的，他们的贡献在各方面是有缺陷的，不能被视为以此重新思考对大众传播时代的意识形态加以分析的合适的基础。

我在本书其余部分关注的是对本章中提出的而我认为在现有理论说明中未曾得到满意探讨的一些问题，阐明一项替代的观点。我将把我已描述为现代文化的传媒化的进程作为我的指导性主题；通过追溯这一主题，我旨在给大众传播在现代社会发展中一个更为中心的地位，而不是像社会与政治思想著作中的那种惯常提法。可是，在转向分析大众传播以前，我们必须进一步关注象征形式的性质及其与生产和接收它们的社会背景的关系。因为，大众传播的兴起与发展可以最佳地视为一批机构的兴起与发展——这批机构有关象征形式的生产与扩
122 散，即有关文化的商品化和有关象征形式在时间与空间上扩大的流通。

第三章
文化的概念

在社会科学著作中，对象征形式的研究一般是在文化概念的标题下进行的。虽然关于这个概念本身的意义可能没有多少一致意见，许多分析家会同意对文化现象的研究总的说来对于社会科学是至关重要的问题。因为社会生活并不仅仅是像发生在自然界里的事物那样的事：它也是关于意义的行动与表述的问题，是关于各种各样言论、信号、文本与制品的问题，以及关于通过这些制品表达自己的主体和设法通过解释他们产生和接收的表述来了解他们自己和他人的问题。从最广泛的意义上说，对文化现象的研究可以视为对作为有意义领域的社会—历史领域的研究。它可以视为处于社会—历史领域中的人们生产、构建和接受各种有意义表述的方式的研究。这样来看的话，文化的概念涉及一些现象和一套关注，它们是今天工作在各种学科（从社会学和人类学到历史学和文艺批评）的分析家们所共有的。

可是，文化的概念并非总是以这种方式作用的。这个概念有它自身的漫长历史，今天它传达的意思在某种程度上就是这一历史的产物。

通过回顾文化概念发展中的一些主要环节，我们可以更深地了解对文化现象和当代研究中包罗什么和要避免什么。所以我将在本章开始时提出对这一发展的简要综观。我的目的不是要对文化概念的许多今昔用法提供综合观察，而是要突出一些主要的用法脉络[1]。为简便起见，
123 我将区分四种基本意义。第一种意义在早期文化讨论中很明显，尤其是18世纪与19世纪期间在德国哲学家和历史学家中间进行的讨论。在这些讨论中，"文化"一般用来指智力或精神发展的过程，这个过程在某些方面有别于"文明"。我们可以把这个词的这一传统用法描述为文化的**古典概念**。19世纪后期出现了人类学学科，古典概念就让位于各种人类学的文化概念。我在这里区分两种这类概念，即我所谓的**描述性概念**和**象征性概念**。文化的描述性概念指一个特定社会或历史时期所特有的各种各样价值观、信仰、习俗、常规、习惯和做法。象征性概念则把重点改变到关心象征性：根据这一概念，文化现象都是象征现象，文化研究主要关心对象征和象征行为的解释。

象征性概念适合于作为从建构性方法发展到对文化现象的研究的出发点。但是，这种概念的弱点——例如就格尔茨著作中表现的形式而言——是它没有足够重视象征与象征性行动总是包罗在其中的结构性社会关系。因此我制定了称之为文化的**结构性概念**。根据这种概念，文化现象可以理解为结构性背景中的象征形式；文化分析可以视为对象征形式的意义构成和社会背景的研究。本章中大部分内容涉及详细阐述为文化结构性概念所暗示的两大特征——象征形式的意义构成和象征形式的社会背景。

通过联系象征形式在其中产生与接收的结构性社会背景来观察象征形式，为文化的结构性概念提供了一个基础，使我们能开始思考大众传播兴起与发展中包罗了什么。因为大众传播以某些方式和某些方法

关系到象征形式的生产与传输。大众传播肯定是一个技术问题，一个生产与传输的强大机制问题，但它也是一个象征形式的问题，是依靠传媒产生部署的技术来生产、传输和接收各种意义表述的问题。因此大众传播的兴起与发展可以被视为象征形式在现代社会中生产与流通方
式的一种基本的、不断的转型。正是在这个意义上，我谈到了现代文化 124
的传媒化。界定我们的文化为“现代的”事实在于象征形式的生产与流通从15世纪晚期以来就愈益和不可逆转地卷入商品化和现已成为全球性的传输进程之中。这些发展是我将在下一章里研讨的。

文化与文明

我首先要回顾文化概念的历史。源自拉丁词cultura，这个概念显然存在于近代的许多欧洲语言中。欧洲语言早期的使用中保留了cultura原来的一些意思，它首先指培养或照料某些东西，诸如作物或牲口。从16世纪早期起，这一原来的意思一般地从畜牧领域扩展到人类发展进程，从培育作物扩展到培育心灵。然而，把这一独立名词“文化”用来指一个一般进程或者这种进程的产物则在18世纪晚期和19世纪早期以前并不常见。这个独立名词首先见于法语和英语；在18世纪晚期，这个法国词结合进了德语，先拼作cultur，后来拼作kultur。

到19世纪早期，“文化”一词用来作为“文明”的同义词或者在某些情况下作为对照。“文明”一词源自拉丁词civilis，指公民或属于公民的意思，最初在18世纪末被用于法语和英语中描述人类发展的不断进程，一种走向精致和秩序、脱离野蛮和蛮荒的活动。在这一新兴意义背后，是欧洲启蒙运动的精神及其对现时代进步性的确信。在法语和英语中，“文化”与“文明”两词的使用是交叉重叠的：两者都日益用于描

述人类发展的一般进程，描述变得“有教养”或“文明化”的状况。可是，在德文中，这两个词常常是对照的，文明（zivilisation）带有贬义，文化（kultur）带有褒义。“文明”指有关温文尔雅和文质彬彬，而“文化”
125 则更多用于表达人们个性和创造性的智能、艺术和精神产品。

德文中文化与文明两词的对照要联系到近代欧洲社会分层的格局。诺贝特·埃利亚斯[2]曾经较详细地研讨过这种联系。在18世纪的德国，埃利亚斯观察到，法语是宫廷贵族和上层资产阶级的语言；说法语是上等阶级的一种地位象征。不同于这些上等阶级的是一个小小的说德文的知识分子阶层，他们主要来自宫廷官员，偶尔也有土地贵族。这个知识分子阶层以其智能与艺术成就来思考自身的活动；它嘲笑在这个意义上毫无建树而把精力花在优雅举止和模仿法国人的那些上等阶级。对上等阶级的论战表达在文化与文明两词的对照上。康德说：“我们通过艺术与科学而变得有教养，我们通过各种典雅社交与精致行为而变得文明化。”[3]德国的知识分子用“文化”一词来表达其特殊的立场并使自己和自己的成就有别于在这方面毫无建树的上等阶级。在这方面，德国知识分子的情况大大不同于法国知识分子。在法国也有一个日益上升的知识分子集团，包括伏尔泰和狄德罗，但他们被巴黎的宫廷大社会所同化，而他们在德国的同行则被排除于宫廷生活之外。德国的知识分子因此在其他地方，在学术、科学、哲学与艺术的领域，即文化领域，寻求其实现与自豪。

在18世纪晚期和19世纪早期，“文化”一词也常在那些设法提供人类发展通史的著作中被使用。这一用法在德国著作中特别明显，例如在阿德隆、赫尔德、迈纳斯与耶尼斯的著作中；正是在阿德隆1782年的著作中第一次出现了“文化史”的表述[4]。在文化史中，“文化”一词一般用于文明的意思，指改善和提升个人或民族的体魄和精神素质。因此，文化史表达了启蒙思想对现时代进步性的确信，与此同时表示“文化”作为人类才智真正发展与提高的积极含义。最著名的这些早期文化史是J.G.冯·赫尔德的四卷集著作《人类历史的哲学大纲》，最初出版于1784—1791年间[5]。赫尔德在这部内容广泛的著作中保留了他的同时代人的一些强调点，但他对诸多以通史出现的著作中特有的 126
种族中心主义持批评态度。在回应他视为对其思想的误解时，赫尔德指出：

> 我从来没有想过，通过使用人类的童年、幼年、成年与老年的若干比喻性表述并且这一系列表述只应用于（适用于）若干国家来指出一条可以肯定地追溯其**文化史**（更不要说**整个人类史的哲学**）的大道。地球上有没有一个全然没有文化的民族呢？如果人类的每个人都要按**我们**所说的文化来形成，那么天命规划必须多么简约（把文化称为精致的弱点往往更为合适）？没有什么东西比这词语本身更为含糊了：没有什么东西比把它应用于所有国家和时代会更易于使我们走入歧途。[6]

赫尔德主张以复数形式谈“文化”，要注意不同群体、国家和时期的特殊特点。“文化”的这个新的意义后来在19世纪被古斯塔夫·克勒姆、E. B.泰勒等人接受和阐述，我们可以看到，他们的人种学著作对人类学的发展提供了推动力。

在18世纪末19世纪初出现的、首先由德国哲学家和历史学家所表述的文化概念可以称为“古典概念”。这个概念可以广义地界定如下：**文化是发展和提升人类才能的过程，这个过程通过吸收学术与艺术作品而得到推动，并与现时代的进步性有联系**。显然，古典概念的某些方面——它强调培养“更高的”价值观与素质，它热衷于学术与艺术作品，它联系启蒙的进步思想——在今天仍然存在，并暗含于“文化”一词的一些日常使用中。可是，正是古典概念的限制性和狭义性也导致了它的局限性；古典概念把某些作品和价值观凌驾于其他之上；它把这些作品和价值观作为人们培育修养即提升心灵的手段。对某些作品和价值观的这种特权可联系到德国知识分子的自我肯定和自我形象，更可一般地联系到与欧洲启蒙思想有关的进步。文化的概念不能长期
127 承受这些设想的负担。我已经注意到赫尔德表示的保留态度。但是，决定性的改变来自19世纪后期，文化概念被结合进新兴的人类学学科。在这个过程中，文化概念中剔除了一些种族中心主义含义而适应于人种学描述的任务。现在，欧洲的文化研究较少关心提升心灵而更关注于阐明那些社会的风俗、惯例与信仰，那是欧洲的**别的方面**。

文化的人类学概念

文化的概念如此紧密地联系到人类学学科的发展，以致它们有时被视为实际上是具有共同范围的：人类学，或者至少人类学的重要一支，是对文化的比较研究。鉴于文化概念在人类学著作中的核心地位，这个概念被以多种方式使用并联系到许多不同的设想和方法。我不在这里对这些用法作详细观察或分析；就我的目的而言，分清两种基本用法就够了，就是我要提出的“描述性概念”和“象征性概念”。这种区分不可避免地牵涉到一些简单化，不但因为它忽视了这个词不同用法可以看出的细微差别，也因为它着重这两种概念之间的差别而因此忽视了相似点。然而，这个区别是一种有用的分析方法，将使我们能察看文化概念在人类学著作中的一些主要用法。

描述性概念

文化的描述性概念可以回溯到19世纪文化史学家的著作，他们关心非欧洲社会的人种学描述。其中最重要的是古斯塔夫·克勒姆，他的十卷本著作《人类文化通史》出版于1843—1852年间。克勒姆设法通过观察全世界各国人民和部落的风俗、技能、艺术、工具、武器、宗教实践等来提供一个“人类逐渐发展”的系统而广泛的说明[7]。克勒姆的著作是牛津大学人类学教授E.B.泰勒所熟悉的，后者的主要著作《原始 128
文化》两卷集出版于1871年。在英文语境中，“文化”与“文明”的对照并不像在德语中那么显著。泰勒交互地使用这两个词，在《原始文化》一开始就提出了这个古典定义：

> 文化或文明，按它的人种学广义来看，是一个复杂的整体，它包括知识、信仰、艺术、道德、法律、风俗，以及人类作为社会一分子所具有的任何其他能力与习惯。人类各个社会中的文化状况，就其能被按一般原则加以调研而言，是研究人类思想与行动的规律的适当主题。[8]

泰勒的定义包罗了文化的描述性概念的主要成分。根据这一概念，文化可以视为人们作为一个特定社会的成员具有的一批相互有关的信仰、习俗、法律、知识与艺术形式等，它们可以科学地加以研究。这些信仰、习俗等形成某一社会特有的一个“复杂的整体”，使这个社会有别于存在在不同时期与地点的其他社会。根据泰勒的说明，文化研究的任务之一是把这些整体分解为它们的组成部分并系统地加以分类和比较。这种任务类似于植物学家和动物学家所进行的工作。“正如一个地区所有植物和动物品种的类别代表了它的植物群与动物群，所以一个民族一般生活所有的项目表代表着我们称之为文化的那个整体。”[9]

正如后者所表明的，泰勒的观点包括一系列关于如何进行文化研究的方法论设想。这些设想把文化作为一种系统的科学探讨的对象；它们产生了我们可以描述为**文化概念的科学化**。而早先的文化的古典概念则主要有关通过学术与艺术作品培育人类才能的一种人文观念。泰勒等人著作中出现的文化的描述性概念则被视为有关分析、分类和比较不同文化构成成分的一个新兴科学学科的主体。然而，文化概念的科学化并不消除早先对进步思想的强调，在许多情况下它只是把这种思想包括在演进的架构之中。这在泰勒的著作中很明显，他把不同
129 社会的文化情况视为“发展或进化的各个阶段，每一个阶段都是以前历史的结果，并将在形成未来的历史方面起它适当的作用”。[10]泰勒认为，文化研究除了分析、分类与比较以外，还应设法重构人类的发展，以着眼于再现从蛮荒走向文明生活的步子。因此泰勒专注于他所谓的“文化的遗留”，那就是，专注于以前文化形式中的残留，它持续到今天，它证明了当代文化的原始和蛮荒渊源。

泰勒著作的科学性和演进性符合于19世纪晚期的一般学术气候，当时，实证科学的方法适应于新的研究领域，当时达尔文思想的影响很普遍。在后来的人类学家著作中，这些强调有所减弱，或者有时由其他关注所取代。这样，马林诺夫斯基在20世纪30年代和40年代进行写作，支持“科学的文化理论”并赞同一定意义上的演进观；但是，他的主要关注是发展一项功能主义的文化观，文化现象在其中可以根据满足人类需要来加以分析。[11]马林诺夫斯基所使用的文化概念是被我称为描述性概念的一个版本。他观察到，人类在两个方面不同。首先，他们

在身体结构和生理特点上不同；研究这些不同是自然人类学的任务。他们也在其“社会遗产”或文化上不同，这些不同则是“文化人类学”所关心的问题。“文化包括传承下来的制品、物品、技术、思想、习惯与价值观。……文化是一种独特的现实，必须以此进行研究。”[12]文化研究必须设法把这种社会遗产分解为它的组成成分，使这些要素相互联系，使它们与其环境相联系，与人类整体的需求相联系。马林诺夫斯基认为，观察文化现象的功能，观察它们满足人类需求的方式，必须先于试图系统地阐述社会发展阶段和进化纲要。

尽管泰勒、马林诺夫斯基以及其他人的著作中显然有着不同的强调点，他们对于文化以及研究文化现象的任务（至少某些任务）有着共同的观点。我把这种观点的特点称为文化的“描述性概念”，这种概念可以总结如下：**一个群体的或社会的文化是人们作为该群体或社会成员所具有的一批信仰、习俗、思想和价值观，以及物质制品、物品和工具；**文化研究包括（至少是部分地）对这些现象的科学分析、分类和比 130
较。然而，我们看到，对于如何进行文化研究——例如，它是否应在演进的架构内进行还是应首要重视功能分析——则有着不同观点。由于文化的描述性概念是在人类学著作中出现的，文化的描述性概念的主要困难更加和那些联系到文化研究的设想而不是联系到文化概念本身相关联。人类学家以及其他关心社会研究的逻辑和方法论的人可以根据许多方面来对这些设想提出质疑，其实已经提出了质疑。如果这些设想受到质疑，那么文化的描述性概念就失去了它的许多价值与效用，因为这一概念的主要之点是规定一批可以用系统的科学方法来分析的现象。没有了分析方法的进一步规范，文化的描述性概念可能会流于空转。而且，我们可能对文化概念的**广度**颇有些保留，正如它被马林诺夫斯基等人所使用的那样。由于文化概念被用来包罗除了人的身体的与生理的特点以外的人类生活中“变化的”万物，它成了和人类学本身（或者更准确地说，“文化人类学”本身）同样广阔了。这个概念说得好是含糊不清，说得不好是累赘重复；无论如何，它冒着丧失其作为一个学科确立其学术资格的那种精确性的危险。在人类学内制定一种有所不同的文化概念，正是为了对付这种危险的动机之一。

象征性概念

长期以来一直认为使用象征是人类生活的一个显著特点。非人类的动物虽能发出不同种类的信号和作出呼应，但只有人类才被认为有充分发展的语言，可以此构建和交换有意义的表述。人类不但生产和接收有意义的语言表述，而且对非语言构造（对行动、艺术品、各种物品）赋予意义。人类生活的象征性质一直是关心发展社会科学和人文科学的哲学家和参与的实践家们经常思考的主题。在人类学的背景
131 内，这种思考采取的形式是阐述我们所说的文化的“象征性概念”。这个概念是20世纪40年代由L. A.怀特在《文化的科学》一书中所概述的。开始时就谈一个前提，即，使用象征，或者他所谓的“象征化”，是人类与众不同的特点。怀特认为“文化”是一个独特系列的现象的名称，这些事物取决于脑力的运作，是人类所特有的，被称为“象征化”[13]。怀特继续把文化现象的广阔类别分为三个系统——技术的、社会学的和意识形态的——并把这些系统纳入一个强调技术作用的广阔演进性架构之中。但是，怀特在这样发展他的说明时却失去了他的文化概念的许多兴趣和原则性。虽然他的著作有助于走向一个强调人类生活的象征性质的概念，但却留待其他作家来有理、有效地发展这一概念。

近年来，文化的象征概念已处于克利福德·格尔茨的人类学辩论的中心，他的师长作风的著作《文化的解释》代表一种尝试：为人类学

研讨的性质而提出这个概念的含义。格尔茨把他的文化概念描述为“符号的”而不是“象征的”，但名称上的这种差异在这里并不重要。因为格尔茨首要关心的是意义、象征性和解释的问题。“如马克斯·韦伯那样相信人类是悬浮在他自身编织的意义之网中，我把文化视为那种网，所以对它的分析并不是寻求规律的一种试验性科学，而是寻求意义的一种解释性科学。”[14] 文化是一种“意义结构的分层等级”；它包括行动、象征和符号，包括“颤动、眨眼、假眨眼、学样”以及言辞、谈话和自言自语。分析文化时，我们就是在解开一层层的意义，对于人们在日常生活过程中产生、领悟和解释的那些对他们**已经具有意义**的行动和表述，进行描述和再描述。文化分析——那就是，人类学家的人种史著作——是对一个被组成这个世界的人们已经不断描述和解释的世界进行解释之解释，以及可以说是二次说明。人种史学家“刻印”社会论述，那就是说，他们把它记叙下来。人种史学家这样做，就把流逝易变的事件转变为持久可读的文本。格尔茨从保罗·利科借用了一个公式，形容这个过程是把社会论述中的“谈论”固定下来：人种史是一种解释活动，解释者设法掌握社会论述中“谈论”些什么和它的意义内容，并把这种“谈论”固定为一种书面文本。这样的话，文化分析就同系统地阐述规律和做出详细的预言没有多大关系，更不用说构建宏大 132
的演进计划了；它更像解说一篇文学材料，而不是观察一些经验规律。分析者们设法弄懂一些行动和表述，说明它们对这些行动的行动者的意义，这样做，来对这些行动和表述所属的社会提出一些建议和一些可争论的考虑。

格尔茨对文化研究的解释性观点是很有意思的，代表了人类学内部的一种发展，与社会科学和人文科学的某些其他发展的汇合。这种观点的基础是我称之为“象征性概念”的一种文化概念，它的特点可以大致地说明如下：**文化是体现于象征形式（包括行动、语言和各种有意义的物品）中的意义形式，人们依靠它相互交流并共同具有一些经验、概念与信仰**。文化分析首先是阐明这些意义的形式，对体现于象征性形式中的意义加以释述。这样来看的话，对文化现象的分析成为一种相当不同于描述性概念所含有的意思，它的有关设想考虑的是科学分析和分类，考虑的是演进变化和功能相互依存。根据格尔茨的说明，文化研究是一种更接近于解释文本而不是对植物群和动物群分类的问题。它所要求的主要不是设法分类和进行量化的分析家们的态度，而是解释者的敏锐性，而且，解释者设法辨明意义的原型，区分意思的细微差别，理解一种已经具有意义的生活方式，这种生活方式对于那些靠其生活的人们来说是有意义的。

在我看来，格尔茨的著作提供了人类学著作中出现的对于文化概念的最重要阐述。他把文化分析重新定向为研究意义和象征，并把解释的中心地位突出为方法论的观点。正是因为我发现格尔茨的观点很有吸引力，所以我要花一些时间来研讨我以为成为他的著作中的难点和弱点的东西。我将限于三点主要批评。第一，虽然我试图阐述文化的象征概念的精确特点，事实上格尔茨却以若干不同方式使用“文化”一词，它们看来并不全然一致。例如，在一处，格尔茨把“文化”界定为“历史上传承的体现于象征中的意义的原型”，而在另一处，文化被构
133 想为“一套控制机制——计划、方法、规则、指令（电脑工程师们称之为‘程序’）——用以支配的行为”。[15]根据后一概念，文化更类似于组织社会与心理过程的图纸或蓝图，格尔茨认为这种图纸是必要的，因为人类行为是极为可塑的。如果是这样的话，那就完全不清楚作为支配行为的规则、计划或“程序”的这种文化概念如何同流为体现于象征形式中的意义的原型的文化象征概念相联系；也不清楚，把文化**分析**构想为

对规则、计划或“程序”的阐明是否同对意义的释述是一回事。阐明支配人类行为的规则、计划或“程序”可以要求关注意义的原型，但它也要求关注其他因素，诸如规章与常规、权力关系与不平等以及更广泛的社会趋势；分析意义的原型本身则无须阐明支配人类行为的规则、计划或“程序”。因此，格尔茨使用“文化”一词以及他对文化分析的性质与任务的观点，并不如一开始看来那么清楚和一致。

格尔茨著作的第二个问题有关文本的观念，这在他的观点中起着核心作用。正如我在前面提到的，格尔茨的这个观念是从保罗·利科借用来的，利科试图界定文本的主要特点并在此基础上发展出一项解释的理论。[16]格尔茨看来以两种不同方式来使用这一观念，两者都引起了一些问题。在某些背景中，格尔茨提出文化分析关注文本是因为人种史的实践就是产生文本：我们所处理的文本就是**人种史文本**，它把社会论述中的“谈论”“固定”下来。现在，毫无疑问的是，写人种史包括产生文本。但是，从哪里能找到论点来支持这样的说法：认为人种史文本所做的或者应当设法做的就是把形成人种史研究客体的主体在社会论述中的“谈论”“固定”下来？在利科的著作中找不到这种论点，他关于意义固定的提议毫不涉及社会科学研究者与他们研究的主体/客体之间的关系。而且，格尔茨自身作为一位人种史学家的实践有时难以与这种方法论指令调和起来。例如，在他的《深度表演：记巴厘岛斗鸡》这篇解释性人种史的具有出色想象力的论文中，格尔茨把斗鸡视为一种“艺术形式”，巴厘岛人的经历在其中和从中表现出来并使他们对地位的关注戏剧化；用戈夫曼有吸引力的话说，正是一种“地位大屠杀”，为巴厘岛人提供一种感知和展现他们的地位关系的方式，并没有
冒实际上改变或瓦解这些关系的风险。[17]虽然这种解释很出色并富有 134
想象力，格尔茨却并没有提供任何有说服力的辩护，说明这是斗鸡对于

参加斗鸡的巴厘岛人的意义。他没有选出一名参加者代表来进行采访(或者也许他采访了但没有告诉我们),他也没有把他的解释提供给巴厘岛人,来看看他们是否认为这是他们自身认识的确切说明。这里有着一些本身值得讨论的方法论问题;[18]但是,我想强调的问题只是:人种史文本与人种史学家所写的主题之间的关系可能比格尔茨的方法论描述所提供的情况要复杂得多。

然而,格尔茨也以相当不同的方式使用文本的观念。他有时认为,文化分析和文本有关,这不但因为撰写人种史涉及文本的生产,而且因为人种史学家所设法把握的意义的原型本身**构建得像文本**。文化可以被视为"文本的汇集",视为"行动的文件",视为"由社会素材建成的想象的作品"。[19]文本类比的目的是使我们集中关注意义铭刻在文化形式中的方式并使我们把分析这些形式的分析视为在一些重要方面类似于解释一个文本。"把社会机构、社会习俗、社会变化在某种意义上视为'可以读懂',就是改变我们对这种解释的整个看法并把它转变为更多地为翻译家、评论家或图解学家所熟知的而不是文本提供者、要素分析者或民意调查者所熟知的思想模式。"[20]以这种一般方式理解的话,文本类比是一种有益的方法论手段;然而,一旦人们详细探讨这种类比并观察它所根据的设想时,问题就出现了。格尔茨并未以一种清楚而明白的方式表述这些设想,而是偶尔以参考利科作为他使用类比的足够根据。但是,利科对文本概念的描述、他主张把行动作为文本的论点以及他的解释理论都可在某些基本方面受到质疑。正如我在其他处所主张的,我可以证明的是:利科的方法包含着把行动不合理地具体化并使社会—历史环境发生误导的抽象化,在这种环境中,行动、话语和文本得以产生、传输和接收。[21]格尔茨使用文本类比,不管在一般情况下可能多么有益,却忽视了这些细致的问题;它滑过了一些问题,如果认

真面对这些问题，就会对试图把文化总的视为“文本的汇集”提出很大疑问。 135

格尔茨方法的第三个难点在于它对权力和社会中冲突问题未给予足够的重视。文化现象首先被视为意义建构、象征形式，文化分析被理解为对包含在这些形式中的意义的原型的解释。但是文化现象也包含在权力与冲突关系之中。日常话语和行动以及诸如仪式、节日或艺术品等更加精致的现象都是在特定社会—历史环境中由具体的人们使用某些资源和具备不同程度的权力和权威而产生或进行的；这些意义现象一旦产生或展现，就会被处于特定社会—历史环境中的其他人所传播、接收、理解和解释，他们使用某些资源以便弄懂有关现象。以这种方式来观察的话，文化现象可以被视为表达权力关系，在具体环境中服务于支撑或破坏权力关系；可以被视为受制于日常生活中接收和理解这些现象的人的各式各样的（或许是有分歧的和冲突的）解释。这些考虑显然都没有出现在格尔茨的观点中。他强调的是意义而不是权力，强调的是意义本身而不是文化现象可能对处于不同环境中、具有不同资源与机会的人们所产生的有分歧的、冲突的意义。在这方面，利科的文本模式很可能是有所误导的。因为，利科认为，文本的主要特点是它与产生它的社会、历史和心理条件的“距离性”，就是说，对文本的解释可以只根据对它内部结构与内容的分析。但是，这样做就是忽视了文本（或文本的类似物）包含于它在其中和从中产生并接收的社会背景；那就是忽略了它对产生与消费这物件的人们所具有的意义，这物件在不同方式上和分歧上对这些人是一种有意义的象征形式。文化的象征概念，特别是格尔茨著作中所阐述的，未能充分重视权力和冲突的问题，未能更一般地重视文化现象在其中产生、传输和接收的结构性社会背景。 136

对文化的再思考：一种结构性概念

以上对不同文化概念的分析提供了一个背景，使我能勾勒出研究文化现象的另一种可供选择的观点。在提出这个观点时，我将吸收格尔茨阐述的象征性概念，但设法避免他著作中明显的问题和局限。我将提出可称之为文化的“结构性概念”，我指的是一种文化概念，**既**强调文化现象的象征性，**又**强调这种现象总是包罗在结构性社会背景中。我们可以对这个概念的特性提出一个初步的描述，把“文化分析”界定为**研究象征形式——各种有意义的行动、物体和表述——关系到历史上特定的和社会上结构性的背景和进程，而这些象征形式就在其中和从中产生、传输和接收**。根据这一说明，文化现象被视为**在结构性背景中的象征形式**；而文化分析——用一个简化的说法（我在后面再充分说明）——可以被视为对**象征形式的意义构成和社会背景性**的研究。作为象征形式，文化现象对行为者与分析者都具有意义。这些现象被行为者们在日常生活中进行常规的解释，被没法掌握社会生活的意义特点的分析者们要求解释。但是这些象征形式也包罗在它们其中并从中产生、传输和接收的特定社会—历史背景和进程。这种背景和进程是以各种不同方式构成的。例如，它们的特点可以是不对称的权力关系，可以是有差别地获得资源和机会，可以是产生、传输和接收象征形式的体制化机制。对文化现象的分析包括阐明这些社会结构性背景与进程以及解释象征形式；或者，正如我将在以后一章中更详细地表明的，它包括**通过**分析社会结构性背景与进程来解释象征形式。

我把这种文化概念描述为“结构性”概念，是希望突出关注象征形式包罗在其中的社会结构性背景和进程。但是，我不想提示这种关注是文化分析的全部任务；相反，重要的是这种关注与解释活动相联系的方式。文化的结构性概念主要不是作为对象征性概念的修改而成为对它的另一种选择，就是说，不是以考虑社会结构性背景和进程来作为修改象征性概念的一种方式。我在这里用的“结构性”一词不应当混 137
同于“结构主义的”。后者通常指的是一种与诸如列维·斯特劳斯、巴特、格雷马、阿尔都塞和福柯（至少在他某些阶段的著作）等法国思想家有关的方法、思想和学说。以后我将较详细地讨论结构主义方法的长处和短处。现在暂时区分一下象征形式的**内部结构性特点**和象征形式包罗在其中的**社会结构性背景与进程**。结构主义方法在传统上首先与前者有关——有关象征形式的内部结构性特点——而文化的结构性概念则和考虑社会结构性背景与进程有关。我将在以后指出结构主义方法作为分析内部结构性特点（诸如部署在文本中的叙述结构）的方法是有用的。但是我也将论述这些方法由于各种原因而使它们的用处和效能受到严格的限制。文化的结构性概念关注的是避免结构主义观点的局限。尽管我在以后所要概括的方法论架构使用了结构主义方法（当使用这种方法是有用的时），但这一方法论架构将设法以系统方式把文化结构性概念所传达的对于意义和背景的双重关注结合起来。

我们可以通过讨论象征形式的某些特点来开始阐述文化的结构性概念。我将区分象征形式的五个特点：我称之为它们的“意愿”方面、“常规”方面、“结构”方面、“关联”方面和“背景”方面。我要说明这五个方面都典型地包括在象征形式构成之中，尽管它们所涉及的具体方面以及一个方面对另一个方面的相对重要性可能会由于不同类型的象征形式而大相径庭。意愿、常规、结构和关联诸方面都必须涉及通常谈到的“意义”、“意思”和“意味”这些词。我不是要在这里对论述这些大有争议的词的文献提出一个总说明，更不是要提出什么宏大的意义理论。我的目的要小得多：区分一些主要特点借此可把象征形式视为“意义现象”，这样做，我们可在稍后研讨对象征形式的解释中包罗
138 了些什么。象征形式的第五个方面，“背景”方面，也涉及意义和解释的问题；但是，它使我们注意到象征形式的结构性特点，那是讨论意义和解释时往往忽视的，而这个特点却依然对文化分析是重要的。我将在以下一节中集中谈象征形式的背景方面。这里我要开始对意愿、常规、结构和关联诸方面提出一项初步澄清。在这一初步讨论中，我不去详细研讨“语言”意义与“非语言”意义之间可能存在的区分或者在不同类型的象征形式中可能发现的变化。我将用“象征形式”一词来指更广范围的意义现象，从行动、姿态与仪式到话语、文本、电视节目与艺术品。在下一章里，我将在分析文化传输的某些方面的过程中在不同类型的象征形式之间作出一些区分。

我来首先考虑象征形式的“意愿”方面。对于这一点，我的意思是：**象征形式是属于一个主体和为了一个主体（或一些主体）的表述**。那就是说，象征形式是由一个主体所生产、构建或使用的，他在生产或使用这些形式时正在追求某些目标或目的以及设法表达自己在这样生产的形式中的“意思”或“意愿”是什么。生产象征形式的主体也是在设法**为**其他主体表达自己，那些主体在接收和解释象征形式时，把它看作一个主体的表述以及要了解的信息。即使是一篇不供传阅的日记，日记作者也是为一个主体写的，那就是写这篇日记的和唯一拥有它的这同一个主体。在这方面，象征形式就不同于海边的石头或天空的云彩那样的自然形式。这种形式一般不是象征形式，正因为它们不是一个主体的表述而且并不理解为这样。在某些泛灵论信仰体系中，自然形式可能具有一种象征性，可以被视为有某种“意义”；然而，自然形式之所以具有这种性质，在于它们被视为一种有意愿的、有目的的主体的

表达，不论那是一个人、类人或者超自然者。客体成为象征形式，是因为它们被一个主体为其他主体而生产、构建或使用的，而且它们被接收它们的主体这样理解的。

我把象征形式的这一方面描述为“意愿的”，并不想提示：象征形式的“意义”或者象征形式构成成分的意义可以完全根据生产象征形式的主体的“意愿”或“意思”来加以分析。已经有各种尝试来根据生 139
产象征形式的主体的意愿来分析意义，从格赖斯到E.D.赫希都在这样做。[22]这里无须讨论这些不同尝试的优劣之处，也没有任何必要一般和笼统地设法确定象征形式的意义同生产这种形式的主体的意愿之间的关系。这里只需做两点一般的观察。第一点观察是：客体建构为象征形式（即它们建构为“意义现象”），就是肯定它们是由一位根据意愿行动的主体所生产、构建或使用的，或者至少它们被理解为这样的主体所生产的。可是，说客体是由或者被理解为一位能根据意愿行动的主体所生产，并**不是**说这一主体有意愿生产客体，或者说客体是这一主体愿意生产的；而只是说客体是由一位主体所生产或者理解为由他生产的，我们就说“他有意愿这样做的”。第二点观察是：一个象征形式的“意义”或者一个象征形式的构成要素的“意义”，不一定相同于主体在产生象征形式时的“意愿”或“意思”。这种潜在的分歧存在于日常的社会互动中，例如在这种气愤的话语中就很明显：“也许这是你的意思，但你肯定不是这样说的。”但是这种分歧在不联系对话情景的象征形式中甚至更为常见。因此，书面文本、仪式活动或艺术作品就可能具有一种意义或含义，这不能完全由生产象征形式的主体的意愿或意向来完全说明。一个象征形式的意义或意思可能比生产象征形式的主体原来的意愿远为复杂和不同。而且，生产象征形式的主体在任何特定情况下的意愿或意思可能不清楚、混乱、不完全或者得不到；这位主体可能有各种意愿、矛盾的意愿、“不自觉的”意愿或者干脆没有清楚的意愿。产生象征形式的主体的意愿之多样与合并不一定都反映在象征形式的层次中。一个象征形式或它的组成部分的意义是决定于多种因素的复杂现象。一名主体在生产象征形式时的意愿或意思肯定是这些因素之一，而且在某种情况下可能是极其重要的。但是，它不是唯一的因素，如果认为生产象征形式主体的意愿可以是或者应当是解释的试金石，
140 那是相当误导的。

象征形式的第二个特点是“常规”方面。关于这一点，我的意思是：**象征形式的生产、构建或使用，以及象征形式被接收它们的主体的解释，都典型地包罗着各种规则、规章或常规惯例的应用**。这些规则、规章或常规包括从文法规则到常规方式和表述，从连接字、词或情况的特定信号的规章（例如摩尔斯电码）到支配人们表述自己或解释他人表述的行动与互动的常规（例如表达礼貌爱慕的常规惯例）。在生产或解释象征形式时应用规则、规章或常规，不一定会觉察到这些规则或者在要求阐述这些规则时，不一定能清楚而准确地这样做。这些规则、规章或常规一般都是**在实践中**应用的，那就是说，在生产和解释象征形式时不言而喻地、理所当然地进行的。它们是人们在日常生活过程中产生意义表述和理解他人表述时使用心照不宣的默契知识的一部分。这种知识虽然一般是默契的，但它是社会的，因为它是许多人所共有而且总是可供他人修改和约束的。如果我们产生一个文法错误或者表达感性的方式有悖于通常情况的话语，我们的话语或表达方式就可能以某种方式被改正或约束。改正或约束象征形式的生产和解释的可能性验证了一个事实，即这些过程典型地包罗着社会规则、规范或惯例的应用。

重要的是要比我迄今所做的应更为明确地区分生产、建构或使用象征形式时有关的规则、规范或惯例以及接收这些象征形式的主体解

释时有关的规则、规范或惯例。在前者，我们可以谈到**编码**的规则，而在后者，可以谈到**解码**的规则。进行这种区分是重要的，以便强调这两套规则无须一致，甚至无须并存。它们无须一致，因为根据某些规则或惯例加密的象征形式可以根据其他规则或惯例来解密。例如，根据科学论述的惯例生产的一个文本，可以被后来的读者以不同的方式解释为一个哲学作品或神学作品，或解释为一个破除科学常规而开创一些新内容的作品；或者一个国家在某一场合上演的一幕可以被观众解释为一种警告或威胁，解释为一项大错或笑料。而且，编码和解码的规则无须并存，因为一个象征形式可以被编码而实际上却决不会被解码，例 141
如一篇从不被人读到的日记或者一件永远见不到的人工制品。同样地，一个象征形式可以根据某些规则或惯例来解码即使它事实上并未编码。对自然特点或事件作泛灵论的解释就是对未编码的形式进行解码的一个例子；但这种做法在人类行动与事件的日常解释中也是常见的。因此，一项行动可能被解释为对社会秩序的抵制行动或威胁，被解释为一种筋疲力尽的信号或者精神病的迹象，即便这一行动并非是根据任何特定规则或常规来编码的。未能分清编码规则和解码规则就是玷污温奇和其他哲学家著作的问题之一，他们在后来的维特根斯坦的影响下，认为社会生活的主要特征就是“受规则支配”的性质。[23]温奇在强调规则与意义行动之间的联系时，最终提出全世界所有有某种“意义”的行动都是由规则支配的，而事实上有关的规则，即作为解码的规则而不是编码的规则，已经以另一种形式存在。通过清楚区分这两类规则，我们可以避免温奇等人面临的问题，我们就能开辟道路以便详细地调研有关生产象征形式以及有关接收它们的主体解释象征形式的规则、规范或惯例之间的关系。

象征形式的第三个特点是“结构”方面，对此，我的意思是：**象征**

形式是表现联结结构的构造。它们表现一种联结结构，就是说它们典型地包罗相互具有决定性关系的因素。这些因素及其相互关系组成一种结构，它可以被正式地加以分析，例如，人们可以分析一幅神话图画或叙述结构中并列的文字与形象。我们在这里可以区分象征形式的**结构**和特定象征形式所例示的**体系**。分析象征形式的结构就是分析该象征形式中可见的具体因素及其相互关系；分析象征形式所例示的体系则要从该象征形式抽象出来并重构一系列因素及其相互关系，这是在特定情况下例示的系列。象征形式的结构是一种因素的原型，它可以
142 在实际表述的例子中，在实际话语、表述或文本中辨别出来。象征体系则是一系列因素——我们可称之为“体系因素”——它们独立存在于任何特定象征形式之外，但在特定象征形式中得到实现。瑞士语言学家费迪南·德·索绪尔首先关注这个意义上的象征形式。索绪尔区分“**语言**”(la langue)和“**言语**”(la parole)，以便把语言分离出来作为一个象征体系，作为一种“符号体系”，从而研究功能的基本因素与原则[24]。虽然我们可以用这种方式区分象征体系与特定象征形式的结构，对后者的分析可能得益于并且也有助于对前者的研究。因此，对特定文本的分析可能得益于了解一种语言体系如英语或法语所特有的代名词系列；反过来，我们可以通过特定文本和其他语言例子中使用的代名词的方式来重构这种体系所特有的代名词系列。

对象征形式结构特征的分析，以及这些特征与象征体系特点之间的关系是象征形式研究中重要而有限的一部分。它之所以重要，因为象征形式所传达的意义常常是同结构特征与体系因素一起建构起来的，所以通过分析这些特征与因素就能加深对象征形式传达的意义的了解。请考虑巴特的一个熟悉的例子。[25]《巴黎竞赛》杂志的封面刊登一幅照片：一名年轻黑人士兵，身穿法国军服在敬礼，双眼稍稍上抬，似

乎注视着旗杆顶上的三色旗。这种形象的丰富联系形成一种结构，用以传达这一信息的意义，改变这幅照片中的一个方面——把黑人士兵改成白人士兵，或者让他穿上游击队服而不是法国军服，或者把照片登在《解放》杂志的封面上而不是《巴黎竞赛》杂志的封面上——于是这一信息传达的意义就改变了。分析这幅照片的结构特征，可以阐明一个意义，它由这些特征所构成并往往含蓄地传达给阅读者。

虽然分析结构特征和体系因素是重要的，这类分析的价值还是有限的。这里我将指出两个关键方面，从中可以看到这类分析的局限；在稍后一章里，我将提出这些方面的方法论含义。首先，虽然象征形式传达的意义通常是由结构特征和体系因素构建的，但这种意义决不被这些特征和因素所**穷尽**。象征形式不但是各因素及其相互关系的联结： 143
它们也典型地代表了某些东西，它们表示或者描述某些东西，它们诉说某些东西。象征形式的这一特点（我将在下面描述为它们的“关联”方面）不能只靠分析结构特征和体系因素而掌握。一种表达或图像**所指的事物**完全不同于符号的“所指”，因为根据索绪尔的解释，所指只是与“能指”相关联的概念；所指和能指都是符号的组成部分[26]。相反，所指的事物是一种语言外的对象、个体或事态。掌握象征形式的关联方面要求一种创造性解释，它试图超越对内部特征和因素的分析，它说明代表什么和说了什么。结构特征与体系因素分析的局限性的第二个方面是：由于集中于象征形式的内部构成，这类分析不但忽视了象征形式的关联方面，而且从这些形式包罗于其中的社会—历史背景与进程中抽象出来。因此，结构特征与体系因素分析就漠视了我称之为象征形式的“背景”方面；而且，我将设法表明，它因此漠视了象征形式的文化分析中至为重要的一些特点。

象征形式的第四个特点是“关联”方面，对此，我的意思正如前面所说的：**象征形式是一些构造，它们典型地代表某些东西，指称某些东西，谈到某些东西**。我很广义地使用“关联”一词以包罗一个总的意思和较为具体的意思，由于总的意思，象征形式或象征形式的因素可以在某种背景下代表某个对象、个体或事态，由于更具体的意思，一项语言表述可以在一定使用场合涉及某特定对象。试看一些例子：一幅文艺复兴绘画中的一个人物可能代表魔鬼、恶人或死亡；一份现代日报中的卡通人物，脸部特征稍稍夸张，可能指某个特定的人或者某一具各种典型特点于一身的政治家，诸如一个民族国家；在这句话“我有责任改善我们成员们的境况”中，“我”这一表述指的是在特定时间和特定地方说这句话的人。正如这些例子所示，人物与表述以不同方式获得它们的**关联特性**。所谓“关联特性”，我指的是，在一个既定的使用场合，一个特定人物或表述涉及某具体对象或某些具体对象、某个体或某些个体或事态。某些人物或表述只有在某些环境下使用时才获得它们的关
144 联特性。例如，“我”或“你”这样的代名词是自由、不定的关联词；它们只有在某种背景下使用时，只有在一定场合被某人说或写时才涉及具体人物。相反，专有名词的关联特性在某种程度上是不受它们在一定场合使用而固定的。因此，“理查德·M.尼克松”的名字根据一套积累的常规与惯例而涉及把它联系于一特定的人物（或者较少的一批人物）。可是，即便专有名词也具有某种含糊性或**关联难度**。一个名字可能有一个以上的表述对象，而且一个名字可能在一定场合用于指有关常规与惯例所固定的表述对象以外的某一人物（一句口误，一句讽刺性的隐喻），在这种情况下，只有身处使用这一表述的特定环境时，关联特性才可以肯定而关联难度才会消除。

通过突出象征形式的关联方面，我希望提请注意的不但是人物或表述所用以指称或代表某个对象、个体或事态的方式，而且是象征形式

代表了某个事物以后还对此加以论说描述。我们可以回到先前用过的一些例子来对此加以说明。说出“我有责任改善我们成员们的境况”这句话，说话者指的是一个具体的人，“我”的表述对象就是他或她，这样指明以后，他或她说了一些这个人的事，那就是他或她有责任做某些事。他或她谈了某些事，确定了某些事，对此我们可以说“那是对的”(或者“那不对”，如果情况可能的话)；在这种背景下，“对的”是我们对这句话的论断[27]。或者再考虑一下巴特的例子。巴特评论《巴黎竞赛》杂志封面时说：“它向我表明什么，我看得很清楚：法兰西是一个伟大的帝国，所有她的子民不分肤色都在她的旗帜下忠诚服役，这名黑人服务于他的所谓压迫者，就是对所谓殖民主义的诋毁的再好不过的答复。”[28]这幅照片突出巴特所设法通过解释来掌握和表达的一种可能的意义。巴特提出了一个解释，一个对可能的意义的创造性建构。解释表明：“法兰西是一个伟大的帝国，所有她的子民……再好不过的答复……”解释试图重新确认照片所投射的内容，试图释述照片可能代表和描述的内容，我用这个例子来说明象征形式的关联方面，并不是要提出我们可以从巴特著作中得出对于这个方面或者对于解释的性质与作用的恰 145
当说明。巴特的著作有着我在前面简要讨论过的对结构特征和体系因素分析的一些局限；而且，如果说在这个例子中，他超越了纯粹对结构因素及其相互关系的正式分析，他探索了象征形式与它们所描述或谈论的内容之间的联系，他进行了可能意义的创造性构建的话，那么，这个例子并不是辩明了巴特的一般观点，而是说明了他的实际分析突破了这种观点的界限。

我要提醒注意的象征形式第五个特点是“背景”方面。正如我前面所说的，我的意思是：**象征形式总是包罗在具体的社会—历史背景与进程之中，它们在其中并从中被生产、传输和接收**。即使是日常交往中一人向另一人说的一个简单词语也是包括在结构性社会背景内而且可能带有一些这背景所特有的社会关系的痕迹——口音、语调、讲话方式、字词选择、表达方式等。更加复杂的象征形式，诸如讲话、文本、电视节目和艺术作品，一般都预设了一系列具体机制，在其中并借助它们这些象征形式被生产、传输和接收。这些象征形式是什么，它们被社会领域构建、流通和接收的方式，以及它们对接收者具有的意义和价值，都在某种程度上决定于生产、传输和支撑它们的背景与体制。因此，一个讲话被特定人们所解释的方式，把它认知为一个"讲话"以及给予它的重要性，都取决于这些话是由这个人在这一场合背景下说的、而且用这种媒介传达的(扩音器、电视摄像机、卫星)；改变了这些背景因素——例如，同样的话是由一个孩子向一批赞赏的父母说的——那么同样这些话会对接收者具有不同的意义和不同的价值。重要的是要强调，突出象征形式的背景方面，我们就超越了对象征形式内部结构特征的分析。在上述例子中，讲话的背景与场合，讲话者与听众之间的关系，讲话的传递方式以及它被听众接收的方式，都不是讲话本身的方面，那些方面只要分析讲话的结构特征和系统因素就可看出。相反，这
146 些方面只有通过参与该讲话发表、传输与接收的背景、体制和过程，只有通过分析这些背景的权力关系、权威形式、资源种类以及其他特点，才能看出的。这些都是我将在下一节中进一步研讨的问题。

象征形式的社会背景化

在研讨象征形式的背景方面时，我将设法突出那些总是嵌入结构性社会背景中的象征形式特征。象征形式嵌入社会背景中，这意味着：除了是一个主体的表述以外，这些形式一般都借助一些媒介被生产，这

些媒介处于具体社会—历史背景中,并具有各种不同的力量与功能;象征形式可能以不同方式带有生产它们的社会条件的痕迹。象征形式包罗于社会背景还意味着这些形式除了是对一个主体(或一些主体)的表述以外,一般都由也处于具体社会—历史背景内并具有各种不同资源的人们所接受和解释的;一个特定的象征形式如何被人们所理解,可能取决于他们在解释它的过程中使用的内容。对象征形式的背景性嵌入的进一步结果是它们往往是评价、评估和冲突的复杂过程的对象。象征形式都不断被生产和接受它们的人们评价、评估、赞扬和争议。它们是我将称之为**评价过程**的对象,那就是说,它们以此具有某种"价值"的过程。而且,作为社会现象,象征形式也被在处于具体背景中的人们之间交流,这种交流过程要求某种传输手段。即使是面对面情况下的一次简单谈话交流就含有一连串的技术条件和器官(喉、声带、唇、气流、耳,等等),而许多象征形式则含有特殊建构和部署的其他条件和器官。我将把不同类型的条件和器官描述为**文化传输方式**。在本章其余部分,我要集中于象征形式在其中被生产和接受的社会背景的特点,集中于象征形式可能受支配的评价过程。我将把文化传输方式的分析推迟到下一章。 147

我已强调象征形式的生产与接受是发生在结构性社会背景内的过程。这些背景在时间和空间上是具体的:它们有特定的**时空环境**,这些环境部分地构成了在其中发生的行动与互动一个象征形式产生背景的时间与空间特点可能与接收背景的特点相一致或者相重叠,正如面对面互动的谈话交流例子。在面对面情况中,谈者和听者在同一地点,这个地点的特征都常规地结合进象征形式和他们参与的互动之中(例如,在提供直接表述与代名词的关联性特征方面)。但是产生背景的时间与空间特点可能与接收背景的特点有很大差异或完全不同。这就是通过某种技术媒体传输的象征形式的典型情况——例如，一封信在一个背景下撰写而在另一背景下阅读，或者一个电视节目在一个背景下制作而在时间与空间上极其分散的其他背景下观看。我将在下一章里再讨论象征形式的这种环境，我把它视为文化传输的一个基本特征。

象征形式的社会背景不但在时间和空间上是具体的：它们的**结构**也是各式各样的。结构的概念对分析社会背景至为重要，但它是一个复杂而颇有争议的概念，它在社会科学作品中被广泛使用，有时是过度使用。这里我不想评估这一概念的不同用法。[29]我将限于对识别和分析社会背景的某些典型特点勾画出一个概念架构。[30]在这个架构内，社会结构的观念可以具有一个具体的作用，作为突出某些现象和提醒我们注意某种分析的一个观念。在勾画这一架构时，我不想提出：社会背景分析的活动是完全脱离研究那些在这些背景内行动与互动的人，那些在某些背景中产生象征形式并在其他背景中接受它们的人。相反，我将设法表明，这些背景分析的活动是研究行动与互动、产生与接受所必不可少的，正如背景分析如不考虑在这些背景中发生的行动与互动，
148 就会是局部的和不完全的。

我们可以提出**互动场所**的概念来开始澄清社会背景的典型特点。场所的概念是皮埃尔·布迪厄提出来的并在一系列启发性的研究中使用。[31]我将不详细研讨布迪厄对这个概念的用法；但在这里以及在本章稍后部分，我将在关联到我所关注的问题时联系他的著作。[32]随着布迪厄，一个互动场所可以共时性地形成概念而作为一种位置的空间，并历时性地形成概念而作为一套轨迹。特定的人们在这个社会空间内处于某些位置，而他们在一生中则遵循某些轨迹。这些位置与轨迹在某种程度上决定于各种**资源或“资本”**的数量与分配。根据我们这里的目的，我们能区分三类主要的资本：“经济资本”，包括财产、财富和各种金融资

产;"文化资本",包括知识、技能与各种教育资格;以及"象征资本",包括积累的赞扬、威信以及与某人或某位置有关的认可。在任何一定的互动场所,人们吸取这些不同种类的资源以追求他们特定的目的。他们也可能寻求机会把一类资源转变为另一类资源——例如当积累的家庭财富用于为孩子们取得教育资格,从而使他们获得报酬高的职业。[33]

人们在互动场所内追求其目的与满足兴趣时,也是在典型的吸取各种规则和惯例。这些规则与惯例可以都是明白而制定完备的规章,正如那些指导人们在办公室或工厂车间的行为的书面规章。但是,这类明白而制定完备的规章都是例外;它随时随地存在着,但受忽视却不少于受到遵守。在很大程度上,指导社会生活中许多行动与互动的规则和惯例都是不明显的、未制定的、不正式的、不精确的。它们的概念可能称之为**灵活纲要**,使人们在日常生活中定向而无须提到明白而制定完备的规章的层面。它们以实际知识的形式存在,通常在日常生活的实践中被逐渐灌输和不断重复,特别例如清洁和礼貌的惯例都是从小被逐渐灌输的。这些灵活纲要都是人们含蓄地实行的而不是那么明白地吸取的。它们是社会上反复灌输和区分的行动与互动情况,当人们每次行动时这种情况在某种程度上就得到完成和重复——例如人们作出表达、做个姿态、取得和消费食品、穿着打扮以会见他人。但是,在 149
实行纲要时以及在吸取各种规则和惯例时,人们也扩展和改变这些纲要和规则。每一次应用都包括要回应某些方面的新环境。因此,应用规则和纲要不能理解为一种机械的操作,似乎行动是由它们死板地决定的。恰恰相反,规则与纲要的应用其实是一种创造性的过程,常常包括某种程度的选择和判断,在应用过程中规则和纲要可能被改变。

我们可能区分互动场所及其特有的各种资源、规则与纲要以及所谓的**社会机构**。社会机构可理解为具体的、相对稳定的一批规则与资源及其建立的社会关系。一个特定企业,譬如福特汽车公司,或者一个特定组织,譬如英国广播公司,就是这个意义上的机构。这样的企业与组织的特点是具有某些种类和数量的资源,以及某些规章和灵活纲要以支配组织内资源的使用和人们的行为。它们还具有人们之间或各职位之间等级关系的特点。这些机构的某些特点可以确定明白的法律地位或者遵守已有的法律来使之定型化(例如管理英国广播公司活动的法令)。为了分析的目的,我们可以区分具体机构(如福特汽车公司或英国广播公司)和我们所谓的**一般性**机构。关于后者,我指的是具体机构的外形,这种形式可以从具体机构抽象出来而且通过特定组织的兴衰而仍能留存下来。所以,例如,福特汽车公司是大规模生产企业之一例,可以找到无数这样的其他例子,英国广播公司是广播机构的一例。在研究机构时,我们可能也同样关注固定性机构的一般特征,这些特征突出广泛的模式或趋势,如我们关注特定组织的具体特征一样。社会机构可以被视为处于互动场所之内并产生它们的一批规则、资源与关系。当一个具体机构建立时,它塑造了先前存在的互动场所,同时它产生一套新的职位和可能的轨迹。对于现代社会中大多数人,“事业”的
150 思想不能脱离机构的存在,它们的目标取向活动的一部分是聘用人们并委派他们进入以机构为基础的生活轨迹。社会机构虽然是互动场所的一个组成部分,它们并不与后者并存。有许多行动与互动发生在场所之内但在具体机构之外——例如,熟人之间在街头的偶然相遇。但是,许多行动与互动发生在具体机构之外,当然并不意味着这些行动与互动不受权力与资源、规则与纲要的影响。因为所有的行动与互动都包括社会条件的实施,这些条件是它们从中发生的场所的特点。

到目前为止,我一直关注于区分互动场所和社会机构并澄清各自的成分。现在我要进一步一方面区分互动场所与社会机构;另一方面

区分互动场所与我将称之为**社会结构**的东西。这里我用“社会结构”一词来指互动场所与社会机构所特有的相对稳定的不对称与差异。在这个意义上，说一个互动场所或社会机构是“结构性”的，就是说，在各种资源、权力、机遇与生活机会的分配和取得方面，其特点是相对稳定的不对称和差异。分析一个场所或机构的社会结构，就是要确定不对称和差异是相对稳定的——系统的和可能持续的——就是要设法肯定支撑它们的标准、类别与原则。因此，对社会结构的分析部分地包罗了断定类别和区别，这可能有助于组织和阐明系统不对称和差异的证据。这样，我们就能设法确定处在互动场所和机构内的某些结构性因素。例如，英国或美国高等教育场所的特点是一套具体的机构（具体的大学、学院、多科性技术学院等，相互之间有定型的关系），它们形成了这个场所；而且，如同所有的场所，这些机构的结构具有系统的不对称和差异（例如，男女之间、白人与黑人之间、工人阶级青年与中产阶级青年之间，等等），它们部分地构成了场所的社会结构。

图3.1总结了我描绘的概念性架构中的主要关系。左边的概念——时空背景、互动场所、社会机构、社会结构——指社会背景的不同方面并界定不同的分析层次。它们使我们能掌握人们活动与互动背
景的社会特征。这些特征并不仅是发生行动的环境中的各个因素，而 151
且**构成了行动与互动**。就是说，人们在相互行动与互动的过程中都常规地、必然地吸收、实施和使用各个方面的社会背景。背景特征并不是简单地限制性的和局限性的：它们也是建设性的和可行的。[34]它们确实限定了可能行动的范围，界定了某些进程比别的进程更加合适和更加可行，并保证资源与机遇不均衡地分配。但是，它们也使发生在日常生活中的行动与互动成为可能，构成了这些行动与互动必须依据的社会条件。

时空背景
互动场所 ⟨ 资源或资本；规则、惯例与纲要

社会机构　相对稳定的一批规则、资源与关系
社会结构　相对稳定的不对称与差异

图3.1　社会背景的典型特点

这项分析提供了一个背景，能使我们考虑**权力**行使中涉及些什么。在最一般的意义上说，“权力”就是追求自身目的和利益的能力：一个人有**行动的权力**，干预事物结果使之改变进程的权力。一个人这样做的时候就要吸收和使用他具有的资源。因此，追求自身目的和利益的行动能力取决于他在一个场所或机构内的地位。在一个场所或机构的层次上分析的“权力”就是一种能力，它使一些人**有能力**或**有权力**作出决定，达到目的或实现利益；它使他们有权力，就是说，由于他们在一个场所或机构内的地位赋予他们能力，他们就能进行有关的进程。人们具有这类不同的能力，因此具有不同程度的权力，他们互相之间保持
152 确定的社会关系。当既有的权力关系是**系统地不对称的**，那么这种情况可以称之为一种**统治**。权力关系是“系统地不对称的”指的是特定的人们或人群持久地握有权力，排除他人或其他人群（使之明显地得不到）而不问这些排斥的依据是什么。在这种事例中，我们可以谈到“统治的”和“从属的”人们或群体，以及靠局部取得资源而在一个场所中具有中间地位的人们或集团。

在统治例子中，那些与在一个又一个背景中重复出现的结构特征有联系的事例是特别重要的。传统马克思主义分析的长处在于它关注于说明过去与现今社会中的统治与从属是以这种方式结构而成的：它基于一种在一个又一个背景中重复出现的基本阶级分野，这种分野在现代资本主义社会中采取了资本—雇佣劳工关系的形式。毫无疑问，

阶级关系和阶级分野仍然是现代社会中统治与从属的一个重要基础：阶级与阶级冲突并没有在20世纪晚期的社会全景中消失。但是，认为阶级之间的关系是现代社会中统治与从属的唯一重要基础，或者认为它是一切环境中最为重要的，那是严重的错误。过分强调阶级关系可能模糊了或误述了并非以阶级分野为基础的以及不能归纳到阶级分野的那些统治与从属形式。对现代社会中统治与从属的令人满意的分析必须在不降低阶级重要性的情况下注意其他同等基本的分野，诸如两性之间、民族集团之间以及民族国家之间的分野。

社会背景的各种特点不但由行动与互动、而且由象征形式的产生与接收所构成。如同行动，更加一般地，象征形式的生产涉及处在一个场所或机构内具有某种地位的个人对现有资源的利用以及对各种规则和纲要的实施。人们使用资源，利用规则和实施纲要，以便对一位特定接收者或者一批潜在的接收者生产一项象征形式；而对这种象征形式预期接收包含了生产这种象征形式的部分条件。人们在一个场所或机构中占有的地位，以及他对发给他的象征形式的预期接收，就是塑造所 153
生产的象征形式的社会生产条件。所以，例如，一句话语可以带有该说话人社会结构性地位的痕迹——口音、风格、用词、发言方式等。一句话语也可以带有受话人预期接收的痕迹，例如当一个大人向小孩说话时就改变了语调。并不难以找到其他例子来说明象征形式的预期接收被常规地结合进它们生产条件的情况。一位艺术家可能改变他或她的作品风格以适应某些对象；一位作家可能修改他的书的内容以期吸引某些读者(或者希望不要冒犯他人)；一名电视制作人可能改变一个节目以考虑到观众的性质与数量。

如果说社会背景的特点是由象征形式的生产所构成，那么它们也是由象征形式被接收和理解的方式所构成的。象征形式由处于具体社会—历史背景中的人们所接收，这些背景的社会特点塑造了象征形式被他们接收、理解和评估的方式。接收过程并不是一个被动的吸收过程；相反，它是一个创造性的解释和评价过程，一个象征形式的意义被主动地构建和再构建。人们并不被动地吸收象征形式，而是创造性地、主动地**弄懂它们**，从而在接收过程中产生意义。即便是朋友之间偶然相遇时相对简单的话语交谈也会典型地关联到一段持续的历史（这次相遇是这段历史的一部分）来加以理解。人们在接收和解释象征形式时都利用他们得到的资源、规则和纲要。因此，象征形式被理解的方式以及它们被评价和评估的方式可能会因人而异，这取决于人们在社会结构性场所或机构中占有的地位。这些不同在象征形式的事例中特别明显——诸如美术和古典音乐——它们的解释与鉴赏要求在传统上限于某些特权部分人们的一套专门规章。

在接收和解释象征形式时，人们就参与到构建和再构建意义的一
154 种进行过程之中，这一过程典型地属于所谓**社会背景的象征性复制**的一部分。象征形式所传达的、并在接收过程中所再构建的意义可能服务于支撑和复制产生与接收的背景。那就是说，接收者所接收和理解的象征形式的意义可能以各种方式服务于维持象征形式从中产生或接收的背景所特有的结构性社会关系。图3.2说明这一过程。社会背景的象征性复制是一种特定的社会复制：这种社会复制是通过对象征的日常理解作媒介的。它不是唯一种类的社会复制，甚至不一定是最重要的。社会关系也通过使用或威胁使用武力以及通过日常生活的常规化来典型地加以复制。但是，社会背景的象征性复制是一个重要的现象，其本身就值得分析。正是在这一点上，我们对象征形式的讨论再次遇到了意识形态的问题。因为意识形态研究，正如我在第一章里对这一概念所下的定义，是研究由象征形式所推动的意义在具体环境下服

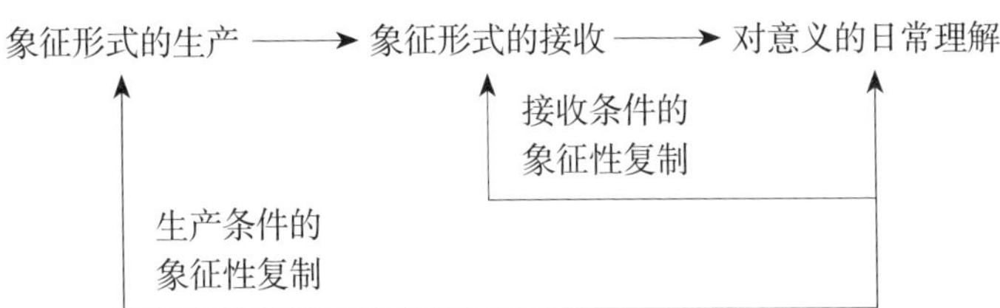

图3.2　社会背景的象征性复制

务于建立、支撑和复制在权力上系统地不对称的社会关系的方式。在稍后部分，我将更详细地考虑意识形态研究所涉及的内容。

象征形式的评价

象征形式背景化的一个结果是，正如我早先提到的，它们经常地受制于评价、评估和冲突的复杂过程。换言之，它们是我将要说的**评价过程**的客体。我们可以区分两种主要类型的有特定重要性的评价。第一种类型是我们称之为“象征性评价”：通过这一过程，象征形式被产生和接收它们的人们赋予某种“象征价值”。象征价值是那些客体由生 155
产与接收它们的人们作出的**评估**方式和程度而具有的价值——那就是说，他们称赞或反对，珍视或鄙视。象征价值的赋予可以同我们称为的“经济评价”相区别。经济评价是象征形式通过它而被赋予某种“经济价值”的过程，那就是说，这种价值可以使它们在市场上作交换。通过经济评价的过程，象征形式被构建成为**商品**；它们成了可以在市场上以某种价格买卖的对象物件。我将把商品化的象征形式称为“象征货品”。在下一章里，我将追溯历史进程，象征形式在这个意义上日益商品化，这个历史进程是大众传播兴起与发展的一个重要部分。

两种类型的评价都常常伴随着明显的冲突形式。象征形式可能被生产和接收它们的人们赋予不同程度的象征价值，其方式是：一个物件有人赞扬，也可能被他人反对或鄙视。我们可以把这种情况描述为**象征评价的冲突**。这种冲突总是在一个以多种不对称和差异为特点的结构性社会背景内发生的。因此，处在不同状况的不同人们提出的象征评价很少是同等的。有些评价比其他评价更有分量，原因在于提出评价的人及其发言的地位；有些人比别的人更有利于提出评价，而且，如有可能，可以强行作出评价。泰特美术馆主任在英国广播公司电视中关于就一位艺术家作品所说的话，很可能比一位街头过路者的评论更有分量。一件作品取得了象征价值就可以取得一定程度的合法性——那就是说，它不但可以被那些具有赋予象征价值的适当地位的人承认为合法，而且被那些承认和尊重赋予象征价值的人们的地位的人承认为合法。一件作品被承认为合法，作品的生产者就得到了荣誉、威信或尊敬。他们被认可为艺术家、作家、电影导演、有品位的人。但是这种评价过程很少是一致的或者没有冲突的。围绕着如安迪·沃霍尔等“通俗艺术家”的作品的不断争论，或者在报纸、期刊和文艺副刊上常见
156 的对书籍和电影的尖刻评论，都是象征评价冲突性的证明。

经济评价的过程也常常伴随着冲突。象征货品可能被不同的人在经济上作不同的评价，有些人比其他人把它看得更有价值或更少价值。我们可以把这种冲突描述为**经济评价的冲突**。这种冲突在结构性社会背景中总是发生的，有些人能够和愿意比别人多付钱以便得到或控制象征货品。在艺术品拍卖中发生的出价和竞价提供了一个生动的，也许有些例外的经济评价冲突的例子——之所以生动，是因为冲突性评价是公开地、直接地以相互竞争表现出来的，之所以例外，是因为大多数经济评价冲突并不在清楚界定的空间和严格控制的时间架构内发生的，人们或他们的代理人在那里参与公开竞争以获得象征货品。随着

象征形式的日益商品化以及它们被结合进大众传播的机构之中，大多数经济评价的冲突发生于传媒组织所组成的机构架构之中。这些组织常规地关注象征形式的经济评价，关注经济评价冲突的解决。所以，例如在生产一件象征货品（如一本书）时，一个出版组织把一个象征形式变成一件商品，把它在市场上提供出来交换。基于对该书预期的销量，出版商一般对该象征形式赋予某一经济价值，这种定价可能（而且往往如此）不同于其他人的定价，如作者和代理商。这种经济评价冲突是传媒组织日常运作中常规地面临和解决的部分内容。

虽然我们能在分析上区分象征评价与经济评价，并区分与它们典型有关的冲突形式，但在真实环境中这些评价与冲突形式经常复杂地交互重叠。在某些事例中，象征价值的获得——不论是他人赋予的或是来自生产者积累的威信——可能增加一件象征货品的经济价值。象征价值与经济价值之间的这种直接关系是明显的，例如，在销售著名艺术家的绘画上，或者在销售著名作家或导演的书籍或电影版权上，就是如此。然而，在别的事例中，象征价值的获得可能并不大大增加一件象征货品的经济价值，甚至可能降低它的经济价值。在象征生产与交换的某些领域里，一件货品的象征价值可能逆向地影响其经济价值，就是说，它越是缺少“商业性”，它就看起来越有价值。因此，严重地依靠公 157
共基金赠款与津贴的可能被一些人视为列于艺术的最高形式之中。而且，它们的经济价值越低，它们被赋予的象征价值可能就越高，因为它们可以被视为越加不受商业利益所玷污的。同样地，一些撰写在商业上极其成功的书籍的学者可能被他的同行以怀疑目光对待，他们可能把一件作品商业上的成功视为缺少学术价值的说明。

参与象征形式生产和接收的人们一般都知道象征形式可以受评价过程的影响，因此他们可以采取一些旨在增加或减少象征价值或经济价值的策略。采取这种策略可能是人们的一个明显目的——例如，一个人露骨地设法诋毁或压低别人，或者公开地竞争要赢得某个大奖。但是，采取这种战略也可能是一个含蓄的目的，一个被追求而并未得到承认的目标，一个被渴望但不被露骨地或公开地追求的结果。一个人想取得同行的承认，如果他或她**公开言明**，可能会被视为机会主义的。人们采取的策略可能旨在增加或减少象征价值，旨在增加或减少经济价值，或者旨在两者的结合。后者包括所谓的**交叉评价**，即利用象征价值作为增加或减少经济价值的手段，反之亦然。交叉评价是广告商采取的一项主要策略，他们利用著名的电影明星、流行歌曲的歌星或公众人物作为促销特定产品的手段：其目的是通过联系到一位有高度象征价值的人物来增加销路，增加经济价值，即使两者之间并无必然的联系。交叉评价也是人们想把他们在一个领域的承认转变为收入更丰厚的职业，或者他们公开攻击或诽谤某人以图剥夺他或她的晋升或者职业。交叉评价的策略因此和我早先提到的资本变换的策略是重叠的，在后者的策略中，人们设法把一类资本变换成另一类，在生活周期的以后阶段再进行变换，以便保持和改善他们全面的社会地位。

人们采取的策略是和他们在特定互动场所所占的地位有联系的。
158 人们典型地采取的策略类别，以及他们取得成功的能力，取决于他们具有的资源以及他们同该场所中其他人的关系。我将集中于人们典型地追求的象征价值以说明这一点。我将区分几种典型的**象征评价策略**并表明它们如何与一个场所内的不同地位相联系。在区分这些典型策略时，我并不想提示这些是对人们打开的唯一路线，也不是说这是处于有关地位的人们总是采取的路线。相反，人们总是经常参与制定新的战略，寻找新的方法来追求他们的目标或者去阻止别人追求其目标，这些策略只有通过考虑具体事例才能充分加以分析。然而，我们可以识别某些象征评价的典型策略，并表明它们如何与一个场所内的不同地位相联系。我这样做时将吸收布迪厄等人更详细的一些研究，我将突出某些可以反过来有助于引导更具体性质的研究。表3.1总结了一些这类典型策略及其与一个场所内不同地位的联系。

表3.1　象征评价的一些典型策略

一个互动场所内的地位	象征评价策略
统治的	显赫 嘲笑 恩赐
中等的	适中 佯装 贬低
从属的	实用 尊重地放弃 拒绝

在一个互动场所内占有统治地位的人们是那些绝对拥有或有特权取得各种资源或资本的人。在生产和评估象征形式时，处在统治地位的人们从下面这种意义上说典型地采取一种**显赫**的策略：他们设法区分自己与那些处在从属于他们的地位的人们或集团。[35]因此，他们可能对稀少或贵重的（或者两者具备的）货品给以高昂的象征价值，这种货品大多为较少拥有经济资本的人们所无法取得的。例如高昂象征价值 159
可能给予古典绘画，它们只能被具有教养品位和很多财富的人们所充分欣赏。同样地，在女士时尚服装领域里，最高级的名牌和最典雅的式样是那些有能力展示它们的人的显赫标志。处在统治地位的人们也可能通过采取一种**嘲笑**的策略来突出自己：那就是，把他们的下属产生的

象征形式视为粗糙的、笨拙的、不成熟的或粗俗的。这种态度在18世纪欧洲的宫廷贵族中很明显，他们把新兴资产阶级阶层的行为视为庸俗与无节制的。[36]后一策略的一个更狡猾的变异是**恩赐**。通过赞扬象征形式而压低其生产者并且提醒他们注意其从属地位，恩赐使得处在统治地位的人们再确认自己的统治而无须公开宣告。

一个场所内的中等地位，是那些能取得一种资本而取不得其他资本的人们，或者能取得各种资本但在数量上比统治地位的人们或集团所取得的较为有限。中等地位的特点可以是大量经济资本而少量文化资本（**新贵**），或者少量经济资本而大量文化资本（知识分子或**先锋派**文化人），或者中等数量的两者资本（18世纪和19世纪欧洲的新兴资产阶级阶层）。中等地位的人们所采取的象征评价策略，其特点往往是**中等适度**：他们对于知道自己可以得到的货品给予肯定的评价；而且，由于这些人的未来并不完全有保证，他们对于能使其使用文化资本的那些象征形式给予最高评价以保存他们有限的经济资源。因此，在时尚领域，他们追求以最低花费取得最佳样式，寻求合算的购买并在一年一度或半年一次的大减价中占最大便宜。但是，处在中等地位的人们也可能取向于统治地位，生产一些象征形式，**似乎**他们是统治人物的或集团的产物，或者评估他们，**似乎**是由统治人物或集团所评估。处在中等地位的人们因此可能采取一种**佯装**的策略，佯装不是他们从而使自己相似于比他们高的地位。例如，处在中等地位的人们可能采取统治人物和集团的口音、语汇和讲话格调，产生表现统治特点的象征形式来表明
160 自己的野心、不安全感或者两者兼有。[37]然而在某些情况下，处在中等地位的人们可能采取对统治的人们或集团相当不同的策略，设法**贬低**或揭穿他们生产的象征形式。他们不是去复制统治地位的人们和集团的评价以便使自己处于统治地位，而可能谴责统治的人们与集团生产

的象征形式以图使自己提升到高于这些地位。因此，18世纪与19世纪欧洲的新兴资产阶级有时把旧贵族描绘为奢侈、堕落和不负责任，无能力组织经济与政治事务，社会生活浮浅。[38]一旦资产阶级成功地取代了旧贵族，产生了新的统治地位后，它的象征战的主要场地转到了它和低于它的集团的分界线，它和拥有最少经济与文化资本的集团的分界线，然后是它和新兴中产阶层的分界线。

一个场所中的从属地位，是那些使人们获得最小数量不同资本的地位。处在这种地位的人们拥有最少的资源，机遇最受局限。处在从属地位的人们追求的象征评价策略，其典型特征是**实用**：作为比别人更专注于生存必要性的人，他们比别人对设计实用并有日常功能的物品赋予更大价值。[39]因此他们重视实用、耐穿和不贵的衣着，“值得花钱”；他们还可能更喜爱设计低等但有用和易于保养的东西。对实用物品的积极评价可以同时对处于高级地位的人们所生产的象征形式采取**尊重地放弃**。这是一种尊重的策略，就是说高级地位的人们所生产的象征形式被视为**高级的**，即值得尊重的；但是，它是一种放弃的策略，就是说这些形式的高级和他们自身产品的低级是不可避免的。因此，处在从属地位的人可能承认古典艺术品或古典文学是伟大作品，但同时认为它们不是他们希望（或有能力）消费和欣赏的那种作品。他们可以重视那些实用的、可得到的、比较便宜的象征形式，但同时承认它们低于某些更有价值但不属于他们的象征形式。与这种尊重地放弃的策略相反，处于从属地位的人们可能采取多种**拒绝**的策略。他们拒绝或
鄙视高级地位的人们所生产的象征形式，例如，工人阶级孩子们会嘲弄 161
官方语言，拒绝教育活动和“脑力工作”，说它“娇里娇气”[40]。处于从属地位的人们这样做不一定是设法使自己提升到高于他们上级的地位（而那些采取贬低策略的人们则是典型地设法这样做的）；考虑到他们

在场所中的地位，试图这样来抬高自己可能不是一个现实的目标。但是，处于从属地位的人们通过拒绝其上级生产的象征形式，可以找到一个肯定他们自身产品与活动的价值而并不基本上破坏这场所中特有的资源不平等分配。

迄今为止，我已研讨了象征评价的一些典型策略，旨在突出这些策略与互动场所内人们地位之间的关系。但我没有考虑这些策略可能受到部分有关赋予并更新象征价值的机构（例如学校、大学、博物馆等）发展的影响或者受到主要以象征形式经济评价为取向的机构（美术画廊、大众传播机构等）发展的影响。这种机构的发展伴随着资源的积累，评价地位的固定和文化领域的差异。特定的机构出现了，其中集聚了各种资源——不但是经济资本，而且是知识和威信的积累形式。依靠他们在这些机构内的位置，人们具有一种评价的地位，对他们提出的评价赋予某种权威。他们**作为**一所大学的教授发言，**作为**一个博物馆的馆长发言，**作为**一家电视网的记者发言，这样，他们提供的评价就带有他们所代表的机构的一种权威。机构的发展也伴随着文化领域的差异，就是说，随着有关生产、传输和积累象征形式的机构的涌现，不同类型的象征形式就相关地出现，其生产、传输和接收的方式有差异，它们获得的象征价值和经济价值也有差异。因此，在书面文本领域，一种伟大文学标准的出现和永存是和一种教育制度的发展有联系的，在这种教育制度中，进行文艺批评已体制化了。这种体制化的活动成为一种挑
162 选的过滤器，以便从大量书面文本领域中提炼出某些作品并把它们构成为“文学”。[41]“通俗文学”领域的出现是以下两种情况的产物：独占排他的机制，通俗文学由此而成为文学的“另类”；大众传播和大众教育机构的发展，这为象征形式的大规模生产和广泛流通创造了条件。

在本章中，我主要关注于提出一项有特色的文化概念，它强调象征

形式的意义构建与社会背景化。我步格尔茨的后尘，认为文化分析是对社会生活象征性质的研究；但我认为这个方向必须结合对象征形式被包罗于结构化社会背景的系统说明。要掌握象征形式的意义构建，必须研讨象征形式的意愿方面、常规方面、结构方面和关联方面。象征形式的社会背景化要求我们注意某些背景的社会方面（时空方面，在互动场所内的资源分配等），以及注意某些评价过程和我将称作的“文化传输的方式”。

本章中提出的说明为我们提供了分析大众传播兴起和发展的架构。大众传播的兴起可以被理解为15世纪末和16世纪初的欧洲出现一批有关象征形式经济评价及其在时间和空间扩大流通的机构。随着这些机构的迅速发展和新技术设备的利用，象征形式的生产与流通就越来越由大众传播的机构与机制所中介。文化的这种传媒化过程是普遍的，不可逆的。这一进程中伴随着现代社会的兴起，部分地构成了这些社会，并且部分地界定它们为现代的。而且，这种进程在我们身边继续发生，并改变着我们今天生活的世界。 163

第四章

文化传输与大众传播：传媒产业的发展

现代社会中象征形式的生产和流通是与传媒产业的活动不可分的。传媒机构的作用如此基本，它们的产品遍布日常生活之中且特别吸引人，今天难以想象生活在一个没有书刊报纸、没有收音机和电视、没有无数把象征形式常规地和不断地传给我们的其他传媒的世界里会是怎么样的。一日复一日，一周复一周，报纸、收音机和电视持续不断地传给我们发生在我们所处社会环境以外的事件的有关形象、信息和思想。电影与电视节目中放映的人物成为千百万人的共同关心点，他们之间可能从无交往，但由于他们参与传媒文化而具有了一种共同经历和集体记忆。即使那些文娱形式已经存在了许多世纪，例如通俗音乐与竞技体育，今天还是与大众传播交织在一起。通俗音乐、体育和其他活动主要都是由传媒产业支撑的，这不仅包括已有文化形式的传输与财政支持，而且包括这些形式的积极转型。

传媒产业并非总是起这样的基本作用。这些产业的兴起和发展是伴随着现代社会兴起的一个具体的历史过程。大众传播的起源可以回溯到15世纪后期，当时与古腾堡的印刷机有关的技术被欧洲一些主要贸易中心的各种机构所采取并利用来生产多种文稿与文
本。这是一系列发展的开始，从16世纪到今天，这些发展大大改变 164
了人们在日常生活中生产、传输和接收象征形式的方式。正是这一系列发展就是我称之为的现代文化传媒化的基础。这个过程与工业资本主义的扩张同时发生，与现代民族国家制度形成同时发生。这些过程一起构建了西方现代的工业社会。这些过程也已经深刻地影响了世界各地社会的发展，这些社会过去以不同程度相互交织，今天就更加增多了相互交织。当代世界中各社会日益增加的相互联系就是形成近代以来社会发展的这些过程——包括现代文化的传媒化的结果。

在本章中，我将研讨传媒产业的兴起与发展。我将从上一章中阐述的文化概念入手。象征形式在具体社会—历史背景中的流通包括一系列我尚未详细研讨的特点。我将把这些特点作为**文化传输**的不同方面——就是说，象征形式通过它从生产者传达到接收者的过程。通过集中于文化传输过程，我们可以突出一系列对于了解大众传播的性质与发展至为重要的特点。在这一初步的概念分析的基础上，然后我将追溯文化传输的某些主要技术媒介的发展，以及这些媒介在其中部署的一些主要机构。我将讨论写作以及采用固定书面信息的技术媒介的重要意义，特别注意欧洲印刷工业的兴起以及19世纪和20世纪中大规模流通报纸的出现。然后我将讨论广播的出现以及英、美广播机构的发展。在本章最后两节中，我将研讨传媒产业的一些新近趋势并考虑新传播技术的社会影响。

文化传输诸方面

象征形式是社会现象：一个象征形式只被生产它的同一个人接收，
165 那是例外而不是规律。象征形式在产生者与接收者之间的交换一般包括一系列特点，可以在文化传输的标题下加以分析。我将区分文化传输的三个方面：(1) 传输的技术媒介；(2) 传输的机构部门；(3) 传输中包括的时空离距。象征形式的交换典型地以不同方式和不同程度包括上述每一个方面。随着大众传播的兴起与发展，这些方面有了新的形式和新的意义。它们为象征形式的生产、商业化和广泛流通而以具体方式结合起来。我将把这些具体的结合称为“文化传输的模式”。被普遍视为特定媒介的东西——诸如报纸或电视——可以更严格地概念化为一种具体的文化传输模式，它以独特的方式结合一种技术媒介、一个机构部门以及某种时空距离。我们来依次考虑每一个方面。

第一，传输的技术媒介是象征形式的物质基础，就是说是象征形式以此和由此产生和传输的物质成分。这些成分当然有很大的不同，从面对面谈话的物质条件到音频扩大与传播的电子系统，从石块与凿子到纸张与印刷机。我将在本章后面讨论其中一些成分。这里我要集中于技术媒介的一些一般属性，以突出那些对大众传播的发展特别重要的特征。技术媒介的一种属性是它容许象征形式传输时有某种程度的**固定性**，包括诸如扩音器或电话等技术媒介所传输的谈话，固定性的程度可能很低或者不存在；确实发生的任何固定性可能取决于记忆功能，或者取决于常规的、仪式化习俗的灌输，而不是取决于这种技术媒介的任何与众不同的特性。在书写、雕刻、绘画、拍摄、录音等情况中，可能有相对高度的固定性，取决于使用的具体媒介——例如，写在石头上的一段信息要比写在羊皮纸上的或纸张上的信息要更为耐久。由于象征形式的这种固定性，技术媒介可以视为不同种类的**信息储存机制**。就是说，它们有储存信息的不同能力，或者更一般地说，具有储存“富有意义的内容”的不同能力，并让这种信息或富有意义的内容为以后使用而保留起来。技术媒介的储存能力能使它们被用作行使权力的资源，因为从它们可以有限地获得信息而被人们用来追求特定的利益或目的。 166

技术媒介的第二个属性是它容许象征形式有某种程度的**复制性**。以书写为例，印刷机的发展在这方面的决定性作用是它容许书面信息以前所未有的规模加以复制。同样地，平版印刷、照相和留声机的发展之所以有意义，不但因为它们容许音、像在耐久的媒介中固定下来，而且因为它们固定这些现象的形式是原则上可以被复制的。象征形式的可复制性，是技术媒介被大众传播机构作商业性利用，以及这些机构追求和推动象征形式商品化所根据的主要特点。为了有效利用技术媒介，商业组织必须发展出控制象征形式复制的方法——例如，通过提高它们复制象征形式的能力同时以版权保护或其他手段来限制其他组织仿效的能力。随着使象征形式能大规模复制和商品化的技术媒介的出现，关于象征形式的“原件”或“真品”就有了新的重要意义。原件或真品就是它不是复制的；当然，它是可复制的，但复制品与原件不是同样的，而且一般在象征形式市场上价值低。[1]18世纪和19世纪对雕刻和照相艺术价值的争论说明一个更加根本的冲突：在新技术媒介的兴起正在使象征形式大规模复制成为可能的时代里要控制经济评价的过程。[2]

技术媒介的第三个属性有关它容许和要求使用媒介的人们的**参与**性质与程度。不同的媒介要求人们使用不同的技能、才能与资源以便在有关媒介中对信息加密和解密。例如，为了书写和阅读一封个人信件所需要的技能、才能和资源是不同于有关写作和阅读一篇文学材料所需要的，这些也不同于有关编写、制作、传输和观看一个电视节目所需要的。请考虑一下阅读一篇文学材料和观看一个电视节目之间的一
167 些差别。一个人阅读时可以把一些章节和段落来回复看或者跳过一些段落看看故事的进展。但是，阅读需要花费气力，要求集中一个较长的时间；尤其是，一个难懂的文本可能对于未获得典型地专注于文学作品欣赏的、文化资本的个人则是一种苛求。相比起来，一个人观看电视节目则没法控制观看的时间和速度（当然，除非他或她有一台收录机，在这种情况下技术媒介本身被修改了）。节目中的语言成分一般都是以谈话方式讲的，而不是以文学形式写的，它还一般与视像部分相结合，因此关于主题的象征都是复杂的视听建构。一个节目通常是在社会背景下与朋友们或家人们观看的，也可能以不同的注意力来观看：从认真融入，到只是模糊地觉得电视在那里开着，一个具体的节目在放着。这一简短的比较充分地说明：不同的技术媒介是和不同的技能、才能和资源相联系的，就是说一个技术媒介不能脱离参与象征形式加密与解密的人们在其中活动的社会背景。

第二，除了技术媒介以外，象征形式的交换往往包括一个传输的机构部门。所谓“机构部门”，我指的是一套确定的机构安排，技术媒介在其中部署，有关象征形式加密或解密的人们包括在其中。这些安排具有各种规则、资源和关系的特点；它们典型地包括占有机构地位的人们之间的等级权力关系。根据这种安排，人们被授予对文化传输过程的不同程度控制力。例如，考虑一下有关传输一篇文学内容的机构安排。在有关这个过程的具体机构中有出版组织，它能使用积累的资源来生产和推广这本书。可是，一篇文本有效传输的程度也取决于它被其他机构采用与传播的方式，这种机构包括有关销售和分发的组织（书

店、读书俱乐部等)，有关生产报纸或期刊的组织(该文本可以在那里刊 168
载或评论)，以及有关讲授文学与文学技能的组织。这些各种各样的机构构成了我将描述为象征形式**选择性传播的渠道**，那就是一套机构安排，象征形式通过它们可以在社会领域以各种方式和不同程度地流通。随着象征形式的商品化，选择性传播渠道在经济评价过程中具有关键的作用，因为它们成为象征货品以此在市场上交换的机制。

传输的机构部门不但构成了选择性传播渠道，而且构成了象征形式可以在其中用于行使权力(并受到行使权力的影响)的一个架构。依靠技术媒介的储存能力，象征形式可以被用来作为追求特定利益与目标的一种资源——例如，关于人口的记录信息可以被国家官员用来制定调节和控制人口的方法和政策。而且，象征形式的传播本身就是一个可以用各种方式调节和控制的过程。为了说明象征形式与权力之间相互作用的这些方面，我要说传输的机构部门构成了一套象征形式**有限实施的机制**。当象征形式包括了储存那些可能有助于商业交易信息或者那些被认为有利或有害于特定个人或组织的信息，那么有限实施机制就起一种主要的作用而可能用于限制或扭转象征形式的传播。类似地，管制大众传播的管制史可以被理解为国家官员试图构建和强化象征形式有限实施的机制史。国家官员通过压制信息，监视产出，控制获得技术媒介，以及惩处违反者，已经实行了各种体制性机制来约束象征形式的流向，在某些情况下把象征形式的有限实施与追求公开政治目标联系起来。

第三，文化传输的第三个方面是传输所包括的所谓时空离距。在讨论这个方面以及在本章中稍后把它联系到其他发展时，我将提及哈罗德·英尼斯和安东尼·吉登斯的著作，他们二人都强调空间和时间对社会理论的重要性以及对分析传播系统的重要性。[3]象征形式的传

169 输必然包括这种形式在不同程度上脱离其生产的背景：它在空间和时间上离开了这种背景，并插进了可能位于不同时间与地点的新的背景。我们可以用“离距”一词来指这种拉开距离的过程。[4]离距的性质与范围在技术媒介中情况各异。在不借助于电子或其他合成设备的普通会话事例中，相对而言没有什么时空离距。会话发生在可以称之为**共处的背景**之中；象征形式的有效性只限于会话的参加者，或者限于处在近旁的人们，象征形式不会超过它发出的短暂时刻或者其内容迅速淡忘的记忆。以某种技术媒介——诸如扩音器、电话或无线电广播与接收系统——对讲话的补充可以便于空间离距而保持了时间共处：一句话可以被传输到遥远的地方而实际上又是同时的和短暂的。其他技术媒介——诸如磁带录音机——提供一种固定讲话的方式，它使时间离距成为可能。磁带录音机一般在空间共处的背景中使用；但是，当结合如无线电广播接收系统等其他技术媒介时，则可以便于时间与空间离距。

当象征形式超越共处背景而传输时，我们可以谈到象征形式在时间与空间上的**效能扩展**，效能扩展的性质与程度取决于传输技术媒介以及包罗媒介与使用者的机构部门。不同的媒介有利于不同种类的效能—扩展，虽然它们有效地扩展效能也取决于有关它们部署的机构。在电讯发展以前，空间的效能扩展一般要求象征形式的具体运送：除少数显著的例外（例如信号灯），重要的空间离距只有把象征形式从一地运送到另一地才能做到。因此有利于空间效能扩展的媒介往往相对较轻和易于运送，诸如莎草纸等纸张。可是，随着电讯的发展，重要的空间离距可以在无真正地运送象征形式情况下而做到，这促进了文化传输的新的可能性，并从而促进了跨越空间距离来行使权力。时间的效能扩展一般要求象征形式的固定，所以这要由具有相对高度固定能力
170 并能相对耐久的媒介来提供。在黏土和石头上刻写都是最耐久的，但

书写或印刷文本以及新近储存在胶片、磁带或磁盘中的象征形式也使时间的效能扩展，从而使跨越时间距离的权力行使成为可能。在新传播技术方面的一些最重要的发展——诸如电脑传播网和卫星直播——可以被部分地理解为在时间与空间上扩展效能的发展同时也给予这些技术的使用者对他们使用情况的更灵活的控制。

我区分了文化传输的三个基本方面——技术媒介、机构部门与时空离距——并研讨了每一方面的一些属性。图4.1总结了这些方面和属性。在技术媒介的历史发展中，这些方面与属性以某些方式结合起来形成文化传输的具体模式。邮政系统的发展，印刷工业与有关书刊零售业的发展，电影业与有关影院连锁网的发展，无线电与电视广播网等的发展，都是文化传输模式出现的例子。每一种模式都基于某些技术媒介，它给予有关象征形式某种固定性与可复制性。每一种模式涉
及象征形式在其中生产和传播的不同类型的机构——我在上一章中称 171
之为一般性的机构。每种模式联系到某种程度的时空离距，那是由技术媒介与机构部门的具体结合造成的。在本章其余部分，我将以更具体和历史的方式来研讨文化传输的一些模式。我将开始讨论用于固定书面信息的一些早期技术媒介，然后集中于与大众传播有关的模式的发展。

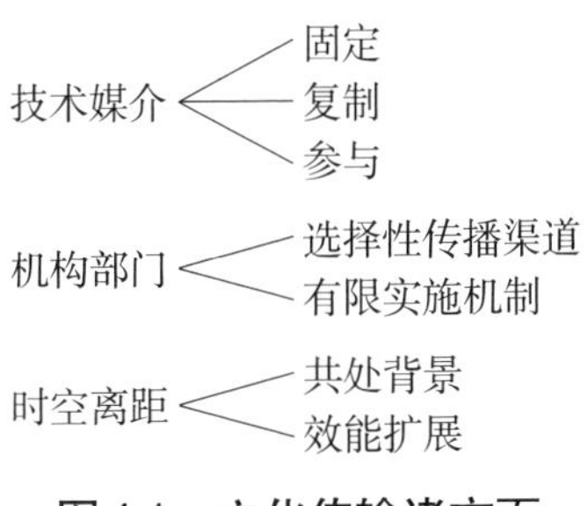

图4.1　文化传输诸方面

书写、印刷与新闻贸易的兴起

在文化传输早期历史的主要发展中，有书面稿本的发明和固定书面信息的新技术媒介的引进。在书写发明以前，大部分文化传输都是在共处背景下发生的，虽然通过诸如象形文字刻写的初步形式和通过物质制品的生产与传送达到了某些效能扩展。一般都承认，最早的完全书写系统是由公元前3000年左右苏美尔人在美索不达米亚南部发展出来的，稍后由尼罗河三角洲的古代埃及人可能独立地发展起一个有所不同的书写系统。[5]在这两例中，看来书面稿本的发展很可能是和货品交换、贸易行为和政治及宗教权力的行使有关的记录信息的任务紧密联系的。有证据表明苏美尔人书写的最早形式包括拴在物品上的黏土标签，用于作为识别财产的标记。更长的表列和目录刻写在黏土牌块上，显然是为行政管理的目的使用的。分类账发展起来，记录运送并储存于城市的盈余农产品以及送到农村去的制成品。黏土牌块的生产是在湿润黏土上刻印，然后在火中烤干，使之耐久。在公元前3000年的后半叶，开始出现了楔形文字书写。楔形文字的生产是用一种三角形的尖笔，使用者在牌块上刻写一连串楔形。到公元前2900年，已经发展起包括约600个记号的稿本。一个抄写阶层出现了，他们记录商业交
172 易，宗教和民间生活内容。黏土牌块积累起来作为相对分散的城邦活动的当地耐久档案记录。

苏美尔书写系统被内米特人、阿卡德人和亚述人接过去发展并继续使用到公元前1000年。记录有关贸易与行政的信息仍然是一个中心关注点，但书写也用作刻写宗教、科学、法律和文学思想的手段。在公元前5世纪，楔形文字不再使用并最终消失。它被字母稿本所取代，它

可能是在公元前2000年内发明的并迅速传遍近东和地中海。随着楔形文字的消失，黏土牌块逐渐被莎草纸和羊皮纸所取代而成为传输的技术媒介。莎草纸最初在公元前2000年左右的埃及发展起来。他们由生长在尼罗河三角洲的一种植物（莎草）制成；草茎用棒槌子捶到一起晾干后变成书写材料。作为书写的基础材料，它比石块或黏土轻得多；它可以更容易地运送并且使抄写者书写快得多。莎草纸在古埃及的新王国期间成为主要的行政媒介，使官员们能记录储备以及从农民收取的租金与贡品。莎草纸还出口到整个东地中海；而且，和羊皮纸一起，它们最终完全取代了使用黏土牌块。莎草纸被阿拉姆人和腓尼基人使用，他们从大约公元前15世纪起分别把影响力扩张到整个近东和爱琴海。阿拉姆人和腓尼基人主要从事贸易，他们都发展出了字母书写体，在公元前1000年的后半叶广泛使用，对于后来的书写体，包括阿拉伯文和希腊文，有重大影响。

莎草纸用作传输的主要媒介，直到后来造纸技术的发展为止。纸是中国在大约公元105年发明的。[6]织物拆解成纤维，在水中浸泡，然后铺晒晾干而成纸。毛发制成的毛笔和灯烟制成的墨用于书写有几千方块字的表意符号复杂系统。纸的使用逐渐向西传播，到5世纪末已在整个中亚普遍使用。在8世纪时，阿拉伯人在现今名为土耳其斯坦的地方打败了中国军队，俘虏了若干名造纸工，他们教会阿拉伯人造纸术。巴格达，随后在大马士革，建起了造纸厂，当时成为供应欧洲纸的主要来源。造纸技术通过埃及传到摩洛哥和西班牙。1276年，第一家意大利造纸厂在蒙特法诺建立。意大利造纸业迅速扩大；到1283年，在法布 173
里亚诺就至少有12家造纸厂，在14世纪，意大利成为欧洲主要的造纸中心。

正如纸的发明那样，印刷技术最初也是中国发明的。刻版印刷逐渐从拓印过程中出现，最初可能是在8世纪开始使用。到了9世纪，相对先进的技术已经发展起来并用于印制宗教文本。在宋代（960—1280）已采用了改进的方法。新方法包括一种早期的活字，活字的发明一般归功于1041年的毕昇。朝鲜的印刷工进一步发展了活字的作用，他们把陶土活字改成了金属活字。虽然印刷术从中国和朝鲜传去欧洲尚无直接证据，但这些方法可能是随着中国制造的纸币与纸牌的传播而传去的。[7]刻版印刷开始在14世纪晚期出现于欧洲，刻版印制的书籍出现于1409年。然而，一般与古腾堡有关的发展在两大方面不同于原先的中国方法：使用字母活字而不是表意的方块字；以及印刷机的发明。约翰·古腾堡是美因茨的一名铁匠，约于1440年开始试验印刷术，到1450年已开发出完全可以作商业利用的技术。[8]古腾堡发明了一种浇铸金属字母的方法，因此大量活字可以为印制长篇文本而生产出来。他还改造了从公元1世纪以来欧洲著名的螺旋压机，以适应于印制文本。技术的这种结合能使一页活字制作出来放在一起像一整块那样处理，然后加油墨，把字印出来。古腾堡印刷的基本原理一直使用了三个多世纪以上而未加根本修改。

在15世纪下半叶，印刷技术迅速扩散，全欧洲各主要贸易中心都建起了印刷厂。这是大众传播时代的黎明。它正好一方面符合资本主义生产与贸易早期形式的发展；另一方面符合现代民族国家的开始。早期印刷厂一般都是小规模的商业企业，主要有关宗教或文学性质稿体的复制，以及有关用于法律、医药与贸易文本的生产。这一过程逐渐地取代、转变和大大扩大了以前留待抄写者和抄稿员去做的一些活动。
174 早期的印刷厂结合了印刷、出版与售书的活动，成为欧洲蓬勃发展的新的书籍贸易的一部分。到了15世纪末，欧洲大多数地方都已建立了印刷厂，至少生产3.5万个版本，或许总共有1 500万或2 000万册书在流通。

这些早期印刷厂中最大的一家是安东·科贝格尔的，他在1470年把印刷厂建在纽伦堡。在1473年至1513年间，他印刷了至少236本书，大多数是神学和经院哲学领域的。科贝格尔是一位企业家，他扩大业务以呼应日益增大的对书籍的需求。到1509年，他经营24家印刷厂，雇用约100名排字工、校对员、印刷工、刻印工、装订工以及其他工人。当需求超过他自己工厂的能力时，他与巴塞尔、斯特拉斯堡和里昂的印刷出版商合伙。为了销售他的书籍，他建立了一个广大的商业网，在全欧洲一些最重要的城市中设有代理商——包括法兰克福、莱比锡、维也纳、布达佩斯、华沙、佛罗伦萨以及巴黎等地。

印刷术是由威廉·卡克斯顿带到英国来的。他是伦敦的一名商人，1471年至1472年在科隆学了印刷术，当他在1476年回到英国时在威斯特敏斯特的修道院教区建立了一家印刷厂。他印刷出版了90多本书，其中许多是译著，他也从国外进口书籍在英国出售。卡克斯顿的业务一直继续到他死后，到1535年已出版约800多本，其中约五分之二为普通中学用书。在整个16世纪中，英国印刷厂数量增加了——虽然，许多人原籍是外国人，许多设备也是从国外进口的。英国生产的书籍稳步增加：1520年至1529年印刷550本；1530年至1539年印刷739本；1540年至1549年印刷928本。到1590年有接近100家印刷厂，每年出版150本书。虽然英国印刷业在16世纪有很大扩增，但是，与其他欧洲国家相比，生产速度仍然较低，部分地由于英国国家官员担心煽动性小册子可能流传而对印刷厂的印数与产出进行严格控制。

除了印刷与出版书籍以外，早期的印刷厂还印刷小册子、期刊和各种报纸。最早的报纸出现于16世纪初；它们是有关诸如军事冲突等特殊事件的临时出版物，不成系列。16世纪后半叶开始出现期刊新闻。 175

但是，一直到17世纪初，比较经常的期刊新闻才开始出现。有一些证据表明，可能稍早以前（1607年）在阿姆斯特丹就已出现了一个周刊报纸；无论如何，到1620年时阿姆斯特丹已成为迅速扩张的新闻业中心，通过它，有关军事、政治与商业活动的信息就经常地传播到欧洲各个城市。早期的新闻业受到“三十年战争”的发展以及对战争新闻日益增长的需求所推动，同时也在资本主义生产与交换体系的扩张方面和早期资本主义金融与信贷形式的兴起方面起了越来越重要的作用。

第一份英文单张新闻报可能是荷兰印刷商彼特·凡登基尔在1620年生产并出口到伦敦去的。[9]英国印行的第一份单张新闻报似乎可能是由伦敦书商托马斯·阿彻在1621年夏季生产的。英国的报纸业在17世纪下半叶发展迅速，受到政府的各种控制。到18世纪初，伦敦大约有20家周刊、双周刊或三周刊报纸。英国第一家日报《新闻报》出现于1702年并很快被别人所效法。英国的日报数从18世纪30年代的大约6家到18世纪70年代的大约9家。在18世纪最初几十年中，发行量很低，可能每期低于1 000份，而且销售范围限于伦敦中部。到18世纪中叶，更成功的日报发行量已大大增加，可能跳到每期约3 000份。[10]发行量的增加与道路的改善和邮政总局效率的提高紧密关联，这方便了以伦敦为基地的报纸销售到各省、市、镇。

印刷和出版的早期发展与新兴民族国家行政机构当局行使政治权力复杂地交织在一起。新国家当局积极利用报纸来传达官方的各种公告，但他们也设法限制或压制出版那些被认为是异端或危险的材料。行使检查权并不是一个新现象。在整个中世纪期间，教会当局监督抄写员与录写员的产品以压制异端材料；但是，这种管制活动是特别而少
176 见的，这在某种程度上反映了抄写阶层的不规则产出。随着印刷术的问世，对管制的关注变得更为系统和世俗化了。这种关注的一个早期

迹象出现于1485年，当时美因茨的大主教要求法兰克福市镇委员会审看兰顿书市上展出的图书，并与教会当局合作压制那些认为是危险的出版物。法兰克福检查官发布的第一个法令旨在压制把《圣经》翻译成白话文本。关于检查制度的随后历史以及国家当局与报刊机构之间不断冲突的关系各国情况不一。[11]在16世纪的法国，对出版物的限制特别严格，而荷兰的管制则较为宽松；这使得荷兰巩固了它作为早期出版业中心的地位，印行许多不同语言的书籍并出口到全欧洲。伪造的印记和虚构的出版地点被用来试图逃避原在国和目的地的检查官。英国在16世纪和17世纪发展起一个复杂的官方管制架构，随着1662年印刷法的颁行，报刊受议会的管制并受制于许可证制度。印刷法与许可证制度在17世纪末被搁置，并在1712年被一系列印花税法中的第一个所取代。随后的各个印花税法用来扩大该法律的适用范围并控制那些藐视该法的人的活动。该印花税法受到广泛而强烈的反对，认为它限制了贸易和知识的传播——是“对知识的课税”——这种印花税从19世纪30年代起不断减少。反对国家管制报刊（不论是公开检查的形式还是印花税的形式）的斗争，成为19世纪自由派和民主思想的一个中心主题，在下一章中我们将再加以讨论。

19世纪与20世纪报业的发展，其特点有两大趋势：第一，**发行量大的报纸增多与巩固**；第二，**新闻采集活动的日益国际化**。我们可以英国报业为例来说明第一个趋势，尽管许多主要的工业化国家中都可以看出类似的发展。[12]在19世纪期间，报业在性质上日益商业化，设法增加发行量作为增加由销售与广告得来的投入。当然，商业化并不是一 177
个新现象；正如我们看到的，早期报刊主要是商业性公司，着眼于生产印刷材料供市场销售。但是，在19世纪期间，商业化的规模，特别在报业，大大增加了。报业的迅速扩张之所以可能，是由于生产与销售方法的改善、识字率的上升和赋税的取消。凯尼格蒸气印刷机首先在1814年用于《泰晤士报》，这种印刷机的发展把生产率从每小时约250份增加到1 000份；而1848年开始使用的轮转印刷机把生产率增加到多达每小时1.2万份。这些技术创新对于报业再生产能力的巨增是十分重要的。它们使报纸生产受制于一套过程——包括使用动力机器，工厂系统内的劳动分工，等等——这使得其他商品生产领域发生革命。而且，19世纪30年代铁路的发展大大方便了报纸在全国分发，产生新的、更有效的传播渠道。在19世纪期间，人口也有大量增加，识字率逐步提高，导致报纸与书籍市场的稳步扩大。

由于这些和其他发展，报纸发行量稳步和大大增加了。星期日报纸发行量的增加特别惊人（星期日报纸一般在报业的这方面独占鳌头，英国的第一家星期日报纸《星期日箴言报》在1779年出现并很快被别家仿效，包括1791年的《观察家报》。到1810年，星期日报纸的发行量大大超过了日报；到1854年，主要的星期日报纸发行量大约有11万份，而主要的日报《泰晤士报》在1851年发行3.8万份。[13]而且，报纸特别是星期日报纸的读者可能大大多于其实际销售量，因为它们是在咖啡馆、酒菜馆、阅报室和俱乐部里被广泛阅读的。到19世纪末，主要星期日报纸《劳埃德新闻周刊》发行约100万份。日报也在19世纪大大增加了发行量，到1890年，《每日电讯报》发行量达到30万份。

发行量的迅速扩大伴随着报纸性质与内容的重大变化。[14]17世纪
178 和18世纪的较早期报纸主要着眼于人口中有限的、比较富裕和受教育程度较高的部分，19世纪和20世纪的报业则越来越面向更广大公众。技术发展与税负的取消使价格得以降低；而且，报纸采取更轻松、更生动的新闻风格以及更活跃的版面风格，以便吸引更广泛的读者。继星期日报纸的带头，日报更加注意犯罪、性暴力、体育与赌博——这些是

"新新闻学"的主产品。与此同时，商业广告在报业财务组织中起着越来越重要的作用。报纸成为便于其他商品与服务销售的一个紧要机制，而它们取得广告收入的能力直接联系到它们的读者的数量与形象。利用广告与大发行量报纸之间的联系——有时称之为"诺思克利夫革命"——在20世纪最初几十年中变得越来越重要。诺思克利夫在1896年创办了半便士一份的《每日邮报》，1903年创办了《每日镜报》；两份报纸的收入中很大部分来自百货商店的商品广告。到1911年，《每日镜报》发行量已达到100万份——是达此发行量的第一份日报。其他报纸使用同样低价格、多广告和大发行量的方法，在诺思克利夫成功以后稳定下来。与此同时，报纸越来越成为大规模的商业冒险，它要求较大量的资本以便在日益增加的紧张竞争面前得以启动和维持。因此传统的业主—出版商（他们拥有一家或两家报纸作为家庭产业）就日益让位于大规模的、多家报纸的、多媒体的组织的发展。

报纸经济基础的变化是一个巩固与集中时期的开始。在19世纪上半叶，英国的报业情况是：报纸总发行量有很大增加，同时出版的报纸数量下降。全国性日报的总发行量从1920年的不足1 500万份上升到1937年的2 000万份。从那时以来的趋势在表4.1中得到说明。在20世纪40年代期间，全国性日报继续增加其发行量，在50年代中期达到近3 000万份的高峰，其后，发行量在80年代初下降到大约2 000万份左右。星期日报纸的格局大体类似：它们的总发行量到1957年上升到大约3 200万份，但此后发行量下降到2 000万份以下。这些趋势伴随着 179
出版报纸数量的下降，正如表4.2所示。全国性日报的数量从1921年的21家下降到1937年的17家，然后下降到1975年的12家。主要的损失发生在省级日报中，它们从1921年的130家下降到1987年的80家。报纸数量的下降说明报业集中化的增加，更少的组织控制着市场的更大

表4.1　1937—1982年英国报纸发行量(单位：百万)

	1937	1947	1957	1961	1975	1982
全国性与省级星期日刊	15.3	28.3	32.0	25.4	19.7	19.0
全国性日报	14.6	25.3	29.0	25.5	22.5	22.0
省级日报	6.0	9.5	10.2	8.6	8.3	7.0
周　刊	8.6	11.9	—	12.7	12.3	—

"日报"一词包括晨报与晚报。"省级"一词指英格兰、苏格兰与威尔士,不包括北爱尔兰。
[资料来源]格雷厄姆·默多克、彼得·戈尔丁,《报刊的结构、产权与控制(1914—1976)》。该文载于乔治·波伊斯、詹姆斯·柯伦、保罗·温盖特编,《17世纪以来报纸史》(伦敦,康斯特布尔出版社,1983年版),第70页。

表4.2　1921—1987年英国出版的报纸家数

	1921	1937	1947	1975	1987
全国性与省级星期日刊	21	17	16	12	13
全国性日报	12	9	9	9	11
省级日报	130	107	100	95	80
周　刊	—	1 348	1 307	1 097	359

[资料来源]默多克、戈尔丁,《报刊的结构、产权与控制(1914—1976)》,第132页;拉尔
180 夫·内格林,《英国的政治与大众传媒》(伦敦,劳特利奇出版社,1989年版),第48页。

份额。在1948年,最大的三家报业集团为比弗布鲁克报业、联合报业与凯姆斯利报业,它们三家控制了总的报业市场43%的发行量。到1974年,最大的三家集团——当时是比弗布鲁克、里德国际和新闻国际——控制了市场的65%。在星期日报纸中,集中化上升的幅度甚至更大,因此到1974年时最大三个集团控制了星期日刊市场的80%。我们将在本章稍后部分看到,报业的日益集中化是传媒产业内部发生的更广泛的

一系列变化的一部分，在其中，与鲁珀特·默多克和罗伯特·马克斯韦尔等名字有关的国际大企业集团已在通讯与商业部门的广大范围内拥有股权。

19世纪与20世纪报业所特有的第二个主要趋势是新闻采集活动的日益国际化。早期的新闻报与报纸都是有关从一个贸易中心传输信息到另一个中心；从某种程度上说，他们使信息跨越了因近代欧洲民族国家制度的兴起而形成的疆界。但是，信息的国际流动在19世纪具有一种新的体制形式：**通讯社**在欧洲各大商业中心建立起来，这些通讯社越来越多地负责向客户报纸提供国外信息。第一个通讯社于1835年由夏尔·哈瓦斯在巴黎成立。哈瓦斯是一位富有的企业家，他收购了一家最初是翻译室的机构“通讯供应者”，把它改为一个收集欧洲各报文摘并每天发送给法国报刊的机构。[15]到1840年，这家机构也提供给伦敦和布鲁塞尔的客户，用马车以及定期的信鸽服务来供应新闻。哈瓦斯的雇员中有两个人——朱利叶斯·路透和伯恩哈德·沃尔夫——在19世纪40年代晚期离开了哈瓦斯的通讯社而在伦敦和柏林成立了新闻采集服务的对立机构。随着电报技术的发展，这些机构越来越多地利用电报系统来高速、远距离地传输信息。三家通讯社之间的竞争在19世纪50年代加剧了，因为每家机构都设法争取新客户和扩大活动范围。为了避免无约制的和有害的冲突，三家机构最终订立了一连串条约，使它们把世界瓜分为相互专有的采集和发送新闻的地盘。根据1896年的“新闻社联盟条约”，路透社获得了大英帝国和远东的地盘；哈瓦斯得到了法兰西帝国、意大利、西班牙和葡萄牙的地盘；沃尔夫取得了开拓奥地利、斯堪的纳维亚与俄罗斯的特权。这些通讯社虽然都是独立的商业组织，它们的活动范围与欧洲各主要帝国的经济与政治 181
势力范围相一致。每家新闻社与在其所在国的政府官员密切合作，这些国家的经济与政治扩张得益于这些通讯社提供的通讯服务。

这三家通讯社的卡特尔在第一次世界大战爆发以前一直统治着国际新闻采集与传播。在19世纪下半叶，许多其他通讯社建立了，但它们大多数都和那三大头之一联盟。然而，第一次世界大战以后，三大通讯卡特尔被两家美国通讯社的国际扩张有效地打破了。这两家美国通讯社是美联社（AP）和合众社（UPA，后来转变成合众国际社或UPI）。美联社是1848年由6家纽约日报社成立的一个合作社。合众社是E.W.斯克里普斯在1907年建立的，部分原因是为了打破美联社对美国本国新闻市场的控制。美联社在1893年参加了欧洲的卡特尔，同意向欧洲通讯社提供美国新闻，以换取在美国独家发送新闻的权力。合众社在南美洲设立了独立的办事处，把新闻卖给南美洲和日本的报纸。在第一次世界大战期间及战后，美联社和合众社都在全世界扩大了它们的活动，对卡特尔的安排施加越来越大的压力。到20世纪30年代初，三头通讯卡特尔实已走到尽头；1934年，路透社与美联社签订一项新协议，使美国通讯社能在全世界自由采集和发送新闻。在自由竞争的新时代里，美国通讯社扩张迅速。1940年的法国协议导致哈瓦斯的解散，尽管最终由一家新的通讯社法新社（AFP）所取代并且法新社接过了它前身的许多资产和客户。随着纳粹主义在德国的兴起，沃尔夫通讯社被改为一个官方的政府机构，最终在国际领域丧失了它的地位与影响。

在后第二次世界大战时期，四大通讯社——路透、美联、合众国际与法新——已在国际的新闻传播系统扩大和巩固了它们的地位。它们不但关注向报界提供信息，而且关注提供金融新闻以及越来越关注向无线电和电视台、广播网提供材料。今天，虽然在世界各地有许多其他通讯社在活动，但这四大巨头保持着统治地位。全世界许多报纸与广播组织主要依靠这四大家提供国际新闻和本地区的新闻。在1977年，

路透社向150个国家提供新闻服务，法新社提供129个国家；美联社和 182
合众国际社分别提供108个国家和92个国家。与客户国家分布相当分散的情况相对照，海外新闻采集局的地点则往往集中于世界上较发达的地区。在1971年，美联社60个海外局中的40%以上位于欧洲，10%以下位于非洲；合众国际社65个国外局中有三分之一在欧洲，而10%在非洲和中东。[16]新闻采集局的这种不平衡的地理分布，加上第三世界国家大力依靠大通讯社供应信息，这已经促使人们呼吁采取一致行动对国际信息秩序进行重组。可是，我们只有把这种情况放在其他传媒产业（特别是与广播有关的产业）发展的更广大背景之下，才能评估出这个问题全部重要意义。

广播的发展

广播的出现开辟了文化传输史的一个新时代。广播的技术基础最初是由马科尼在19世纪末发展起来的。把电能用于传播目的的可能性自从19世纪40年代以来就已知晓，当时在美国成功地建立了第一条电报线路。但是，马科尼的发明是利用电磁波而不用传输电缆，则大大增加了这一媒体的潜力并转变了电力传媒化传播的性质。马科尼在1896年申请一项英国专利，在1897年成立了马科尼无线电报与信号公司。到1899年他成功地发送了跨越英吉利海峡的信息，到1901年，信号传送已跨越大西洋。无线电技术在第一次世界大战期间发展迅速，当时它被用为军事目的通讯的手段。在战后，马科尼及其美国同行开始试验**广播**，即把信号通过电磁波传输给无定限的、潜在范围广泛的听众，而不是传输给一位具体的接收者。在此后40年间广播的发展快速而遍布。发展的具体形式在不同国别背景下各不相同，取决于它们受商

业关系所激励和受政府调节所限制的程度。为了说明广播机构的发
183 展，我将主要集中于英国，但我也将简要考虑在美国等其他地方广播的兴起。[17]

20世纪20年代初，美国率先实施大规模无线电广播。第一个有商业执照的广播电台KDKA是1920年11月由威斯汀豪斯创办的。另一些主要的通讯公司——通用电气公司，美国电话电报公司和美国无线电公司——都很快进入这个领域，到1922年初已有570家电台领了执照，早期的电台及其母组织从各种来源取得收入：开始时靠出售发射机和接收机，然后靠出售播出时间给广播商和广告商以及靠通过电台网络转包节目。1926年，第一个全国性广播网络“全国广播公司”由美国无线电公司、通用电气公司和威斯汀豪斯公司联合建立，下一年，哥伦比亚留声广播系统——哥伦比亚广播电台前身——建立了。到1928年，美国广播系统的基本要素已经到位：各电台结合成相互竞争的全国性网络控制了节目的组合经营，收入主要靠向广告商出售播出时间。一些非商业性电台，常常是由教育机构发起的，从一开始就存在了，但它们往往力量较小而且时段不利。时段的分配是商务部长的特权，他根据1912年的无线电法被授权向电台颁发执照。然而，随着电台数量的快速增长，1912年法已证明不合适并由1927年的一项新无线电法所取代。1927年的法案建立了一个联邦无线电委员会，由总统委派和参议院批准的5名成员组成。该委员会的任务包括有关把频道指定工作标准化并控制运作的电台数量。1934年，这个委员会的力量加强了，它被授予对各州间以及与外国间无线电传输的管辖权。

广播在英国的发展采用了多少有些不同的模式，在某种程度上是反对美国一伙对广告的依赖、节目由全国性网络组合经营以及相对松弛的政府管制。在20世纪20年代初，英国观察家们评论了初生的美国

无线电产业的混乱并提出了一种较为谨慎的和管理性的看法。[18]由切姆斯福德的马科尼实验室发出的试验性广播在1920年被禁止了，但是无线电爱好者和商业组织的持续压力最终导致了英国广播公司在1922年的建立。这家公司是国内接收机制造商的联合机构，其组织和资助广播的目的是增加无线电收音机的销售量。从一开始，这家公司就受到邮政局和其他政府各部的官员和技术专家密切监督。公司的利润限 184
制在7.5%，这是由邮政局向收听者收取的准听费中得来的。由于各种原因，原来的安排证明不能令人满意，这个组织的构成基础在1926年修改了，当时英国广播公司（BBC）成立。这家公司由一个董事会监管，每位董事起初都由当时的政府委派，任期5年。1922年以来一直担任老英国广播公司总经理的约翰·里思被任命为新公司的总裁，直到1937年他一直是英国广播公司的头头。关于"公共服务广播"的思想是里思以几乎传教士式的热情信奉的，成为包罗在英国广播公司章程与实践中的运行原则。

在20世纪40年代和50年代，由于电视的出现，广播系统发生了革命。电视传输的试验在20世纪30年代就在英国和美国开始了，但是，大规模地利用电视媒体并未发生，直到第二次世界大战以后为止。在英国，电视广播的责任属于英国广播公司，1946年6月推出了电视广播。从发出的许可证数量来判断，早期的电视观众为数相对较少；但是，增长速度很快，从1947年的不到1.5万份许可证上升到1950年的34万份以上——3年增长20倍以上。[19]英国广播公司单频道垄断电视广播一直继续到1954年，当时保守党政府的电视法提供了在商业基础上组织起来的第二个频道的建立。这项法案建立了一个独立电视局（后来成为独立广播局或IBA），它向独立电视公司发出合同；这些公司取得特许权在国内特定地区内制作和播出节目。根据该法案的条例，独立广播局拥有并操作传输设施，出租给各公司，各公司则主要靠出售它们各自在活动地区内的播出时间给广告商以创收。独立电视（通称ITV）1955年9月在伦敦地区开始广播，随着在后来数月中更多独立电视公司开始广播，观众增加了，独立电视与英国广播公司之间的竞争也日益加剧。到1954年，发放的电视许可证数量刚过300万；到1958年，
185 这一数字已升至800万，到1968年升至1 500万。在1950年，只有10%的英国家庭有电视机，但到1963年只有10%的家庭没有电视机。[20]在短短15年内，电视已成为英国和其他西方工业社会中最重要的文化传输媒体之一。

电视的迅速兴起无疑对其他传媒产业产生重大后果，虽然很难估计这种影响的确切性质与程度。有些产业由于销售产品较少而损失了收入，现在面临来自电视的新的残酷竞争。电影业可能是这方面的主要受害者。虽然电影院上座率在第二次世界大战后马上开始大大下降，那是在电视成为广泛使用的媒体以前，1954年至1964年期间的下降则尤为严重。1954年时英国电影院的上座率每周大约2 500万，已经从1946年大约3 200万的高峰下降了；到1964年，每周上座率降到了600万出头，或者是10年前数量的大约25%。在20世纪60年代和70年代整个期间，这种下降仍在继续，尽管较为缓慢，所以到1983年每周上座率只过了100万。[21]电视的出现很可能是电影院上座率下降的主要原因，但无疑它不是唯一的因素；还应当记住，虽然它对电影院上座率的影响是确定的，但电视产业对电影生产提供了新的刺激因素并为它们的传播提供了新的渠道。

电视的出现影响其他传媒产业的第二个方面是在广告收入的竞争方面。报纸从广告中取得它们收入的很大部分；在电视出现以前，报纸与有关的印刷媒体占英国广告支出的很高百分比——1954年是

88%。表4.3说明了这一比例的下降。到1962年，电视已占传媒广告支出的25%，而报刊的份额已下降到70%以下；地区报纸与其他印刷材料(诸如杂志、期刊)所占份额的下降最大。到1982年，报纸的份额已降至64%以下，而电视的份额已升至近30%。当然，商业电视有助于产生高额广告支出，特别在20世纪50年代，尤其如此。但是，在近些年中，传媒产业已卷入越来越有竞争性的争斗以保持或增加它们在现有广告收入中的份额。[22]

表4.3　1954—1982年英国传媒广告开支(单位：亿)

	1954	1962	1972	1982
全国性报纸	17.2	19.8	18.4	16.5
地区性报纸	31.2	23.0	26.5	23.6
其他报刊	39.6	25.9	25.4	25.4
报刊总计	88.0	68.7	70.3	63.5
电　　视	—	25.0	24.9	29.7
快递与运输	8.9	4.6	3.7	4.0
电　　影	2.5	1.4	1.4	0.6
无 线 电	0.7	0.3	0.1	2.2
传媒总计	100.0	100.0	100.0	100.0

[资料来源]滕斯托尔，《英国传媒》，第72—73页。 186

1960年以来，英国广播的主要体制变化包括又设立了两个电视频道。英国广播公司第二频道——BBC2——建立于皮尔舍顿委员会报告之后并在1964年4月开始广播。两个BBC频道都主要靠由邮政局收取的许可证费提供资金。

近年来，英国广播公司服务的扩大以及与BBC2和其他技术变化有关的资本开支的增加已经加重了对英国广播公司的财务压力。增大的成本已经在很大程度上由许可证费的大量增加来满足，这必须由内政部长批准。但是，这些趋势对内政部长来说已足够烦心，因此导致他在1985年建立皮科克委员会来审查英国广播公司的财务基础。皮科克委员会反对在当前安排下在英国广播公司电视中引进广告，而建议许可证费应暂时保持并联系到一项生活费用指数，并设想就长期而言许可证费可以由一种订购制度来取代的可能性。[23]在20世纪70年代晚期，进行了有关建立第四频道的讨论，该频道在1982年秋开始广播。第四频道是人们对它的通称，它是独立广播局独资拥有的附属机构。这个频道并不制作自己的节目，而是委托独立的提供消息者来制作，这包括独立电视的地区公司。第四频道是从支付给独立电视公司的订购费中得到资助的；反过来，独立电视公司从出售频道广告时间中取得收入。在头几年的运作中，通过广告从频道赚取的收入少于独立电视公司支
187 付的订购费，所以独立电视公司有效地津贴了第四频道。到1987年，看来这个频道在开始平分秋色，这强化了关于它是否应办成一个自我资助公司的争论。

因此，在20世纪80年代晚期英国的电视广播系统的特点是英国广播公司与独立电视网基本分开，每一家各控制两个频道。图4.2总结了英国电视广播系统的主要体制特征。英国广播公司既是一家生产公司也是一家传输公司。它通过其两个频道生产与传输节目，并从许可证费取得其大部分收入（还从出版、出售附属机构权利以及政府赠款得到补充收入）。独立电视公司在独立广播局的覆盖下运作，后者须发许可证给独立电视公司，它还对使用其传输设备收取租金；利润高的公司有义务向独立广播局支付额外的税金。英国不同地区有15家独立电视公

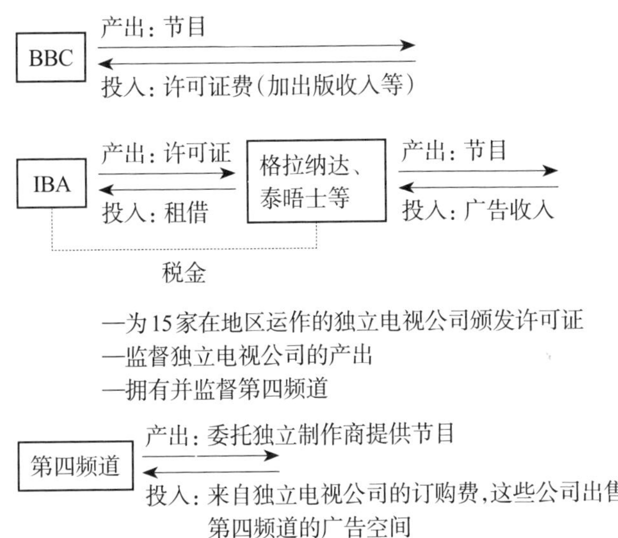

图4.2　英国电视广播的社会组织

司。其中5家——泰晤士、伦敦周末、中央、格拉纳达和约克郡——在人口最稠密的地区运作，而且是最重要的独立电视生产机构，它向其他地区公司和第四频道供应节目。不像其他独立电视公司，第四频道并不制作自己的节目，而是委托独立生产公司以及从独立电视公司和独立电影制片商那里购买节目。第四频道主要的收入形式是由独立公司为在频道上做广告而支付的订购费。 188

在观众份额方面，BBC1与独立电视占最高的比例，而BBC2及第四频道则迎合一定程度的少数派利益。表4.4说明1985年不同频道所取得的观众份额。独立电视取得最大份额，每人每周平均观看12小时23分钟，这代表总观看时间的46.6%。BBC1取得平均观看9小时16分钟，占总观看时间的34.9%。BBC2与第四频道远远落在后面，分别占观看时间11.1%与7.4%。加在一起的话，独立电视与第四频道在观众份

表4.4 1985年英国观看与频道份额的平均数

	每周每人平均观看(小时:分)	占总观看数的份额(%)
BBC1	9:16	34.9
BBC2	2:57	11.1
BBC总计	12:13	46.0
独立电视	12:23	46.6
第四频道	1:57	7.4
独立电视总计	14:20	54.0
电视总计	26:33	100.0

[资料来源]朱莉亚·拉梅森、朱迪·莫尔顿,《视听趋势,1985年》(载于《BBC广播研究年鉴》1986年第12期第9页)。

额上稍多于两家BBC频道(比例为54:46),直到近年这一占先保持得相当稳定。不同频道的观众在阶级组成上表现出重大的不同。当把频道的形象与整个人口的形象相比较时,可以看到:两家BBC频道的观众很好地代表中产阶级,而独立电视的观众未能充分代表中产阶级,尽管
189 BBC的观众未充分代表非熟练工人并且过多地代表独立电视观众。[24]

英国广播体系虽然在整个20世纪80年代保持相对稳定,但在下一个10年内可能在某些方面发生变化。保守党政府关于广播未来的1988年白皮书呼吁废除独立广播局,并由一个独立电视委员会取而代之,这样调节好更广大的独立部门。[25]白皮书还提议独立电视特许权的分配应服从于一个竞争性投标的过程。根据这一程序,独立公司被邀请提交对独立电视许可证的密封投标书,独立电视委员会然后把许可证授予出价最高的投标者,如果它通过了某个质量门槛的话。毫不奇怪,这一提议受到已有独立电视公司的激烈反对,它们把它视为对它们

长期利益的威胁，并称它会削弱它们生产高质量节目的能力。当新的分配制度的初始结果在1991年10月宣布以后，可以清楚看到独立电视委员会也对出价数额以外的因素加以考虑。但是，这一制度产生了异常的和不能令人满意的结果；一些不受反对的公司以很少费用保留了它们的许可证而在竞争地区的其他公司却支付多得多的费用。

电视广播在美国的发展在类似的时段内发生，而具有不同的体制形式。电视产业迅速的扩张始于1948年，在10年内，使用的电视机数量几乎与美国的家庭数目相等。联邦通讯委员会负责对电视台发放许可证并向它们分配在它们地区运作的频道。许多电视台隶属于三大电视网——全国广播公司（MBC）、哥伦比亚广播公司（CBS）和美国广播公司（ABC）——这在表4.5中列出。到1974年，60%以上的电视台隶属于主要的全国性网络，与此相比，无线电台的这一比例为34%。因此，这些网络构成了美国电视系统的主要体制方面。它们提供节目给它们的下属电台，为节目发送安排联系设施，并代表其下属电台在全国市场上出售广告时间。作为对这些服务的付款，每家下属电台向网络 190
提供每周约20小时的免费广播，对网络所使用的其余时间只收取其常规费用的30%，而只得到网络出售全国性广告时间所得收入中的一小部分。[26]但是，网络提供的节目使这些下属电台获得当地及非网络广告的好价钱，那是它们的主要收入来源。网络通常为下属电台60%播出日程提供足够的节目，余下的时间留给它们去取得独立制作商和节目供应商的非网络材料的权利。相反，非隶属的电视台就必须安排满它们的全部播出日程，必须与其他非隶属电台以及网络及其下属电台竞争广告和取得非网络材料的权利。

除了商业性电台和网络以外，美国有一批频道保留为教育或非商业性广播。1962年，美国国会建立了公共广播公司以方便并监督非商

表4.5　1974年美国商业性网络下属电台

网　　络	隶　属　电　台　数	
	无线电	电　视
ABC	1 479	168
CBS	249	192
NBC	216	211
MBS(共同广播系统)	620	—
隶属电台总数	2 564	571
非隶属电台	4 936	363
隶属百分比	34%	61%

[资料来源]西德尼·W.黑德,《美国的广播:电视与收音机调查》(波士顿,霍顿·米夫林出版社,1976年版),第169页。

业性电视的发展。公共广播公司是一个联邦机构,由15名总统委派的董事管理。它提供赠款给独立电台、生产公司和一家联系各非商业性
191 电台的网络——公共广播局。虽然当地电台可以选择采用或不用公共广播局的材料,非商业性电台平均有70%以上的节目是由网络供应的。公共广播局从网络内的几家大的生产电台取得材料,也从包括如英国广播公司等外国供应商在内的外部供应商取得材料。各电台对供应的节目向公共广播支付不同数额的费用,这取决于有关电台的总体收入情况。对非商业性电台的主要资助来源是税收,这占1971—1972年各电台收入的近60%;非税收来源,包括基金会、订户、业务赠品及公司担保,这占到32%。[27]公司担保主要是石油公司,约占公共广播局节目贡献的四分之一,在黄金时间节目中起特别大的作用。然而,与主要商业性网络相比,美国的公共电视仍然是小规模运作。公共广播台以

相对较少的预算进行运作，在广播中每小时的花费要少得多。它们所占的电视观众份额是很小的——大约占黄金时间的3%——它们的观众往往受教育程度较好，生活状况较好。所以，虽然公共电视在美国广播系统中起重要作用，但它在财政与观众总水平方面起的是很有限的作用，每天晚上这三家商业性网络拥有的观众加在一起占全体观众的90%以上。

在考察广播发展时，我集中于英、美系统的体制特征；更加广泛的解释应当考虑在其他国家中出现的不同体制形式。然而，重要的是要强调，在英、美发展起来的广播系统对于世界上其他地方广播系统的建立具有极大影响。英国的公共服务公司模式以专有特许权或者协同一个精于管理的独立部门而运作，有效地输出到大英帝国的许多地方，这 192
一模式构成了前英国殖民地的许多国家中发展广播的体制的基础。[28]因此，尼日利亚广播公司是前英国殖民地中最早建立广播组织的，它的模式紧紧仿照英国广播公司。然而，在一些前殖民地国家中，政府对广播组织实行比创始公共服务思想所设想的严格得多的控制。在发展中世界的其他地区，诸如拉丁美洲和亚洲的一些地区，美国的广播制度有特别大的影响。中、南美洲许多国家本已在美国经济与政治的势力范围之内，当广播技术可用于商业目的时，这些国家采用的管理架构与美国的十分相似。许多技术硬件与培训由诸如美国无线电公司等美国公司提供。当地的企业家建立了商业性广播电台，它们通过合并和收购，逐渐结合成为少数垄断性的家族王国。到20世纪60年代初，美国的广播模式已在许多拉丁美洲国家建立，但60年代与70年代的政治动乱导致对广播机构在某些情况下更直接的政治控制。

虽然广播机构在非洲、亚洲与拉丁美洲国家中发展得相当迅速，但接收设备的扩散则进展较慢。这些国家中无线电收音机及电视机拥有程度大大低于欧洲与北美工业社会中的情况。1975年，亚洲每千人有68台无线电收音机和6台电视机；而美国每千人有1 813台无线电收音机和530台电视机，英国每千人有700台无线电收音机和530台电视机。[29]可是，这些泛泛的数字掩盖了城乡之间的分布率。在非洲和亚洲，接收设备尤其是电视机的拥有大大集中于大城市中心，在那里接收情况最好，收入也更高。因此发展中国家农村地区拥有接收设备的情况很可能大大低于上述泛泛的总数字情况。接收设备在农村地区分布水平低的情况在某种程度上可能被集体形式接收活动的发展所弥补，诸如北尼日利亚广播公司设立的社区电视中心。而且，随着发展中国家越来越城市化和电气化，随着接收设备生产商设法为自身利益而开
193 发更大的市场，在下一个十年中分布水平很可能会稳步地大大增加。

传媒产业的近期趋势

传媒产业，包括电视广播，目前正发生重大变化，这对传媒产品及其生产与传播方式具有重要影响。这些变化是两个方面发展的结果：政治经济方面和技术方面。西方社会中的传媒产业多数情况下都是商业性或准商业性组织，在竞争的市场上运作，并受制于财政压力和多种刺激；因此传媒产业的变化从某种程度上讲是对影响这些作为商业性公司的产业的经济规则与政治限制的反应。但是传媒产业也极大地依靠技术与技术发明。电讯与电脑的最近发展为信息传输、储存与调用造成了新的可能，这些发展正改变着传媒产业，并日益使传媒产业融入和信息的传播与传播的控制有关的一系列更大的产业。我在下一节中将考虑这些技术发展中的内容。但我首先要研讨一下目前在政治经济方面发生的一些变化。我将集中于四大趋势：(1) 传媒产业的日益集

中化；（2）它们的日益**多样化**；（3）传媒产业的日益**全球化**；（4）走向**解除管制**的趋势。为了说明这些趋势，我将首先举出英、美的例子，尽管这些发展完全不是这些国家所特有的并且确实在性质上日益跨国化。

第一，如同西方社会的其他产业部门一样，传媒产业的生产 资源
已日益集中到相对少数的大公司手中。传媒产业的日益集中化在不同
国家进行的一系列研究中有很好的记述。[30]在1981年，美国46家大公
司控制了日报、杂志、书籍、电视和电影的大部分营业；到20世纪80年
代末，控制这些传媒半数或半数以上的营业的公司数目已减缩了一半，
从46家减至23家。虽然1989年美国有1 600家以上的日报，但总发行
量的一半控制在14家公司手中，包括甘尼特公司（控制《今日美国》及
87家其他日报）、奈特—里德公司（控制《迈阿密先驱报》及28家其他
报纸）和纽豪斯报业公司（控制斯塔顿岛《前进》报以及25家其他报 194
纸）。[31]如果考虑英国的发展，我们可以看到在过去70年中集中化大大
增加，尽管传媒产业不同领域的集中化速度与程度各异。在报纸和电
影业，集中化在20世纪20年代、30年代和40年代在英国发展迅速，因此
到1929年，日报发行量的一半控制在4家公司手中，到1944年，三分之
一的全部电影院座位控制在3家连锁公司手中。在50年代与60年代，
这些和其他传媒产业的集中化继续发展，当时某些传媒产品的市场大
大扩展了。表4.6说明了1972年英国不同传媒产业的集中化程度，它反
映了每个领域内5家最大公司控制市场的比例。1972年，全国性晨报
的86%和全国性星期日刊的88%是由各领域内5家最大公司销售的。
到1981年，最大的5家公司控制了晨报与星期日刊总发行量的95%，最
大的3家控制80%以上。1972年，10本平装本书籍中有7本是由有关的
5家最大公司销售的；出版业资源的集中化从那时以来又已进一步增
大，有一系列惊人的、广为宣传的兼并，包括大西洋两岸的一些大公司。

表4.6　1972年英国各传媒业中5家最大公司占国内市场的比重

传　　媒	份额(%)
全国性晨报发行量	86
全国性星期日刊发行量	88
商业性电视(占得到电视服务的家庭)	73
平装本书籍(占市场)	70
中等价格唱片(占市场)	69
电影院(占头4轮票房收入)	80

[资料来源]格雷厄姆·默多克、彼得·戈尔丁,《大众传播的政治经济学》,载于拉尔夫·米利邦德、约翰·萨维尔编,《社会主义文录,1973年》(伦敦,默林出版社,1974年版),第214页;格雷厄姆·默多克、彼得·戈尔丁,《资本主义、传播与阶级关系》,载于詹姆斯·柯伦、迈克尔·古莱维奇、珍妮特·伍拉科特编,《大众传播与社会》(伦敦,爱德华·阿诺德出版社,1977年版),第23页及以后。

在诸如出版与音乐产业领域的高水平集中化并没有阻挡寻求专门兴趣的小独立公司的出现;但这些公司一般只占总销售额的很小比重而且
195 在市场力量和兼并活动面前极为软弱。

电视领域也存在很大程度的集中化。在美国,三大电视网仍然在观众份额和收入方面主宰着这个领域;比重日益增大的观众正转向有线频道,但大部分主要的有线系统本身就是由大传媒公司拥有的。在英国,独立电视部门被大独立电视公司(泰晤士、伦敦周末、中央、格拉纳达与约克郡)所主宰;1972年,这五巨头供应70%以上的电视家庭,留给10家较小的独立电视公司去供应剩下的家庭。这五大公司也是独立电视网电视节目的主要来源。1980年,一家典型的独立电视公司传输的材料中有50%是这五大公司提供的,而不到10%是10家较小公司提供。而且,在独立电视公司内,股权往往集中于少数主要人物手中，或者在有着传播利益的其他公司手中。以格拉纳达为例，大股东仍然是伯恩斯坦家族（占1979年有投票权股票的62%）；以伦敦周末与约克郡为例，主要股权由具有传播权益的公司所代表，其中包括报业公司（分别是47%和28%）。[32]因此，独立电视部门，如同传媒产业的其他部门一样，其特点为资源集中于少数大公司之手，在某些情况下，这些公司内的股权集中于少数主要人物之手，或者集中于有传播权益的几家主要公司之手。

第二，除了资源日益集中化以外，传媒产业在近些年来出现日益多样化。多样化的过程是各公司把活动扩大到不同的领域或产品行业，或者通过收购已在这些领域内运作的公司或者通过向新的发展领域投入资金。当多样化发生于相关领域——例如，出版机构收购排字机构、设计机构、印刷厂、书店等——它使公司能从一个特定产品发展的不同阶段控制成本与得利。当多样化包括扩张到涉及生产与销售不同产
品的无关领域——例如，兰克组织扩张到旅馆、饭店、电视与高保真设 196
备——它可以在公司内产生新的利润中心并减弱经济衰退、不稳定增长或某些领域长期下降的负面后果。表4.7说明一些较大的英国传媒公司中的多样化活动。例如，EMI公司1972年7%的收入来自广播（它在泰晤士电视公司有着控股权），15%来自电影和电影院（它拥有两大电影院连锁公司之一），55%来自其他传媒资源（它拥有英国最大的唱片贸易公司之一）。1980年，EMI公司自身被索恩公司兼并，它已经是英国电视硬件的最大制造商（弗格森）。新合并的索恩—EMI公司这样就建立了一个越来越多样化的基地，其中国外运作占它每年26亿英镑营业额的大约三分之一。

传媒产业的集中化与多样化已导致形成了**一些传播综合大企业，**它们在有关信息和传播的多种产业中有具重要权益。这些综合大企业

表4.7　1972年英国一些传媒公司营业额分布(%)

公　司	广播	电影/电影院	报纸	出版	其他传媒/休闲	其他
EMI	7	15			55	23
格拉纳达	36	6		6	40	12
联合电视公司	48	23			28	1
兰克		27			43	30
培生·朗文			56	39		5
汤森			40	24	27	9

197 [资料来源]彼得·戈尔丁,《传媒》(埃塞克斯哈洛,朗文出版社,1974年版),第50页。

中最大的有时代华纳公司,那是由时代公司与华纳传播公司在1989年合并而成的。它是美国最大的杂志出版商,是世界上第二大电缆公司,是世界上最大书籍出版商之一和最大录像机公司之一。它在澳洲、亚洲、欧洲和拉丁美洲都有隶属公司。它的资产超过玻利维亚、约旦、尼加拉瓜、阿尔巴尼亚、利比里亚和马里国民生产总值的总和。美国的美国无线电公司(RCA)和哥伦比亚广播公司也成为最大的和最多样化的传播综合大企业中的两家,虽然最近它们又都被其他公司兼并。除了拥有大广播网络之一(全国广播公司)以外,美国无线电公司在出版业、唱片业、家用与工业电器业以及多种其他消费品与服务行业拥有很大股权;后来美国无线电公司被美国第十大公司通用电气公司以63亿美元所收购。哥伦比亚广播公司也控制了美国三大网络之一并在出版业、电影制作和唱片业有股权;在负有巨额债务和挣脱一系列敌对的收购活动后,哥伦比亚广播公司最后被一家大地产公司兼并。另一家巨大的传播综合大企业贝塔斯曼集团在书刊出版业、读书俱乐部、书籍销售网、印刷业、音乐与唱片业、电视、电影都有很大股权。最初，贝塔斯曼的基地在西德，现在是美国最大的传媒公司之一，它在美国拥有多种产业，其中出版公司就有道布尔迪、班丹书社、戴尔和图书协会。当传播综合大企业变得更大和更多样化时，它们就越来越与银行业和工业部门结合在一起，既作为客户又作为隶属部门，直至作为连锁董事会。 198

传播综合大企业的活动最近因传媒注意力落在一些比较古怪的企业家身上而突出起来。鲁珀特·默多克，所谓“新闻公司”的不断扩张的多媒体综合大企业的头头，在这方面寻求并得到了特大的名声。表4.8列出了新闻公司的一些主要资产。拥有《太阳报》使默多克控制了英国通俗日报市场的35%，此外还控制了高质量日报和星期日刊市场的很大份额。天空频道使他在兴起中的卫星广播中取得主导地位。在美国、澳大利亚和太平洋地区，新闻公司在范围广泛的传媒产业拥有很多和仍在扩张的股权，从报纸、杂志和书籍出版到电视台、电影制片厂和商业印刷公司。默多克控制了澳大利亚全部报纸发行量的三分之二和新西兰的几乎一半。在美国，他控制了20世纪福克斯电影制片厂，福克斯广播网以及无数的报纸、杂志、书籍出版社和电视台。他是哥伦比亚—福克斯录像公司所有人之一，并且是世界上最大的录像带销售商。新闻公司也在非传媒产业中拥有股权，包括一家航空公司和一个石油与煤气开采公司。1988年，默多克成功进行了以30亿美元兼并安纳伯格家族的三角出版社，该社出版美国发行量最大的杂志《电视导刊》。新闻公司的广度和多样性很好地说明了今天传媒产业所特有的那种多样化。但是，默多克的多媒体综合大企业尽管到处伸展和名声卓著，和建基于美国的传播与信息技术大公司来比，在资产与营业总额上还是稍逊一筹。

第三，默多克的新闻公司说明现代传媒产业的又一个特征：它们的活动日益全球化。当然，传媒产业活动的跨国性质并不是一个新的现象。我们看到，书籍贸易的早期发展包括把印刷资料运出国；19世纪出现通讯社促成了一个跨国界领域采集和传播新闻的全球体系。但
199 是，在近几十年来，传媒产业活动的全球化有了新的形式，并已在性质上更为延伸和遍布。我们可以区分这一趋势的不同方面。首先，传媒产业是传播综合大企业的一部分，这种大企业在运作与活动范围上越来越多地跨越国界。跨国化的过程一定程度上是传播综合大企业间大规模合并与收购所促进的。我已经提到了一些这类收购，其他例子很容易再列举一些。1981年，英国报纸《泰晤士报》与《星期日泰晤士报》被以加拿大为基地的国际汤森组织出售给默多克的新闻国际，新闻国际是他的多国新闻公司在英国的子公司。1987年，日本的电子巨头索尼收购了以美国为基地的哥伦比亚广播公司的唱片部；国际唱片业现在主要由五大机构控制——索尼—哥伦比亚广播公司、美国无线电公司、华纳、索恩—EMI和宝丽金——每家都是一家跨国公司拥有的。1986年，以英国为基地的企鹅书店（它本身是培生·朗文集团的一部分）收购了新美国图书馆而得以进入美国的平装书市场。1987年，兰登书屋——以美国为基地的纽豪斯公司的子公司，纽豪斯公司在报业、图书杂志出版业有着广泛的股权——收购了一批著名的英国出版社，包括查托、维拉戈、波德利·黑德和乔纳森·凯普。同年，国际汤森组织在出价战胜了美国的西蒙与舒斯特公司激烈竞争以后，收购了英国的联合图书出版集团，它本身就包罗了梅休因、劳特利奇与基根·保罗、斯威特·马克斯韦尔、查普曼与霍尔，以及克鲁姆·赫尔姆等出版社。通过这类合并与收购，传媒产业在性质上就越来越跨国化，因为特定的公司都融入了跨越全球的传播综合大企业。

传媒产业全球化的第二个方面涉及传媒产品的出口以及为国际市场生产的作用日益增强。出口贸易始终是出版业的一部分，特别当出版一些远超出特定民族国家疆界的语言的书籍时更是如此，这是由于
以前的殖民或军事扩张和其他因素所致。1949年，图书出口占英国出 200
版商销售额的29%；到1969年，占47%。教科书向第三世界销售是这种贸易中的主要部分，占1972年英国图书出口的20%。英联邦国家、美国以及日本也越来越成为英国出版商主要的出口市场。同样的，以电视为例，在国外市场出售节目正成为重要的收入来源。1982年，独立电视公司通过出售节目到国外赚取2 000万英镑，代表它们总收入的28%；到1984年，此数已升至4 700万英镑或总收入的5%。英国广播公司在国外销售节目方面也日益成功，它现在向100多个国家出售节目；1984年至1985年，国外销售节目占英国广播公司企业（英国广播公司的商业部）3 500万英镑收入的70%。[33]然而，国际电影与电视节目销售仍然主要被美国公司主宰。1981年，美国电影占英国电视上播出外国电影的94%，占法国电视上这类播出的80%，占西德电视上这类播出的54%。在整个西欧，在1983年大约30%的电视播出时间是由进口节目占据的，而进口节目的大宗（44%）来自美国；在英国，美国进口代表全部进口节目的7.5%。美国节目在世界其他地区代表的份额甚至更大。例如在拉丁美洲，1983年进口占电视播出时间的46%，而全部进口节目的77%源自美国。相反，在美国本身，进口只占1983年播出时间的2%。[34]正是电影与节目国际传播上这种戏剧性的不对称，加上诸如发展中国家对西方通讯社的依赖，成为最近有关所谓西方“文化帝国主义”辩论的基础，一些批评家提出重构和调节信息与传播流动的国际系统的必要性。[35]

全球化的第三个方面来自技术的部署，这有利于信息与通讯的跨 201

表4.8 1988年鲁珀特·默多克的新闻公司的主要传媒资产

	英　国	美　国	澳大利亚	太平洋地区
报纸	泰晤士报	圣安东尼奥快讯	澳大利亚人	南华早报（香港）
	星期日泰晤士报	波士顿先驱报	120种地区报纸	星期日早邮报
	今天报			富士新闻
	太阳报			星期日泰晤士报
	世界新闻			信使邮报（巴布亚新几内亚）
杂志与书籍	她	汽车	每周电视	太平洋岛屿月刊
	天空	她	澳大利亚邮报	
	泰晤士报增刊	纽约	家庭圈	
	地理	19种其他杂志	家庭与园艺	
	约翰·巴塞洛缪出版社	哈珀与罗出版社	海湾书社	
		塞勒姆出版社	安古斯与罗伯特森出版社	
	罗伯特·尼科尔森出版社	宗德凡出版社	先驱与每周泰晤士书社	
电视与电影	天空频道	二十世纪福克斯电影公司		
		福克斯广播公司下设的地方电视台：达拉斯 休斯敦 洛杉矶 芝加哥		

续　表

	英　国	美　国	澳大利亚	太平洋地区
电视与电影		波士顿 纽约 华盛顿特区		
商业性印刷	埃里克·本罗丝公司	世界印刷公司	20家公司以上	

［资料来源］根据1988年8月19日《卫报》第11页材料改编。 202

国传播。全球化的这个方面也不完全是新的。印制材料总是能跨越国界运送，广播常常在国际范围进行（有时是争夺）——特别是在欧洲，在那里，信号容易越出民族国家的国界。但是，全球化的技术形成在近些年来有戏剧性的增长，首先是由于卫星技术进展的结果。在下一节里，我将讨论在直播系统中应用卫星技术，这是今天许多人最为熟悉的用途。然而，卫星技术在整个通讯与信息传输领域具有广泛的用途。卫星技术最初的发展是美国与苏联空间任务和军事领域研究的副产品。[36]第一颗通讯卫星是在1962年发射的，到1965年，美国人已能在固定轨道上安置第一颗商业性电讯卫星“早飞鸟”。固定轨道卫星——或者所谓“同步卫星”——将可以在三分之一的地面上不断看到。所以正确部署与联系的三颗同步卫星的一个系统可以提供除了南北两极地区以外的全球覆盖。1962年，美国国会成立通讯卫星公司以组织卫星技术的商业性利用。通讯卫星公司是一家私人公司，一半的股份提供给私人认购者，另一半由主要的美国通讯大综合企业掌握。在成立了通讯卫星公司以后，美国提议建立一个最后称为“国际通讯卫星组织”的国际组织，它使各成员能使用卫星进行商业通讯。最初的成员包括西欧国家、加拿大、澳大利亚与日本。商业性营运在1965年开始跨越大西洋并在1969年成为全球性。国际通讯卫星组织现在在全世界有100多个成员，在若干国家中成为国内服务的载体。苏联在1965年发射了它第一颗非固定通讯卫星，在1974年发射了第一颗固定卫星，在1971年建立了称为“国际人造地球卫星”的类似国际组织，包罗了东欧国家、古巴与蒙古。除了这些国际卫星系统以外，现在有一批在洲际的和本国的范围运作的地区和国别卫星系统，以及专门为军事、海事和航空服务的系统。这些系统能在全球范围实际上即时发送大量信息。它们被跨国公司大量用以在它们分散的分支机构和子公司之间发送数据和讯息。例如，德仪公司在19个国家有50个主要工厂，使用一个以卫星为基础的系统来连接8 000个终端站，进行世界范围的计划、营销、会计与电子邮件。跨国金融服务组织花旗银行公司使用一个以卫星为基础的系统来连接94个国家内的2 300个分支及附属办事处。[37]把卫星系统用于商业目的是跨国数据流动的更大进程的一部分，在其中，信息或讯息正越来越成为可以在全球市场上交易和控制的一
203 种商品。

第四，部分地作为对传媒产业变化中的技术基础的一种回应，许多西方政府已设法解除对传媒组织活动的管制并取消那些被视为有限制性的立法。解除管制的趋势在广播领域特别突出，它通常是在政府严格控制的架构内发展起来的。在英国和大多数其他欧洲国家，无线电和电视都受国家严格管制，广播机构要接受许可注册，波长接受分配，产出接受严格监督。在许多事例中，国家或准国家广播机构取得对本国广播的垄断。对广播进行严格管制的理由是：在任何特定的疆域内，供无线电和电视信号的发射频道是有限的。这种理由有时还加上这样的看法：广播实质上是一项公共服务，因此应当对可能被以判断为公共

利益的内容加以管制。一些早期的英国欧洲广播业者与决策人认为，对国家管制的这些明显理由，由于对商业化的憎恶以及普遍害怕无控制的广播会造成有害的破坏性后果而得到强化。

虽然对广播的国家垄断在早期就在一些欧洲国家里打破了，“解除管制”的名词习惯上用来指20世纪70年代和80年代许多西方社会里的一系列政治行动。对传媒解除管制是对于各种产业部门增强竞争力以及消除一些被认为不合理地限制追求商业利益的更为一般措施的一部分。在美国，对传媒的管制传统上比欧洲要薄弱得多，在20世纪70年代后期试图改写1934年的通讯法以解除对无线电的管制并放松对电视广播的规则，并且动摇电讯垄断组织和大综合企业。虽然提案被一致否定，联邦通讯委员会仍然在80年代初有效地实施了解除管制的政策，通过减少对公共服务广播的要求和容许更多商业信息的播出时间而放松了对无线电和电视广播的控制。[38]在许多欧洲国家里，在70年代和80年代也进行了对传媒解除管制的类似尝试。意大利的无线电与电视广播在传统上被国家部门RAI所垄断。1975年，这种垄断受到挑战并被打破，此后，多种地方的和准国家的频道出现了，它们主要靠广告费筹资，几乎不受到国家的管制。在法 204
国、德国、比利时和荷兰，既定国家机构以外的无线电和电视广播在70年代和80年代逐渐合法化，使以广告或订户为经费来源的独立机构得以涌现。[39]在英国，由50年代出现的商业性电视所确立的双头垄断大体仍然未受触动，但无线电广播在某种程度上解除了管制；很可能，英国广播公司与独立电视的双头垄断将在90年代出现某些变化。

解除管制的进程因电讯领域新技术的发展而得到推动。随着电缆与卫星传输系统的配置，关于频道有限的传统论点——一些符合20世纪20年代到70年代广播的发展的论点——开始削弱。这些新技术产生了传输频道激增的可能性,因此把传输权限于单一国家组织或少量严格管制的组织的根据开始显得不太可行。而且,商业组织积极开发新技术,它们积极要求更加自由化的架构使它们能这样做。虽然解除管制受到许多人欢迎并被认作对过于受管束的传媒部门的必要解决办法,但另一些人批评这是加强传媒产业集中化的途径借助使广播和新技术向商业性开发开放,解除管制可能使传播大综合企业加大它们在新的信息与通讯的全球经济中起统治作用。在下一章里我将再谈谈这些考虑的政策含义。

新传播技术的社会影响

我已在若干场合谈到了新传播技术在传媒产业当前发展阶段的重要性。当然,技术变化在文化传输史上始终是重要的:它改变了文化传输过程所依靠的物质基础以及生产与接收手段。电讯与信息加工领域的新技术发展近年来已深刻地影响了传媒产业在各种领域的活动,从报纸印刷与电脑桌面出版到磁带与光盘的音乐复制,从信
205 息的电脑化调用系统到电视节目的卫星广播。在最后这一节中,我不想概述因技术变化而在当前发生的所有许许多多发展。我将集中于发生在电视领域的一些发展,特别考虑它们影响电视信息传输与接收的方式。我要讨论的发展是:(1) **盒式磁带录像机**供家庭使用;(2) 配置**电缆系统**供电视节目传输,有时联系卫星中继站;(3) **卫星直接广播**的发展。最后我将考虑(4) 卫星与电缆系统的这些新兴结构是否代表传统广播手段的继续还是一种根本不同的文化传输系统的开始。

第一，在相对较短的时期内，盒式录像机已成为许多西方家庭中除电视机以外的常用品。盒式磁带录像机是一种小型装置，它可以连接到电视机上；它使使用者录制既有网络上播放的节目又可回放录制的节目或预录的电影。盒式磁带录像机使用磁带录制的技术，最初在20世纪40年代后期发展为录音。磁带录制是一种信息储存，其中的信道由喷涂塑料带的磁化粒子组成。信息以调节过的电流形式输入信道，调节过的电流在磁场内发生变化，这些变化由于塑料带上的磁化粒子而产生一种原型。信息可以被借助使带子通过另一电磁体时加以解码，该电磁体中可以产生一种能放大和投射的调节电流。在50年代后期，这些原理应用于录制视像。视像录制要求高得多的信息储存量（比音讯录制高出大约200倍），因此收录机使用更复杂的录制和信息解码的机制。

第一台磁带录像机是为工作室使用而研制的，但到70年代初出现了家用的小型机。70年代末和80年代初，家用盒式磁带录像机的数量戏剧性地增加，在欧共体国家和在美国从1976年的100万台左右上升到1986年的欧共体国家3 000万台以上和美国接近4 000万台。世界上几乎三分之一（约1.7亿）的电视机家庭到80年代都拥有盒式磁带录像
机。拥有盒式录像机的电视机家庭的比例各国大有不同，正如表4.9所 206
示。英国比例属最高之列，1986年电视机家庭中估计52%拥有盒式磁带录像机，美国估计为45%，澳大利亚49%，西德37%，法国23%。可是，相当大比例的盒式磁带录像机可能是租来的而不是买来的，有一些证据表明渗透率根据家庭中人们的阶级地位和就业情况而大有不同。[40]家用盒式磁带录像机数量的迅速增加对大电子公司——主要是日本的，但越来越多是西德和东南亚的——提供了重要的新的收入来源，包括为世界市场生产录像机和盒带。

表4.9　1986年盒式磁带录像机全国销售量估计

	年销售量（千）	年增长率（%）	盒式机人口（千）	渗透率（%）
澳大利亚	585	24.4	2 937	48.5
加拿大	1 050	35.8	3 932	41.8
法　国	1 350	44.0	4 420	22.6
德国（德意志联邦共和国）	1 750	26.0	8 343	36.9
意大利	380	57.3	1 043	7.2
日　本	4 700	26.2	21 960	62.2
英　国	1 650	19.4	9 954	52.4
美　国	13 850	50.7	39 115	45.4

207 ［资料来源］《年中盒式磁带录像机统计评论》（1987年6月《银幕文摘》，第129—133页）。

家用盒式磁带录像机也大大改变了音像产品的发送渠道和接收者对这些渠道实行的控制程度。发送渠道在两个方面有了改变：第一，盒式磁带录像机使接收者能把观看时间表与播出时间表分开，因此可以录下播出材料而在不同时间观看。这种通称的“时间变动”是盒式磁带录像机最常见的用途；它占英国、比利时和瑞典家庭录像观看的75%以上。时间变动的方法标志着接收者控制广播进程的程度大大增加。广播组织的节目时间表可以由接收者改变并在某种程度上加以重新安排以便把观看活动结合他们日常生活的其他方面。这样做，接收者就对电视广播所特有的时空离距取得某些控制，即便对盒式磁带录像机的使用仍然取决于并且派生于广播系统。

家用盒式磁带录像机改变发送渠道的情况还有第二个方面：它使音像制品能通过销售或租用盒式磁带录像机供私用而不是通过广播系

统或电影院网络供私用。盒式磁带录像机可以这样使用的程度取决于预录盒带多少，这种情况在各国、各地情况不一。在英国，预录盒带市场活跃，盒式磁带录像机渗透水平高，盒带租货和销售是重要的零售商业：1986年，租货和销售总值接近5亿英镑，约相当于英国广播公司总收入的一半，是所有影院票房收入的两倍以上。家用盒式磁带录像机为预录材料开辟了新的销售网络，就为电影业提供了新的收入来源，然 208
而避开了已有的广播和电影系统。与此同时，盒式磁带录像机的使用也对国家管制音像材料内容的能力和商业组织控制版权的能力提出了新的问题。这些问题在过去10年中是许多国家的政治议程上的事，是新传播技术发展所提出的更广范围政策问题的一部分。

第二，当前影响电视的第二个主要技术变化是配置电缆系统以传输节目。电缆传输的基本技术已存在一些时间了。在早期，无线电和电视使用同轴电缆——包括两根导线的电缆，一根在另一根里面——作为中继信号的手段。在50年代和60年代，同轴电缆的使用范围受到限制以改善农村与山区的电视接收。但是，电缆系统的充分使用始于70年代，当时它们连接到通过卫星供应的电视节目。有线电视典型地包括使用天线（或接收碟，如果节目通过卫星供应的话）来捕捉信号并把它们中继给电缆输入端，由此以电缆传输给个人电视机。接收者都为接收的频道支付用户费。许多不同的节目和其他信号可以同时通过电缆传输——同轴电缆可以同时传输40到100个节目。最近在光纤技术方面的发展提供了大大增加传输能力和更大交互控制的可用数字信号的光脉冲形式通过微小的玻璃管道传输信息。大量信号可以同时传输，信息可以双向传输，几乎不受干扰。

电缆系统的配置在美国70年代和80年代期间进展迅速。1970年，不到10%的美国家庭连接到电缆系统。到1986年，有4 000万以上的家庭连接到电缆，代表近47%的渗透率；预计到90年代初会达到60%。对比来看，在大多数欧洲国家，电缆系统的配置进展较慢。比利时、卢森堡和荷兰到80年代中达到高度渗透率，但法国、西德和英国大大落后。在南欧的大部分国家，渗透率仍然微不足道。电缆技术在法国和西德进展迅速，它们的电缆工程得到政府的积极支持。在英国，进展显然较慢，部分地由于政府不许干预的政策加上金融机构不愿在被认为
209 高风险的领域投资。到1988年10月，英国连接电缆的家庭数目已升至38万以上，但这仍然只是2 000万电视机家庭中的很少部分。

电缆系统在英国的配置是由一个成立于1984年的法定电缆局控制的，它颁发安装电缆的许可证，批准提供电缆服务的独占特许权。特许权拥有者必须采用所有的英国广播公司和当地独立电视的传输，但也可选用现有的广播服务，如果节目符合电缆局认为合适的品位和体面的标准的话。最受欢迎的服务之中有天空频道，这是由鲁珀特·默多克的新国际公司所控制的一项以卫星为基础的服务。天空频道有广告支持并提供24小时服务，声称1987年在全欧洲通向1 000多万个家庭。它在英国所有78个电缆网络中有它自己的频道，在每周收视率上超过BBC2和第四频道。

电缆系统的使用大大增加电视的传输能力并产生发送电视节目的新渠道。虽然在许多情况中，电缆系统传输传统广播服务机构发出的信号，它们也传输各种新的广播服务机构发出的信号：在美国，到1985年，除已有全国性网络外大约有40个卫星传送的节目服务机构。电缆系统的发展因此代表着对传统广播系统的主要挑战。它们通过大大提高传输能力和增加各种来源的中继信号，提供了更多样性的可能，它们还在某种程度上打破了以供应频道范围有限为根据的传统管制论点。更复杂的电缆系统可以用来提供更多数量的其他电讯服务，包括取得

金融信息和各种数据，它们为双向传输带来新的机会。直到现在，电缆系统的交互能力一直主要被用作监控手段，但它在原则上可以用于其他方面——例如，作为节目选择和评估的手段，作为回应调查和问卷的手段，甚至作为投票的手段。然而，电缆技术提供的可能性在实践中到底能实现到什么程度尚待观察，特别在欧洲和渗透程度相对低的世界其他地方更是如此。 210

第三，对电视具有重大影响的第三个主要的技术变化是卫星直接广播（DBS）的发展。在前一节里，我简短地讨论了卫星技术的出现以及它用于信息和通讯的跨国传布。从一开始，通讯卫星也被用作中继站和电视广播的分布点。今天它们形成了美国、苏联和其他地方全国性网络系统的组成部分，它们被用作供应全国和国际电缆系统的分布点。卫星直接广播在某些主要方面有别于已有的卫星系统。卫星直接广播的信号以更高的动力传输，所以节目可以通过小型的家用天线或接收碟直接发送到消费点——家庭。因此卫星直接广播越过了国家网络广播系统和电缆供应系统，使接收者可以直接接收卫星传输的信号。信号可以编码或“乱码”而使接收限于拥有能理清信息的特殊解码器的那些人。因此，节目的消费在原则上可以被传输部门监控。

卫星直接广播系统很可能在20世纪最后10年中变得日益重要。到1986年，美国估计有150万个家庭通过后院天线碟来接收节目，使电缆公司日益担心损失大量订费收入。在欧洲，法国和德国政府特别积极地发展卫星直接广播系统，在1979年签署了一个称为电视—卫星的双边卫星直接广播的项目。1988年，以卢森堡为基地的阿斯特拉卫星成功地发射，提供供家庭所能接收的16个频道。阿斯特拉的6个频道被鲁珀特·默多克的天空公司收购，它开始在1989年提供一批卫星直接广播服务。默多克在英国市场上主要的卫星直接广播竞争者是一个财团“英国卫星广播公司”(BSB),它包括若干个已大量参与通讯和信息产业的公司(格拉纳达公司、皮尔逊公司、里德公司、安格利亚电视公司、邦德公司和法国的工业控股夏格尔公司)。英国卫星广播公司开始在1990年4月以5个频道传输,天空公司与英国广播公司之间展开激烈的竞争,以图说服消费者购买和安装适于多个卫星接收装置。在短期(在此期间两家公司都遭受巨大损失)之后,1990年11月它们合并而组成了英国天空广播公司,默多克在其中握有50%的股份。虽然英国天空广播公司面临的财政问题仍然巨大,但合并使公司更有力量提高对
211 消费者的了解并对重要的地基传输系统进行竞争。

如同电缆系统一样,卫星直接广播增加了电视的传输能力,使消费者能接收通过多种卫星传输的大量频道。它也创造了越过传统地基广播网络的新频道。因此,许多欧洲国家早期广播发展所特有的旧式垄断与双头垄断受到这些新媒体发展的威胁——虽然这种威胁的程度在实践上取决于这种新服务取得的了解水平。卫星直接广播以及电缆—卫星结合系统对传统的广播形式提出了又一个挑战:它们对政府管制音像材料传输的能力提出挑战,因为信号可以跨越国界传输并由消费者直接或间接地接收。通过卫星传输是不管国界的,因此特定民族国家的管制部门就更难以监控。卫星广播提出的管制问题——不但指监督传输的内容,而且指管制新传输媒体的产权和准入——属于新传播技术发展所提出的最后重大政治问题之列。

第四,最后,我要考虑新技术的发展以及特别是电缆、电缆—卫星和卫星直接广播系统的配置,到底是传统广播手段的继续还是一种根本不同的文化传输系统的出现。关于传统广播系统有着明显的继续:电缆和卫星技术有一段时间曾经是传统系统的组成部分;家用电视机仍然是主要的接收器具;电缆和卫星系统传输的许多音像材料类似于

或相同于传统广播的内容。然而，也有重要的差异，这些差异足以深刻表明：随着电缆和卫星系统的日益配置，我们见证了一种或一批新的文化传输模式的出现。在结束本章的时候，我要总结这些模式的一些特征并提出它们的含义。 212

首先，电缆和卫星系统的配置大大增强了传输音像材料的能力。电视广播的传统系统建立在有限数量供应频道上（在某些情况下只有两三个频道），而电缆和卫星系统则提供大量频道。传统的频道稀缺很快得到了惊人地彻底改观。而且，发送音像材料频道数量的迅速扩大一般发生在传统广播机构之外——虽然许多机构至今在电缆上和卫星系统发展中很重要，它们也在通讯和信息业的其他部门有重大利害关系。彻底改变发送频道方面的稀缺状况，这对于国家部门管制音像材料的方式以及对于消费者接收音像材料的方式产生根本性的影响。那些基于有限制地提供频道的传统调控原则不能直接应用于传输系统，因为频道稀缺不再是传输系统的主要因素。频道的激增使消费者具有选择接收音像材料的可能性，尽管这种可能性成为现实的程度将取决于超越媒体技术能力的各种因素。

新传播技术发展的第二个特征是，它们大大加强了音像传输的跨国性。通过卫星的中继信号，它们扩展了音像材料在空间上的可达性，同时保留了电讯的实际即时性。而且，卫星与电缆—卫星系统的这种特征大大不同于传统的电视广播系统，后者主要是在特定国家的疆界内发展起来的。对于参与欧洲卫星广播的机构来说，不同的欧洲人口被视为潜在的泛欧观众的一部分，播出时间出售给广告商是以它们的产品将在泛欧市场上销售为根据的。这些发展对我早先提到的全球化进程有深远意义，这些意义只是开始被承认和评估。正如以上所述，它们也对特定政府对于来自境外音像材料（即来自国家传统疆界地区范围以外）传输的调控能力产生根本性的影响。

第三，新传播的发展提出了越来越结合一体的传播与信息服务的
213 可能性。这种可能性首先联系到复杂电缆系统的发展，使用光纤技术，但它更一般地联系到信息和传播以数字形式的编码。从信息编码的模拟系统改变成数字系统，结合了综合不同信息服务的高容量电缆的配置（即所谓综合服务数字网或ISDN）正在产生一种新的技术图景，在其中，不同种类的信息和传播聚合在一项共同的载体上。[41]这种图景在大多数现代工业社会中尚不多见，但是信息与传播服务日益结合一体是已经出现在我们中的进程。这代表与传统广播系统的分道扬镳，后者一般对不确定数量的接收者提供单一的服务。新传播技术的发展不但提供大为扩增的同类服务，而且通过一种共同的载体系统提供更大范围的服务。

最后，新传播技术的发展也提供了更加个性化和交互形式的传播，这是因为它们给予接收者在频道与服务选择方面有更大的挑选权，而且使他们通过该系统具有传递自身信息的更大能力。这些新的可能性仍然主要与电缆技术的发展相关联，特别是与大大增加电缆系统的交互容量的光纤电缆的发展相关联。但是，光纤电缆交互容量的开发仍然主要是将来的事：今天，通过电缆和卫星系统的大部分传播仍然主要是单向的。可是，新传播系统的配置肯定给予接收者更大范围的频道与服务以供选择，在某些方面将给予人们对信息和娱乐资源有更多的控制。

出于这些考虑，我想可以有理由认为新兴的电缆和卫星系统结构代表了文化传输的一种新模式，这种模式大大不同于传统的电视广播系统。因为，在可预见的将来，这种新模式很可能将同传统广播系统并存，向那些继续通过传统网络接收大部分观赏材料的人们提供一系列稳步增加的频道与服务。长期而言，新兴的电缆和卫星系统的结构对

于传媒产业的组织可能具有更多的破坏性影响。长期的影响将部分取决于现有传媒机构和国家部门回应这种新系统的方式，部分取决于对提供的服务得到多大程度的理解和反应，部分取决于传媒产业生产足 214
够数量和质量的音像材料的能力，以占领迅速扩增的大量频道并吸引观众的注意力。因为电缆和卫星系统的配置所带来的变化是一种传输模式的转型；它并不直接改变而是依靠现有音像材料的生产。传输模式的这种转型是否将有助于推动新的、革新的生产活动，还是将相反地巩固低成本式的节目生产，则是有待讨论的问题。

在本章中，我追溯了文化传输的技术媒介与机构的发展，并集中论述15世纪末到今日有关大众传播兴起的发展情况。我主张，大众传播的兴起构成现代社会的一个基本特征。这一进程紧密交织着工业资本主义的发展，交织着现代国家的兴起。这一进程也深刻地改变了象征形式在现代社会中流通的方式。随着大众传播的兴起，文化传输的进程日益受到一批有关象征形式商品化和扩大流通的机构所中介。近几十年来，这些机构已变得越来越融入大规模传播的综合大企业之中，象征形式的流通在性质上已变得越来越全球化。新传播技术的配置追随着并促进着这些趋势，与此同时标志着文化传输模式史上一个新的转向的开始。

在下一章里，我将超越这种主要是历史性的内容而设法勾画一个关于大众传播性质的更为理论性的观点。虽然“大众传播”是一个广义的术语并可以合法地用以（正如我在这里用它）指称有关象征品生产与扩散的一系列广泛的技术媒介和机构，但在下一章里我将首先集中论述在现有广播架构内发展起来的电视媒体。我将不进一步详细考虑新传播技术可能造成的影响，除就这些技术已成为当前政策辩论中的一个问题而言外。我将首要关注电视经历的形式以及至今存在的广播
机构的组织。 215

第五章

走向一种大众传播的社会理论

大众传播的到来，特别是19世纪大量发行报纸的兴起以及20世纪广播的出现，对于现代社会特有的互动经验与原型的模式具有深刻的影响。对今天大多数人来说，我们对于发生在当前社会环境以外的事件的了解主要是来自接收大众传媒象征形式而获得的。例如，我们对领导人及其政策的了解主要来自报纸、无线电和电视，参与体制化政权系统的方式深受这种知识影响。类似地，我们对于发生在空间与时间上遥远背景的事件（从罢工和示威到屠杀和战争）的体验，是主要通过大众传播机构为媒介的体验；实际上，对这些"政治性"事件的体验，或对这些组成被视为政治的经验领域事件的体验，部分地是一系列体制化实践的结果，体制化实践赋予这些事件新闻的地位。传媒的作用在这方面是根本性的，它充其量总是偏袒性地在国家的和国际的层面上描绘政治的性质和行为，并不提及大众传播的进程。

在本章中，我要开始探索一些方面，由于这些方面，大众传播的到来改变了现代社会所特有的互动经验与原型的模式。我不试图平分笔墨来论述许多不同的大众传媒，而将特别关注电视广播的性质与影响，如大众传播迄今出现和发展的那样。考虑到我早先对技术媒体及其发 216
展的分析，我将开始描述大众传播的一些总的特点。然后我将集中于所谓**技术媒体的国际影响**，就是：大众传播的发展影响日常生活的社会组织的方式。这里我将强调技术媒体的配置应视为不仅仅是建立一些与已有社会关系并存的新的传布渠道，而是对社会关系本身的潜在重组，就是说新的媒体使得社会领域的行动与互动新形式成为可能。在第三节里，我将探索大众传播技术媒体的配置已重构现代社会中公、私生活界限的一些方式。第四节将讨论大众传播机构与市场经济机构及国家之间的一些关系。这一讨论的方式是较为规范的，将谈到比较实际的、政策取向类的问题。我将重新评估关于现代社会传媒机构的性质与作用的一些传统的自由派思想，把这些思想与传媒产业所特有的发展趋势并置；在这背景下，我将提出在当代社会里能够用来发展传媒机构方式的一种可选择的观点，这里的所谓传媒机构是指作为一些介于市场与国家之间的组织。最后在本章的结尾一节里，我将回到意识形态的主题并考虑意识形态的分析在大众传播时代应当如何加以重新思考。

本章代表对大众传播社会理论的一个初步贡献。我的目的是对于构成现代文化传媒化的发展进行系统理论思考作准备。我在这里提出的内容至多是这类系统思考的一个前言，我将在以后的著作中继续进行这一思考。在这里，我的目的是较为有限的：我将设法突出大众传播的某些特点，以及技术媒体的配置改变现代社会中经验与互动性质的一些方式，着眼于思考某些理论和实际问题。我在这里集中关注的理论与实际问题，虽然对当前辩论是中心问题，但只是系统地试图与现代文化传媒化的理论和政治意义协调而必须谈到的一些选题。 217

大众传播的一些特点

我要开始分析通常称为“大众传播”的一些一般特点。往往有人指出，虽然“大众传播”是用来指一系列广义传媒机构和产品的方便名称，这个词语在某些方面却是误导的。值得花一点时间谈一下这个词语会引入歧途的某些方面。“大众”一词源于传媒产业所传输的信息一般都到达相对大量的受众这一事实。在传媒产业的一些部门以及它们发展的一些阶段，情况确实如此，例如大规模发行的报业和主要的电视网络。然而，在传媒产业发展的其他时期（例如早期的报业）以及今天传媒产业的一些部门（例如一些书刊出版社），受众在过去和现在相对很少而且特殊。因此“大众”一词不应以狭义的数量词来加以解释；大众传播的重要之点不是指若干数量或范围的人接收到产品，而是指这些产品在原则上是许多接收者可以获得的。而且，“大众”一词的误导性还在于它意指受众像是一堆不活跃的、无区别的人群。这种意思模糊了一个事实：传媒产业传输的信息是由特定社会—历史背景下的具体人们所接收的。这些人以不同程度集中关注传媒信息，积极解释和弄懂这些信息，把它们联系到他们生活的其他方面。我们不是把这些人看成是一批不活跃的、无区别的人群的一部分，而应当敞开这样的可能性：接收传媒信息是一个活跃的、具有批判性的和社会上有区分的过程——这就是我在以下一章中将要比较详细地探讨的主题。

如果“大众”一词在这种背景下可能误导，“传播”一词也可能会这样，因为大众传播中一般包罗的这类传播交往相当不同于日常谈话中涉及的那些交往。我将要在以下讨论中观察一些这种区别。这里我要提醒注意一个重要区别，即，大众传播一般包罗从传输者到接收者的单向信息。不同于一次谈话的对话情景，其中的听者也是潜在的回应者，大众传播则实行生产者与接收者之间的基本**分离**，其方式是接收者相 218
对说来没有什么能力来对传播交往过程的进程与内容起作用。因此可能更合适地谈信息的“传输”或“扩散”而不是这里的“传播”。但是，即使在大众传播的环境里，接收者确实也有一些起作用的能力，只要接收者也是消费者，他们有时可以在各种传媒产品之间作选择，他们的观点意见有时被生产和发送这些产品的有关组织所征求或考虑。而且，新的技术发展——诸如与光纤电缆有关的技术——将有可能提高电视媒体的互动能力而使观众对传输过程有更大的控制，但这在多大程度上将成为现实则尚待观察。

根据这些初步的限定条件，我要提出大众传播的一个广义的概念并突出它的一些关键性特点。我们可以广义地把大众传播构想为**象征货品通过信息/讯息的传输与储存而进行的体制化生产和普遍化传布**。根据象征货品的生产与传布来构想大众传播，我希望强调联系有关象征形式商品化的机构来看大众传播的重要性。现在我们描述为大众传播的是一系列现象和进程，它们的产生是历史的并且借助设法利用象征形式固定和复制的新机会的机构的发展。我在上一章里简要地勾画了一些这类机构的发展。现在我要以更加理论的方式来分析大众传播，主要集中于以下四个特点：象征货品的体制化生产与传布；生产与接收之间设立的分离；时间与空间有效性的扩展；以及象征形式的公共流通。在讨论这些特点时，我将吸收我早先关于文化传输诸方面的评论，使它们适应于分析大众传播的目的。

大众传播的第一个特点是**象征货品的体制化生产与传布**。大众传播以有关象征货品大规模生产和普遍化传布的一批机构的发展为前提，那就是，相对稳定的一组社会关系和积累的资源。这些活动是“大规模的”，就是说它们涉及大量拷贝的生产与传布或材料供应给大量接收者。这样做的可能是由于象征形式固定于技术媒体以及象征形式的
219 可复制性。**固定**可以包括编码过程而使象征形式转化成可以储存在特定媒体或物质基础的信息；象征形式可以作为信息被传输，然后通过解码以供接收或消费。大众传播传布的象征形式是固有地**可复制的**，就是说大量拷贝可以生产或提供给大量接收者。象征形式的复制一般是被大众传播机构尽可能严格地控制的，因为这是象征形式服从于经济价值化的主要手段之一。象征形式被复制以供市场交换或者通过管理型的经济交易以供市场交换。因此，它们都**商品化**了并作为货品出售，作为有偿服务或者作为可以便于出售其他货品或服务的媒介。所以，首先，大众传播应被视为以不同方式从事象征形式固定、复制和商品化的一批机构的一部分。

大众传播的第二个特点是，**它在象征货品的生产与接收之间设立一种基本的分离**。这些货品是生产给一般并不处在生产、传输或传布地方的接收者；它们确实是由技术媒体经过固定和传输来中介的。当然，这一特点并不是大众传播特有的：象征形式在莎草纸或石块上固定和传输也包括生产与接收之间的分离。但随着大众传播的出现，这一过程所影响的生产者与接收者的范围大大扩展了。而且，正如我早先指出的，象征形式通过大众传播的中介涉及信息从生产者到接收者的单向流动，因此接收者影响或干预生产与传输或传布的能力是受到严格限制的。这种情况的一个结果是生产与传输或传布过程的特点具有明显的**不确定性**。象征形式是为受众而生产的，它们传输或传布以到达这些受众，但这些进程进行时一般没有受众反应的直接和不断监督的。与面对面接触相比，对话者可以相互提问并观察相互的反应，而在大众传播中参与生产和传输或传布的人员一般得不到接收者的立即反

馈。因为大众传媒化的象征形式的经济价值化关键取决于接收的性质与程度，所以参与的人员典型地使用各种对付这种不确定性的方法。[1]他们吸收过去的经验，用它来指导可能的未来结果；他们利用可以预测 220
受众要求的可靠方式；或者他们通过市场研究或者通过受众数量与反应的常规监测来设法取得关于接收者的信息。这些和其他技术是体制化的机制，可以使人员减少因生产与接收分离所造成的不确定性，这样做是和有关机构的总体目标相一致的。

大众传播的第三个特点是，**它扩展了象征形式在时间与空间上的有效性**。这一特点也不是大众传播特有的：一切形式的文化传输都包罗某种程度的时—空离距。但是，大众传播的媒体一般涉及在空间与时间上较高程度的离距；而且，随着电讯的发展，时—空离距与象征形式的实体传输相分割。通过电讯的象征形式传输——例如通过地面与卫星中继——使大众传播机构在极少时间内取得高度的空间离距。而且，由于象征形式一般固定在相对持久的媒体上——诸如纸张、照相胶卷或电磁带，它们也有时间上扩展的有效性并能保留供以后使用。大众传播所包罗的时—空离距也受到象征形式接收和消费情况的影响。由于生产与接收之间所设定的分离，离距的性质与程度取决于接收的社会行动与技术条件。例如，一本书在时间与空间上有效性的扩展主要取决于该书被接收的方式——它是被推荐呢还是被忽视，被结合进课程呢还是被大力压制，等等——它也取决于传布的渠道和技术媒体本身的性质。同样地，一个电视节目或电影的有效性的扩展取决于潜在接收者是否具有接收该节目的技术手段，是否其时间表与他们的日常生活的社会组织相一致，等等。

大众传播的第四个特点是，**它涉及象征形式的公共流通**。大众传播的产品在原则上是为大量接收者生产的。在这方面，大众传播有

别于传播的种种形式——诸如电话谈话、电视会议或者各种私人录
221 像——它们使用同样的固定和传输的技术媒体，但取向于单一的或者范围极其受限制的接收者。正如我在前一章里评论的，大众传播既定形式与电子传媒化互动的其他形式之间的基本区别，可能由于新传播技术日益配置而受到质疑，但是这种发展仍然有待充分实现。根据大众传播机构迄今的发展，它们的产品在“公共领域”内流通，就是说它们原则上可以被任何具有该技术手段、能力和资源的人所取得。这种公共领域的性质和范围原则上可以是无限的，但在实践上总是受到生产、传输和接收的社会—历史条件限制。大众传播的机构往往着眼于到达尽可能多的受众，因为受众的多少直接影响到有关产品的经济价值化。今天，一些电影与电视节目的观众可能在全世界达到多少亿之多，一个圣诞节电视广播仅仅在英国就可以抓住3 000万观众。大众传播产品受众的性质与范围在不同媒体之间以及同一媒体不同产品之间大有区别。这些产品被接收者所使用的方式——例如，不论它们被一个聚集在电影院里的群体使用，还是被一个人在家里观看——也大有不同，取决于媒体、产品、传送渠道以及接收的社会与技术条件。传媒产品的内在公共性质的一个结果是大众传播的发展一直伴随着国家当局和其他调控部门试图对大众传播机构实行控制。这些机构使象征形式被广大潜在受众获得的能力是当局关注的原因，它设法在其管辖下的疆界内维持秩序和管理社会生活。我将在本章稍后在讨论大众传播机构、市场经济与国家之间关系的背景下再谈这些问题。

在考虑大众传播的某些一般特点时，我提到过特定传媒与传媒产品相互不同的各种方面。为了进一步分析这些不同，我们必须更详细地并联系其配置与传播的社会与技术条件来观察某些传媒和传媒产
222 品。我们可以利用在前一章中提出的文化传输模式的概念来描述具有

确定的和相对稳定的配置条件的传媒。报业、图书零售业、音乐唱片业以及电视网络广播业的发展都可以被视为这个意义上文化传输模式的出现。这些模式包括某些典型的技术媒体、生产机构、复制形式、传布渠道、接收条件等。大众传播各种模式的一些特征以及这些模式的产品的一些特征，可以根据图5.1右侧栏目中列出的诸方面加以分析。这些方面表明了这些模式及其产品的一些不同特征，也就是说，表明了依模式而异的一些特征。这些方面依次联系到上面区分和界定的大众传播的特点。所以，例如，生产机构与技术媒体性质的变化关系到大众传播涉及象征货品体制化生产与传布的事实，而受众性质与范围的变化 223
则关系到大众传播包罗象征形式公共流通的事实。在提出这些方面表明大众传播模式的一些常变特征时，我并不想指任何一个特征的变化就足够构成一个新的模式：当然，事情要比这复杂得多。由于在传媒产业本身中日益增加的相互联系以及它们活动与产品的范围和多样性，

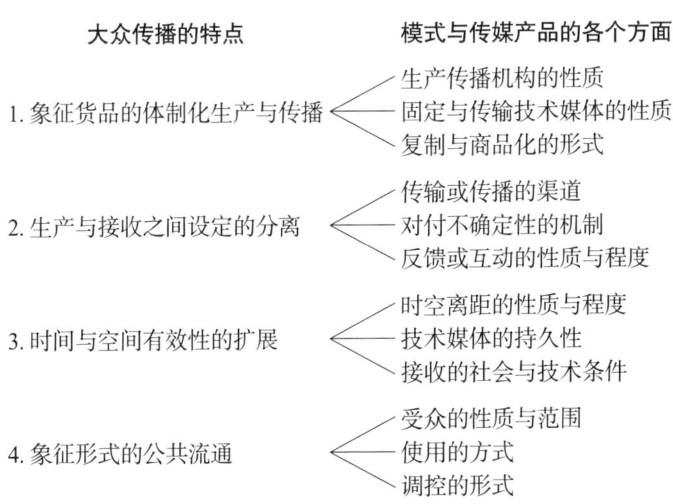

图5.1 大众传播模式的各个方面

大众传播模式之间的分界线正变得日益模糊。然而,有一系列局部重叠和局部分歧的特征有助于相对清楚地界定一组特点。固定与传输的技术媒体是这组特点的核心成分,但是我们也必须考虑生产、传布与接收的更广社会条件与背景。

我们可以利用前一章中记下的电视传输的例子来说明这些点。20世纪40年代与50年代电视广播的发展是在一批控制电视节目生产与传布的机构内发生的。在美国,主要机构是全国性网格;在英国,主要机构是英国广播公司以及后来的由独立广播局监督的独立电视网。电视节目生产与传布的这些传统体制结构现在正受到使用电视传输新技术的新机构的出现的挑战。包罗在机构中的电缆与卫星技术的结合为空间更扩展的受众提供一批新的服务,使得新形式的商品化成为可能,且破坏了传统的调控形式,这可能是建立大众传播新模式的过程。这种新兴的结构在某些方面类似于传统的网格广播系统——例如,许多产品可能是同样的,它们可以通过家庭接收机的音像装置来消费。但是,这些产品嵌入一批新机构和新技术之中,它们大大改变了生产、传布和接收的条件。因此,可以适当地谈到大众传播新模式的兴起,即使我们不能在这种模式和网络广播的传统系统之间划一道明确的分界线。

在强调大众传播模式的技术方面和体制方面时,我不想贬低分析
224 这些模式所传输的信息或产品的**内容**的重要性,或者不想贬低观察这些信息或产品的**使用模式**的重要性。信息的内容和它们被接收者使用的方式都是很有意思的;而且,我将在下一章中设法表明,分析大众传播的一个适当架构必须为研究传媒信息的内容与接收以及它们的生产与传布留下余地。可是,这里我关注于强调:分析大众传播必须开始于考虑从事象征形式大规模生产与普遍传布的机构的性质和发展。只有

这样，我们才能理解**作为**商品化的和可复制的象征形式的传媒产品，它们在扩展的时间与空间范围供公共流通与接收。

大众传播与社会互动

对大众传播一般特点的分析提供了一个背景，由此我将考虑大众传播的发展如何改变了社会互动的性质以及现代社会的经验模式。这里我将不那么关注特定传媒信息的具体“效果”，而是关注技术媒体的配置如何有助于重组和重构社会互动。我认为，大众传播不同媒体的配置不应被视为仅仅对以前存在的社会关系的补充，或不应被视为引进一些在社会内传布象征货品而不改变社会关系的中立的渠道。相反，技术媒体的配置对于人们行动与互动的方式具有根本的影响。这并不是说技术媒体以某些简单和单一原因的方式**决定**社会组织；技术媒体的配置总是处在一个更广的社会的和体制的背景内，而且这一背景限制一些能够获得的选择。但是，新技术媒体使得新形式的社会互动**成为可能**，改变或破除旧形式的互动，为行动与互动创造新的中心和场所，从而有助于重构现有的社会关系以及它们所处的机构与组织。

哈罗德·英尼斯和马歇尔·麦克卢汉这样的所谓传媒理论家，事实上突出了社会互动可以受媒体传输**形式**的影响[2]，这正是他们的功劳。与我的观点一样，这些理论家认为，不同的技术媒体有助于产生行动与互动的不同环境；他们辩称，媒体本身的形式相当不同于它带来的
具体信息**内容**，并对社会生活的性质具有影响。我认为，英尼斯和麦克 225
卢汉提出这个总主题的方式比该主题本身的趣味要小得多。英尼斯从他称之为时间与空间的传播“偏颇”中得出的结论是成问题的。例如，

他表明，主导媒体偏好时间持久性的社会往往是小的和稳定的，而主导媒体偏好空间流动性的社会往往是大的和帝国型的，如罗马帝国。我不想苟同这种相当概括性的和推测性的思路。但是，我的确希望探讨传媒理论家所突出的总主题并且研讨技术媒体的发展改变社会互动性质的一些方式，产生行动与互动的新背景和自我展示与感知他人的新舞台的一些方式。

在探索这个主题时，我将采取一种有选择性的观点，首要集中于战后时期发展的电视广播的模式。电视广播并不孤立于大众传播其他模式之外，但它确实在技术媒体的当代格局中起着核心作用。通过集中于电视的一些方面并把它们与其他媒体的性质加以比较，我们可以研讨电视媒体的出现和广泛配置使社会互动发生变化的一些方式。由此可以突出某些方面，由于它们，现代社会的文化经验不同于文化体验的一些形式，这些形式构成社会的特点，在社会中，象征形式仅仅或主要地依靠口头或书面方式得到传递。今天，我们生活在象征形式通过电子媒体传布已成普通的（在某些方面是首要的）文化传输方式的社会之中。现代文化，从更大的范围来看，是一种**电子媒体的文化**，在其中口头与书面的传输方式已得到以电子媒体为基础的传输方式的补充，并在某种程度上被取代。这里，我不试图详细探讨口头、书面和电子媒体传输形式之间的比较，但这种比较提出了一些值得系统分析的问题[3]。

把电视媒体作为首要集中点，我在本节中的目的是要阐述我称之为**技术媒体的互动影响**。我把这种互动影响分为四种维度：（1）媒体便利跨越时空的互动；（2）媒体影响个人用来**代理**他人的方式，就个人
226 所代理的他人可能组成在时空上广泛、分散和遥远的受众而言；（3）媒体影响个人对他人作出**回应**的方式，就个人行动能作为对处在遥远背

景中的他人的回应而言；(4) 媒体也影响个人在接收过程中行动与互动的方式，就是说，它们影响日常生活诸领域中的社会组织，在这些领域中，对媒体传媒信息的接收是一种常规活动。在本节中，我将逐个观察这些层面。在其后一节中，我将考虑大众传播的一个有关方面，即，技术媒体的配置有助于重构公私生活之间的界限，从而改变取得信息和传播的方式。

(一) 跨越时间与空间的互动

技术媒体可以使人们能跨越时空距离而互动，然而传媒化的互动在性质上大大有别于典型的面对面情景下的互动。在早先一章里，我使用时空离距的概念来讨论一些方式，用这些方式，象征形式与它们的生产背景相脱离，并通过技术媒体传输到时间与空间上遥远的环境。这里我要集中于这一过程的一个特定方面，即时空离距对社会互动的性质与形式的影响。由于时空离距，**技术媒体的配置把社会互动与实际地点分开**，因此，人们可以互动，即使他们并不同在共同的时空背景下[4]。一封信件使人们隔着距离相互传播交往，它在传播过程中导入了一种时滞，这决定于具体把这封信从始发地传输到目的地所需要的时间。电话也使人们在一定距离之外传播交往，但是它实际上消除了信件传输的特有的时滞。电话互动把空间的扩展有效性同时间的即时性结合起来；它使人们以口头方式进行传播交往，这类似于面对面谈话，然而它也展示一些显著的社会的与推论的特性[5]。写信和电话谈话均以不同方式使人们不受共处一个地点的限制而确立、保持和发展社会互动的形式。

大众传播技术媒体的发展对社会互动的空间与时间构成还产生进
一步的影响。大众传播的媒体扩展了象征形式在时间与空间上的有 227

效性，而且它们这样做，容许生产者与接收者之间特殊形式的传媒化互动。因为大众传播在象征形式的生产与接收之间设定了基本的分离，它就能造成跨越时空的一种特殊种类的互动，可称之为**传媒化的准互动**[6]。它之所以是“互动”，因为，它涉及个人与他人传播交往，他人以某种方式回应个人，他人可以与个人形成友谊、感情或忠诚的联系。但是，它是“准互动”，这是因为传播的流动主要是单向的，而接收者可以同主要传播者传播交往的回应方式是受到严格限制的。电视的发展大大增加了传媒化准互动在现代社会中的重要性和普遍性，它已改变了传媒化准互动的性质。就印刷媒体而言，如图书与报纸，传播交往的个人往往是无定的，对大多数读者来说可能只是个名字。可是，随着电子媒体特别是电视的出现，传播交往的个人成为有声音、有面貌、有性格、有历史的**人物**，对这些人物接收者可以同情或神会，可以喜欢或不喜欢，可以憎恶或尊敬。这些人物获得了一种物质存在，而是传媒化的、安排好的存在，不是直接的存在，他们成为受传媒产业某种程度控制的经济与象征价值化复杂进程的对象。因此，电视人物具有一种“氛围”，它部分地由人物与观众之间分割的距离造成。在一些特殊情况下，这种距离可以被连接——例如，当观众遇见一名电视人物或者一个影迷遇见一位明星时就是如此。但是，这种邂逅的特殊性和有时的尴尬性证明：通过传媒化准互动所确定的关系是一种并不正常地涉及共处实地的关系。

电子传媒化准互动的特殊时空性质取决于多个因素，包括技术媒体的性质、传布的机构部门、接收的背景与条件以及所传输的象征形式的性质与内容。考虑一个例子：对美国总统的一次采访，上了电视并通过卫星传输，在英国被家庭环境中的人们观看。这种准互动包括在处于空间地点大不相同与社会及机构特点大不相同的背景下的人们

之间确立一种关系。不论接收者对总统事先有多大好感，不论他们感 228
到对他多么了解，他们绝不可能与他同在一处。观看采访是一种关系的一部分，它扩展时间而并不在空间上重合，而如果真的在空间上相重合——在不大可能的情况下，如果观看者在街上与总统相遇或者在他们家中接待他——这种场合无疑会伴随着相当的尴尬、焦急或困惑。而观看采访则是一种发生在不同空间背景下的准互动，它也使总统的空间背景和总统本人**可到达**接收者，尽管这是在一种传媒化的形式下。如果采访是在家居环境中，诸如总统的起居室，或许由他妻子与孩子伴同，那么，这种准互动可以具有某种**亲密感**，它可以使总统以个人方式交流公共事务或以公共方式交流个人事务；不过，这也使他暴露在前所未有的政治风险之中，我将在以后更详细地研讨这种可能性。观看采访的准互动可以包括依靠卫星传输的虚拟共时性，虽然这种准互动可能而且往往受到预先录制、编辑和程序发送的削弱。现场采访的虚拟共时性提供了独特的机会，但也带来了高风险。它使总统显得随意、自发、多才以及善于掌控局面，它使他和观众传播交流，他们像是交谈的伙伴，像是一次对话的参加者。但是，现场采访也带有风险：总统可能很容易表现出不胜任，不始终如一，信息不灵或者干脆很**普通平庸**。而且，由于现场采访是录制的，可以在以后场合播放，表现出的任何不胜任可能会在未来的准互动中被评述或重提，从而以潜在永久的方式影响到总统与其观众之间的关系。

我选择观看采访美国总统的例子是为了说明传媒化准互动可以在时间和空间上构成的一些方式。我当然可以集中于其他例子——与电视谈话节目人物的准互动或者新闻广播员的准互动，与肥皂剧角色或电影明星的准互动，等等——这些例子结合诸如传播机构和接收情况的因素来进行分析，将显示具体的时空性质。但是没有必要再多提例

子。我要谈的总的一点是：大众传播技术媒体的配置，特别是电视这样
229 的电子媒体，伴随着传播者与接收者之间传媒化准互动的新的形式的发展，这些准互动形式典型地脱离对共同物质场所的分享。传媒化准互动的显著性质对于传播者与接收者的行为方式以及有关他人和传播者与接收者自己的方式都产生重要的影响。

（二）对远方他人的行动

技术媒体使个人能和他人以新的、有效的方式传播交往，个人调整其传播行为以便和技术媒体的配置所提供的机会相一致。拥有一部电话一般会改变一个人与他人的互动形式和互动本身的性质。电话谈话是同时性的对话互动，它和共有的物质场所相脱离，没有视觉信号，所以一个人在电话上与别人谈话时必须完全根据听觉反应来检查和适应他或她的话。电话大大扩展了一个人所能形成的关系范围，它使个人通过时间与空间保持这些关系而并非亲身交往。但是，由电话所中介的互动的时空构成也限制了通过这种互动形成的关系的性质。只通过电话谈话认识的人实际上是面貌不明的，而且在大多数情况下不大可能成为有强烈感情联系的对象；我们把这种人主要称为不在场的对话者而不是个人亲密的朋友。当然，个人之间有许多电话交谈，个人也以其他方式进行互动，在这种情况下，形成的关系的性质就较少取决于电话互动的特定性质。

把社会互动与物质场所相分离，技术媒体的配置也影响到个人安排自我展示的方式和程度。任何行动或演示都发生在特定的互动架构之内，这涉及一系列设想、常规和基准点。一个人在这种架构内行动，在某种程度上，这将使他或她的行为与此相适应，显示一种或多或少与这种架构一致的自我形象。感到不合适的自我行动与方面可以加以抑

制而留于其他背景或交往——那就是，以戈夫曼的用语，留于相对于主
要互动架构“前区”的“后区”的背景[7]。技术媒体的使用局部地服务 230
于界定互动架构，所以也部分地界定那些前区与后区的背景。例如，在与商业朋友的电话谈话中，人们会设法压低他或她正在说话的具体地点所出现的杂音——电视的声音，朋友或同事的说话或笑声，等等——因为这种杂音可以视为相对于主要互动架构的后区行为。

在考虑互动架构可能被大众传播技术媒体配置所改变的方式时，我要再次限于电视媒体。生产与接收之间设定的分离意味着对电视观众的行为与传播交往是主要发生在没有直接与不断反馈（不论是口头的或视觉的反馈）情况下的活动。在本章早些部分，我指出这种互动的不确定性可以依靠各种策略加以减少，这些策略使生产人员在没有直接和不断反馈的情况下取得相对可预测的结果。这些策略因此约束并引导个人通过电视交往或设法交往的行动与话语。这些策略究竟如何以及多大程度上约束并引导个人，取决于各种因素，包括节目的性质、个人的地位、技术可能性以及实际机会。我不在这里讨论这些因素。我却要强调具有一般意义的一点。考虑到电视（甚至其他大众传播媒体）已开始具有作为有关新闻和时事的信息来源这一角色，这种媒体的存在可以对这样一些个人的行动产生影响，他们设法与远方的观众传播交往，或者碰巧发现自己被认为处在值得上电视的境况。**电视媒体的存在产生了行动的范畴**，行动以上电视为目的而做出，那就是，能被认为值得通过电视传播给地域遥远和数量巨大的观众。今天，诸如群众示威和劫持、峰会和国事访问等行动的部分目的是成为上电视的事件，使人们或团体与远地的大量观众传播交往。上电视的可能性是进行这类行动的条件之一，或者推出一系列行动来使不在场的不限数量
的人们看到和听到。 231

电视媒体对传播者与潜在传播者在处理自我展示方面提供了新机会和提出了新问题。这种生产程序界定了一种主要的互动架构，它在地域上远离电视节目的接收者，其中的前后区分界线由直接接收反应所独立决定。因此观众可以看到一个电视人物的行动方式与情景完全是他们日常生活中的后区行为。电视和其他媒体的震撼价值——以及引起很多争议的特征——部分地在于它通常会显示在面对面互动中一般被认为属于后区的行为。重新界定前后区行为的重要性，以及在这种互动架构内处理自我展示的重要性，是政治领导人和其他公众人物所熟知的，他们一般极其谨慎地决定自己可上电视的界限。电视媒体为政治领导人提供了出现在大量观众面前并展示自我的空前机会，但是，它也带来巨大风险，既因为领导人可能显得不胜任或信息不灵，又因为他们可能暴露或者被别人暴露太多的后区行为。许多事情可能被视为现代政治舞台上的丑闻，或许在其他生活领域司空见惯，并不新鲜；其中新鲜的是用来记录和传播后区行为的手段，因此是空前规模地和生动逼真地揭露以前可能避开公众视线的活动的能力。许多人在听到水门事件录音带或读到文本时所感受到的震惊主要不在于发现总统可能卷入一桩犯罪阴谋或者隐瞒事件，因为许多人很久以来就在怀疑此事；而在于发现在尼克松及其政府精心安排背后还有着一些后区行为以及一些相关形式的后区谈话，它们似乎是与白宫在职总统的身份完全不合适的。

(三) 作为对远方他人的回应的行动

正如技术媒体可以使个人影响远方的他人，技术媒体也可以为作为对在空间和时间上遥远的他人作出回应的个人创造新机会。在电话
232 交谈的情况中，回应行动往往是交谈本身的一部分。某些形式的回应

行动确实部分地构成电话交谈，那主要是对话式的：一个电话交谈者较长的沉默一般会导致交谈中断。但电话交谈也产生了并不组成这种交谈的回应行动形式。例如，这发生在一次电话交谈产生一种行动或者在最初交谈结束以后的进一步交谈时。在这种事例中，人们进行着种种形式的行动或互动以回应在空间与时间上遥远的他人，这是由于传播的技术媒体才有此可能的。

随着大众传播特别是电视的发展，回应行动的真实性和范围都大大增加并且较少受到限定。回应行动的真实性和范围的大大增加基于这样的意义，即许多个人可以回应远方的他人：现在，接收信息的观众可以由千百万人所组成，他们分散在各种不同空间与时间背景下；这些人可以用各种方式回应其收到的信息。这种回应行动比具有电话交谈特点的回应行动较少受限定，那是说，在大众传播的事例中，回应行动不是互动本身的构成因素。传媒化准互动并不要求接收者不断进行的、积极的回应，大众传媒信息的生产与传布一般发生在没有即时反馈的情况下。因此，大众传媒信息可能产生的回应行动的形式不容易被传播者检查：他或她是在同根本不认识的接收者说话，他或她对于所说内容或所描述的内容的回应方式难以预测。而且，因为回应行动并不构成传媒化的准互动，所以回应行动的真实性不受准互动本身所约束（不像在电话交谈中，电话的接收者必须作出某种回应，即便非常简短）。大众传媒信息的接收者一般能以多种方式回应他们收到的信息，而他们的行动受到的约束较少来自传媒化准互动的真实性，而来自接收过程进行的条件。

一般地，产生作为对大众传媒信息做出回应的行动可以极其多种
多样，反映了这些信息被接收的多种多样背景。但是，也很清楚，有时 233
候，通过诸如电视媒体中继的远方他人的行动，可以产生我们称之为**协**

同形式的回应行动。例如，看来很可能，关于越南战争的广泛而生动的电视报道至少部分地成就了反战运动的力量和协同性质。凝固汽油弹进攻、受伤的士兵和平民、哭叫的孩子和惊恐的难民等种种形象，以及美国军事挫折的不断报道，助长了美国国内关于干预合法性的争议并为人们提供了很容易得到的抗议根据。根据越南的经验，看来很有可能，美国和其他地方的军事当局将设法对媒体报道军事冲突和战斗实行更大的控制。(英国媒体对1982年福克兰群岛冲突的报道受到国防部相当严格的控制。)协同回应行动的其他例子不胜枚举。很难相信，如果没有媒体的不断报道，1989年东欧的革命动荡会以那么惊人的速度发生而且在不同国家里有类似的结果。不但电视为东欧(特别是东德)的人们不断提供西方的形象，描述与他们自己的生活尖锐对比的生活状况，而且也向东欧人提供发生在邻国以及本国邻近城市或地方的行动和示威情况。在捷克斯洛伐克，对1989年11月17日示威的野蛮镇压被外国电视网拍摄下来，后来在很大争议中在捷克斯洛伐克国内上映。即使在本国媒体受国家严格管制的罗马尼亚，人们也能通过收看苏联、匈牙利和南斯拉夫的电视广播而了解到发生在东欧其他地方和本国其他地方的戏剧性变化。展现在莱比锡、柏林、布拉格、蒂米什瓦拉、布加勒斯特等东欧其他地方的街头协同行动，在某种程度上看来很可能是呼应远方他人活动的行动，后者的成功与失败已经通过大众传播媒体传过来。

通过产生新类型回应行动的可能性，对时空遥远的人们与事件作出回应或协同回应的行动，大众传播的发展已经在社会与政治生活中引进了一种新的、根本性的重要因素。通过大众传媒(特别是电视)的
234 信息传播可能会触发或强化协同行动的形式，那是政权的既有机制所难以抵制或约束的。这种现象的重要性在以下事实中受到验证：在东

欧的革命动荡中，控制电视广播的手段成为斗争中的要害。但是，东欧事件也说明，在现代大众传播时代，这种斗争本身不能再在空间与时间上加以严格限定，因为传播手段促成了在时间上延伸或压缩的、跨越特定国家边界的行动与反应的形式。

(四) 接收活动的社会组织

技术媒体的配置在另一方面影响到行动与互动：它确立人们常规地接收和取得传媒化信息的互动新背景与新形式。接收传媒化信息的活动是按社会、空间与时间组织的，接收活动的组织与日常生活中别的常规方面典型地复杂交叉。在屋子里安装一部电话将使一个特定的家庭地点成为初级互动架构。这种地点的选定要使它能易于隔开(例如关门)后区，从而隔开人们不希望听到谈话的那些可能参加者或窃听者。电话使个人可以安闲地、远距离地开始互动，而且这样做干扰了他人活动的时间组织。电话互动的时间干扰一般被认为是现代生活中不可避免的特征，尽管复杂的设想和习惯支配着电话活动的时间组织，尽管越来越通用电话录音机作为调整干扰的一种办法。在许多情况下，在晚上或周末向一位商界合伙人打电话被认为是不合适的，除非情况很特殊或者这位合伙人可以被视为个人朋友。除了在空间上和时间上组织以外，电话互动也包罗在涉及权力关系与不平等的更广泛社会背景中，例如，并不是家中的每一个人都有同样的权利或责任在某些时间和某些时期接电话或打电话。就像家庭社会生活的其他方面一样，使用电话也在某种程度上服务于存在在家庭成员之间的权力关系。 235

当我们把注意力转向大众传播的技术媒体时，可以看到关于接收的社会、空间与时间的组织在某些方面是不同的。图5.2与图5.3突出了某些这类不同。图5.2说明有效地或潜在地双向(或多向)的技术媒体互动的社会组织,例如电话谈话。在这里,主要的互动架构包含谈话双方的前区,每个前区联系着一般排除在主要互动架构以外的一系列
236 后区。相反,图5.3说明大众传播某些形式(例如电视)所特有的技术媒体准互动的社会组织。在这种情况下,主要互动架构是由生产领域的前区所构成的;生产领域的前区有它自身典型地排除于架构之外的后区。因为信息传输主要是单向的,接收领域方面并不直接是主要互动架构的构成的一部分,因此,严格来说,接收领域方面不是相对于这种架构的前区与后区。在接收领域内,我们可以区分主要接收活动发生的主要接收区与典型地排除在外的外围区。一般地,主要接收区不但用作由电视或其他技术形式所中介的准互动的背景,而且,它也构成主

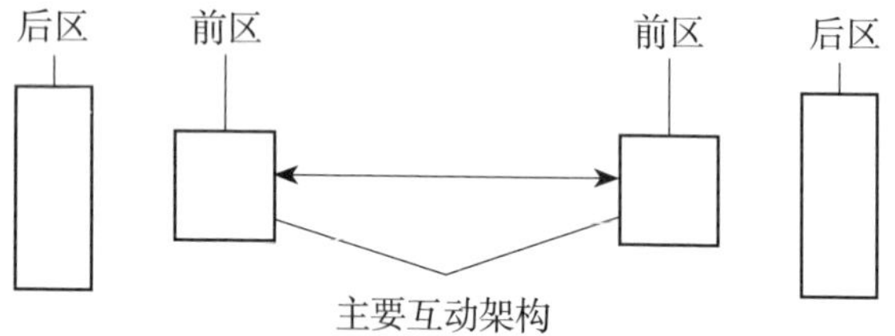

图5.2 技术媒体互动的社会组织

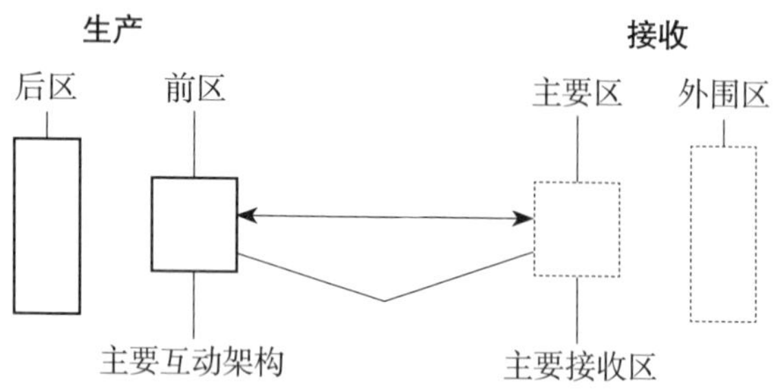

图5.3 技术传媒准互动的社会组织(大众传播)

要互动架构本身，用作个人在参与接收过程时的**互动**的或从事某种其他活动的背景。

主要接收区域典型地处于特定的具体物质场合。就电视而言，物质场所往往是屋子里一间特定的房间或一些房间，电视传媒准互动的重要性由以下事实证明：电视机往往占据中心地点（例如起居室），往往决定或大大影响房间的布局。接收活动的时间形式决定于多种因素，包括节目时间表、收看者的口味与偏好以及他们日常生活中常规方面的时间组织。特定节目的时间表可能是人们组织他们白天或夜晚活动的主要参考点；就连续剧而言，这种组织过程可能会延达数天、数周甚至数月。诸如盒式磁带录像机等新技术的配置在这方面特别重要，因为它使接收者对节目时间表、从而对他们总体活动的时间组织有更多的控制。接收过程也涉及更广的社会关系背景，这种关系影响到接收过程的性质以及对它的地点、时间与内容的控制。父母与子女之间的权力关系以及男女之间的权力关系在决定节目选择和决定哪些节目可以由谁观看方面往往是紧要的[8]。

除了分析接收活动和背景的空间、时间以及社会性质以外，重要的 237
是应强调接收活动是复杂的社会行动，它涉及不同程度的技能与注意力，它伴随着不同程度的乐趣与兴趣，它和主要接收区进行的其他活动与互动复杂地交叉。传媒理论家与评论家们常常认为接收传媒信息是相当直接和不成问题的过程，这样设想使他们集中于分析传媒信息的内容，或许再补充一些关于观众收看水平与反应的统计数字。可是，似乎清楚的是，这种看法严重地低估了一些过程和方式的复杂性，借助这些过程，传媒信息实际上被处在特定背景中的个人所接收和占用，由于这些方式，这些接收活动与日常生活其他方面相交叉。我将在下一章里再谈这些问题。

重构公私生活之间的界限

通过提供信息给时间与空间上广大和分散的受众，大众传播技术媒体的配置也用于重构公、私生活之间的界限。人们的私人生活通过大众媒介的宣传可以成为公众事件，而公众事件也能经历私人的场合，正如国家事务在私人家中被观看或阅读的情况一样。关于什么是公什么是私的性质，以及这些领域之间的分界，被大众传播配置的某些方式所转变，反过来这对于国家机构级政权在现代社会中被取得、行使和维持的方式也有意义。

为了进一步研讨这些问题，我们必须在公、私领域之间作一些广义的区分。术语“公”与“私”在现代社会的和政治的论述中获得很多不同的意义，任何试图确定广义区分的尝试必然成为一项选择性的和简单化的任务。可是，此事对于分析大众传播的性质和影响是值得的和重要的。虽然公—私两分法可以上溯到古希腊的哲学辩论和罗马法的早期发展，这里我将集中于以资本主义经济关系及结合民主体制的
238 宪政国家为特点的近现代西方社会中这种两分法所具有的一些意义[9]。在这一背景下，我可以区分公—私两分法的两种基本意义。根据第一种意义，公—私两分法指的是区分两个方面：越来越掌握在主权国家手中的体制化政权的领域，与处在国家直接控制之外的私营经济活动与个人关系的领域。当然，这种广义的区分决不是僵硬的或者清如刀切的；资本主义经济活动的早期发展是发生在一种法律架构之内，这种架构由国家当局所确立并由它不断修改，而国家的活动又反过来受到资本主义经济发展不同程度的影响和限制。而且，自19世纪后期以来，一批经济与福利组织在公共领域内产生或出现，这是由于旨在局部抵消

资本主义经济增长不稳定性的国家干预政策的结果，这就使得公私领域的区分更加复杂。

图5.4总结了在19世纪与20世纪期间所做出的公、私领域之间区分的一些方面。私人领域包括在市场经济中运作的、首先以营利为目的的私有经济组织以及正式或非正式地由法律批准的一批个人的和与家庭的关系（例如婚姻）。公共领域包括固有经济组织，诸如国有化工业和国有公用事业以及一大批国家与准国家组织，从议会机构、文职部门和警察到第二次世界大战以后大多数西方社会中迅速增多的各种各样福利部门和组织。在公、私领域之间有一大批中间组织兴旺发展起来，这些组织既非国有也不完全处于私人领域之内——例如，非营利目的的慈善机构；互助性协会（诸如俱乐部和商会）；政党和压力集团（诸如反核团体和生态环保团体），它们设法表达特定的观点；以及在合作社基础上拥有和营运的经济组织[10]。这些中间组织就其法律地位而言是非国家的私人机构，但它们在法律上与活动运作上有别于首先为私人业主营利而建立的组织。 239

私人领域

在市场经济中运作的、以营利为目的的私有经济组织

个人与家庭关系

公共领域

国有经济组织（例如，国有化工业和国有公用事业）

国家与准国家组织（包括福利组织）

中间组织（例如，慈善机构、政党与压力集团、合作拥有的企业，等等）

图5.4　当代西方社会中的公、私领域

在西方社会与政治论述中出现的公—私两分法有第二个基本意义，必须与上述阐述的区分相分开。根据第二个意义，“公”的意思是“公开”或“公众可接触到的”。在这个意义上，公的东西就是可以见到的和观察到的东西，在观众面前表演的东西，公开给所有的人（或许多人）看到、听到或听说的东西；相反，私的东西是隐蔽的东西，在私下或秘密或只在有限范围人们中说的或做的东西。在这个意义上说，公—私两分法必定有关**公开对隐私，可见对不可见**。两分法的这第二个意义并不与第一个相合，而是以复杂的、历史的各种方式相重叠的。在中世纪和近代欧洲的传统君主国里，国家事务是在相对封闭的宫廷圈子里进行的，其方式是大多数属下民众看不到的。当国家官员出现在民
240 众面前时，都经过仔细安排：他们的主要目的是公开地（看得见地）肯定他们的权力，而不要把属于决策过程的根据与讨论公之于众（看得见）。他们决策过程的隐秘是根据“统帅秘密”即“国家秘密”的理论来认可的，这种理论认为，王侯的权力如果不在民众注视之下并像神的意志那样看不见，就会更加有效和符合其目的[11]。权力的不可见性在体制上受到保证：决策过程是在封闭的地方、密室里进行的，决策本身只是偶然地、选择性地公布的。然而，随着现代宪政国家的发展，权力的不可见性和决策过程的隐秘性在某些方式上有限制。密室被一批更加开放和对人民负责的政治机构所取代或补充，统帅秘密的理论转变为官方秘密的现代原则并且限制应用于认为有关国家安全和稳定的重大问题。权力更加看得见，决策过程变得更加公开，虽然这个大趋势既不一致也不完全：已经出现了不可见和隐秘的一些新形式，现代社会中政权的行使在许多方面仍然蒙在隐秘之中，不使公众看到。

在这些区别的背景之下，我们可以考虑大众传播的发展重构公私生活的界限的方式。这种重构的基础是：**随着大众传播的发展，事件或**

人们在公共领域和私人领域的公众性(可见性)不再直接与对共同场所的分享相联系,因此事件或个人能够获得一种公众性,这种公众性不受他们能被许多人直接看到或听到所限制。大众传播的发展因此方便了并促进了具有明显特点与结果的两类事件的出现:我们可以把它们描述为**传媒化公共事件**和**传媒化私人事件**。传媒化公共事件是原先发生在公共领域一个机构背景中的事件,但由于它们被录制在传输技术媒体中使一批并不在场看到该事件原先发生的接收者收看而具有一种新的地位,同样的传媒化私人事件是原先发生在私人领域的事件,但由于它们通过大众传播媒体被录制和传播而具有了一种新的地位。图5.5 241
是对这两类事件的分类。此图表明,传媒化事件是公众化事件的次类型,就是说通过大众媒介的传输是发生在私人与公共领域的事件可以**公之于众**的一种方式。重要的是,强调私人事件和公共事件的传媒化过程,不但赋予旧事件一种新地位(公开性),而且也改变事件本身的性质。英国对于议院会议上电视的辩论——举一个新近的主题事例——主要是针对这个问题:发生在公共领域的、潜在影响每人利益的事件应

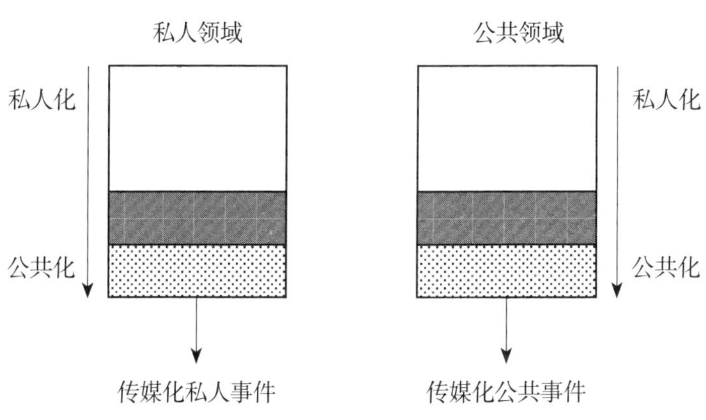

图5.5　传媒化事件的分类

在多大程度上使广大公众看到和听到，以及这种传媒化公开对事件本身的性质会有什么后果？（例如，议院议员会不会感到必须更多地出席会议，以及他们会不会感到不大敢隔着座位相互叫骂？）

虽然公、私事件都可以被传媒化给予新的公开性，这些传媒化事件一般都为其他人在他们自己的私人领域内所经历。大众传播的发展，特别是电视的发展，其特点可描述为**传媒化事件的私人化接收**。发生在公共和私人领域的事件可以在空间和时间都远离事件原先发生背景
242 的私人家庭环境里经历。依靠大众传播的技术媒体，**现代社会的私人领域——特别是私人家庭环境——已成为传媒化公开性的主要场所**。在现代社会里，大多数人们典型地经历发生在公共领域的事件以及发生在不在他们所在环境的私人领域的事件，通过在他们私人家庭环境的背景中观看、阅读或者收听这些事件：他们的经历既是传媒化的又是私人化的。传媒化事件的私人化接收也是典型零碎的，就是说接收活动发生的地点，在时间与空间上是分离与分散的；但这并不意味着接收活动并非是社会的。相反，传媒化事件的私人化接收包括两种不同的互动：接收过程所特有的准互动以及我们可称之为**传媒信息的漫谈式阐述**。图5.6表明接收过程中包含的一些因素。通过传媒化准互动，处在私人家庭背景下的人们能经历公共和私人事件。但是，这种经历的性质是特殊的，因为，信息流主要是单向的，接收者回应主要传播者的能力是有限的。因此，人们能经历发生在公共与私人领域的事件而并不直接参与这些领域；他们的参与至多是一种“准参与”，其中对于接收者的回应范围肯定是有限度的。通过电视和其他媒体接收的那些信息通常都受到漫谈式阐述：它们被人们在日常生活过程中加以讨论，这种讨论既发生在主要接收区，也发生在私人与公共领域的各种其他互动背景下。这样，传媒化信息可能得到一批次级接收者的额外受众，他

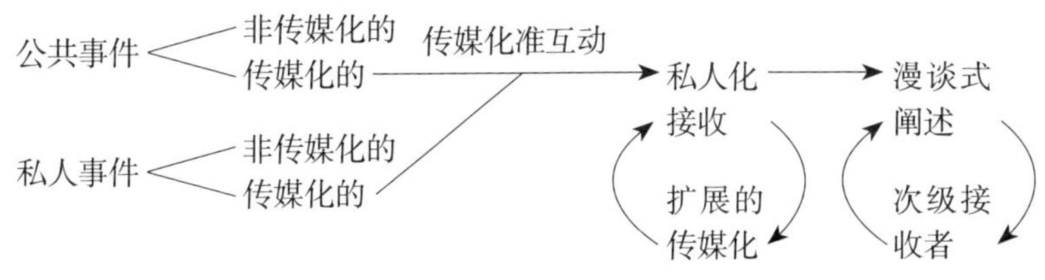

图5.6　传媒化事件的私人化接收 243

们自己并不参与传媒化准互动，但通过与主要接收者的互动而吸收信息的某些方面。这些信息也可能被传媒组织接收而结合进新的传媒信息，这一过程可以被描述为**扩展的传媒化**。通过漫谈式阐述和扩展的传媒化，通过传媒接收的信息适应并传播给更广范围的次级接收者，他们从而得到了自己既未直接经历又未通过媒体看到的事件信息。

因此，大众传播的发展不但使发生在公共领域的事件或活动在私人领域的人们的公共化过程变得更加公共化，而且它使事件或人们的公共性可以在私人领域的家庭背景中被经历或接收。经历公开化不再要求人们享有共同场所。公共性脱离共处背景，这涉及改变公共性性质和人们用来参与其中的方式。因为获得公共性不再取决于亲身共处，更多的个人，特别是处在私人家庭背景中的个人，能经历到更大范围的公、私领域内的事件。电视的出现在这方面特别重要，因为准入的法规与惯例常比其他传输媒体（如图书和报纸）较少限制性。**因此，任何处在私人家庭背景中的个人有了一台电视机就具有可能进入电视所产生和中介的公共领域**。正是传媒化公共性的更大的准入可以使更多的人以某种方式参与信息和传播领域。由于大众传播新方式特别是电视的发展，比以前更多的人能经历到发生在空间与时间遥远地区的事件，能参与越来越宽广和越来越全球式的传媒化公共领域。但是，这些机会也可能带来新问题，因为更高程度的准入和参与可以使行使权力 244

的人们(不论是在公共领域的还是私人领域的)更难以控制和限制获取信息,他们的权力在某种程度上依靠这种控制。关于儿童与电视的持续的辩论之所以很成问题,部分原因就在于此,因为这一辩论部分地有关在媒体上可以和应当传输什么——媒体可以使人们在私人家庭生活中相对没有控制和无法控制的背景下进行接收。随着电视的出现,儿童们得到新的手段来了解发生在公共与私人领域的事件与活动,包括成人一般留在私人家庭背景后区的那些行为方式。这反过来也向成人提出了新问题,他们可能感到首先供其使用的传媒化信息,由于媒体的准入而成为对儿童的信息、娱乐或伤害的来源,因此已经和他们所设想的管控儿童教育活动的责任发生了冲突。电视播出材料的准入水平对于关注(不论是或非)管理信息与传播准入的人们也产生了新问题,不论这影响到对儿童教育,还是更一般地影响到广大民众的知识与经验。

我已指出,大众传播的发展已经改变了现代世界中公共性的性质与经验。把公共性与享有共同场所相分离,就使更多事件更加公开(更加看得见),并使它们的公共性使更多人能更多地看到。但是有一些评论家把大众传播的发展解释为公共生活历史展示中的主要消极力量。这些评论家把接收过程的私人化和零碎性视为现代社会中公共生活死亡的象征——不是说大众传播的发展本身杀死了公共生活,而是说技术媒体的配置以其信息的单向流动源源进入私人家庭使得一度兴旺的公共领域寿终正寝[12]。我想这种解释是对现代世界中大众传播意义的一个过于消极的看法。的确,传媒化信息的接收一般是零碎的和私人化的过程,不过,这并不说明接收是非社会性的;相反,传媒化信息的接收,正如我指出的,一般涉及一系列明显的社会活动,包括对传媒化信息的漫谈式阐述。确实,大众传播一般牵涉一种单向的信息流,这样,接收传媒化信息的人就有较小能力作回应。但是,由此并不能认为接收者对传播过程没有控制或者接收过程不包括某种形式的参与——尽管是与众不同的、有限的形式。相反，正如我提出的，接收过程是一个比许多评论家所认为的更加活跃的、有创造的、批判的过程。

认为大众传播的发展破坏了一度兴旺的公共领域的论点，其最严重的缺点在于，它未能考虑到技术媒体配置的方式已经改变了公共性的性质。那种论点根据的公共性概念主要是空间性和对话性的，就是说，公共性意味着一些人聚在一个公开的地方，一个公共场所，他们在那里可以直接讨论共同关心的问题。这种公共性的概念来自古希腊城邦的聚会，它在某种程度上仍是适用于近代欧洲的沙龙和咖啡馆。然而，随着大众传播特别是电视的发展，公共性的性质已经改变了。一个人无须在事件现场就可以看到它，一个事件的公共性(可见性)不再取决于享有共同场所。因此公共性的概念已变得非空间化而且越来越脱离同在一处对话的思想。公共性已越来越联系大众传播技术媒体所生产的和提供的各种可见性。电视等媒体产生了一个新型的公共领域，它没有空间限制，它不一定与对话相联系，处在私人化家庭环境中的为数不定的人们都可以看到它。大众传播的发展非但没有敲响公共生活的丧钟，却产生了一种新的公共性并且从根本上改变了大多数人能经历公共事务的条件以及在今天参与所谓的公共领域。

重要的是要强调，关于行使体制化权力方面，大众传播的发展所产生的那种公共性或可见度是一把双刃剑。在大众传播媒体所产生的和支持的新的政治舞台上，政治领导人可以用过去从未存在过的方式和规模在他们的民众前露面。政治领导人与民众之间的关系越来越受到 246
大众传播所中介，就是说，成为一种技术传媒化准互动的形式，通过它可以形成效忠和感情(以及抵触感觉)的联系。有手段的政客们利用这种情况而从中得利。他们通过控制其自我展示，通过**营造他们在现代**

政治的传媒化舞台上具有的可见度，设法产生和维持对他们权力和政策的一个支持基础。今天，营造可见度被广泛承认是体制化政治的一个基本方面。从炉边谈话到党代表大会，从当地散步到超级大国峰会，政治领导人及其组织都关注营造可见度和培育传媒化准互动所产生和维持的一种关系。由于大众传播的性质，这种营造活动在时间或空间上不是地方性的。政治领导人面对的观众远超出可能与他共在一处的人们。观众可以超越一个国家的国界，因为现代政治的传媒化舞台是潜在地全球性的。

大众传播的发展虽然为营造可见度创造了空前的机会，它也对政治领导人和政治权力的行使产生空前的风险。在大众传播出现以前，政治领导人可以把营造可见度的活动限制在相对封闭范围的集会或宫廷，而对总的民众一般保持一定距离和超脱。他们权力的合法性在某种程度上依靠他们对其统治的民众保持距离来加以维持，这种距离培育了王室的素养光辉。今天，已没有可能以这种方式来限制营造可见度了。现代政治的传媒化舞台是开放的和准入的，这是传统集会和宫廷所没有的。而且，就大众传播的性质而言，媒体所传输的信息可以以传播者无法直接监控的方式被接收。因此，大众传播所产生的可见性也可以是一种新的脆弱性的来源：**不论政治领导人可能多么设法营造他们的可见度，可见度现象可能使他们无法控制而破坏其具有的或寻求的支持**。政治领导人可以被一次感情爆发、一句即兴话语或一件失算的行动所毁掉：权力丧失可能极其迅速。更重要的是，今天政治权力的行使发生在越来越**公开可见**的舞台上，不管政治领导人多么竭力设
247 法控制和限制可见度。因此，美国军队在东南亚或中美洲的部署，或者在南非或西岸对示威的镇压，都是发生在新的公共领域的活动：它们是看得见的、可以被观察的、能被分散在全球的千百万人同时见到的。政

治权力的行使处在一种**全球性检查**之下，这在大众传播特别是电视出现以前是完全不存在的。鉴于这种检查的可能性，政治行动带有空前的风险，可能使一个政权暴露于国际谴责和政治与经济孤立之中。大众传播所产生的可见性是一把双刃剑：今天的政治领导人必须设法不断地营造它，但是他们没法完全控制它。传媒化可见性是现时代体制性政治的一个不可避免的条件，但它对政治权力的行使具有无法控制的后果。

介于市场与国家之间的大众传播

在前面诸节中，我已经分析了大众传播的一些性质并研讨技术媒体配置的一些社会的和政治的含义。我现在要更专门集中于大众传播的体制组织并考虑从19世纪到今日提出来说明和辩解社会与政治生活中媒体机构作用的论点。我将试图表明这些论点在各方面都是错误的，它们在某种程度上不适用于20世纪晚期我们所处的环境，即便它们有时提出些政治辩论，好像什么都没有改变似的。虽然我开始考虑关于媒体的某些历史论点，我主要关切的是评估这些论点对今日问题与可能的适用性：我在这里的主要兴趣并不在于研讨这些论点与它们最初提出的特定社会—历史背景的关系，而在于考虑这些论点是否对我们今天所处的环境具有任何持久的适用性。我将一开始考虑出版自由的传统自由派理论，根据这种理论，报刊应被视为对政权的一种批判的、独立的监督员——有时被称为“王国第四等级”。然后我研讨公共服务广播的原则，这个原则是英国等地广播机构发展的核心问题。最后，采取比较规范的看法，我将提出一些建设性的建议，谈谈大众传播 248
的体制架构如何能发展得既能保留传统上赋予媒体的一些任务同时又

考虑到传媒机构今天运作的实际环境。我的论点是：传媒机构应在市场力量无约束活动与国家直接控制之间占据一个地盘。只有通过在传媒机构的组织与运作中发展起一种**有管理的多元主义**，我们才能在今天维持关心大众传播社会与政治作用的思想家们的一些传统的、有道理的思想。

自由派理论及其局限

当前关于现代社会中大众传播政治作用的辩论受到一系列观点的重大影响，这些观点是在英国等地争取确立“出版自由”的长期和艰苦斗争的过程中涌现出来的。这里不必回顾这一历史，因为它已在其他地方得到很好的记述[13]。我将集中在活跃于争取出版自由早期斗争的主要思想之一并设法评估它对今天大众传播环境的继续适用性。从17世纪至19世纪，报纸与印刷业的发展伴随着国家当局不断试图控制、限制和镇压出版那些被政府官员一般认为危险和堕落的、被保守党记者威廉·科贝特称之为“谎言和坏原则的传声筒”的报纸、小册子和书籍[14]。争取出版自由的早期斗争实质上是对国家控制的斗争，这种控制有各种形式，从课程和津贴到公开的检查。在某种程度上，这种斗争与自由派民主思想的发展相一致，并在后者那里得到有效的呼应，后者关注界定与维护个人反对国家权力过度和镇压性行使的自由。在19世纪早期英国报业正在反对印花税（所谓“对知识征税”）时，早期的自由派思想家如杰里米·边沁、詹姆斯·穆勒和约翰·斯图尔特·穆勒的写作对出版自由作了有说服力的、有影响力的辩护。他们把通过独立
249 报刊机构自由发表意见视为表达各种不同观点、形成开明的社会舆论以及制止腐败、专制政府滥用政权的主要手段[15]。早期英国自由派的观点虽然在各个方面并不一样，他们一般都一致认为自由与独立的报刊

是反对滥用政权的重要保护。自由与独立的报刊会起到批判性监督的作用：它不但发表各种意见从而丰富知识领域和辩论，而且它还揭露和批评统治者的活动及其决策所根据的原则。

出版自由的早期斗争并非是毫无成功的，在18世纪与19世纪过程中，自由表达思想与意见的原则写进了许多西方国家的宪法。在英国，关于报刊检查的国会法案在1695年被废除而且从不再起，所以，人们正式有自由按他们的希望出版，只要不是亵渎神明的、煽动性的、下流的或者诽谤的，如果有这种情况他们应在法庭上回答质询。但是，对于被认为亵渎神明或煽动性的内容的镇压仍然是常见的政治问题，而且由于印花税对于廉价的激进报纸与小册子具有过分的影响而变得更加严重。直到19世纪前半叶，对报刊出版物的赋税才告撤销；对小册子的税在1833年废除；报纸印花税在1836年减至1便士，然后在1855年全都废止；纸张税在1861年废除。这些法律改革为报纸与出版业的发展铺平了道路，它们早已在进行迅速的技术变革了。英国与其他西方社会中这些产业的随后发展因此就在言论自由的原则得到正式承认的政治与法律架构内进行：人们有**权利**在自由和独立的报刊上发表意见，只要所说的不被认为是亵渎神明的、煽动性的、下流的、诽谤性的或者侮辱性的（这种限制在不同历史时期和不同国家背景都有不同）；对权利的这些限制不能以国家检查或管制来先期加以应用，而只能事后追诉被控以侮辱的人到法庭回答质询。

在政治与法律上承认言论自由是许多西方国家的一个重要特征。
它是许多人对保守与反动的国家官员根深蒂固的反对作竭力斗争的证 250
明，它是对早期自由派民主思想的政治洞察力的赞扬。而且，这种历史斗争所提出的问题完全不仅仅属于历史的兴趣；不论考虑到当前东欧与苏联社会中在言论自由问题上的矛盾，还是如英国等西方社会中试图压制各种出版物或项目的新近行动，我们可以看到言论自由的原则今天仍然具有其激进与批判的潜力。在信息与思想受到政治压制是常事的世界里，约翰·斯图尔特·穆勒对自由发表思想与意见的有说服力的捍卫，尽管它们可能多么不受欢迎或者使当局多么不快，仍然具有主题性的回响。然而，传媒产业的性质与组织从19世纪早期以来已大大改变了，鉴于这些发展，我们可以看到出版自由的传统理论对于思考现代社会中传媒产业的作用，至多具有有限的价值。在这方面最重要的发展是：(1) 传媒产业不断增强的集中化与商业化；(2) 新的传媒技术的发展。对于传统自由派理论还有一个问题；(3) 这个问题有关对言论自由合法限制的性质。以下我依次讨论一下。

第一，出版自由的传统自由派理论理所当然地认为，自由企业是言论自由的基础。只有当出版机构独立于国家并且处于私人领域而能受最小限制地进行活动时，自由发表思想与意见才能实际做到：在传统的自由派理论中，对经济活动的自由放任观是和个人自由包括思想与言论自由自然地相辅相成的[16]。而且，实际上，19世纪与20世纪过程中英国和其他西方社会的报纸与出版业的发展正是建立在这个基础上的。但是，这些产业增长的结果是，到了20世纪初，言论自由越来越面临一个新的威胁：这种威胁不是来自国家政权的镇压措施，而是来自报纸与出版业作为商业公司不受阻碍的增长。在前一章里，我追溯了19世纪末大规模发行的报纸的发展以及在20世纪期间报业及一般传媒产业的
251 资源日益集中化的情况。报刊以及更加一般的传媒产业越来越成为以生产与传布大范围流通的象征货品为取向的大规模经济组织，它们已越来越融入各式各样跨国综合传播大企业。这些发展使得传统自由派理论对于20世纪末大众传播的社会与经济情况的适用性严重地成了问题。虽然报刊和其他一些传媒机构可能保持对国家政权很大程度的独

立，这些机构中有许多已经在私人领域卷入了导致资源与权力空前程度集中化的过程。在这种情况下，出版自由的传统自由派理论（被视为自由发表不同思想与意见的手段）就只有有限的价值了。该理论正确地强调：传媒机构对国家的独立性是现代民主的一个重大特征，是人们对于政权行使能进行批评与公开评论的一个重要前提；但是，该理论低估了传媒机构依附于高度竞争性的、日益全球性的资本积累过程所造成的危险，这个过程导致报纸数量不断减少，资源日益集中到多媒体综合大企业与特殊企业家之手。关于20世纪末期言论自由的比较令人满意的说明，必须考虑到这个事实：这种自由不仅受到无节制行使国家权力的威胁，而且也受到私人领域传媒组织无阻碍发展的威胁。

第二，出版自由的传统自由派理论的第二个局限是，它的发展首先有关报业与出版业，而它对20世纪期间具有重要意义的那些传媒产业部门——特别是电视广播——的适用性却并不立竿见影。正如我前面强调的，在传媒产业不同部门所使用的技术媒体之间，以及在这些媒体配置的机构之间，有着重要的差异。传统的自由派理论往往把传媒机构的概念视为多种多样的独立组织，它们由于多种多样和独立性而保证了不同观点的发表。但是，这种概念现在成了问题，不仅因为前一段中提到的发展，而且因为在传媒产业的某些部门中技术媒体的性质限制了多种多样独立组织的建立和维持。这种限制既来自技术媒体向不 252
同组织提供传输的能力，也来自有关依靠较高资本投资的产业初始成本。正是首先由于这些原因，广播机构（特别是那些有关电视的机构）的发展都发生在一些大大不同于传统自由派出版自由理论所设想的体制架构内。早期电视广播系统的建设者一般认为只有为数有限的供应渠道，他们所帮助巩固的体制架构基于私人领域中运作的网络系统内的有限竞争，或者基于公共领域的组织所依据的公共服务广播原则。

下面我将讨论公共服务广播的原则以及它的一些缺点。这里我只希望指出，过去50年来发展起来的电视广播内的体制架构都不能很好地符合出版自由的传统自由派理论。在一个网络体系内有限竞争的原则，以及公共服务广播的原则，都不能符合私人领域多种多样的独立组织互相自由竞争的传媒体制的概念。很可能是，电缆和卫星技术的最新发展，加上政府关于解除管制的政策，将大大改变现有的体制架构。但是，我将在后面指出这些发展本身，如任其自然，是否会导致近似于传统自由派政府所设想的形势，那看来是很可怀疑的。

第三，当我们试图评估出版自由的传统自由派理论对现代世界大众传播情况的适用性时，还出现一个问题，那就是对言论自由合法限制的性质问题。即使在今天那些已经把言论自由的原则列入法律与政治系统的体制化内容的社会中，一般都认为国家可以合法地限制某种信息或讯息的发表或传播。这里我们不是在简单地谈论对个人或组织进行诽谤侮辱的追诉案例，而是提及国家当局限制或压制象征形式传布的先期干预。在两个主要方面，这种干预颇为常见和引起争议：在淫秽方面和国家安全方面。在这两个方面提出的问题是极其复杂的，肯定
253 存在合法异议的余地。这里我不想探究赞成或反对这方面国家干预的论点，而只想考虑传统自由派理论是否有助于设法解决这些争议。事实上，约翰·斯图尔特·穆勒并未详细谈论对言论自由合法限制的性质问题，他在他的经典性论文《论自由》中有关这一问题的段落至多也是含糊不清的。一方面，根据穆勒的“伤害原则”，只有当人们的行动对他人造成伤害或者有损于他人的利益时国家才能合法地加以制裁，这可以被解释为认可国家对传布象征形式的最低限度干预，即个人可以选择使用或不理，如果选择使用，那就要在自己家中私密地使用。另一方面，这同样的原则可以被解释为认可国家在大众传播领域进行广

泛干预，因为可以认为淫秽出版物或公开政治上敏感的信息“造成对他人的伤害”或者“有损于他人的利益”——这很大程度上取决于如何理解这些关键词语。穆勒顺便说到对正派言行的侵犯本身并不能加以制裁，不过，“如果公开这样做，就是对良好举止的破坏而属于侵害他人的范畴，从而可以加以禁止”[17]。但这种规定如不断用于大众传播时代中象征形式的大规模生产与传布，可能会导致一种高度限制性的传媒政策，它同玛丽·怀特豪斯这样的当代保守主义哲学的鼓吹者所要求的并无二致。因此，我以为，虽然出版自由的传统自由派理论仍然是当代辩论的重要参考，但不能说它对今天传媒政策的一些关键问题提供了完全清楚和令人满意的看法。

公共服务广播原则

无线电与电视广播在20世纪的出现在某些方面改变了关于现代社会中大众传播的作用的辩论条件。技术媒体的性质是，广播机构的发展方式不能与报纸和出版组织直接相比。有限的供应渠道要求国家或准国家机构直接参与分配许可证或特许权以及参与调控传输；和生产和传播节目有关的相对高昂成本易于使人赞成使资源集中于大规模广
播组织手中。正如我在上一章中指出的，广播的发展发生在不同的体 254
制架构之内，而且各国背景各异。这些发展往往以特别方式发生，是具体商业倡议或政策建议的结果，而且不一定伴随着对广播宗旨与方法的一般理论阐述。可是，有一项阐述对广播发展影响特别大，特别在英国，在广播机构一定程度仿效英国创始模式的其他许多国家也是如此。公共服务广播原则最初由英国广播公司首任总裁约翰·里思制定，一直是英国广播公司自开创以来发展的基础并对广播过程具有巨大的影响。虽然这一原则目前是英国集中的政治辩论的主题而且前途未卜，

但是无疑它在迄今大众传播的体制发展中起着主要的作用。

公共服务广播原则是什么？里思在他1924年的《英国的广播》一书中把公共服务广播的特点界定为四个因素：拒绝商业化、节目使社会上人人可得、确立对广播的统一调控，以及坚持“提供最好的和拒绝有害的节目”[18]这一高标准。这些因素体现在英国广播公司的组织结构与实践之中，英国广播公司被里思设想已“建立一个公共服务的传统和专注于社会与国家最高利益的传统”[19]。作为一个机构，英国广播公司过去和现在都处在公共领域，它的收入依靠收取许可证费；而且，直到商业电视在20世纪50年代出现以及要不是国外无线电台的非法侵入，它对英国的广播服务一直行使着垄断。虽然处在公共领域，英国广播公司与当时的政府总是正式隔离的并把自身的政治独立性视为一个重要特征。里思自己不属于任何政党，但他是意志坚强的人物，有着明确的观点并决心实施。他认为自己的任务首先在文化与教育方面：公共服务广播应设法向全体国民提供信息，启发他们，提供他们高标准和好品位的节目。

英国广播公司从它早期里思时代起肯定已发生了变化。它不但在
255 范围上和产出上大大增长了，而且它失去了一些使命感，这部分地由于商业电视的出现而引起的竞争的焦虑所削弱的。然而，公共服务广播的原则对英国广播公司仍然是基本的，而且在关于广播的前途的当前辩论背景中，这一原则得到政治主张殊异的人们的支持。我认为，毫无疑问的是，在这一原则指导下，英国广播公司已经制作了一些质量上乘并有持久价值的节目。许多英国广播公司的节目证明：广播机构可以在公共领域非常有效地运作，就是说，在不是私人拥有的不是以实现利润为取向的体制架构内非常有效地运作。可是，如果我们细看英国广播公司**在实践中**的运作方式，十分清楚的是，至少在里思原先阐述的形

式上公共服务广播原则也有着严重的缺点。我要再次限于三点考虑上:(1)在官僚精英手中的权力对峙;(2)广播机构受国家政权行使和政府压力的影响;(3)在新传媒技术面前保持传统公共服务广播原则的困难。

第一,有关公共服务广播原则的风险之一,是当它包罗在具体体制架构中时可能有助于使权力集中在官僚精英手中。英国广播公司的发展对这种风险提供了充分的证据。在里思的领导下,英国广播公司按严格的等级制方式组织起来,一小批人组成一个向总裁负责的执行控制局,而总裁自己对广播机构的方向和产出行使许多控制。在英国广播公司的组织结构中,总裁形式上对当时政府任命的董事会负责。虽然董事们很少对英国广播公司的日常运作进行干预,他们却负责任命或撤换总裁,而且他们的观点在危机时期可能举足轻重。负责的方向是严格对上,很大的权力掌握在总裁手里。对于一个掌握了广播领域全部或局部垄断的机构来说,这种等级制组织肯定是成问题的。它把机构的全面控制赋予一批精英手中,他们通过任命制度往往由来自比较狭窄和特权社会背景的人们所组成。如果我们观察一下英国广播公司从20世纪20年代以来的董事和总裁的社会背景,我们发现几乎一半是牛津剑桥毕业生,大约四分之一来自金融业或企业界,而只有十五分 256
之一具有工会背景,而且大多数是白人和男性[20]。当然,正如在所有复杂的组织中,权力并不全然属于这种官僚精英掌控。英国广播公司的日常运行涉及这个机构许多不同层次上连续的、复杂的决策过程。但是,这个机构的总体气质和方向是受其精英价值观影响的,他们的观点在特定情况下可以是决定性的。

英国广播公司发展为一个极其等级化的组织,以及这个机构的上层梯队都由来自相对有限的社会背景的人们所担任,这些事实本身并不说明公共服务广播原则有缺点，情况可能是：英国包罗了公共服务广播原则的体制架构应归功于里思的独特个性（他的独裁和精英主义倾向是人所共知的），而这一体制架构也同样应归功于这种公共服务广播原则。可是，当广播根据一种要求建立由一家负责维护高标准和好品位的机构对广播进行统一控制的原则时，就存在助长权力集中的风险。对质量和品位的判断不是在社会真空中进行的；它们受教养的社会分化过程所制约[21]。这种判断越多地掌握在一小撮委派的人们之手，其产品将反映特定社会集团或阶层的教养感受的风险就越大。当《听众》杂志在1936后开始进行听众研究时，它发现工人阶级听众中有相当程度的不满，他们听不进托斯卡尼尼的音乐会，而常常去听外国商业台以便离开高级文化，得到些喘息[22]。

甚至在今天，在电视广播的双头垄断体系下，英国广播公司的频道在上层中产阶级观众中明显地比独立电视更受欢迎，而独立电视则在非熟练体力工人中比英国广播公司更受欢迎，这一事实趋于肯定这种观点：与公共服务广播原则有关的风险并非纯系设想。公共服务广播原则具有一种**文化家长式统治**的风险，在其中，特定社会群体的教养感被体制化而成为传媒象征形式生产与鉴赏中保持的准则。我将在下面说明，避免这一点和有关风险的最佳办法是通过建立多种决策机构来清楚地寻求广播领域的权力非集中化——我称之为有管理的多元主义。但
257 在阐述这一建议以前，我要谈一些和公共服务广播原则有关的问题。

第二，自从无线电和电视出现以来，广播机构对于政府成员和国家官员的权力行使特别敏感。在20世纪初期，确立正式自由报刊的斗争在许多西方社会中有了很大程度的进展，在报刊领域实行的一些限制越来越采取报业商业性质所带来的经济规则的形式而不是露骨的政治制裁的形式。可是，随着广播在公共服务广播原则下的发展，在国家及

政府机构与大众传播机构之间确立了一套新的关系。里思保留了传统自由派出版自由思想的一些东西，但是在一个传输渠道数量有限，而且他认为按公共利益而加以统一控制是重要的媒体背景下，这一思想被进行了很大的改造。只有在谨慎地对政党与有组织利益集团保持中立，并且以许可证费的机制与当时政府保持距离（许可证费为英国广播公司提供了独立于政府分配资金以外的收入来源）的情况下，控制部门才能在这种新的背景下支持传统的自由派思想。英国广播公司采取的这种中立性是一种**操作理念**，这对于它扮演一个公共服务广播机构的角色是至关重要的——这对它作为一个机构是十分重要的，这个机构虽有其自成一体的统一性并且处在公共领域，但仍可号称独立于国家或排除政府压力并且为公共利益行事。

困难在于，这种操作理念实践起来常常过于妥协。从创始直到今日，英国广播公司时常发现自己处在困难境地：互相冲突的利益很成问题，不得不作出广播什么和如何广播的决策。根据英国广播公司的体制架构，始终存在这样一种风险：每当严重冲突或国家安全处于险境时，这种决策过程总是系统地赞同国家政府官员的考虑。人所共知，这正是英国广播公司面临第一件这类重大危机时发生的情况：1926年的总罢工。里思拒绝了政府的一些成员提出“征用”英国广播公司的主张，认为这种行动既不利于生产又没有必要：“如果政府是强大的，它的事业是正确的，就无须采取这种措施。如果英国广播公司是为人民的，政府是为人民的，那么英国广播公司在这场危机中一定也是为政府的。”[23]里思的论点是意味深长的，因为它揭露了公共服务广播的隐蔽 258
风险：在危机时期，他认为可以暂时使广播机构与政府保持一致来解决界定“公共利益”的困难，政府在原则上一定把全体人民福利放在心上。对于那些关切广播机构对国家保持自由独立的人们来说，这种暂时权宜之计中所蕴含的危险是明显的。问题并不简单在于，在总罢工或者在此以后其他各种场合英国广播公司赞同政府或者屈从于政府或其他国家部门的压力；而在于，通过主张对广播进行统一控制，通过使广播机构处于公共领域并使之负有追求公共利益的任务，公共服务广播原则就带有**一种风险**：这些机构所寻求的中立性将在实践中进行妥协而系统地赞同政府官员和国家的考虑和观点。这一风险不但被英国广播公司的历史所充分说明，而且被世界各地仿效英国公共服务广播制度模式的那些广播机构的历史所充分说明。

第三，在里思最初说明公共服务广播原则的四个因素中，事实上有一个从来没有达成过，那就是确立对广播的统一控制。在20世纪30年代和40年代期间，虽然存在过一种近似垄断的东西，但是，对无线电的控制权从来没有完全集中在英国广播公司之手，因为以外国为基地的电台和非法电台总能向英国听众发送节目。电视广播的头几年完全被英国广播公司所主宰，但是，这种垄断很快被独立电视网的建立所打破，后来又被第四频道打破。因此，就英国来说，公共服务广播原则的体制性实现在某种程度上总是有悖于里思原来的概念：广播机构从来没有完全处于统一控制之下，近几十年来若干准国家管理部门对这一产业的不同部分进行管理。但是，今天有着一些新的发展态势，可能要发挥作用反对任何对广播确立统一控制的企图。新传播技术的发展，特别是有关电缆和直播卫星的发展，正在产生着迄今从未有过的更大容量的新传输媒体，而且具有很容易跨越国界的潜在传输范围。在这
259 些情况下，很难认为被理解为广播政策综合观的公共服务广播原则可以维持它原来的里思形式。剥夺了它的综合雄心以后，剩下的问题就是：公共服务广播原则在新技术配置所带来的技术媒体与机构的新型架构中是否还能起任何作用。

新传播技术的配置突出了现代世界文化传播的另一个特征，它趋于对里思原先所制定的公共服务广播原则反向而行：那就是它的全球化和全球性特点。根据其原先的阐述，公共服务广播原则定在国家的背景之内。根据里思的看法，主要的广播机构是一个全国性机构，能同时影响国内的每一个家庭。英国广播公司1933年年鉴中断言："广播应当在全国范围为国民服务，并由单一的全国性机构进行。"[24]这种全国范围公共服务广播的看法有双重问题：一方面，建立一个全国性广播服务的企图可能导致地方与地区利益和关注被排除或边缘化，在近几十年来一直在广泛辩论这一点；另一方面，这种企图可能被现代世界中文化传播的日益全球化所削弱。当电影与电视节目越来越多地在国际市场上出售，当传输的技术媒体越来越能跨越国界传布视听材料，试图把广播机构与国际和跨国压力及过程相隔开是越来越困难了。在下一节中，我将提出：与其进行一些殿后行动来指望维持一种在许多方面已过时的思想，不如重新思考广播机构的组织与作用，使它创造性地利用传媒产业的发展和新传播技术的配置所开辟的新机遇。

走向有管理的多元主义

在试图考虑传媒机构的未来时，我们可以一开始从过去吸收一些
总的教训。关于出版自由的传统自由派理论强调（我认为是正确的）传 260
媒机构与国家及政府主要机构之间保持一定距离：只有保持这种距离，传媒机构才能批判地评论体制化政治权力的行使。可是，传统自由派思想家并未充分考虑到传媒机构作为商业公司无约束地发展所带来的危险。在报业与出版业，以及越来越多的整个传媒产业，这种发展已经导致资源集中于私人领域大规模组织的手中。正是部分地为了防止广播领域内的这一后果，才提出公共服务广播原则。这一原则的主要优

点是它主张广播机构应受控于严格的商业考虑以外的标准，这一主张在今天仍然具有适用性。但是，公共服务广播原则由里思所阐述的体制化的形式却趋向于把资源集中在一个单一机构之内，并把权力集中在一批官僚精英的手中，他们与国家及政府官员的亲近关系使得广播机构所追求的中立性难以在实践中避免妥协让步。为了局部地应付无约束的商业主义，公共服务广播原则再次提出了国家对大众传播机构的干预与控制。

传媒机构未来的发展，我认为，应当用我称之为**有管理的多元主义原则**来治理。对此，我的意思是：**应当建立一种体制架构来适应并保证多元独立传媒机构存在于大众传播的不同领域**。更加一般地，在报刊和出版领域里，传统自由派思想家们都强调多元独立机构的重要性，他们认为这种多元性是保证各种不同观点发表的方式。虽然这一高见在今天仍有其适用性，但同样重要的是要保证通过国家提出和实施的立法来确保这种机构的多元性不被私人领域大规模公司化资源集中所急剧削弱。这不仅仅是进行立法以反对限制竞争而不利消费者的垄断活动问题：处于险境的并不只是消费者选择自由，而且是一大批可以表达不同观点的公共论坛的存在。个人不仅仅是有权挑选消费品的消费者，他或
261 她也是政治群体的参加者，在这种群体中，意见的形成和判断的行使今天在某种程度上取决于通过大众传播媒体取得信息和表达不同思想。传媒产业中资源的公司化集中不只是对个人作为消费者的威胁：它也是对个人作为公民的威胁。在广播领域，对多元主义进行限制的主要理由总是供应频道的波段范围相对狭窄所造成的技术限制。可是，随着新传播技术的发展，这种理由很快失去它可能有过的力量。电缆和卫星技术已经大大增加了在一些国家的现有频道，而且在今后几十年中还会在其他国家中发生。但是，可以合理地怀疑，如果只听任市场力

量的话，这些新技术媒体的配置所带来的供应能力的提高是导致多元主义的明显增加，还是导致资源进一步集中在传播综合大企业手中。[25]

因此，有管理的多元主义原则首先要求**传媒产业的资源非集中化**。传媒产业资源集中化的趋势应当通过限制传播大综合企业活动的立法来加以遏制和扭转；而且，在广播领域，关于广播应纳入统一控制的原先里思的思想应当坚决加以抛开。有管理的多元主义原则虽然要求对传媒产业进行立法干预，但是，与此同时，它也要求，在传媒产业的常规运用方面，**传媒产业要与政权行使明确分开**。这种独立的重要性既得到出版自由的自由派理论家也得到公共服务广播的奠基人所强调——尽管我认为公共服务广播的体制性实现已经在某些方面就这种独立作了妥协让步。有管理的多元主义原则的这种双重方面——传媒产业的资源非集中化，传媒产业与政权行使相分开——为传媒组织的发展界定了广阔的体制性空间。空间确实是非常广阔的，而且希望如此：在公共领域内、在私人领域内，以及在我早先描述的中间组织领域内，大力发展各种不同的所有制形式。不过这一空间不是没有局限的。这是处于无约束的市场努力运作与传媒机构受国家直接控制**之间**的空间。正是使传媒机构处于市场与国家之间，有管理的多元主义原则才能最有效地贯彻实行。 262

传媒机构可以在这一空间中发展的具体方式，以及必要和合适的管理形式，在不同的大众**传播**领域中将各有分别，我不在这里详细研讨这些问题[26]。我只简单地指出，在电视领域，今天可能应把传输的机构部门与从事电视节目生产的机构之间做明确区分。生产和传输的过程不需要合在同一个机构内，虽然在历史上它们时常结合在一起。当传输渠道增加时，原则上就产生了传播节目的更多机会，节目可以由独立生产公司生产，虽然这些机会在实践中能否实现将取决于出现的渠道是如何管理和控制的。英国第四频道的组织就是基于生产与传输之间这种体制分工之上的，而且英国广播公司似乎很可能会从独立部门吸收节目的比重越来越大。但是，这种体制分工在技术变化背景下的有效发展，将要求一批管理机制来保证：(1) 传输渠道的发展既是多元的又能回应接收者的需要与兴趣；(2) 生产组织能取得公、私不同来源的资金，以便从事生产高成本节目或提供娱乐节目来满足少数人兴趣和口味的组织不会由于资金流向以最低投资取得最高收益的节目而自动消灭。

因为新传播技术的配置正在使大众传播在性质上越来越全球化，所以有管理的多元主义原则必须置身于跨国背景之内。从这一原则的角度来看，大众传播的日益全球化既提供了新机遇又带来了新危险。新机遇，指的是出现了销售独立组织生产的节目的新市场，指的是传输过程本身不能再纯粹以国家的国界和利益来看。但是，新危险也一样，指的是没有谨慎的管理新媒体的发展可能只是重复过去50年间报业与出版业所采取的过程——那就是资源日益集中在传播综合大企业的手
263 中。鉴于新传输媒体的跨国性质，防止这一结果的必要管理将必须既是国别的又是国际的。特定国家以及相互有联系的国家必须采取步骤保证新技术配置所开辟的新传输渠道不会因控制而使得多元主义和回应能力牺牲在自由企业的祭坛上。必须公开而直接地面对这种管理的责任；不能这样做，就会失去，或者大大地、无可挽回地减少丰富现代社会中社会政治生活的一个空前机会。

重新思考大众传播时代的意识形态

在结束本章时，我要回来谈谈早先几章中的一些核心问题，并根据这里提出的考虑重新加以讨论。我要提问，根据这些考虑，意识形态的

分析今天应怎样理解和研讨。在第二章里，我批评了对意识形态分析的各种不同观点，认为这些观点忽视了或者错误分析了现代社会中大众传播的作用，因此错误解释了大众传播对意识形态分析的意义。所以，现在我们可以问，意识形态分析在大众传播时代应如何理解？要充分回答这个问题将要求采取一种在本章中没有面临过的分析：将从专注于技术媒体的性质和传媒机构的组织改为采取另一种分析，即在这种考虑下面向传媒信息的**内容**以及该内容在特定环境中使用和取得方式的分析。关于这种分析的一个方法论架构将在下一章里阐述。这里我将谈一下有关今天意识形态分析的一些总的考虑。我要提出四个论点，它们会提供对大众传播时代意识形态分析的一套理论方针。

论点一：现代社会中的意识形态分析必须把大众传播的性质与影响放在核心位置，虽然大众传播不是意识形态运作的唯一场所。正如我在先前一章里试图表明的，意识形态分析往往在有关现代工业社会 264
兴起的文化转型的一项总体理论内容中表述的——我称之为文化转型的宏大叙事。这项内容把首要重点放在传统宗教信仰与习俗的消减和社会生活的日益理性化；意识形态分析因此首先以伴随工业资本主义发展的世俗信仰体系的分析来加以构想。但是，我们今天生活在这样的世界里：文化经验在深层次上由各种大众传播媒体的象征形式传布所形成。正是这种现代文化的传媒化而不是所谓的社会生活世俗化和理性化提供了主要的参照框架，今天以此重新考虑意识形态的分析。根据我在第一章里勾画出的关于意识形态的批判性概念，我们可以就意识形态传达的意义用于确立和维持统治关系的方式来分析意识形态；我们可以承认，在以大众传播的发展为特点的社会里，意识形态分析应当集中关注大众传播的技术媒体所传输的象征形式。意识形态分析不应集中于有组织政治集团所制定和信奉的世俗信仰体系，而应首先面向象征现象在社会领域中流通并与权力关系相交叉的多种复杂方式。大众传播的技术媒体是中心关注点，它不但作为象征形式的流通与传播渠道，而且作为产生时、空上延伸的新型行动与互动及新型社会关系的机制。因此，意识形态分析必须既讨论传媒机构生产与传布的象征形式，又讨论生产与接收这些传媒化象征形式的行动与互动背景。

虽然大众传播是意识形态分析的中心关注点，不过重要的是要强调它完全不是意识形态在现代社会中运作的唯一场所。我把意识形态现象的特点表述为有意义的象征形式，指的是它们在特定的社会—历史环境中用于建立和支撑统治关系；而且，这种现象可以在各种背景下看出来，从朋友间的日常会话到总统或部长讲话（不论传媒化与否），从逗乐和玩笑到严肃的政策与原则宣言。承认大众传播为意识形态生产
265 和传播场合的中心地位并不意味着人们必须忽视除了有关通过大众传播传输象征形式以外的意识形态运行背景。而且，正如我先前指出的，通过大众传播所传输的象征形式往往是在日常生活中进行而且结合在社会互动的象征内容之中。传媒化信息的这种推论性阐述可能在初级与次级接收者的生活中改变信息本身的意义并削弱它们的影响与作用。对意识形态的研究必须极其广泛以考虑象征形式流通的各种不同背景，不论这些形式是被大众传播所传媒化的并在后来的讨论中被阐述的，还是只在日常社会交往互动的过程中交流的。

论点二：大众传播的发展大大扩大了意识形态在现代社会中运作的范围，因为它使象征形式能传输到时间与空间上分散的、广大的潜在受众。如果我们根据象征形式所传达的意义用于建立和支撑统治关系的方式来构想意识形态，可以看到大众传媒尤其是电子媒体的发展对意识形态现象的宣传与传播具有巨大的影响。随着大众传播印刷媒体的发展，象征形式的流通越来越脱离对共同物质场所的分享，因此象征

形式的意义越来越能超越象征形式所产生的社会背景。只有随着大众传播印刷媒体的发展，意识形态现象才能涌现为**群众**现象，因为在此以前象征形式的流通限于特定地点或具体阶层或人群。电子媒体的出现，特别是电视的出现，进一步强调了意识形态现象的群众性和群众潜力。电子媒体使象征形式以空前规模进行流通，以或多或少地同时到达广大观众进行流通。象征形式的流通能力以前从来没有像电子传媒化大众传播时代那样巨大。

除了加强流通能力外，电子传媒化大众传播的发展修改了象征形式生产与接收的进入方式。现代社会中的广播机构都是以确定的方式组织起来的，我在早先一章中描绘了一些，这些组织特点用于限制进入电子传媒化象征形式的生产与传播。这些限制的性质是多样的，而且， 266
不断变化，特别是随着广播领域新技术的配置更是如此。但是，在可预见的将来，广播领域象征形式生产与传播的进入方式很可能仍然是高度有限制性的，而且首先决定于大规模传媒机构与传播大综合企业的组织特征。与生产和传播方面的限制性进入相比，诸如电视这样的电子媒体所传输的象征形式的特点则在接收方面具有相对无限制性的进入。为了进行接收活动，必须满足某些物质的、技术的、财务的和法律的条件——例如，人们必须拥有一台电视机，支付许可证费或订户费；但是，一旦满足了这些要求，进入接收传媒化信息是相对无限制的。当然，在家用和其他接收背景中的确有不同种类的限制，我在本章早先一节中提到过这些。不过，重要的是要强调，与诸如图书、报纸、杂志等其他形式的大众传播形式相比，如电视这样的电子媒体所传输的信息原则上和典型地是被更众多、更广泛的受众所取得和接收的。在某种程度上，这应归功于这样的事实：电视机是普通的家用电器，它安放在家中的中心位置，是许多社会互动发生的中心点。这也应归功于这样的事实：通过电视接收的信息所要求的解码技术常常是简单的且不大涉及专门性训练，而借助其他媒体诸如印制材料则不然。电子传媒化大众传播的双重性质——象征形式生产与传播的有限制进入和象征形式接收的相对无限制进入——形成了电子传媒化象征形式成为现代社会中意识形态运作场合的方式和程度。

论点三：我们不能只通过分析传媒机构的组织特征或传媒信息的特点来分析大众传播的意识形态性质；传媒信息也必须联系它们被接收它们的人所取用时的具体背景和过程加以分析。正如我在第二章中所指明的，若干当代理论家们关注大众传播成为现代社会中意识形态主要媒介的方式。因此，大众媒体在我称之为国家组织的和意识形态
267 保证的社会复制总理论中，一般都被赋予复制机制的中心地位。而且，诸如霍克海默、阿多诺和哈贝马斯等作家都以不同方式试图分析传媒产品的意识形态性质。除了可以对这些各类观点作出具体批评外，还有一个他们所共同具有的缺点：根据传媒机构的特征或功能和传媒信息的特点来解释大众传播的意识形态性质的倾向。这是一个缺点，因为，不能设想，由传媒机构传布的信息，依靠这些机构的组织或者这些信息本身的性质，当信息被人们在日常生活过程中接收和取用时将具有一个已知的结果。不能设想，接收传媒信息的人，由于接收了它们，就会被迫以模仿性和适应性方式行动，从而被束缚于他们的行动和据称强迫它们的信息所复制的社会秩序。罗马尼亚国家电视台不断虔诚地显示齐奥塞斯库及其随从的形象并不能在罗马尼亚人民心目中为他们赢得一个牢固的地位，这一点就是说明这种设想的弱点的生动证明。这种对大众传播意识形态性质的整个看法所根据的就是我说的国际主义谬论，它们太理所当然了，必须代之以更谨慎地考虑传媒机构所生产与传布的信息被人们接收时的具体背景与过程。

可以把大众传播意识形态性质的分析放在我称之为技术传媒化准互动的架构之内来开始进行这种重新定向。分析传媒信息的结构与内容必须联系到它们在初级互动架构内生产和在初级接收区接收，并联系到传播者与接收者之间维持的准互动，以及传媒信息内容后来在其中结合和阐述的社会互动。而且这些连锁的互动架构总是包罗在某种结构方式的、更广泛的社会关系和机构中。只有通过联系这些互动架构来分析传媒信息的结构与内容并围绕各种社会关系，我们才能研讨传媒产品的意识形态性质。因为，这些产品像所有的象征形式一样，本身并不是意识形态的；只有在特定的社会—历史环境里当它们用于建立和支撑统治关系时才是意识形态的。在这方面，特别重要的环境是初级接 268
收区和与它关联的互动、准互动架构，以及这些架构包罗在其中的一批更广泛的社会关系和机构。因为，大众传播，尤其是电子媒体，有能力传布象征形式到远离生产地的空间（或许还有时间）的广阔、分散的接收区，传媒信息的意识形态性质就在原则上大大地加强了，但在实践上取决于信息生产背景以外的各种不同环境。因此，主要的传播者不论使用什么象征构建策略，传媒信息被接收和理解的方式以及它们对维持或破坏权力关系的后果，都将取决于生产背景以外和（在某种程度上）生产者控制以外的一些环境。如果现代社会中意识形态运作的范围已经被大众传播的发展所大大扩展，那么意识形态现象的复杂性和含糊性也已增加，这是由于象征形式现在流通在多种多样背景之下，这些背景在空间（和时间）上相离遥远，结构方式不同，而且象征形式在其中可能被解释、吸收、讨论或争议得无法被主要传播者所完全预计或控制。

论点四：大众传播的各种媒体，以及它们造成和支持的准互动的性质，界定了这些媒体所传输的信息具有意识形态性质的广泛参数，但它们并不构成这些信息是意识形态的。这些广泛的参数是意识形态现象从中出现的一些界限条件，但它们并不决定这些现象本身。例如，我在前面指出过，如电视这样的电子媒体造成一种准互动，传播者在其中成为可辨认的人物，他们能向接收者直接说话，接收者可以和他们有共鸣。这种媒体的视、听性质及其实际共时性传输信息的能力，使传播者具有其他媒体所不具备的象征构建的机会。例如，一名传播者可以加强表现熟悉的信号——家居式的陈设，随便的衣着，不拘礼节的谈话，谈些个人轶事，等等——从而设法得到一种传媒化的亲密感，这是其他
269 媒体难以用同样方式和同样规模来确定的。毫无疑问，电视的出现因而促成了我们所谓的**政治问题普遍个性化**——就是说，政治人物能够在国家舞台和国际舞台上表现为接收者可以与之建立某种关系的**人物**，表现为接收者所喜欢或不喜欢的人物，赞赏或讨厌的人物。今天，政治人物没有多少选择余地，只有在大众传播技术媒体配置提供的机会空间内行动。他们典型地使用象征构建的策略，设法显示自己为可亲可近的人物、干练坚定的领导，等等。在电子传媒化大众传播时代，意识形态的研究必须考虑到象征构建的新策略，考虑到自我显示的象征组织，那是政治领导人营造的可见性的构成特征。

然而，如果媒体与传媒化准互动的性质界定了信息具有意识形态性质的广泛参数，那么把这些信息联系到它们被接收的特定背景是至关重要的。只有在这些背景内传媒信息才可能或不可能构成是意识形态的；只有在这里，构建起来支撑权力的信息将能够或不能够支撑它。因此，大众传播尤其是电视所提供的新机会也是新风险。在传媒化准互动新舞台上出现的政治人物都是脆弱的象征构件，他们不但面对空前复杂的问题和任务，而且面对可能空前快捷地观察他们对自己作出回应的方式。政治人物为了设法培育他们的个性并和时、空遥远的大量人们确立一种传媒化亲密感，他们也冒着在有些人眼中把自己显示为

同他们担任或寻求的权力地位不相称的风险。构建为亲密、和蔼、可喜人物的形象在不同和遥远的接收背景中可能被觉得是相当平庸无味的人物，或者甚至感到他的个人品质和后区行为稍稍令人讨厌。大众传播所促成的政治问题普遍个性化有着一种风险：构建的人物可能被感觉到是庸人骗子，因此个性化过程可能造成新形式的怀疑、讥讽和不信任。

在本章中，我勾画了大众传播的一种总体理论内容及其在现代社
会中的作用。我开始把大众传播的概念阐明为：通过信息或讯息的传
输和储存来进行象征货品的体制化生产与传播。然后我研讨大众传播
的发展可能影响人们行动与互动的一些方式——我称之为技术媒体的 270
互动性影响。我还研讨了大众传播产生一种现代社会中新型传媒化公
共性或可见性，从而重构公、私生活的界限。我以更为规范的态度考虑
了在历史上出现的有关媒体机构组织和它们在社会和政治生活中的地
位的一些论点。最后，在结束本章时，我回到了意识形态的主题并且询
问意识形态分析在今天大众传播起着越来越重要作用的世界里应当如
何加以重新思考。

在最后的第六章中，我将讨论由试图在大众传播时代重新思考对
意识形态的分析所引起的一些问题，并在方法论层面上对它们加以探
讨。从我在本章和以前各章中提出的理论内容开始，我将具体地探问
怎样在具体环境中分析象征形式和意识形态现象。我将设法超越文
化、意识形态和大众传播的纯理论内容并表明：根据这一内容，我们能
阐明一种有系统的、有道理的和实际的方法论架构。因为，我要说明
这里提出的观点在实践方面——既在理解为一种系统活动的社会分
析的实践方面，而且潜在地在部分组成社会—历史领域主体的实践方
面——是不一样的。 271

第六章

解释的方法论

在前些章里，我已形成了关于文化、意识形态和大众传播的一个总体理论内容，但是我没有详细讨论一种适当的方法论问题。我已经详细说明可以如何对待文化与意识形态分析，但没有深入探讨这些说明。在本章里，我将系统地讨论这些方法论问题。我要对我早先讨论中的方法论意义追究到底；我要表明，这些讨论虽然主要是理论性的，却有着实践的差异，而且实践分析对理论讨论和辩论具有影响。理论讨论与实践分析之间在社会科学中有着很深的分野，这种分野往往使双方从事者处在具有极大差异的对立面。到了极端的程度，这种分野是有害的，只会对理论和研究都有损害。在本章中，我将试图消除这种分野并探讨文化、意识形态和大众传播的理论辩论和象征形式实践分析之间的一些联系。

在探讨方法论问题时，我将设法提出有关象征形式分析的一个特定的论点，或一系列论点。我将论证象征形式分析可以在我称为“深度解释学”的方法论架构内得到最适当的概念式说明。这一架构突出分析客体是一种需要解释的富有意义的象征建构物。因此，必须对解释过程给予中心地位，因为只有这样才能公正对待客体领域的显著不同性质。但是，象征形式也包罗在各种社会与历史背景之中；而且，它们作为有意义的象征建构物在内部有各种不同的结构。为了考虑象征形式的社会背景化和它们的内部结构特征，我们必须使用其他分析方法。272
我将设法表明深度解释学提供一种使各种分析方法可以在其中系统地互相关联，使它们的优点得到评估和弱点得到界定的架构。深度解释学提供一种架构，它使我们在方法论方面探究我在前面几章中从更加理论性层面加以勾画的那种重新定向。

作为对象征形式分析的一种总体方法论架构，深度解释学可以很好适用于意识形态分析和大众传播分析。深度解释学观点的这种发展要求考虑到意识形态和大众传播的显著特点，正如前面几章中所指明和讨论的。可是，我这样提出看法时，并不是说存在一种独特地适应于文化、意识形态和大众传播分析的单一、简单的方法。这些现象是极其复杂的，它们显示许多不同的方面，可以用不同方式对待。的确，这方面的文献充满无数研究例子，从各种不同观点进行，广泛地集中于一系列特点和问题。我在本章中的目的既不是提供这些文章材料的总览，也不是认为深度解释学提供简单而迄今未曾考虑过的另一种选择。相反，我将利用一批精选的例子以提出一项总体方法论论点；我将设法表明深度解释学并不提供对现有分析方法的另类选择，而是提供一个使有些方法可以从中安置和联系的总体方法论架构。它能使我们吸收某些分析方法的价值，与此同时突出它们的局限。它能使我们表明如何能以一种系统的方法来使关于文化、意识形态和大众传播的分析的不同观点相互联系，把它们结合在有条理的思想运动之内，阐明这些多面现象的不同方面。

我开始时将讨论解释学对社会—历史研究的适用性，并勾画出深度解释学的方法论架构。这种架构然后被应用于意识形态分析：我们将能看到，意识形态分析可以在深度解释学架构内进行；但这种分析通过强调意义与权力的相互关系而具有一种与众不同的批判性质。本章第四节将关注大众传播研究。与我先前对大众传播的说明相一贯，我
273 将勾画大众传播分析的一种所谓“三重观”，设法表明深度解释学架构如何适应于这一观点的每个层面。我将特别详细讲述三重观的第三个层面，它有关传媒信息的接收与使用。因为，我将论证，只有仔细考虑日常使用传媒信息时涉及些什么，才能避免对大众传播意识形态性质以前许多研讨所特有的失误。最后，本章最末一节将探讨解释方法论、批判行为与自我反思进程之间的一些关系。

社会—历史研究的一些解释学条件

在本章中，我将提出一个吸收解释学传统的方法论架构。这一古代传统来自古希腊的文学辩论，自从它在2 000年前出现以来已发生了许多变化；它的发展联系到19世纪的著作——和20世纪解释学哲学家——特别是狄尔泰、海德格尔、伽达默尔和利科——这些著作和解释学家对我们关注的内容具有特殊的意义。这些思想家提醒我们，首先，**象征形式研究从根本上说必然是认识和解释的问题**。象征形式是要求解释的富有意义的建构；它们是**许多**作为富有意义建构物、可以被加以理解的行动、话语和文本。对于理解和解释过程的这种根本性强调今天仍然保有其价值。因为，在社会科学中，正如在有关象征形式分析的其他学科中，19世纪实证主义的遗产是巨大的。始终存在着一种诱惑，这种诱惑把一般的社会现象和具体的象征形式（似乎它们是自然客

体）看作禁得起各种不同形式的、统计的和客观的分析检验的东西。我这里的论点**不是**认为这种诱惑是完全误导的，**不是**以为应不惜一切代价抵制它，**不是**认为实证主义遗产必须一举清除：这可能是关于社会分析中有时被称作“解释的方法”的一些激进主张者的观点，但不是我的观点。我的论点（我将在下面阐述）却是，虽然各种形式的、统计的和客观的分析一般对社会分析特别对象征形式分析是完全适当和确实重要的，然而这种分析对研究社会现象和象征形式至多构成一种**局部的**方 274
法。它们是局部的，因为，正如解释学传统提醒我们的，许多社会现象是象征形式，而所有象征形式都是富有意义的建构物，不论它们可能被用形式的或客观的方法多么彻底地分析，都无可避免地提出了理解和解释的特殊问题。因此，理解和解释过程不应被视为根本上排除形式或客观分析的方法论层面，而应被视为双方互补和不可分的一个层面。

但是，可以说，不论何种研究领域，不管是社会科学或自然科学，不管是社会学或天文学，肯定都出现理解和解释的问题。天文学家的观察所要求的解释并不少于社会学调查的结果。这无疑是对的，但问题不在于此。因为，解释学传统也提醒我们：就社会研究而言，它的那组问题与自然科学中存在的那组问题是截然不同的，因为，在社会研究中，**我们调查的客体本身就是一个先前解释过的领域**。社会—历史领域并不是一个供人观察的客体领域；它也是一个主体领域，部分地由一些主体所组成，他们在日常生活的常规过程中不断地参与理解自己和他人，并解释他们周围发生的行动、话语和事件。首先，正是海德格尔的著作提出了这样的重要性：理解过程不应看作分析家在社会—历史领域中使用的某些特殊规程，而应看作人类本身的一种基本特点：理解是我们作为人类早已时时处处在做的事，而社会分析家使用的更加特殊的解释规程则把先前解释过的日常理解基础视为理所当然的东西并作为根据。[1]所以，例如当社会分析家设法解释一个象征形式时，是在解释一个本身可能就是一个解释的客体，它可能已经被构成该象征形式所属客体领域的主体解释过。分析家们是在提供一种解释之解释，是在重新解释一个先前已解释过的领域；而且，可能应当考虑（我在后面将这样做）这种再解释如何关联到和如何了解到存在于（或存在过）构成社会—历史领域的主体的先前解释。

如果说，解释学提醒我们，社会研究的客体领域也是一个主体领域，那么，它也提醒我们，**构成主体—客体领域的主体，如同社会分析家们自己，都是能够理解、能够思考并能够在这种理解和思考基础上行动**
275 **的主体**。这里，我们又发现社会研究与自然科学研究之间的一个基本区别。当社会分析家们提出理论、发现某种解释时，这些结果处在我们称之为构成社会领域主体的一种**潜在占有关系**中。就是说，这些结果处在关于阐述这些结果的主体—客体领域的潜在反馈关系中，这在自然科学中是没有直接类似情况的。当然，自然科学知识能被用来改造自然界，例如这种知识用于技术发展。但是，在这种事例中，那是科学家或技术家来使用该知识；而不是客体领域的成员使用该知识来改造自己。相反，在社会研究中，在理论上和往往在实践上却是后一种情况。社会研究的结果可能在理论上和往往在实践上被一些主体所占用，这些主体构成阐述的主体—客体领域，而这一领域本身可能就在占用过程中被改造。关于这种潜在反馈的内在关系，有许多熟知的例子：一次关于选举意向民意调查的结果本身可能会影响选举意向；一项关于系统不平等的分析可能激发旨在减少或消除不平等的抗议，等等。我在稍后将再讨论这种内在关系的一些含义。这里只需说这种关系应解释为不是社会研究的一个不幸问题，而是可以在社会—历史领域中获得的那类知识的**可能条件**。这是因为社会研究涉及部分地由能够理解、思考和行动的主体所组成的一个客体领域，而这种研究的结果可以在理论上被组成这一领域的主体所占用，即使在实践中由于种种原因而使这些结果没有被占用。

还有一个相关的方面，在这方面，解释学至今仍有适用性：它提醒我们称**部分组成社会领域的那些主体总是都嵌入历史传统中**。人类是历史的一部分，而不仅仅是它的观察者或旁观者；历史传统以及代代相传的那一些复杂的意义和价值都部分地构成人类本身。这一观点已被伽达默尔大力提出来了，他关于理解是历史视界的融合的概念或是含蓄地吸收传统智慧的创造性意义发展的概念，有助于强调的是：人类总是广大社会—历史背景的一部分，理解过程不仅仅是孤立的心灵碰撞。[2]
伽达默尔等人帮助突出了可称之为**人类经验的历史性**。我对这一点的 276
意思是：人类经验总是历史性的，指的是新经验总是要吸收过去事物的余留，指的是在设法了解新的事物时，我们始终并必须根据已有的情况为基础。的确，把新经验理解为**新**的，正是表明把它与已经出现的东西相联系，把它与被感知的新的东西相联系。但是，人类经验的历史性还有另一个方面，伽达默尔著作对这个方面谈得较少。过去的余留不仅是我们在现在和未来吸收新经验的基础：这些余留在具体环境下也用于隐蔽、模糊或掩饰现在。正是对这个方面，马克思在《路易·波拿巴的雾月十八日》一文中要求人们注意，当时他观察到，在社会迅速变革和冲突的时期，人类总会“请出过去的亡灵”以便掩饰现在并使他们自己对过去的延续恢复信心。[3]而且，正如我早先指出的，我们今天所熟悉的许多传统事实上是相对晚近的**虚构**传统，即便它们可能已经在集体想象中牢固地确立为似乎比实际情况要古老得多。[4]因此，虽然解释学强调人类总是包罗在历史传统之中是对的，但是也要认识到构成传统的那些象征余留可能具有值得进一步分析的具体特点和用途。我们将看到，正是这种认识有助于为关于意识形态分析的一种深度解释学的观点创造空间。

深度解释学的方法论架构

解释学可能会向我们提醒一些社会—历史探究的条件，但是它能否对一般象征形式研究、特别是对意识形态分析提出更加具体性形式的方法论指标则不太清楚了。与海德格尔和伽达默尔有关的思想革命难道是试图把解释学从专注于“方法”扭转为对于存在的性质和对于认识的基本作用的一种哲学反思吗？如果是这样的话，怎么能一面吸
277 收这种哲学反思而同时又取向方法论一类的问题呢？而且，可以指出，解释学传统岂不一直在首先关心意义与理解的问题，关心社会—历史领域被说话和行动的人们所形成的方式（人们的意义话语和行动可以被参与这个世界的他人所认识）吗？如果是这样的话，这种传统怎么会向我们提供方法与逻辑智谋来不但考虑社会—历史领域的意义构成，而且考虑它关于**暴力场所**或权力与冲突领域的构成，在该领域，“意义”可以成为镇压的面具呢？总之，能不能从解释学传统中得到一套关于社会—历史探究的一般条件以外的更多东西呢？能否从中得到可以用于研究一般的象征形式、特别是意识形态分析的方法论架构呢？

可以在保罗·利科、于尔根·哈贝马斯等人的著作中找到对这些问题的一些初步回应。利科的著作在这方面特别有意思，因为他设法依靠海德格尔和伽达默尔的洞察力而不放弃方法论关注。他明白而系统地设法表明解释学既能提供对存在与理解的哲学思考，又能提供对社会研究中解释的性质与任务的方法思考。关于这种思考途径的关键就是利科等人称作的“深度解释学”[5]。深度解释学的基本思想是：在

社会研究中，如同在其他领域一样，解释过程可以而且的确要求由一些说明性的或者“客观化”的方法作中介传达。当你对待一个由强力或由意义构成的领域时，当你分析一件显示特别形式的、通过它谈到某事的制品时，既可能也合意用说明性的或客观化的技术来传达解释过程。因此，“说明”和“解释”不应被视为（有时是这样）相互排斥或正反截然相对的词语；而可以被作为一种综合解释理论中的互补环节，作为沿着“一个独特的**解释论弧形**”的相互支持的步骤。[6]虽然我同意利科著作的总体目的，我将提出的方法论架构则与他的深度解释学的内容大有不同。因为，利科过分强调他所谓“文本的语义自主性”，他这样就太容易地从生产和接收文本或模拟文本的社会—历史条件中抽象出这一自主性。我在其他地方提出过这种批评，不在这里多谈了。[7]不谈利科内容的细节，我将吸收深度解释学的基本思想以便勾画一项研究象征形式的方法论架构，我将随后把这一看法用于分析意识形态与大众传播的目的。 278

在勾画一种研究象征形式的方法论总架构时，我将设法在方法论层面上阐述我在第三章里制定的文化的结构概念。根据这一概念，文化分析可以被解释为对象征形式的研究，这一研究与历史地特殊的和社会地结构的背景和过程有关，在这些背景与过程中并依靠它们，这些象征形式被生产、传输与接收——总之，这是对象征形式的富有意义的构建物和社会背景化的研究。我将试图表明深度解释学能为进行这个意义上的文化分析提供一个方法论架构。在下一节里，我将接着说明这一架构也能用于意识形态分析。正如我已界定的，意识形态分析也关注关联到社会—历史背景的象征形式；因此意识形态分析可以在方法论上被视为一种特定形式的深度解释学。但是，通过集中注意意义与权力之间的相互关系，注意象征形式可以用于建立和支撑统治关系的方式，意识形态分析就有了一种与众不同的、批判的性质。它提出了关于使用象征形式和解释、自我反思与批判之间关系的新问题。

我在讨论深度解释学时，先来作一种初步而基本的观察：由于调查的客体是一个先前解释过的领域，深度解释学方法必须承认并考虑到象征形式被组成主体—客体领域的主体所解释的方式。换言之，**日常生活的解释学是深度解释学方法原始的、不可避免的出发点**。因此，深度解释学方法必须尽可能植根于阐明象征形式被日常生活中生产与接收它们的人所解释和理解的方式：这一人种学环节是深度解释学方法不可缺少的开端。通过访问、参与观察和其他人种学研究，可以重构象征形式在社会生活各种背景内被解释和理解的方式。当然，这种重构本身就是一个解释过程；它是对日常理解的一种解释——或者正如我将说明的，是一种**日常认知的解释**，是对组成社会领域的人们所具有和共有的意见、信仰和理解的一种解释。近年来，采取日常认知的解释
279 的重要性已被各种作家所强调。分析家们吸收后来的维特根斯坦的哲学，吸收胡塞尔和舒茨的现象学著作，还吸收加芬克尔、西科勒尔等人的人种方法论观点，他们都以不同方式强调日常认知的解释的方法论意义。然而，这一方面通常都在社会分析中被忽视，其中包括象征形式分析。分析象征形式时总是常常脱离这样的背景，即在该背景中象征形式被按常规理解这些形式并把它们结合进生活中的其他方面的人们所生产和接收。忽视了日常生活中的这些背景，忽视了处于这些背景中的人们解释和理解他们所生产和接收的象征形式的方式，就是漠视了社会—历史研究的一项基本的解释学条件，即，我们调查的客体领域也是一个主体领域，在其中，象征形式被组成这一领域的主体所先行解释。

但是，强调日常认知的解释的重要性，并不是说象征形式研究只应

等于这一点。日常认知的解释是分析的必不可少的出发点，但不是事情的结束。确实，受维特根斯坦哲学、现象学和人种学方法论影响的许多著作的问题所在是：虽然正确地强调日常认知解释的重要性，它们却很少超越这一分析层次；应作为研究不可缺少的方面成了研究的全部，而其他方面却被忽视或抛弃了。仅仅关注日常认知的解释同不考虑这一方面都同样是误导的。为了避免这一缺点，我们必须像我所说的**与日常生活的解释学实行方法论的脱离**。我们必须在不忽视日常认知的解释的情况下超越这个层次的分析，以便考虑象征形式的其他方面，从客体领域构建中出现的方面。象征形式是被生产和接收它们的人所解释和理解的富有意义的建构物，但它们**也**是以肯定结构的方式嵌入具体社会和历史条件中的富有意义的建构物。考虑到象征形式被建构的方式以及它们被嵌入的社会—历史条件，我们必须超越日常认知的解释并进行属于深度解释学的方法论架构的那类分析。

我将提出，深度解释学是一种宽广的方法论架构，它包括三个主要 280
阶段或程序。这些阶段应被视为不是顺序方法中的分立阶段，而是一个复杂解释过程的不同分析层面。图6.1总结了深度解释学方法的各个阶段，使这种方法关联到日常生活的解释学。深度解释学方法的三个阶段可以描述为**社会—历史分析，正式的或推论性分析**，以及**解释/再解释**。我在阐明这些阶段的时候，将提出进一步的区分，但这些额外的区分应被首先视为一种说明手段。这些分析阶段在实践中最适当地贯彻到底的方式取决于具体的分析对象和研究者得到的信息种类。虽然我希望主张并捍卫深度解释学的方法论架构，我并不想说关于最合适的研究方法的问题是可以先验地回答的。在深度解释学方法的每个阶段，可以有各种各样研究方法，在具有具体分析对象和具体研究环境的情况下有些方法可能比其他方法更为合适。

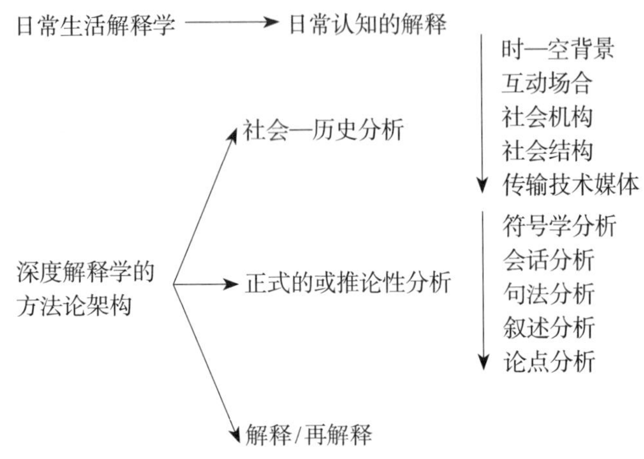

281 **图6.1　解释学探究诸形式**

深度解释学方法的第一阶段是所谓的**社会—历史分析**。象征形式并非存在于真空中：它们是在具体社会与历史条件下被生产、传输和接收的。甚至那些似乎亘古永存的、世界性的艺术品(从16世纪佛罗伦萨的庇护故事到现代画廊或艺术博物馆的展厅，从18世纪维也纳的宫廷到今天的音乐厅、电视屏幕或光盘)也都具生产、流通和接收的肯定条件的特点。**社会—历史分析的目的是重构象征形式生产、流通与接收的社会和历史条件**。这些条件可以最适当地调研的方式在不同研究中有所不同，取决于特定的对象与研究环境。但是，可以区分若干不同种类的条件，它们在特定情况下可以适用。这里可以吸收第三章中对社会背景的一些典型特点的讨论。我区分社会背景的四个基本方面，提出每一个方面都界定一个不同层次的分析。我来简要回顾这些方面。首先，我们可以识别和描述象征形式生产与接收的具体**时—空背景**。象征形式是被处在具体场所、在特定时间与特定地点行动与回应的个人生产(说出，制定，写)和接收(看见，听到，阅读)，重构这些场所是社会—历史分析的重要部分。象征形式也典型地处在某些**互动领域**中。可以把一个领域分析为地位空间和一套轨迹，它们一起决定个人及其得到的机会之间的一些关系。在追求互动场合内的行动过程时，个人吸收自己可以取得的各种类别和数量的资源或“资本”，并吸收各种规章、惯例和灵活的“纲要”。这些纲要并不是那么明白和制订完善的方案，而是隐含的未加制订的准则。它们以实用知识的形式而存在，在日常生活的世俗活动中被逐渐灌输和不断复制。

社会—历史分析的第三个层次关注**社会机构**。社会机构可以视为相对稳定的一些规则与资源，加上由它们所建立的社会关系。英国广播公司和鲁珀特·默多克的新闻公司就是这个意义上的机构。社会机构赋予互动领域特定的形式。它们处在互动领域内，通过确定一些地位和轨迹来使之成形；但是，与此同时，它们也确立新的地位和新的轨迹来产生互动领域。分析社会机构，就是重构这些所构成社会机构的规则、资源和关系，乃是追溯社会机构的发展，以及就是观察那些代理社会机构并在其中行动的个人的行为和态度。我们可以区分这个意义上的社会机构分析与我已称之的**社会结构**。我用后一术语来指社会机 282
构和互动领域特有的相对稳定的非对称性和差异。分析社会结构就是集中于非对称性、差异和分野。它设法决定哪些非对称性是系统的和相对稳定的，就是说，哪些不仅是个人差别的表现，而是在分配和获得资源、权力、机遇和生活机会方面的集体和持久差别的表现。分析社会机构还包括设法确定支撑那些差别的标准、类别与原则并造成它们的系统与持久性质。因此，社会结构分析要求更加理论层面上的思考，因为，它需要分析者提出标准，制订类别和分清区别以有助于组织和说明社会生活中系统非对称性与差异的证据。对社会阶级形成和繁衍的分析，或者对男女分野以及有关非对称性和不平等形式的分析，都是这个意义上社会机构分析所包括的内容的例子。

最后,为了讨论起见,可以进一步分清一套对象征形式研究特别适用的条件:编写与传输的技术媒介。就象征形式在个人之间交换而言,它们必然涉及一些传输媒介,不论是像面对面情况中讲话时简单调整的声波,还是无线电和电视广播中电子编码和传输的复杂机制。正如我在第四章中说明的,技术媒介是象征形式从中并赖以生产与传输的物质基础。技术媒介赋予象征形式某些特点——某种程度的固定性,某种可复制性,以及使用媒介的主体某种范围的参与。当然,技术媒介并不独立存在。它们总是嵌入特定的社会—历史背景之中;它们总是包含某些对信息进行编码与解码的技术、规则与资源,这些属性本身在个人中的分布不平衡;而且它们往往配置在具体的体制机构之中以调节象征形式的生产与流通。因此,编写与传输技术媒介的社会—历史
283 分析不能是狭窄的技术探究,而必须设法阐明这些媒介嵌入与配置的更广社会背景。

各种社会—历史研究是设法掌握我所谓象征形式社会背景化的不同方法。象征形式的生产、流通与接收是发生在具体历史的和有社会结构的背景或场所。富有意义对象与表述——从日常说话到艺术品——的生产是生产者具有规则与资源才有可能的生产,是预计这些对象与表述会在社会场所以流通与接收为取向的生产。这一取向可能是生产者所追求的一项明白战略的一部分,例如当电视人员设法生产一个为特定市场的节目而相应地修改内容时就是如此。但是,该取向也可能是生产过程中的一个隐含的方面,因此生产者的目的与取向可能已经适合于生产的对象的流通与接收条件,在这种情况下就无须制定作为明显策略一部分的取向。如果有意义的对象与表述的生产涉及生产者得到的规则与资源的利用,那么这些对象与表述的流通也要求

技术媒介并可能涉及一套明确的体制机构，有自身的一批规则、资源和社会关系。同样的，象征形式的接收是处于明确社会—历史背景中的一个过程，个人在其中使用各种资源、规则和惯例以便认识和取得象征形式。深度解释学方法的第一阶段任务就是重构生产、流通与接收象征形式的社会—历史条件与背景，观察规则与惯例、社会关系与机构，以及使这些背景形成分化的和社会结构的领域的权力、资源和机会的分配。

在社会场所流通的有意义的对象也是**一些展示有机连贯的结构的复杂的象征建构物**。正是这一特点要求作第二阶段分析，那就是我们所谓的**正式的或推论性分析**。象征形式是行动的产物，它们吸收生产者具有的规则、资源等；但是，它们**也**是其他的东西，因为它们是借以表达或说出某事物的复杂象征建构。象征形式是背景化的产品**和**更多的东西，因为它们以其结构性特点而能够并声称说明事物本身。正是象征形式的这种额外的和不能简化的方面要求一种不同的分析，一种不同的考察象征形式的方式。它确立了首要关注象征形式内部组织、结构特征、形式与关系的一种分析型的基础。这种类型的分析（我称之为 284
正式的或推论性分析）是一件完全合法的、确实不可缺少的事项；它之所以如此可能正是由于客体领域的构造。但是，这种类型的分析脱离了深度解释学的方法论架构以社会—历史分析和我所谓的解释（或再解释）来孤立地研讨的话，那就变得误导了。正式的或推论性分析本身可以变成一种抽象的行为，脱离象征形式生产与接收的条件，而且忘记了它设法揭示其结构的象征形式所正式表达的内容。

通过社会—历史分析，正式的和推论性分析可以有各种方法来进行，取决于特定的探究对象与环境。在这里，我们又能分清若干分析方法或类型。在正式分析中最广为人知和广为使用的类型一般可称之

为符号学分析。当然，“符号学”是一个很笼统的名词，许多不同作家，从索绪尔和皮尔斯到巴特、埃戈和伏洛希诺夫，他们的著作在某种意义上可以称为对“符号学”的贡献。这里我不想综览这些范围广泛的书文。为了这一讨论起见，我将把符号学分析视为对组成一个象征形式或符号的各成分之间关系的研究，以及对这些成分与这一象征形式或符号所属的更广大系统的成分之间关系的研究。以这个意义认识的符号学分析一般涉及对生产与接收象征形式的社会—历史条件的方法论抽象。它集中于象征形式本身并设法分析它们的内部结构特征、它们的构成因素与相互关系，并把这些联系到它们所属的系统和准则。在第三章中，我们考虑了引自巴特《神话》的例子，说《巴黎竞赛》杂志封面照片是一个穿法国军服的黑人士兵在敬礼，双眼稍稍上抬斜视：这幅照片的并置构成一个通过它来传达信息意义的独特结构。[8]这类符号学分析的例子俯拾即是。广告提供了特别丰富的分析场所，因为，许多广告都以象征联系或置换的逻辑为基础，商品通过联系合意物体、权威人物等加以促销，其中通过构成该广告的象征形式中文字与图像的并
285 置来确立联系。[9]符号学分析很可以说明广告和其他象征形式构建起来的方式；它能有助于识别基本成分和它们的相互关系，由此构建和传达信息的意义。但是，正如我强调过的，这类分析至多是关于象征形式分析的一种局部方法。它首要关注象征形式的内部构成，以及它们不同成分及其相互关系。它往往理所当然地、但不能系统地考虑象征形式从中生产与接收的社会—历史背景以及我早先描述过的象征形式的“关联性方面”——即一些成分用以共同叙说一些事物的方式。符号学分析的这些局限并不否定它的有用之处，不过，它们确实意味着这类分析应被视为象征形式研究的并非本身足够的方法，而是一项更加综合性解释程序中的一个局部步骤。

到现在为止，我们已经在考虑包含形象或者文字与形象的象征形式分析，但是语言表述的结构特征也能正式加以分析。在这种事例中，我们可以谈到“推论性分析”，即结构特征和谈话关系。我以一般方式使用“谈话”一词来指**实际发生的交往事例**。因此，推论性分析的对象不是一些旨在测试语言直觉的仔细琢磨的例子，而是日常交往的实物事例：朋友之间的一次交谈，一次教室里的互动，一篇报纸社论，一个电视节目。这些事例形成一些语言单位，一般超过一个单句的限度。它们往往包括句子或表述的联结，它们以具体方式结合起来形成一个有序的、超句子的语言单位。表述构成一个谈话实例——特别是口头谈话——它们与文法家书上的文法规则相比往往是不合文法的。日常交往中使用的表述是有序的，但是，这种有序来自并复制了一种实际文法，一种**实用句法**，那是在日常生活中进行交流的语言表述中获得并使用的。因此，虽然谈话事例总是处在特定的社会—历史环境之中，它们也展示出一些可用依靠我称为推论性分析的各种方法来正式加以分析的结构特征和关系。

那些方法是什么呢？我还是不想先提出具体情况中采取的最合适方法的方法论思考。然而，考虑了一些已经在进行的研究以后，我们可 286
以区分（通过举例说明，无须详尽无遗）若干不同的推论性分析方法。这种方法之一是普通称之为**会话分析**。这一名词指的是由哈维·萨克斯、伊曼纽尔·谢格洛夫等人开创的一大批研究，该研究从20世纪60年代中期以来一直在关注研究各种形式语言互动的系统特性。[10]会话分析的关键方法论原则是研究它们发生的实际背景中语言互动的事例；以及通过仔细观察它们组织的方式来突出语言互动的一些系统的或“结构的”特征。而且，人们认为语言互动的系统特征并不仅仅是分析家们在复杂的谈话数据中看出的特点，而且是参与者以有组织方式产生其互动的机制。就是说，语言互动的有序性本身就是一个进行过程的结果，在这个过程中，参与者通过惯例和反复地运用会话规则和方法来**产生顺序**。在这方面，会话分析显示其从属于加芬克尔的民族方法学，关注日常社会实践的有序性质和不断取得的成就。[11]会话分析的著作中一个显著的部分集中在会话的次序组织，用下列方式观察错综复杂的机制：会话伙伴依次说话、让别人参与，不是同时说话而相互压盖。虽然在许多方面很有启发，会话分析通常进行时的主要局限是它很少结合语言互动的社会—历史条件的满意说明，这一点我将在下一节中进一步阐述。

谈话的例子也能被用我们称之为**句法分析**的东西加以研究。这类分析关注实用句法或实用文法——不是文法家的文法，而关注在日常谈话中使用的文法或句法。句法分析的一个独特而有益的内容可以从罗伯特·霍奇、冈瑟·克雷斯和他们同伴的著作中找到。[12]霍奇和克雷斯吸收哈利迪的语言学著作，研讨了文法形式在日常谈话中运用的一些方式，通过转型过程结合、合并和删除一些成分。在早先一章中我曾提到两种转型，即名义化和被动化。谈话的其他重要文法特点包括方
287 式标示，说话者以此指明一句话有关的肯定或现实程度（例如，“也许”，“或许”，“可能”）；使用代名词的方法可以指权力和熟悉的差异（特别在第二人称少数有着两种形式代名词的语言中，例如**您**和**你**）；还有有关性别差异的标示，语言表达在文法上的阴阳性别就用来表示男女性别（例如使用“男子”或在一般意义上使用阳性代名词）。[13]对实用文法或句法这些方面和其他方面的分析有助于突出日常说话形式中构建意义的一些方式。

谈话事例可以研究的另一种方式是通过分析它们的**叙事结构**。叙事结构分析来自普洛普对俄罗斯民间故事的开创性著作，现在是文学

与文本分析、神话研究以及较小程度上的政治论述研究领域中的一个基础稳固的方法。这种方法由若干当代作家——包括巴特、列维—斯特劳斯、布雷蒙、格雷马、托多洛夫和甘尼特——以不同方式采用和发展。[14]一项叙事广而言之可以视为描述事件始末的谈话——或者，如我们常说的“讲个故事”。故事一般包括一些人物和一连串事件，以某种方式联结起来展示某个取向或“情节”。情节的顺序性可能不同于事件的时间前后，因为有时以反时态的方法如闪回来讲故事。故事中的人物可能是真实的或者是想象的，但他们作为人物的性格是以他们的相互关系和情节发展中他们的作用来界定的。在研究叙事结构时，我们可以设法识别在特定叙事中进行的具体叙述方法，并解释它们在故事中的作用——例如，像热内特分析普鲁斯特《追忆似水年华》一书中使用的技巧。但是，我们也能观察格式、人物与作用（这是普洛普提出的那类分析中主要强调的），它们是常见的一套叙事，并构成一个常见的基础结构。格雷马把这一方法最有力而雄心勃勃地贯彻下去，他设法确立一套基本的角色或“行动方”，足以说明叙事在表面上是如何组织的。不论格雷马的方法（它可能有点极端）优点何在，[15]它有助于阐释集中一套特定的叙事，不论是传统的俄罗斯民间故事还是现代浪漫
小说，有助于阐释设法指明它们所常有的基本格式、特质和角色。 288

我将在这里考虑的最后一种类型的推论性分析可以称为**论点分析**。话语的形式，作为超语句的语言建构物，可能包括一连串说理，这可以用各种方式重建。这些说理一般不成为传统意义上的形式逻辑或三段论法逻辑的真实论点；它们不如被视为推理模式，以一种多少有说服力的、多少比较含蓄的方式从一个主题或题目引到另一个。论点分析的目的是重建和表明作为谈话特征的推理模式。已经有了各种方便这类分析的方法。[16]这些方法使分析家能把推论主体分解为组织在某

些题目或主题周围的若干套主张或论断，然后根据某些逻辑或准逻辑作用因素（意味、矛盾、预料、排除等）描绘出这些主张与题目之间的关系。论点分析对研究过度政治化的谈话——在现代国家内行使权力的官员或政府部长们的演说或谈话——特别有用，因为这种谈话往往是以一种论点的形式提出来的：一系列主张或论断、题目或主题，以多少一致的方式串联起来，并往往以花言巧语的帮助来说服听众。一个特定的论点是不是**好**论点，组成其听众的个人事实上是否被说服，是论点分析提出的重要问题，但是它们使我们超越了深度解释学方法这一特定的阶段。

深度解释学方法的第三个即最后一个阶段是我将称之为**解释/再解释**。解释阶段是正式的或推论性分析所促进的，但有区别。后者的方法靠**分析**来进行：它们分解、划分、解构、设法揭开构成并活动于象征或推论形式内的形式和方法。解释建立于这种分析以及社会—历史分析的结果之上。但是，解释涉及一种新的思想运动：它靠**综合**来进行，靠可能意义的创造性建构来进行。这种思想运动是正式的或推论性分析必要的附加物。虽然，有些正式的或推论性分析的实施者声称只使用了**分析**，声称把象征或推论形式分解为一套成分及其相互关系（只此而已），但这种主张至多代表象征或推论形式研究的一个局部方法。**不论正式或推论分析的方法可能多么严密和系统，它们无法取消创造性**
289 **意义建构的需要，即，对于代表什么或说了什么的解释性阐明的需要。**象征或推论形式具有我所谓的“关联方面”：它们是典型地代表某事、有关某事，谈论某事的一些建构物。正是这种关联方面，是我们在解释过程中设法掌握的。解释过程处在深度解释学架构内，它能由社会—历史分析方法及正式或推论分析的方法来促进。这些方法可以使分析者以新的方式去看象征形式，牵涉到象征形式的生产与接收背景，被当作构成象征形式的形式与手段。但是解释过程超越社会—历史分析和正式或推论分析。它超过象征形式的背景化(象征形式作为处在社会中的产品)和象征形式的闭合(象征形式作为显示关联结构的建构物)。象征形式代表某事物,它们谈及某事物,解释过程必须掌握它的这种超越性质。

由深度解释学方法中介之过的解释过程同时也是一个**再解释**过程。因为,正如我在本章早先所强调的,作为解释客体的象征形式是先前解释过的领域的一部分:它们已经被组成社会—历史领域的主体所解释。在提出一项由深度解释学方法所中介过的解释时,是在再解释一个先前解释过的领域;是在设计一个具有可能性的意义,它不同于组成社会—历史领域的主体所说的意义。当然,只有在已通过日常生活的解释学而掌握了常规地、世俗地理解象征形式的方式,才能把这作为一种差异。但是,日常认知的解释,虽然是不可缺少的预备程序,却不是解释过程的终点。象征形式可作进一步分析,联系到它们的社会—历史条件,联系到它们的内部结构特征,因此它们可以被再解释。作为对一个先前解释过的客体领域的再解释,解释过程必然是冒险的、充满矛盾的、引起争议的。**解释的矛盾的可能性是解释过程本身固有的**。这种矛盾,并不只产生于使用不同技巧的分析家们互有差异的解释之间,而且也产生于深度解释学方法所中介过的解释与组成社会—历史领域的主体对象征形式的解释方式之间。正是解释的矛盾这种可能性,非专业解释与深度解释之间的差异,先前解释与再解释之间的差异,产生了我称之为**解释的批判潜力**的方法论空间,关于这点我将在本章稍后再谈。 290

我在勾画深度解释学的方法论架构时,已设法表明各种不同类型的分析如何能以系统和合适一致的方式结合起来。深度解释学提供了可以说是一种智力模式，使我们能看到象征形式如何能加以系统和合适地分析——就是说，用一种方式加以分析，这种方式正确地视象征形式具有社会历史的合适建构品格，这里的建构展示一个借以代表或述说某事物的有机连贯的结构。深度解释学的方法论架构使我们能正确评价特定分析方法的优点——不论是社会—历史分析还是正式或推论性分析——而与此同时使我们能确定它们的局限。特定的社会—历史分析方法可能清楚地显示象征形式的生产与接收条件；但是，这些方法往往忽视象征形式的结构与内容，而且，如果把它们普遍化为一种过于自信的方法，就会导致**简化主义的谬误**，这种谬误就是认为象征形式可以根据它们生产与接收的社会—历史条件而得到彻底分析。特别是正式或推论分析方法可以清楚地显示构成象征形式的形式与手段；但是，这些方法往往忽视象征形式生产与接收的条件，而且，如果任其发展下去，它们可以导致我所谓的**内在主义的谬误**，这种谬误就是认为可以只关注象征形式而不管象征形式的特点和结果，不考虑到这些象征形式从中并借以产生和接收的社会—历史条件及日常过程。深度解释学的方法论架构使我们能利用特定的分析方法而看到它们的局限和伴随的谬误。正是思想运动的一种智力模式，探索象征形式与众不同的特征，并未坠入内在主义或简化主义的双重罗网。

意识形态的解释

我现在要表明深度解释学方法论架构如何能用来作为解释意识形
291 态的目的。我将把意识形态解释视为深度解释学的一种具体形式。意识形态的解释运用深度解释学方法的不同阶段以分析象征形式的背景化与意义建构；但对象征形式的意识形态方面的关注使它具有一个与众不同的批判性变化。意识形态的解释吸收深度解释学方法的每一个阶段，但它用特定方式突出意义服务于建立和支撑统治关系的方式的观点来使用这些阶段。意识形态的解释是对象征形式的解释，设法阐明意义与权力的相互关系，设法表明被象征形式所推动的意义如何在具体环境内服务于培植与支撑权力的拥有和行使。因此，意识形态的解释虽然运用深度解释学方法的不同阶段，却对这些阶段作了批判的思考：它使用它们的目的是为了揭示意义服务于权力。

我们可以通过依次考虑深度解释学方法的每一阶段来彻底完成这种批判性思考。在社会—历史分析的层面上，对意识形态的关注把我们的注意力引向**统治关系**，这就是象征形式从中生产与接收的背景的特点。正如我在早先一章中说明的，统治关系是一种特定类型的权力关系；它们是系统非对称的和相对持久的权力关系。在现代社会最重要最持久的非对称中，有那些基于阶级、性别、种族和民族国家分野的非对称；它们是构成社会体制和互动领域的一些因素。当然，这些并非构成社会领域的唯一分野和因素，也不是系统与持久权力非对称的唯一基础。当社会—历史分析用于意识形态解释时，必须特别注意构成社会体制与互动领域特点的统治关系。因为我们所感兴趣的是这些关系受到社会领域中流通的象征形式所培植和支撑的方式。如果不突出象征形式在具体环境中建立和支撑的统治关系，就不能把握象征形式的意识形态性质。

如果对意识形态的关注把社会—历史分析引向统治关系研究，那么它就把正式或推论分析集中于**促进调动意义的象征形式的结构性特征**。象征形式有许多结构性特征，它们可以促进意义的调动，而正式或推论分析行为必须足够灵活地来考虑这些不同的特征。但是，我们可以开始发展下列两个方面之间的联系：对象征形式的结构性特征的分 292

析与借助返回表1.2中列出的图式来对意识形态的解释。这个表总结了某些一般的意识形态运行模式与一些典型的象征建构策略之间的关系。当我开始介绍这一图式时，我区分了意识形态运行的五种一般模式——合法化、虚饰化、统一化、分散化和具体化——然后指明一些与它们典型有关的象征建构策略。但是，在实际进行正式或推论分析时，推理的形式一般是相反的方向。那就是说，我们可能开始时分析象征形式的结构性特征，并可能设法把这些特征确立为象征建构特定策略或过程的事例。然后我们可能试图辩称，在这些象征形式生产与接收的具体环境中，象征建构的策略或过程可以与意识形态的某些运行模式相联系。所以，例如，可设法表明，大量使用名词化的动词和被动时态说明名词化和被动化的策略或过程；还可以进一步认为，在具体环境中，这些策略或过程通过使社会—历史现象具体化——即把一件过渡性、历史性事务描述为永久的、自然的、不受时间影响的——从而服务于支撑统治关系。

我们提出这种论点，就是已经在超越严格说来的正式或推论分析阶段，并在从事我所称之解释（或再解释）。在这里，对意识形态的关注到这一阶段也有了特殊的转向。解释意识形态就是**阐明象征形式推动的意义与该意义建立和支撑的统治关系之间的联系**。意识形态的解释是一个创造性的综合过程。它之所以是创造性的，因为它涉及积极构建意义，创造性地阐明代表什么或说了什么。意义通过正在进行的解释过程被确定和再确定。意识形态解释在下面这种意义上也具有综合的作用：它设法接近社会—历史分析和正式或推论分析的结果，表明象征形式的意义如何服务于确立和支撑统治关系。正式或推论分析只能提供开始进入意识形态运行模式。为了使用综合手段研究或者叙事结
293 构研究来分析意识形态，必须设法表明这些手段或结构如何促进在具

体社会—历史环境中支持统治关系的意义建构；换言之，必须提出一项有关意义与权力之间相互关系的论点。因此，意识形态的解释具有双重任务：对意义作创造性阐明，综合表明这种意义如何服务于建立和支撑统治关系。这一任务要求既对象征形式的结构特征具有敏锐感，又能够觉察个人与群体之间的结构关系。通过把象征形式与统治关系相联系，解释过程设法表明这些象征形式如何在具体社会—历史环境中像意识形态那样运行。

进行意识形态解释，就是从事一项冒险的、充满矛盾的活动。它是冒险性的，因为象征形式的意义是不明的、不固定的和不确定的；提出一项解释，就是要举出一种可能的意义，即若干可能相异的或相互冲突的意义之一。这种潜在的矛盾在解释意识形态的事例中具有与众不同的形式。因为，意识形态解释不仅涉及提出可能的意义，而且也牵涉到断定这种意义在某些环境中服务于建立和支撑统治关系。因此，意识形态解释进入了断定与反断定、论点与反论点的领域；它不仅仅是提出具有可能性的意义，而且是对社会生活的潜在干预，那是说，提出具有可能性的意义也许干预解释对象所要支撑的那种社会关系。把一个象征形式解释为意识形态就是提供了一种批判的可能性，这种批判不但是关于其他的解释（包括组成社会领域的主体的解释）的，而且是有关主体所卷入的那些统治关系的。

迄今我已用一般的方法论方式提出了我关于意识形态解释的说明。我试图表明深度解释学方法为意识形态解释提供了合适的架构，但意识形态解释对深度解释学的各个阶段做了与众不同的批判性改变。现在我要使这一讨论更加具体些，因此较详细地考虑一个例子。我将集中于讲述哈维·萨克斯记载和分析的一则黄段子。[17]这个例子特别有用，因为它是一个常规的、世俗互动的实例：讲述是一件非常普通的事情，然而它用讲述和听取这则段子展示了一种精心组织。下列摘录是讲述这则段子的谈话中的一个片段。讲述者(肯)是一名17岁的男孩。他向两名男性同伴(罗杰和阿尔)和一名男性成人(丹)讲述这则段子,丹
294 是有其他人出席的一次小组治疗中的治疗师。谈话进行如下:

肯:你们要听吗——我的妹妹昨晚向我讲了个故事。

罗杰:我不要听。但如果你一定要讲我只好听。

(0.7秒)

阿尔:那是很刺激的,一个岛屿。葡萄,英国。他的妹妹就是告诉他这些。

肯:不。她说要吓我一跳。

(0.8秒)

肯:有三个女孩,刚刚结了婚?

罗杰:嘘,嘘,嘘……

阿尔:嘿,嘿,嘿……

肯:呃。

罗杰:嗨,等一等。再说一遍。

肯:有三个女孩。她们都是姐妹。她们刚刚同三个兄弟结婚。

罗杰:你最好同你妹妹长谈一次。

阿尔:等一等。

罗杰:噢,三个兄弟。

肯:呃,是的。

阿尔:这些姐妹的兄弟。

肯:不是,他们不是兄弟姐妹关系。

罗杰:那比前面说的接近些(我想)。

肯：所以——

阿尔：嘘……

（0.7秒）

肯：静一静。所以，首先，他们度蜜月的那个晚上，婆婆说：你们干吗不在这里过夜，到早晨你们可以继续度蜜月。第一天晚上，婆婆走到第一间房间门前，她听到“格，格，格……”，在第二间房间门前听到“唷，唷，唷……”，在第三间房间门前什么也没听到。她在那里站了大约25分钟，等着发生什么。什么也没有发生。

（1.0秒）

肯：下一天早晨，她向第一个女儿说“你怎么——昨天晚上格、格、格的”，那女儿说“噢，妈妈，它痒痒死了”。她向第二个女孩说“你怎么叫唤呢”，女孩说“噢，妈妈，它弄痛我了”。走到第三个女孩面前说“昨晚上你怎么一声不吭”。女孩说“你告诉过我嘴里塞满东西说话是不礼貌的”。

（1.3秒）

肯：嘻，嘻，嘻……

（2.5秒）

阿尔：哈，哈，哈！

肯：嗨，嗨，嗨…… 295

罗杰：滞后反应。

阿尔：你要知道，我得想它一会儿。

罗杰：那当然。

（1.0秒）

罗杰：嘻，嘻，你是说你一下子没有想到那深层的隐蔽的意思，嘻……

阿尔：嗨。

丹：这很有趣。

阿尔：他要说的是那个——那个，呃。

罗杰：有那么一点心理联想。

肯：小妹妹在长大。

阿尔：嘻，嘻，嘻……

肯：嘻，嘻，嘻。我要说的就是这个意思。

丹：**听起来**有点像。

肯：一个12岁的孩子向我讲的——我甚至不知道——

罗杰：你怎么知道她只是重复她听来的，并不知道那是什么意思。

阿尔：肯，她必须向你说明吗？

肯：是呀，她必须向我详细说明。

阿尔：好呀，肯，很高兴知道你有一个懂些事的妹妹。

肯：她告诉我说她是在吃一只热狗。

（3.0秒）

罗杰：**那**是什么意思？

阿尔：好吧，讲吧，给我们说明一下。说明——

肯：我刚说过**我不知道**。

阿尔：肯，你把知道的事都说明一下，都说明一下。[18]

我们怎么来分析这则笑话以及它所成为其中一部分的那个谈话互动？我将顺着萨克斯所作的分析开始。然后使用上面阐述的方法论架构来突出我看来是萨克斯说明中的主要缺点。这将引导到对这则笑话的一个有所不同的解释，这将带出它潜在的意识形态性质。

萨克斯对这则笑话和讲笑话的分析有三个明确的阶段。他分析的第一阶段是关于整个谈话的背景内讲述的顺序组织。为了讲一则笑话（或者更一般地说，讲一个故事），打算讲述的人必须在普通谈话时运行的轮流机制（即一个人讲，另一个人回应等的机制，这样，每次就一个人讲）中取得一个悬念。这种悬念是通过**前言顺序**取得的，讲述 296
者在前言顺序中提出讲个笑话，提出它的初步特点描述，提到笑话得来的某人或某地，等等。前言顺序可以告诉潜在接收者关于讲述者所寻求的那种反应（“她说要吓我一跳”），从而可以帮助接收者倾听并产生讲述者所希望的那种反应。潜在的接收者可能立即接受讲述的提议，或者他们可能像这次讲述那样暂时拒绝了提议而作了一个反提议等等，从而延长了前言顺序，直到讲述者能成功地停住轮流机制（“静一静”）。这时前言顺序让位给**讲述顺序**。得到了轮流机制的悬念以后，现在讲述者可以进而讲述笑话（或故事）直到讲完。如果接收者想说话，他们只能打断讲述者，这个过程要求有特殊的理由（例如，接收者听不清或听不懂）。讲述顺序的完成以一句妙语为标志，接下去是**反应顺序**。反应顺序可能完全是大笑，但大笑的时机与特点可能是紧要的。在一则笑话讲完时，大笑优先于谈论，所以大笑的任何延迟是关系重大的。为了懂得这一点，我们必须看到笑话都是“理解测验”：它们向接收者提出一个测验，即“听懂”笑话而且很快听懂。在这种情况下，听不懂笑话可以被视为缺乏灵敏老练的表现，在这种情况下，接收者可以有差异地根据他们相对的起点而笑，这说明笑的时机可以提供一个基础来比较评估接收者的智力——萨克斯称之为“接收者比较智力评估方法”。这一方法鼓励接收者尽可能地笑，一旦开始大笑，就鼓励别人一起大笑，这样他们的智力被评估时就不会消极地相对差于别人。但是，如果没有人马上发笑（像这则笑话的情况），那么这一方法就不利于讲述者，就是说，大家都不笑就成为对那笑话或讲述者的一种消极的评估。在正在讨论的这则笑话的反应顺序中，讲述者首先打破沉默，他不高兴地笑笑，从而和那笑话保持一定距离以便事先扭转对自己的消极评估。接着是阿尔不高兴地大声发笑，这种嘲弄这则笑话的笑就过渡到评估讲述者、接收者和据说的来源（肯的12岁妹妹）的比较智力的谈论了。

297 萨克斯分析的第二阶段有关笑话本身的时间与顺序组织。笑话以故事的形式以简单的时间次序发展，这一次序可视为保存故事中所谈事件的时间形式。笑话也有明显的顺序结构，与时间次序相重叠。顺序结构对笑话是紧要的，因为这种结构设定一个谜，它的解答就在于笑话中的妙语。这个笑话包括两个相互关联的顺序："第一夜"顺序和"下一天早晨"顺序。第一夜的顺序产生一个谜，一个非常精简的谜，因为你至少需要三个事例（仅此而已）而产生了成问题的沉默。下一天早晨的顺序是通过时间关联（"下一天早晨"）以及一个平行的顺序结构（第一扇门，第二扇门，第三扇门；第一个女儿，第二个女儿，第三个女儿）与前面的顺序相接的。下一天早晨顺序的头两步使用了一个代名词"它"，前面没有提到过；但是，讲述者在前言顺序中提供的信息（她们刚刚结婚，这是她们的"初夜"，等等）使接收者把"它"解释为暗指性交。下一天早晨顺序的第三步被设定为对由初夜顺序的第三步所提出的谜团的解答。这一解答就是妙语，"你告诉过我嘴里塞满东西说话是不礼貌的"。这句妙语本身就是一个谜，接收者必须附加两个解释密码才能解答（弄懂）：一方面是下一天早晨顺序的头两步所使用的密码，它使"它"解释为暗指性交；另一方面是来自母女关系的密码，女儿应当服从母亲的指示，包括吃东西的礼貌。附加这两种密码（那是讲述者暗示而不明说的）使接收者把那妙语解释为暗指口交。图6.2总结了这则笑话顺序组织的各个方面。

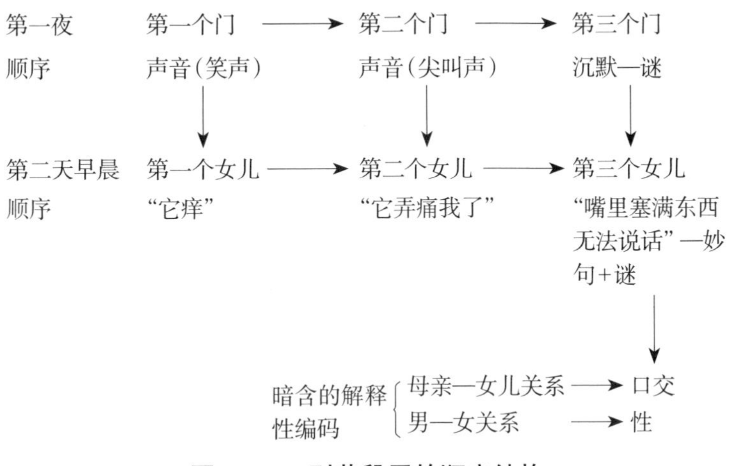

图6.2　一则黄段子的顺序结构 298

在萨克斯分析的第三和最后阶段,他吸收对黄段子的性质与作用的一些一般考虑以便提出对妙语的一种新颖的再解释。萨克斯提出,一则黄段子可以被视为有关包装和传输信息的一种“理性体制”。黄段子的色情性质成为限制该段子流通的一种审查官;因此,笑话的黄色不应被视为笑话的**有关**内容,而应被视为一种对笑话所传达的信息限制其流通的机制。这个例子中的信息是什么呢?萨克斯提出一个令人有所惊讶的论点:

> 我要指出,我们在研讨的这个笑话带有有关12岁女孩的信息和特意限于12岁女孩的段落。在我们的资料中,它是由一名17岁男孩讲给其他17岁男孩听的,他特意说是他12岁的妹妹讲给他的。现在,男孩们知道他们懂得而且觉得不大有趣,他们也怀疑那女孩会懂得。我要指出**男孩们**并不懂得,那女孩却会懂的,而且这笑话涉及一些特别对12岁女孩感兴趣的信息。[19]

萨克斯提出，这则笑话被男孩们解释为口交，但是12岁女孩们会作出不同的解释。对她们来说，笑话的色情性质只是传达一个与口交无关的信息的手段。这个信息的部分内容是：女儿们按照母亲教给她们的规矩可以推翻她们母亲的权威。如果女儿们被责备不守规矩，她们可以提出另一项规矩来辩白自己的行为。当然，这可以指一般的孩子，男孩女孩都可以，但是，这则笑话特别把信息指向女孩，因为它集中于母女关系，女孩可等同于女儿，而男孩不能。因此，女孩可以把那句妙语解释为女儿对母亲的**反驳**，用母亲规定的规矩来推翻母亲的权威。
299 男孩们完全不懂对笑话的这种解释。这则笑话把孩子树立为赢家，用只有女儿们能懂得的方式扭转了父母与子女关系的等级观念。

对萨克斯的说法提出一些批评意见时，我要集中于他在最后阶段分析中所作的解释。在头两个阶段中，萨克斯对谈话互动与笑话本身的顺序组织的分析，我觉得是深刻而有启发性的。它们充分展示萨克斯与众不同的分析方法的用处，这种方法说明了机制与结构特征，谈话参加者以此有序地产生他们的互动。可是，我认为萨克斯在他最后阶段分析中提出的解释是不大可信的。我要指出，这则笑话可以作不同的解释而突出它潜在的意识形态性质。

萨克斯提出什么根据来支持他的解释呢？萨克斯提的第一个根据是讲述者（肯）介绍这则笑话是上一天晚上他的12岁妹妹讲给他听的。但是，当然这完全不能确立它真的是他的妹妹讲给他的：因为，萨克斯自己看到，来源的归属本身可以是笑话的一部分并可以起到各种作用，作用之一是万一笑话失败可以把指向讲述者的批评转移开去。第二个根据是，笑话真的失败了，情况就是这样。反应顺序一开始是沉默，然后是肯不高兴地笑笑，再往后是接收者之一夸张地发笑，接着是笑声中讨论笑话本身、讲述者和据说的来源。萨克斯认为，这并不表明男孩们不“懂得”这笑话，也不表明他们不觉得它滑稽、好笑或兴奋；因为接收者对笑话的反应方式是由讲述的具体环境决定的。事实上，我们不太知道这些环境。萨克斯告诉我们说这三个男孩是在参加一次小组治疗，现场还有一个成人男子治疗师（丹）；他还说那些孩子在这则笑话以前大约20分钟中一直在讲述黄段子。从萨克斯记下的片段来看，似乎这些孩子卷在一场智力比赛里，以他们在性事上灵敏老练程度来相互测试，这一切都在丹的总体监察之下。当肯一宣布他要进入比武台，他的两名同伴就宣称要测试他。因此，从一开始，肯和他的听众之间就划下了战线，后者设法测试肯的能力，并通过压倒肯来显示他们自己的能力。这个笑话的失败并不说明男孩们不懂得或不喜欢它，因为很可能 300
是他们**让**它失败以破坏肯的能力。他们的沉默是这场智力战中一个有效的武器。

萨克斯对他的解释进一步提出两个根据，两者都有关笑话的内容。第三个根据是说这则笑话有关同时结了婚的三个女儿。萨克斯推测这个不大可能的事件对12岁的女孩们有吸引力，因为，这表达了她们已有的一种幻想，即，通过一起结婚，她们可以把一夫一妻制婚姻同她们想一起走向未来的愿望调和起来。第四个根据是，如果把这则笑话理解为儿子对母亲的反驳，那么萨克斯认为这类事正是12岁女孩们爱听的。萨克斯提出的这两个根据确实是带有很大猜测性。他没有证据来支持他认为女孩们一般都有一起结婚的幻想；没有证据支持萨克斯所想象的12岁女孩们懂得这则笑话并喜欢这则笑话的看法；也没有证据使我们有理由相信萨克斯说的这则笑话实际上确在12岁女孩中间流传。萨克斯总结称，这则笑话由一个男孩讲给两名男孩同伴听，那是“这些资料的一个偶然性特征”，它虽在他们中间毫无进展，“它继续在有关的人们和懂得它包含着特别针对他们的信息的人们中间流传”。[20]但是萨克斯所提出的证据完全无法支持这一结论。

像萨克斯所说的那种环境中讲述和接收的笑话能不能作不同的解释呢？我不去猜测12岁女孩如何可能懂得那笑话，而接受已知的情况，即它是由三名17岁男孩在一名成人男子陪伴下讲述和接收的。如上所述，似乎可合理地设想男孩们参与了一场轻松的搏斗赛，以讲述和评价黄段子作为测定相互能力的手段。肯的笑话给他的听众提出了一个理解力测试：那句妙语是他们要解答的谜，他们看来解答了，加了两个解释性密码，从而把那笑话理解为关于口交。这样来理解那笑话的话，可以认为讲述者和他的接收者又作了两种设想。第一种设想是：第三个女儿说明她初夜一声不吭时提到了饭桌礼仪，这是**误用了礼节规则**：当接收者加上两个解释性密码来解答谜团时，就损害了那女儿，谜团的
301 基础是她搞混了饭桌规则和卧室行为。可以把这描述为女性无知的设想。第二个设想是这些女儿是男人满足欢乐的来源。这一设想与第一个设想在妙语上结合起来，第三个女儿满足男人的能力由于她搞不清规则应用而得到了加强。虽然男人并没有出现在这笑话中，但你不能把它理解为一个关于口交的笑话，除非你推测第三个女儿是在暗指男性生殖器。因此第二个设想是：他们对这个笑话的理解涉及两性关系中以男性生殖器为中心的概念，在这个概念里，妇女被视为满足男子欲望的工具。[21]

通过提出这些设想，我们可以对这个笑话加以再解释而并不排除肯及其同伴理解这个笑话，这种再解释方式以他们理解笑话为基础，并试图表明：由于在这种环境里以这种方式所被理解的东西，它如何能支撑或破坏权力关系。有两套权力关系特别适用于此处。有肯和他的听众们之间的权力关系（听众中包括一个成人丹，他显然具有相对稳定和体制赋予的权威）；有这个集体所有成员与不在场的其他集体的成员

之间的权力关系——后者特别是包括妇女的集体，这个笑话突出地以妇女为特色，但在这则笑话的讲述环境中没有妇女。在这些男孩所处的社会中，男女之间的关系在结构上是非对称的，因此这些非对称关系就是讲述这则笑话的更大背景。如果我们在这两套关系的背景下来看这则笑话讲述及其理解作为关于口交的笑话，就能看到这则笑话在它讲述的当时背景下服务于展示和比赛肯和他的同伴们的能力（他们之间的权力关系是流动的、变动的），与此同时，在非对称两性关系的更大背景下服务于肯定这些男孩对于笑话中所突出的但在讲述时不在场的人们的集体优势和性自大。肯的能力受到考验，但笑话是关于妇女的。在讲完笑话后，肯的同伴们有效地向他的能力作出挑战（而丹则给予叔叔般的支持），肯则贬低他12岁的妹妹来为自己辩护，男孩们怀疑她懂得那笑话的能力。这则笑话成为男孩中间智力比赛的标志，正因为他们把它理解为有关口交的笑话，就理所当然地（毫不怀疑地）看待某些关于妇女和关于他们对妇女关系的设想，即使妇女不在讲述现场。

我已经提出了对这则笑话的一个再解释，突出了被称为它的潜在意识形态的性质——它作为在这种环境中服务于支撑两性之间非对称 302
权力关系的象征形式的性质。如果这个笑话在不同环境中讲述，例如在12岁女孩们中间，那就可能有不同的理解，可能起不同的作用。但是，即使就这次讲述的实际环境来看，我描述这则笑话的意识形态性质为“潜在的”，只是因为根据掌握的证据，这种解释至多是一种推测。我想那是一种有道理的推测，但是，没有有关讲述环境和接收者理解的更多信息，很难谈更多的了。例如，接收者可能怀疑笑话中隐含的设想而感觉它太粗糙，可能笑话的失败部分地由于接收者的这种疑惑。也可能是笑话讲述现场有一位年长的权威人士而对笑话的接收产生重要影响。根据掌握的证据，这些推测说明我们无法作解答。这里我把自己限于对有关该笑话及其讲述的现有资料进行分析，以此表明深度解释学的方法论架构可以用来分析象征形式在日常生活中产生、接收和理解的情况以及这些世俗象征形式如何能解释为意识形态的——即便暂时是有道理的。

分析大众传播：三重观点

迄今为止我一直在讨论一般方式的象征形式分析，没有提到在大众传播背景内象征形式生产与传输所提出的具体问题。我们在早些章中已看到大众传播影响到象征形式的性质和它们在某些方面的流通，现在我要在方法论层面上提出这些考虑的含义。我们可以一开始就回顾大众传播的主要特点之一：它在象征形式的生产与接收之间设立了一个基本的间隔。大众传播机构为一般不是亲身处在生产与传输或传布的接收者生产象征形式。而且，由各种技术媒体所传递的象征形式一般涉及由生产者到接收者的单向信息流，因此接收者干预传播过程的能力往往是很有限的。生产与接收之间的间隔是一种结构设定的间隔，在其中，象征形式的生产者，虽然在象征形式经济价值化方面一定
303 程度上依靠接收者，他们却在体制上有权有责在没有接收者直接回应的情况下生产象征形式。

记住了这些特点，我们可以通过区分三个方面或客体领域来处理对大众传媒化象征形式的分析——这就是我将描述的"三重观点"。第一个方面是象征形式的**生产与传输或传布**，即，生产象征形式以及通过选择性传布渠道传输或分送它们的过程。这些过程处于具体的社会—历史环境中并且一般涉及特定的体制安排。第二个方面是传媒信息的**构建**。大众传播传输的信息是以各种不同方式建构成的产品：它

们是展示一种关联结构的复杂象征构建。大众传播的第三个方面是传媒信息的**接收与占用**。这些信息由个人和团体所接收，他们位于具体的社会—历史环境中，使用现有的资源以弄懂收到的信息并把它们并入日常生活。大众传播的这三种有区分的方面使我们能界定分析的三个客体领域。我们可以依次集中关注每一个领域，分析它们的特点形式和进程。但是，每一个客体领域都是通过吸取大众传播的其他方面而构建的，这意味着集中于单一客体领域的分析将限于某些方面。对大众传播研究的综合观要求有能力把这些不同分析的成果相互联系起来，表明不同方面如何相辅相成。

通过区分大众传播的这三个方面，我们还能看到深度解释学方法可应用于分析各个客体领域的不同方面。传媒信息的生产与传输或传布过程可以通过结合社会—历史分析与人种学研究（我称之为日常认知的解释）的办法最适当地加以分析。例如，依靠社会—历史分析，可以设法确定传媒信息生产并传输或传布给潜在接收者的机构的特点。可以观察传媒机构内的所有权和控制形式；传媒机构与非传媒机构之间的关系，包括负责监测传媒产出的国有组织；生产与传输所使用的技术与工艺；传媒人才的吸收录用；以及个人完成日常任务（从写作到编辑，从摄制到安排，从筹资到销售）所遵循的常规程序。[22]我们也能采 304
取更具解释性的方法并试图阐明参与生产与传输传媒信息的个人的理解，就是他们对于在做什么、生产什么和设法达到什么的理解方式。这种对日常理解、“日常认知”的解释可能有助于说明生产过程中隐含的规则和设想，包括关于受众及其需要、兴趣和能力的设想。这些规则和设想是社会条件与法规的一部分，传媒人士由此进行传媒信息的生产和传输。与社会—历史背景的其他方面一起，这些条件和法规促进并约束生产与传输过程，从而使传媒信息作为一种富有意义的象征建构和生产出来和传布开去。

大众传播的第二个方面是传媒信息的建构。当我们集中于这一方面时，优先考虑我所谓的正式或推论分析：就是说，把传媒信息作为一种展示连接结构的复杂的象征建构来分析。例如，在分析一个电视节目时，可以研讨话语与形象的并列；使用意象的角度、颜色与顺序；使用语言的句法、风格与语调；叙事或辩论的结构；叙事或辩论结构容许次情节、离题或异议的程度；使用闪回与画外音等特技；叙事中结合诸如幽默、色情和暴力等特点的方式；形成有限或开放顺序一部分的多节目之间的相互连接；等等。[23]对传媒信息内部结构特征的分析是一项完全合法的事业。但是，它也是一项**有限的**事业，当它脱离了大众传播那些必须具备而往往自行忽略的方面即传媒信息的生产—传输和接收—占用时，它经常误入歧途。

传媒信息的接收和占用界定了分析的第三个客体领域。如同对生产和传输的分析，对接收和占用过程的分析可以通过社会—历史分析与人种学研究的结合来进行。依靠社会—历史分析，可以研讨传媒信息被特定个人所接收的具体环境和社会差异情况。所谓具体环境，是指个人在什么背景内、与什么同伴、以多大注意力和一贯性以及评论
305 性，来阅读图书、观看电视、听音乐等。所谓社会差异的情况是指传媒信息的接收根据诸如阶级、性别、年龄、民族背景与接收者地理位置的考虑而以什么方式变化。[24]这种社会—历史分析可以与一种更有解释性的探讨方式相结合，我们从中设法阐明处于具体环境中的特定的个人如何弄懂传媒信息并把它们并入日常生活。对传媒信息日常理解的这种解释可以有助于突出接收者提出的有关传媒信息的规则和设想并以此用他们的方式理解这些意义。它也可以有助于突出传媒信息对接收者产生的结果，包括它们对这些个人所卷入的权力关系产生的结果。

我试图表明大众传播的这三重观点如何能发展为方法论的方式，就是说大众传播的每一方面可以通过深度解释学的一个特定阶段在某种情况下结合日常认知的解释而加以分析。现在可以把这一内容向前发展一步，表明如何能把传媒信息意识形态性质的解释置于这整个看法内。我们不去设想可以从信息本身中看出传媒信息的意识形态性质(这种设想我称之为内在主义的谬误)，而可以吸收大众传播所有三个方面的分析——生产/传输，建构，接收/占用——来解释传媒信息的意识形态性质。图6.3总结了三重观点的这一方法论发展。生产与传输分析对于解释传媒信息的意识形态性质是至关重要的，因为，它说明这些信息从中生产与传布的机构和社会关系，并说明生产者的目的与设想。对传媒信息建构研究之所以至关重要，是因为它研讨其结构的特征，传媒信息正由于此特征而成为能够推动意义的复杂象征现象。最后，对传媒信息的接收和占用的研究之所以至关重要，是因为，它既考虑信息被个人接收的社会—历史条件，又考虑这些个人弄懂信息并把它们并入日常生活的方式。在吸收大众传播这三方面分析时，解释过
程可能设法阐明在某些环境下生产和以某些方式构建的特定传媒信息 306

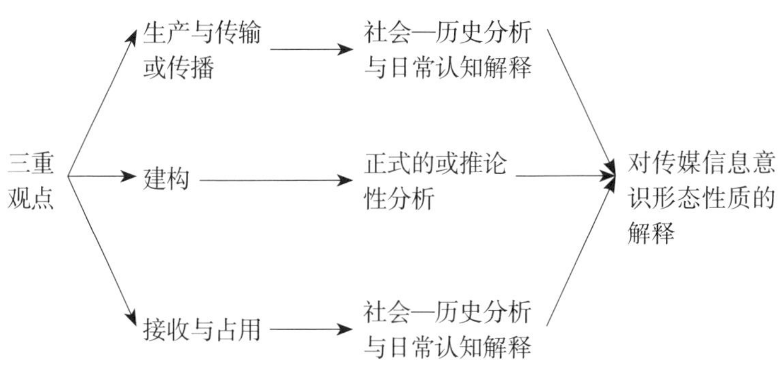

图6.3　三重观点的方法论发展

以及这些信息被个人在日常生活过程中接收和理解的社会关系之间的联系。在这种方式下，解释过程可以开始阐明传媒信息的意识形态性质，那就是，被特定信息所推动的意义可以在某种环境下服务于建立和支撑统治关系的方式。至于这些统治关系是什么，以及这种意义是服务于支撑还是颠覆它们、建立还是破坏它们，这些问题的答案只能通过把传媒信息的生产/传输和建构联系到处在具体社会—历史背景内的个人所接收与占用的方式来取得。

考虑一个例子。贾尼丝·拉德威在一项对于爱情小说的出色研究中把生产情况的分析、传媒信息结构的分析和它们接收方式的分析结合到一起，表明这些分析如何能对爱情小说提出一种创造性的解释以及它们在读者生活中所起的作用。[25]我们来探讨一下她的主要思路。拉德威特别关注避免我已称作的内在主义的谬误，在这种事例中就是指分析爱情小说的内容而脱离小说内容生产、传布、购买和阅读的社会—历史情况。因此，她对在爱情小说类型出现的范围内的体制和技术背景给予一定关注。面向大众市场的廉价简装本小说的生产是20世
307 纪早期以来美国出版业的一个突出特征。从一开始，这类出版大大依靠于发展特定类别或类型的文学，作为增加预期销量的可靠性和减少生产过剩的风险性的一种方式。大众市场出版业起初被神秘小说或侦探小说所主导，但是，在20世纪50年代，这种类型的流行性下降了。部分地为了回应这种下降，若干大出版商开始试验“哥特式”爱情小说，它的销量在20世纪60年代及70年代初期大大增加。随着70年代中销量开始减少，一种新的亚类型“甜蜜残酷”爱情出现了，这个名称来自这一领域的第二本著作：罗丝玛丽·罗杰的《甜蜜残酷的爱》。这一新方针在主要的大众市场出版商——包括阿冯、哈利昆、福西特、戴尔和西蒙与舒斯特——的推动下迅速发展。以加拿大为基地的出版公司哈

利昆企业（最初由于在20世纪50年代和60年代重印米尔斯与布恩出版社的爱情小说而名声大振）在言情小说新高潮中起了特别重要的作用。它在销售廉价简装本方面提出了极其成功的策略，包括读者研究、超市销售和订购服务。到1980年，哈利昆企业可以声称其百万美元广告活动能通向十分之一的美国妇女，而她们中的40%一般可以变成哈利昆的读者。

在这些事态发展的背景下，拉德威集中于一批妇女的经历，她们是经常的、相当典型的爱情小说读者。这批妇女有42人，住在一个中等大小中西部城市（“史密斯敦”）的郊区；这些妇女中大多数是身边带有5岁至18岁的孩子的已婚妇女。这些妇女都是多萝西·伊文斯工作的一家书店的顾客。多萝西在爱情小说业领域有点名声，因为她为书店和编辑撰写一份书评通讯。她推荐的每月畅销书变得极有影响力，以致纽约的编辑们开始寄给她新书清样以便能在通讯上得到评论。这42个史密斯敦妇女属于许多依靠多萝西帮助她们筛选每月大量新书的人之列。拉德威通过多萝西作为中介，请这些妇女完成一份关于她们阅读情况和对爱情小说的态度的详细问卷。她还对多萝西和选择这些妇女中的一些人进行深入采访。她用这种方式得出了一系列有关一批以阅读爱情作为日常生活特点的妇女的社会环境、阅读情况、态度和理解等内容的数据。 308

这些数据使拉德威能区分**由读者自己**判断为成功的小说（她称之为“理想的爱情”）和不成功的小说（“失败的爱情”）。然后她分析这两类爱情的叙事结构，以试图发现是否有一些结构特征有助于说明爱情的吸引力。她使用普罗普叙事分析法的一种修改版来表明理想的爱情包含具有系统性关系的13种叙事功能。尽管个别人沉迷于灵魂再世、通奸、健忘症等情节，所有成功的故事建构都共同具有一种叙事结构，这在图6.4中作了总结。像大多数叙事那样，理想的爱情有三个基本阶段：营造一种紧张的初始情节（功能1—6），转变初始情节并解决紧张的最后情节（功能8—13），以及一个激发并最终说明该转变的中间介入情节（功能7）。初始情节的每一个功能都与最后情节的一个功能相配，两者的联系随故事到达结尾而逐渐显现。因此，理想的爱情一般开始时总是使女主角离开她通常与其童年和家庭有关的熟悉而舒适的环境。她遇到一个贵族男子，对他的行为有敌视的反应，认为他只对她产生性的兴趣。女主角对男主角的回应是愤怒和冷淡，男主角对她报之以惩罚。然后出现了中断：男女主角以某种方式分开了。这为初始情节所产生的感情疏远准备了恢复的途径。男主角突然表现温柔的行动，故事在这里没有充分说明，这就触发了一个再解释过程，女主角开始以新的角度来看男主角早先的行为。男主角公开宣布他对女主角的爱意，她在感情上和性事上作了回应，这样最终以双方幸福和好作结。

对理想爱情的叙事结构分析使我们能看到成功的小说不断讲述关于妇女关于男子以及关于他们相互关系的某一故事。小说告诉它们的读者：妇女需要男子的爱情和关怀，只要相信在男子外部严肃和冷漠之下有着热情和温柔，她就能找到这种爱情和关怀，当男子的这种热情和温柔得以显现和理解时就会随之而来真正的交互关系和相互满足。与理想的爱情相对照，失败的爱情通常未能充分协调疏离的伙伴，或者因为男主角从未充分转变为关怀和温柔的伴侣，或者因为别的人物卷入了核心关系而阻碍或转移了它的发展。理想的爱情故事是有关基本误
309 解的紧张和基于信任的和解。它向女性读者提供一套关于**如何读懂一个男人**、如何再解释男子的行为以消除含糊，解决紧张，并能使双方以相互满意的方式显示温柔与感情。爱情也能使它的读者共鸣地经历到某种形式的愉悦并暂时想象自己是一个男子关怀和关注的焦点，这种

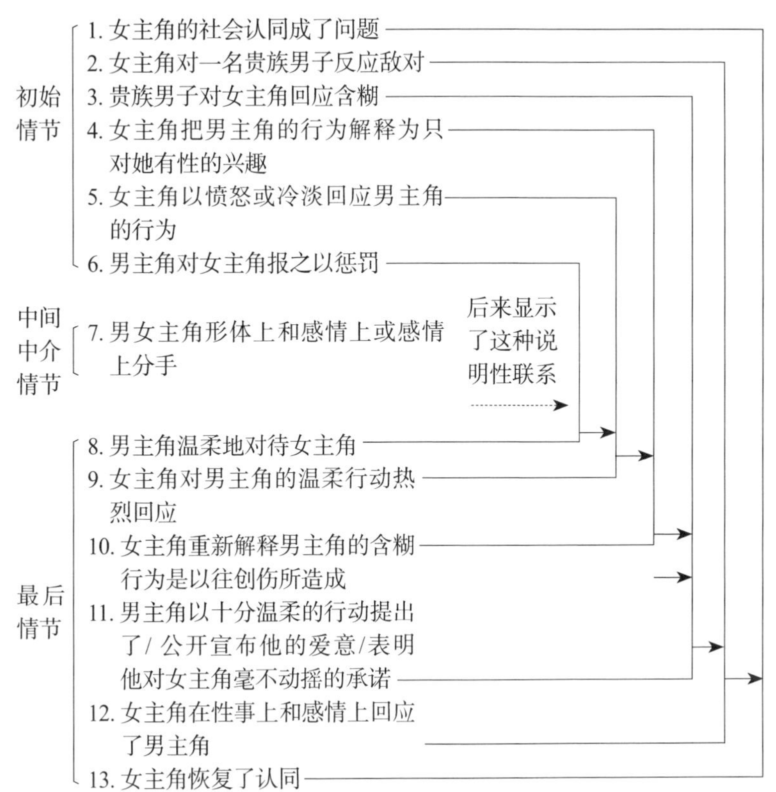

[资料来源]贾尼丝·拉德威,《阅读爱情小说：妇女、家长制与大众文学》(北卡罗来纳州查珀希尔：北卡罗来纳大学出版社,1984年版；伦敦：维尔索出版社,1987年版),第150页。

图6.4　理想爱情的叙事结构 310

经历一般说来在她们日常生活的真正环境中是没有的，她们主要地只关注于关怀别人。对史密斯敦的妇女来说，阅读爱情小说因此具有一种重新保证的治疗价值。它向她保证：如果她怀疑或隐隐害怕男子或异性关系，那么，这种怀疑或害怕很可能是基于一种误解，那是可以纠正的。它的治疗价值在于它以一种同感的然而是愉快的方式提供她一种受到爱慕她的和她所爱慕的男子的关怀和关照的感觉。爱情具有重新保证和治疗性的能力，它并存于并有助于复制一套这些妇女所处的结构性社会关系，她们在其中完成某些任务和起着某些作用，特别是与关照别人的需要关联在一起的任务。因此，通过阅读爱情小说，这些妇女能够共鸣地、暂时地经历一种她们在日常生活实际活动中一般得不到的关怀和关照。

如果阅读爱情小说这样服务于支撑和复制日常生活的结构性社会关系，拉德威认为，重要的是也要看到这种活动能使这些史密斯敦妇女与这些关系保持某种距离。为了赏识这一点，我们必须区分**传媒信息接收与解释的意义**以及**接收活动的重要性**。后者指的是，除了信息可能具有的意义外，接收这些信息的活动本身还可能对接收者有意义。在史密斯敦妇女的事例上，阅读爱情小说被她们首先理解为一种放松的方式和创造一种属于她们自己的时间和空间而脱离她们专注于提供别人需要的家务领域。她们喜欢阅读活动，因为它能使她们暂时与家庭关系的背景拉开一些距离（她们在那种关系中主要为别人做事）而设定一个属于她们自己的领域并产生共鸣地关照自身的需要。在这方
311 面，阅读行为的**私人**性质是重要的，这些妇女喜欢读爱情小说，因为它能使她们建立一个私人领域，她们在其中可暂时解脱家务生活强加的种种要求。

从这种角度看的话，对爱情小说意识形态性质的解释需要一些限定条件。如果我们集中在不同于阅读内容的阅读活动，就能看到，阅读爱情小说在某种程度上是抵制或抗议史密斯敦妇女们所经历的作为无法实现的情景的一种方式。那是对付一种结构上要求她们服务于别人的需要而她们自己的需要则无法满足的一种方式。在这个方面，阅读爱情小说的活动对于处在这些环境中的妇女具有某种**批判性质**：它代

表一种抵制，虽然这种抵制是局部的和本身无关联的，却指向一套结构非对称的、在经历上无法实现的社会关系。但是阅读活动的批判性质在这种情况下可能被阅读内容的**补偿性质**所超越。由于阅读活动暂时地产生一种脱离日常生活背景的时空，阅读的内容所传达的意义有助于向读者重新保证满足她们达不到的需要并引起共鸣，从而使她们继续其日常生活而并未从根本上改变她们所特有的社会关系。至于阅读爱情小说的这两个方面——批判与补偿——之间如何随时间而达到平衡，则是拉德威未曾作答的一个问题，那是合乎情理的。要回答这个问题可能要求对这些接收者的生活以及对她们因阅读活动日趋重要而改变了她们的生活情况进行更多的分析。

我对这一例子作了比较详细地考虑，因为，我觉得，它似乎以一种典型的方式把传媒信息的生产、建构与接收的事情结合起来，表明这些不同方面的分析如何能对大众传媒化象征形式的意识形态性质加以解释。当然，拉德威的研究中有些特征是可以批评的：例如，她对接收过程的分析比对爱情小说生产与传布的分析做得好得多；另外，她大大依靠乔多罗关于女性心灵形成的说明，肯定是成问题的。[26]但是，她正确地强调了研究大众传媒化产品被个人在日常生活中接收和理解的方式的重要性，她还表明如何能对传媒产品作出一种批判解释，避免专门集中于传媒信息生产和传输的情况或者专门集中于传媒信息本身的结 312
构和内容。而且，在集中注意传媒信息被接收和理解的方式时，她强调了（我认为也是对的）必须不仅仅考虑传媒信息通常被理解和评价的情况，而且要考虑接收活动的性质与意义，就是说，这种活动在接收者生活中所起的作用。研讨了接收活动的这两个层面以后，我们就能开始探索大众传媒化象征形式所推动的意义成为接收者日常生活一部分的方式。我们就能开始掌握这种意义在日常生活的结构背景中以多大程度来确认或非难传统设想或既定分野，来支撑或破坏现有的社会关系；从而就能开始把握大众传播技术媒体所产生和传布的象征形式在多大程度上是意识形态的。

大众传媒化产品的日常占用

如果把我在上一节中勾画的方法论架构探究到底，可以看到：一般的大众传播分析，特别是传媒信息意识形态性质的解释，必须注意所谓的**大众传媒化产品的日常占用**。这并不是说大众传播的这一方面应当不顾传媒信息的生产/传输与建构来加以研究；相反，所有这三个方面都是一项大众传播综合观点的组成部分。但是迄今的许多著作都忽视大众传媒化产品的日常占用。大量的研究是对受众的性质与数量、传媒信息的短期和长期效应、受众使用传媒的方式以及他们从传媒得到的满足。但是，这类研究不论多么有意思，却不够关注个人和群体接收传媒信息、弄懂它们、评估它们、把它们并入他们生活的其他方面的特定社会—历史背景。在上一节里，我说明传媒信息日常占用的这些和其他特点可以通过结合社会—历史分析和人种学研究来加以研究。现在要以识别大众传媒化产品日常占用的一些一般特征和说明这些特征
313 如何能在具体事例中加以分析来进一步探讨这一主题。我将集中于六个特征：(1) 大众传媒化产品的典型占用模式；(2) 接收背景的社会—历史特点；(3) 接收活动的性质与意义；(4) 接收者所解释的信息的意义；(5) 对传媒化信息的推论性阐述；(6) 通过占用所确立的互动与传媒化准互动的形式。

第一，我来先考虑大众传媒化产品的典型占用模式。在探讨这一问题时，集中在不同于传播信息结构与内容的传输技术媒体是有益的。

这样集中的好处是因为它能使我们看到日常占用的一些特点联系到传输技术媒体的性质,联系到对特定媒体传输的信息进行解码所要求的技能、能力与资源,联系到与这种解码有关的规则、条例和实际要求。如果我们再次考虑爱情小说的日常占用,可以看到这一过程的一些主要特点来自:小说要由一个人不同别人一起来私下阅读,虽然这个人在挑选、解读和评价特定书籍时可能得到他人的帮助。但是,爱情小说私下阅读的性质既不具有这种阅读的特征,也不具有接收其他媒体传输的信息所共有的特点。它不具有这种阅读的特征,因为在其他的环境中阅读是一种集体的社会活动。虽然私下阅读的方法——自己静静地、一言不发地——在今天是占用书面材料的一种典型模式,看来这种阅读法是一种特定的历史发展,它在整个近代与其他更加社会化、更加公众化的阅读法并存。看来书籍和其他书面材料过去往往是向一批人朗读,他们聚集起来倾听,从而他们无须具备阅读能力即可占用写印出来的信息。[27]而且,如果考虑其他的传输技术媒体,会发现接收和占用传媒化产品的方式大大不同于与阅读文本有关的方法。例如,西方工业社会中看电视的活动通常是在私人家庭背景内进行的,虽然这种活动往往具有社会性,因为,节目都是在别人在场时观看,而且观看者在观看过程中产生互动。

通过研讨传媒化产品被处于特定社会—历史背景内的个人所接收
与占用方式,可以阐明**大众传媒化产品的典型占用模式**。阐明典型占 314
用模式就是识别大众传媒化产品被接收和占用的一些特有的方式——阅读爱情小说的特有方式,观看电视节目的特有方式,等等。这种分析要求人们从个人癖性中抽象出来,寻求多数接收方法的共有特征,例如,可以设法说明一批读者阅读爱情小说的一些共有特征,或者一批观众观看电视肥皂剧的共有特征。占用模式一般受传输技术媒体的性质所限定，这些媒体的变化（例如出现了盒式磁带录像机）可以大大改变占用模式。但是，传输技术媒体并不决定典型的占用模式，因为这些模式也取决于接收背景和接收者所特有的条件、常规与富裕程度。只有通过联系大众传媒化产品被接收与占用的真正环境来分析传输技术媒体，才能设法阐明占用这些产品的典型模式。

第二，大众传媒化产品日常占用的第二个特征有关接收背景的社会—历史特点。大众传媒化产品的接收与占用必须被视为一种**区位性行动**，就是说，作为在特定社会—历史背景下、在特定时间与地点、独自或有别人陪伴等情况下做出的行动。把接收与占用分析为区位性行动，就是在进行我所谓的接收背景的社会—历史分析。我们可以设法分析接收背景的时空特征（例如在看电视的事例中，谁看特定的节目，什么时候，看多久，在什么地方，等等）；接收者之间的权力关系和资源分布（谁控制节目选择，谁有能力获得接收的技术手段，等等）；支配接收行动与有关的互动形式的规则与条例（谁被容许观看，什么时候，观看如何适应于常规的日常生活，等等）；接收活动在其中进行的社会机构（时常但并非始终是特定家庭）；接收背景与接收者之间关系所特有的系统性非对称与差异（男女之间、成人与儿童之间的非对称，一种背景与另一种背景之间的差异等）；接收所使用的技术媒体（电视机、盒式
315 磁带录像机、直播卫星等）以及这些媒体影响接收活动的方式。

第三，我们可以区分接收背景的社会—历史分析与日常占有的第三种特征分析：接收活动的性质与意义。重要的是认识到被视为的接收活动——读书、看电视、听音乐——都是复杂的和高技能的活动，它涉及应用大量已有的知识，而且以复杂的方式与日常生活的其他常规组织活动相重叠。例如，可以在做饭或吃饭时看电视，在看报或者和孩子玩耍时看电视，或者电视可能只是“开着”作为其他活动的陪伴

背景；因此它可能被以不同程度的兴趣、注意力和集中力来观看。[28]如果从这个角度来看接收活动的话，可以看到，只从信息本身来试图推测传媒信息的结果是多么误导（就是我称之为内在主义的谬误），因为这种推测会不考虑接收信息的人关注（或忽视）这些信息的具体方式。而且，正如拉德威在她对爱情小说的研究中所强调的，接收活动本身可能对接收者有意义。**接收大众传媒化信息的方式就是行动方式**；在日常生活的背景下，这些行动方式对有关个人可能是有意义的，可能被他们理解为放松的方式，与别人分享经历的方式，暂时逃避日常生活的要求的方式。在研讨接收活动的性质与意义时，我们把这些活动作为个人的技能成就，这些活动对个人是（或者可能是）有意义的，我们设法分析这些活动以及它们对有关个人具有的重要意义的实际特点。

第四，大众传媒化产品日常占用的第四个特征有关接收者所接收和解释的信息的意义。我在全书中强调大众传媒化产品不仅仅是供消费的产品：它们也是供理解的信息，分析这些信息的日常占用必须部分地考虑到它们被日常生活中接收的人们所理解的方式。这就是我早先描述为日常认知的解释的一个方面——那是对构成社会领域的个人的日常理解和信念的解释。在接收大众传媒化信息时，个人吸收并使用能使其解读和弄懂这些信息的各种惯例，在这过程中他们也可以评估 316
这些信息，赞成它们或反对它们，对它们采取一种立场，等等。在设法分析接收和解释的信息的意义时，我们是在设法重构接收者对他们接收的信息所赋予的含义，使含蓄地用来解读信息的惯例明显起来，并研讨他们公开或含蓄地对这些信息采取的立场。还可以进一步探索日常占用这一特征：可以把日常对传媒信息的认识与接收背景的社会—历史特点相联系，从而设法肯定日常认识是否系统地不同于社会—历史特点——例如，把日常对传媒信息的认识与接收者的阶级背景、民族背景、性别或年龄相联系。[29]可以用这些方式提出和探索解释学的深刻看法："信息的意义"不是信息本身的固定特性，而是在占用过程中不断更新和变化的一种特点。

第五，日常占用的第五个特征是我描述的所谓传媒化信息的推论性阐述。技术媒体所传输的信息不但被特定个人在特定背景中接收，而且也被接收者在接收过程中或后来时常讨论，从而被推论性地阐述，并和更大范围的人们——他们曾经或未曾直接经历接收过程——共享（他们曾经或未曾读过那本书，看过那个节目，等等）。而且，传媒信息可以被传媒人士所收取并结合进新传媒信息的内容，从而通过长期的传媒化把它们递交给或再递交给接收者。以这些方式，传媒信息可以超过原先接收背景而延长下去，可以通过讲述和再述、解释和批评过程而发生转变。**传媒化信息的占用不一定符合最初接收的信息**；相反，它往往涉及推论性阐述的连续过程。这种连续过程可以发生于各种各样的背景——在家中，在电话里，在工作场所——它还可以涉及各种和许多参与者。[30]它可以提供一个叙事架构，个人在其中描述自己生活的各个方面，交织着个人经历与重述传媒化信息或重述从而重述的信息。
317 对传媒化信息推论性阐述的分析对日常占用的内容至关重要，因为这一过程可以影响个人理解和评估传媒化信息的方式，而且因为在某种程度上通过这一过程信息与个人生活的其他方面相交织。

第六，最后，我们应当考虑通过占用所确立的互动和传媒化准互动形式。日常占用的这一特征是复杂的，区分一下四大类型互动与准互动可能是有益的。第一，在接收者之间进行的互动，或者在接收者与非接收者之间在初始接收区内进行的互动——例如，在观看一个电视节目的个人之间进行的交谈。第二，对传媒化信息在后来推论性阐述过程中进行的互动。正如我在上面指出的，这第二类互动可能涉及不在最初接收背景的个人或者没有直接经历接收传媒化信息的个人。在初级与次级接收者之间的这两类互动必须区别于接收者和从事生产或参与建构传媒化信息的个人之间确立的那种传媒化准互动。接收者可能包罗生产传媒化信息的人们（例如一部连播小说的作者）或者参与其中的个人（例如一部电视肥皂剧中的角色），这些涉入的形式可能影响接收者理解和评价信息的方式，他们谈论这些信息的方式以及他们继续接收时的忠实态度。除了传媒化准互动，传媒化信息的日常占有还确立了可被称为的**虚拟接收者人群**，他们可能并不直接或间接互动，但他们都接收到同样的信息，从而组成一个时空延伸的集体。虽然组成这一集体的个人可能不在自己之间互动，但是，知道不仅这些个人自己接收到传媒化信息，知道自己是时空延伸的虚拟接收者人群的一部分，可能成为接收信息对他们具有乐趣与重要性的一个组成部分。

在研讨日常占用的这些种种特征时，我设法识别对接收与占用过程的分析在实际环境中可以遵循的一些途径。但是我也突出了具有更
为普遍理论和方法论兴趣的接收与占用的一些方面。我强调，虽然传 318
媒化信息的接收总是在特定背景下进行，传媒化信息的占用却涉及其他背景、其他个人、与最初接收的信息相交织的其他信息的一个不断继续的过程。“占用”，作为解释学的专业名词，意思是使新的、异类的或者陌生的事物“成为自己的”；我要在这里说明的是，“成为自己的”过程应理解为：有关特定的个人在其日常生活过程中接收传媒化信息，与别人谈论这些信息，并通过推论性阐述的进行过程把它们结合进他们的生活中去。这是一个生动的、潜在批判性的过程，在这一过程中，个人不断涉及力求了解，弄懂自己收到的信息，评估它们，向别人提到它们并与别人共享。认为传媒化信息的接收者是被动的旁观者、简单地

吸收传来材料的呆滞吸收者的看法，是一种误导的神话，与占用作为解释和结合的不断过程的实际性质毫无相似之处。被动接收者的神话与内在主义谬误是相辅相成的：在接收/占用方面，它在方法论上相等于荒谬地试图仅仅从信息的结构与内容来推断传媒化信息的结果。如果传媒化信息的接收者参与不断力求了解的过程，他们也就是通过自己接收的信息参与不断理解和再理解自己的过程。这种自我理解和自我改造的过程并不是突然的、一劳永逸的事；它是一个渐进的过程，它慢慢地、难以察觉地、日复一日、年复一年地进行。这个过程发生在弄懂信息和谈论信息的过程中，发生在向别人复述这些信息和听它们被复述给自己的往返过程中。在这个继续不断的过程中，个人不但理解到这些信息所指的事物，而且理解到他们自己作为理解和具有观点、需要和欲求的个人是嵌入某些社会关系之中的，等等。理解传媒化信息同时是一个自我理解和自我改造的过程，个人在其中以不同方式和不同程度地在不断占用接收到的信息的过程中进行理解他们自己和或许改变他们自己。因此，传媒化信息的日常占用中带有批判和自我批判的潜在因素，即使在实际环境中占用过程的批判潜力可能受到限制或不
319 能实现。

解释、自我反思和批判

在结束本章时，我将考虑批判与自我批判的主题，并通过使用这一主题来发展解释的方法论与大众传媒化产品的日常占用之间的联系。我已经提出了一个方法论架构，在其中，解释/再解释过程可以被视为受不同阶段的分析所中介的复杂程序，这些阶段我描述为社会—历史分析与正式的或推论的分析。当这种架构被用来分析意识形态时，它

能使我们表明或设法表明象征形式如何在具体环境中服务于确立和支撑统治关系。解释意识形态这一任务，根据我在这里提出的，是要探讨象征形式所推动的意义与这种意义在特定背景下可能支持的统治关系之间的相互联系。理解为深度解释学程序的一个版本，意识形态解释吸收了社会—历史分析和正式的或推论的分析的各个阶段——但它也超越这些阶段：它提出有关意义与权力之间相互关系的一种解释，一种创造性和综合性的主张。像所有的解释那样，意识形态解释是有风险的、充满冲突的、引起争议的。它对某事作出一种断定，可能不同于别的观点，包括组成社会领域的主体的观点，而且主体的日常理解可能又是解释的客体。这是意识形态解释意味一种批判性潜力的一个方面：我将把它描述为**日常认知的解释性转型**。它可以区别于意识形态解释意味一种批判潜力的第二个方面：它可能提供对主体所卷入的统治关系进行批判性反思的可能性。正是这第二个方面，意识形态解释具有一种与可称之为**对统治的批判**的内在联系。我将依次讨论意识形态解释的每一个批判性方面。[31]

我刚指出，提出一项解释就是作出一种有风险的、引起争议的断定。当我们提出一项解释时，把自己置于险境；作出一项主张，假定它可被用某种方式辩解或支持。我们不一定认为自己的解释是唯一可能或唯一有道理的解释，但是，确实认为它是有理的，就是说，如果要我们这样做，它**可能**是合理的。当然，设法把我们的主张视为合理会有许多困难。如何这样做，使用什么证据和论点，将取决于各种因素，诸如探 320
究的一般领域和主张的具体环境。设法在这里勾画出这无数的可能性，那是既不可行又无助益的。但是，我们可以不去考虑从这些变数，问一下为了证明一种主张有理是否必须满足任何一般条件。正是考虑到这个问题，我将提出下列论题：在认为一项解释是有理时，我们预想到它靠**强加**是**不**能成为有理的。换句话说，预想到应区分一项解释证明有理以及把它强加给别人或把它强加给我们自己。证明有理，就是要提供理由、根据、证据、阐明；强加就是把别人作为必须屈从的人。这种区分说明，一项解释之证明有理，只有在它可以不用强加而证明有理，就是说，只有在包括没有非对称权力关系的条件下可以证明它有理。我把这称为**无强加原则**。这一原则界定了一项解释可以证明有理的正式条件之一。它界定了一项必要的条件，但不是充分的条件。这项条件并不是充分的，因为它没有告诉我们试图支持或击败一项特定主张时可以实行的具体标准、可使用的特定种类证据和论点。具体标准和特定种类的证据和论点可以随探究领域的不同和分析事例的不同而变化，在一个背景下适用或充分的证据可能在另一个背景下不适用或不充分。但是，我们用来证明一项解释有理的标准、证据和论点可能因探究背景而变化，这并不意味着一切证明有理的行动都不过是随意的幻想。

可用已经考虑过的一个例子来说明这一点：萨克斯对一则黄段子的分析。我们看到萨克斯分析该笑话和讲述笑话的顺序组织，并在这分析的基础上提出对这则笑话的一项新颖解释，说它是特别为女孩子讲的信息，是传达只有年轻女孩会懂得的信息。这一解释对不对呢？我们如何评估它可信还是不可信？我们可以采用的唯一方法就是仔细观察萨克斯对他的解释所提供的或可能提供的根据，考察他所引证或可能引证的证据和论点，以及设法确定它们是否是充分的和有说服力的
321 的——而且这样做的时候不考虑谁向提供解释，不考虑阐释者的体制化权力和威信（在这一事例中，这一点在过去和现在都是相当重要的）。这就是我在评估萨克斯解释时设法要做的，我得出的结论是萨克斯的说明是不够格的。我提出了对这则笑话的另一种解释，它考虑了讲述

的实际环境，突出它潜在的意识形态性质。这可供选择的解释应与萨克斯的解释同等看待；它的成败决定于它可以提出来支持它的证据与论点。可以提出来的证据与论点的性质取决于这则笑话和讲述的具体特征与环境，取决于有关信息的性质与程度。但是，判断这些证据和论点是否充分和具有说服力、因而解释是否可信或不可信（或者比另一种解释更可信），则是人们参与对理由与根据的评议而作出的判断——就是说，在不受强加的条件下对于一项解释是否有理的评议。

迄今为止我一直在关注于说明：证明一项解释有理，就要预想到一项无强加原则，并在这一原则确立的广阔轮廓内提出具体背景下的论点以便根据这种探究背景下可能提出的证据和根据来辩解或批评一项特定的解释，以表明它可信或不可信、有理或没有理。现在我要提请注意另一个总原则，它在关注意识形态解释时发挥作用。回顾社会—历史探究的一些解释条件时会注意到，当进行意识形态解释时，我们是在解释能够理解的主体所生产和接收的象征形式。解释是关于像我们自己这样的主体所组成的一个客体领域；我们正在设法解释的具体形式已经被构成社会领域的主体在某种意义上所理解，主体生产、接收和理解象征形式，作为其日常生活的一个常规部分。根据这些考虑，我将提出下列原则：如果我们的解释是有理的，那么它们在原则上不但对于**作为**分析者的我们是有理的，而且对于生产与接收那些象征形式（它们是解释的客体）的主体是有理的。我将把这称之为**自我反思原则**。它是一项自我反思，因为它说明，在对待一个也是主体领域的客体领域时，解释过程在原则上联结到组成这一领域的主体，这种联结在原则上可以实际起到激起这些主体的反思的作用。 322

这使我们能澄清意识形态解释涉及日常认知的解释性转型的意思。作为解释的客体的象征形式，正如我已指明的，已经被生产和接收它们的个人在其日常生活的过程中所理解。对象征形式日常理解的解释——我称之为日常认知的解释——是对象征形式更加详尽解释的实质性开端。在深度解释学方法各阶段的中介下，这个更加详尽的解释过程可以使分析者以不同于非专业者日常理解的方式来解释（或再解释）象征形式。如果该分析者关注于显示象征形式的意识形态性质，突出它们在特定环境下可以服务于建立和支撑统治关系的方式，那么在深度解释和日常理解之间的潜在分歧可能具有冲突性。**深度解释在它系统阐述环境中成为一种潜在干预**。一项深度解释本身就是一个象征建构，能在原则上被包罗于部分形成解释客体的主体所理解。由于一种解释可能有别于他们自身的日常理解，深度解释可以使他们**对自己有不同看法**；它可以使他们联系一个象征形式生产与接收的环境来对它加以再解释，来质疑或修正他们对该象征形式以前的认识和以前的评估，并一般地改变他们理解自己和别人的视角。正是在这个意义上，解释过程，特别是意识形态解释，意味着日常理解的解释性转型的可能性。这种转型在下面这种意义上是解释性的，就是说它是由解释与再解释过程所激发的，我已在前面勾画出它的架构。这种转型在下面这种意义上也是一种**自我**转型：对日常理解的批判性质疑和修正不是由分析者独自进行的活动（虽然它也可以由分析者进行）；恰恰相反，这一活动正可以由一些个人来承担，这些个人的日常理解因解释过程而受到质疑。

我论述了解释过程意味着日常理解的解释性转型的**可能性**，但是，
323 从这一点并不得出解释过程必须这种转型，也不是说这种转型是一种提出解释可信性的条件。解释的过程并非必须日常理解的解释性转型，因为，根据各种实际原因，一项深度解释，不论多么可信，也不会对日常理解激发批判性自我反思过程。实际的障碍是无数的，巨大的，在

某些方面是明显的：一项深度解释不会传输给非专业者，不会被他们读到或听到，可能被其拒绝或认为不可信，等等。但是，不论有什么实际的障碍，解释过程意味着日常理解自我转型的可能性并非微不足道，因为它证明深度解释学架构内进行的解释活动与组成分析客体领域的主体的自我理解之间的基本联系。分析者提出的解释是否可信并不取决于它是否激发一个批判性自我反思的过程。在非强加条件下，解释的可信与否是关于建立在考虑举出支持解释的证据和论点基础上的判断问题。但是，这一考虑，这一深思和判断过程，是原则上向组成社会世界的主体开放的过程。这并不是说组成社会世界的主体的参与是解释可信性的必要条件；而是说，如果这个解释根据支持它的证据和论点来看是可信的，那么，它在原则上不但对参与反复解释与反解释的分析者是可信的，而且对组成社会世界的主体也是可信的。因为，这些主体也能够并常规地参与思考过程，评估证据和论点，并试图说服别人（并被别人说服）。因此，虽然一个解释的可信性并不取决于它被阐述它的主体所接受，一个可信的解释可以激发主体进行批判性自我反思的过程，主体作为善于思考的人可以认为该解释是可信的和值得认可的。

到现在为止，我一直在考虑意识形态解释可以促进日常理解的解释性转型的意思。现在我要转向意识形态解释可以意味着一种批判性潜力的第二个方面：它可以开启批判性思考的可能性，这不但对非专业
者的日常理解是如此，而且对这些非专业者涉入其中的权力与统治关 324
系也是如此。我已指出：关于象征形式解释是意识形态的，这涉及对意义建构的分析，也涉及对生产和接收这些象征形式的具体社会关系和背景的分析。通过突出这些社会关系与背景，通过表明象征形式如何能在这些背景下服务于支撑某种社会关系，意识形态解释就会对社会生活所特有的权力与统治关系激发一种批判思考。这就是意识形态解

释会引起强烈反应的原因之一：它触动了权力的神经，它突出了受益者的地位以及受非对称结构社会关系之苦的人们的地位，它公开了往往保持隐蔽的东西——在社会生活日常行为中认为理所当然或被掩盖的东西。还要指出，批判性思考的激发不一定限于社会分析领域：它在原则上能扩张到更广泛的社会领域，因而产生或推动作为社会生活组成和持续特征的辩论与冲突。正是在这个意义上，**意识形态解释与统治性批判有着内在联系**：在方法论上事先就确定要激发对权力和统治关系作批判性反思，这种反思在原则上包括涉入这些关系中的主体的反思。

但是，意识形态解释与对统治性批判之间的联系虽是内在的，它却不是即时的，就是说，对权力和统治性关系的反思是受其自身逻辑支配的，受其自身辩论结构和评估标准支配的，不同于可能用于评估一项解释可信性的标准。在寻求对权力和统治性关系的批判反思时，就是在从事一种在性质上不同于评估解释可信与否的探究，即使那是激发反思的解释。对权力和统治关系的批判性反思引起了新的疑问、新的问题，要求新类型的证据和论点。它关注的不是"这一解释是否可信？"这一问题，而关注的是"这些社会关系是否公平？"问题。并没有简单的程序或指手可得的方便的规则可以用来回答后一个问题。这个问题要求判断，要求对特定机构和社会安排的正反论点作谨慎的考虑。在这里探究这个问题会使我们大大超越目前关注的范围。但是，我最终大胆提出：有关权力与统治的关系的批判性反思应当受到可称为**非排
325 他原则**支配：有关特定机构和社会安排是否公正和是否值得支持的审议，应当是所有受到这些机构和安排影响的个人原则上都有权参与的审议。因此这种审议应当原则上包括日常生活实际环境中可能被排除于权力地位之外的个人的参与。因为，如果这些机构和安排是公正和

值得支持的，那么，它们的公正和价值所具有的特征原则上应当被受到它们影响的所有人承认，而不仅仅为那些在实际环境中受惠最多的人所认可。如果说非排他原则具有扭转局面的作用而有利于那些在实际环境中通常被排除于权力地位之外的人，那么我觉得这个结果既不令人惊奇也不是不受欢迎的。这种结果并不令人惊奇，因为，当迄今为止处于从属社会地位的个人和群体得到了发言权，那么这些人的和群体的需要和愿望、他们的偏好和优先很可能在审议过程中不得不得到考虑。这种结果不是不受欢迎的，因为，在一个所有人都作为能理解和思考的主体的社会里，人们在其中度过一生的那些机构与社会安排应当尽可能地符合这些人希望的情况，不是符合某些人希望的情况而其他人则不可避免或不可改变地接受下来。所以，如果对权力和统治关系的批判反思表现出有效地偏向于有利那些在实际环境中通常被排除在权力地位之外的人，那么，它是在下面这种意义上这样做的：就它这样做而言，它的支配原则是要求所有受到影响的人们都参与审议过程，包括那些从现有和迄今为止的社会生活组织中受惠最少和受苦最多的人。这类批判性反思有着很大的范围，这一点对于任何熟悉现代社会中仍然存在普遍的、严重的和似乎难以对付的多种形式不平等和冲突的特征的人来说，是无可怀疑的命题。

我在本章中的目的是在方法论层面上探究在早先几章中提出的论点和建议。我已努力系统阐述了关于象征形式的研究的一种具有解释学根据的方法，我已设法表明这一方法如何能为意识形态解释和大众传播分析发挥作用。遵循这一方法，可以避免败坏许多有关意识形态和大众传播的著作的问题。特别是，能避免这些著作中普遍存在的一
种倾向：迅速解读出来自许多信息本身的传媒信息的意识形态的特质，326

而不论及这些信息生产、流通和接收的具体社会—历史背景。这里提
出的方法论观点使我们能看到意识形态概念如何能在一种社会理论中
发挥作用——尽管是一种受限制的、被小心界定的作用——这种社会
理论是有解释学根据的，是以批判为取向的，也就是说，以组成社会—
327 历史世界的主体的批判性自我反思为取向的。

结　语

批判理论与现代社会

社会批判理论总是关注分析现代工业社会的兴起和理解它们与众不同的发展轨迹这一任务。如果我们狭义地考虑社会批判理论——作为和法兰克福学派有关的或者直接受它影响的一个思想体——那么，我们可以看到这一任务一般都是在主要源于马克思的架构、其次源于马克斯·韦伯的架构内进行探讨的。根据这个架构，正是工业资本主义的兴起与发展凸显为现时代的基本构成特征。正是工业资本主义的迅速扩张成了现代社会的驱动力，工业资本主义之所以快速扩张，原因在于它不断寻求新的市场，在于它不停顿的商品化和剥削性的阶级关系。而且，首先正是这种力量必须加以控制和利用。对早期批判理论家来说，控制和利用工业资本主义这一构想主要的根据是生产资料的社会化和工业主义在非资本主义的新的基础上的继续。当然，早期批判理论家意识到这一计划中固有的困难和危险。他们意识到社会的剧烈转型将要求一定程度的普遍化政治承诺，而这可能这种承诺并不具备，或者可能被强逼成为其他更反动的目的。他们意识到生产资料的社会化伴随着权力可能越来越集中在一批官僚主义精英分子之手的风险。他们还推测，工业资本主义的发展在任何情况下都是广泛得多的社会与文化理性化过程的一部分，这种理性化的根源早存在于过去，它的结果将在未来被人们充分感到。

今天，我们可以找到其他更为重要的根据来怀疑批判理论早期方案所固有的社会观与政治观。在20世纪后期，我们已得益于事后的认
328 识：激励早期批判理论家著作的一些理想和抱负已经被明确的、有时是肮脏的历史现实弄得黯然失色。更一般的是，我们可能怀疑他们据以探讨其对现代社会的分析的理论架构是否适合于这一任务。我们可以怀疑的是：强调工业资本主义作为现代社会的关键构成特征是一种过分的强调，它模糊了其他发展进程和统治及不平等的其他基础的重要意义。可以怀疑，与生产资料社会化有关的风险以及有关的社会和政治组织官僚主义化是否已经得到充分认识和评估。我们可以感到惊讶的是，他们是否已经充分注意到某些体制形式，通过它们，个人能够最佳地表达自己愿望与需求，并保护自己免受政权过度行使的影响。我们可以怀疑来自马克斯·韦伯并成为一种普遍历史观的思想——现代社会卷入理性化过程，理性化越来越渗透到社会生活的各个方面，使个人日益依赖于一种对其产生压倒性威胁的物化的和支配性的整体。

这些怀疑和保留可能具有足够的影响，使我们倾向于放弃批判理论的许多早期方案。但是，它们并不迫使我们放弃早期批判理论家关注的任务——分析现代社会的不同发展轨迹，反思这些社会的缺点和它们的发展所提供的机会。这一任务在今天仍有其适用性，即使它据以探讨的架构必须从根本上加以重新塑造。在本书中，我设法对发展一项现代社会批判理论的任务不断出点力。我以为，文化的传媒化是现代社会的一个基本构成特征，就是说，是我们今天生活于其中的社会

之所以成为“现代”的特征之一。现代文化传媒化的过程与另外两种构成走向并驾齐驱：一方面是工业资本主义的发展和发展非资本主义（或国家社会主义）形式的工业组织的有关尝试；另一方面是现代国家的兴起以及用对政治机构发挥影响和增加参与为取向的群众政治运动的相应出现。这些发展进程一起塑造了并继续塑造着现代社会的主要机构。它们一起使现代社会形成相对分立的各个实体，与此同时，把这些社会结合为一个全球化的社会体系。如果说我们今天生活的世界在
经济上日益交织在一起，展现一些根据政治组织与运动的共同特征，而 329
且日益经历传媒产业的产品与机构，那么，这是因为我们的社会已经由一套构成现代世界的过程所塑造。

正是在现代文化传媒化的背景下，我尝试重新评估了意识形态分析与批判所涉及的内容。对意识形态的批判始终是批判理论关注的中心问题：确实，在一些早期批判理论家的著作中，对意识形态的批判是主要的关注。但是，意识形态概念在近些年中被非常广泛地使用，并在某些地方受到猛烈批判，使它已丧失了它的一些分析性益处和理论吸引力。我已设法系统阐述了一种意识形态概念，它比较精确，然而它保留了与批判理论在传统上有关的批判锋芒。我已试图表明了这一意识形态概念如何能结合进一项集中于象征形式性质、社会背景特点、权力与统治的组织和复制的理论架构。我已指出，当意识形态现象成为现代文化传媒所带来的象征形式广泛流通的一部分时，它具有了新的范畴和复杂性。最后，我已勾画了一个方法论架构，在这个方法论架构内，对意识形态的批判分析可以作为对背景化象征形式研究的解释性观点的一部分来加以具体探究。

在试图重新阐述而不是抛弃意识形态批判分析的思想时，我显露出了受益于批判理论的方案——尽管我在其他方面已设法使自己同

它保持距离。在我看来，不论批判理论家著作的缺点何在，他们正确地强调了现代社会中持久存在的统治的重要意义；他们正确地强调了的是：个人是自我反思的代理人，这代理人可以深化对自己和他人的理解，并在理解的基础上采取行动来改变其生活的条件；他们正确地把对意识形态的批判性分析一方面视为统治与行动之间或统治性形式的建立与复制之间动力学关系的一个阶段，另一方面视为能使人们对这些形式提出挑战的批判性自我反思的过程。这些都是近来社会与政治理论的有些辩论中所缺乏的强调点和观点。有些晚近的理论家变得非常关注多样性和差异性，关注仅仅是生活形式的不同样式和易变性，而未
330 能充分考虑这样的事实：在现代社会的实际环境中，多样性和差异性通常嵌入以系统的非对称方式构成的社会关系中。我们不应被多样性观点弄得一叶障目，以致看不到社会生活中的结构性不平等。根据我在这里做出的解释，对意识形态的批判性分析仍然具有自己的价值，它构成了对现代世界中统治的性质或对它复制的模式和它转型的可能性的更广泛关注之部分。这并不是说，只有与意识形态分析和统治有关的一些问题才是今日批判理论值得关注的——没有必要去采取这样一种限制性观点。但是，以为现在可以撇开这些问题，把它们视为19世纪思想的残余而在现代（或“后现代”）世界中没有地位，这种看法显然是
331 不成熟的。

注 释

第一章 意识形态的概念

1 关于意识形态概念史的详细解释，可参见下列著作：汉斯·巴尔特：《真理与意识形态》，弗雷德里克·利尔奇译（伯克利：加利福尼亚大学出版社，1976年版）；豪尔赫·拉腊因：《意识形态概念》（伦敦：赫钦森出版社，1979年版）；乔治·利希泰姆：《意识形态概念》，载于他的《意识形态概念及其他论文》（纽约：兰登书屋，1967年版），第3—46页。

2 关于德斯蒂·德·特拉西的生平与著作的材料，见埃米特·肯尼迪：《革命时代的一位"哲学家"：德斯蒂·德·特拉西和"意识形态"的起源》（费城：美国哲学学会出版社，1978年版）；弗朗索瓦·皮卡韦：《意识形态，论述法国1789年以来的思想史与科学、哲学宗教等理论论文集》（巴黎：费利克斯·阿尔康出版社，1891年版）。

3 德斯蒂·德·特拉西：《关于思想官能的备忘录》，引述于肯尼迪：《革命时代的一位"哲学家"》，第47页。

4 出处同上。

5 德斯蒂·德·特拉西：《意识形态的要素》第1卷（巴黎：库尔西耶出版社，1803年版；J.弗林哲学图书馆重印，1970年版），第8页。

6 引述于肯尼迪：《革命时代的一位"哲学家"》，第81页。

7 拿破仑一世：《对国务会议上讲话的答复》，引述于肯尼迪：《革命时代的一位"哲学家"》，第215页。

8 马克思与马克思主义中关于意识形态概念的著作很多，选取若干：豪尔赫·拉腊因:《马克思主义与意识形态》(伦敦:麦克米兰出版社,1983年版);比库·帕雷克:《马克思的意识形态理论》(伦敦:克鲁姆·赫尔姆出版社,1982年版);乔·麦克卡奈:《意识形态的真实世界》(布赖顿:收获者出版社,1980年版);马丁·塞利格:《意识形态的马克思主义概念:一篇批判性论文》(剑桥:剑桥大学出版社,1977年版);现代文化研究中心:《论意识形态》(伦敦:赫钦森出版社,1977年版)。

9 卡尔·马克思、弗里德里希·恩格斯:《德意志意识形态》第1卷,引自《马克思恩格斯全集》中文版第3卷,第15—16页,人民出版社,1960年版。

10 出处同上,引自《马克思恩格斯选集》中文版第1卷,第23页,人民出版社,1972年版。

11 出处同上,第30页。

332 12 出处同上。

13 例如沙拉·考夫曼:《照相机,关于意识形态》(巴黎:加利莱出版社,1973年版);沃尔夫冈·弗里兹·豪格等:《意识形态的照相机:哲学、经济、科学》(柏林:论点出版社,1984年版)。

14 出处同10,第36页。

15 出处同上,第31页。

16 出处同上,第52页。

17 马克思:《政治经济学批判导言》,引自《马克思恩格斯选集》中文版第2卷,第83页,人民出版社,1972年版。

18 出处同上。

19 马克思、恩格斯:《共产党宣言》,引自《马克思恩格斯选集》中文版第1卷,第254页,人民出版社,1972年版。

20 我概述这种不同历史观点以及与此相联系的意识形态概念,要感激克洛德·勒福尔的著作;特别参见他的《现代社会的政治形式:官僚制、民主制、独裁制》中的“马克思:从一种历史观到另一种历史观”(约翰·B.汤普森编,剑桥:政体出版社,1986年版,第139—180页)。也请参见保罗洛朗·阿松:《马克思与历史的重复》(巴黎:法国大学出版社,1928年版)。

21 马克思:《路易·波拿巴的雾月十八日》,引自《马克思恩格斯选集》中文版第1卷,第603页,人民出版社,1972年版。

22 出处同上,第605页。

23 见卡尔·马克思:《1848年至1850年的法兰西阶级斗争》,这部著作的头三章是马克思在1849—1850年写的，原先于1850年1、2、3月发表于《新莱茵报》。第4章是马克思与恩格斯后来写的，发表于1850年秋季该刊的最后一期。与此相对照，《路易·波拿巴的雾月十八日》是马克思在1852年即在政变以后作为系列文章写的。

24 出处同21，第691页。

25 出处同上，第694页。

26 出处同上，第606页。

27 列宁：《怎么办？我们运动中的迫切问题》，引自《列宁选集》中文版第1卷，人民出版社，1972年版。

28 格奥尔格·卢卡奇：《历史与阶级意识：马克思主义辩证法研究》，罗德尼·利文斯通译，伦敦：墨林出版社，1971年版，第76页。

29 特别参见豪尔赫·拉腊因：《马克思主义与意识形态》，第2章；尼尔·哈丁：《列宁的政治思想：民主革命与社会主义革命中的理论与实践》（伦敦：麦克米兰出版社，1983年版）；安德鲁·阿拉托、保罗·布赖内斯：《青年卢卡奇与
西方马克思主义的起源》（纽约：西伯利出版社，1979年版）；加雷思·斯特 333
德曼·琼斯：《早期卢卡奇的马克思主义评价》，载于《新左派评论》第70期（1971年），第27—64页。

30 卢卡奇：《历史与阶级意识》，第228页。

31 关于对曼海姆著作的一般讨论，见A.P.西蒙兹：《卡尔·曼海姆的知识社会学》（牛津：牛津大学出版社，1978年版）；苏姗·丁·赫克曼：《解释学与知识社会学》（剑桥：政体出版社，1986年版）；豪尔赫·拉腊因：《意识形态的概念》，第4章。

32 卡尔·曼海姆：《意识形态与乌托邦：知识社会学导论》，路易·沃思、爱德华·希尔斯译（伦敦：劳特利奇与基根·保罗出版社，1936年版），第4页。

33 出处同上，第69页。

34 出处同上。

35 出处同上，第184页。

36 参见同上，第69、238—239页。

37 见约翰·B.汤普森：《意识形态理论研究》（剑桥：政体出版社，1984年版）。

38 见马克斯·韦伯：《经济与社会：解释性社会学纲要》，冈瑟·罗思、克劳斯·威蒂克编（伯克利：加利福尼亚大学出版社，1978年版），第3章。

39 关于创造传统的例子可参见埃里克·霍布斯鲍姆、特伦斯·兰格编：《传统的

发明》(剑桥:剑桥大学出版社,1983年版)。

40 美国电视对梅纳昌·贝京的一次采访(1982年6月22日《卫报》)。贝京对“入侵”的定义可以对比《牛津大辞典》的定义:“一种武力进入或侵犯;一种敌对侵袭。”

41 对转义(特别是隐喻)的感性观察和分析,可参见保罗·利科:《隐喻的规则:对语言中意义产生的多学科研究》,罗伯特·曾尼、凯丝琳·麦克劳克林、约翰·考斯特洛译(伦敦:劳特利奇与基根·保罗出版社,1978年版)。关于转义与意识形态之间某些联系的启发性讨论,可参看奥利维耶·勒布尔:《语言与意识形态》(巴黎:法兰西大学出版社,1980年版),第4章。

42 玛格丽特·撒切尔在报业协会一次采访中的话,《卫报》(1988年1月4日),第3页。

43 《太阳报》的社论(1982年6月30日第6页)。

44 勒福尔:《现代社会的政治形态》,第201页。

45 关于对这些和其他方法的详细讨论,可参见以下书籍:冈瑟·克雷斯、罗伯特·霍奇:《语言与意识形态》(伦敦:劳特利奇与基根·保罗出版社,1979年版);罗杰·福勒、罗伯特·霍奇、冈瑟·克雷斯、托尼·特鲁:《语言与控制》(伦敦:劳特利奇与基根·保罗出版社,1979年版);罗伯特·霍奇、冈瑟·克雷斯:《社会符号学》(剑桥:政体出版社,1988年版)。

334

第二章 现代社会中的意识形态:对一些理论论述的批判性分析

1 马克思、恩格斯:《共产党宣言》,引自《马克思恩格斯选集》中文版第1卷,第254页。

2 马克斯·韦伯:《新教伦理与资本主义精神》,塔尔科特·帕森斯译(伦敦:昂温出版社,1930年版),第181—182页;中译文转引自于晓、陈维纲等译(北京:三联书店,1987年版),第142页。

3 见卡尔·曼海姆:《意识形态与乌托邦:知识社会学导论》,路易斯·沃思、爱德华·希尔斯译(伦敦:劳特利奇与基根·保罗出版社,1936年版)。关于这一论点的新近不同表述,请见克洛德·勒福尔:《现代社会中意识形态的产生概论》,载于他的《现代社会的政治形式:官僚政治、民主政治、极权政治》,约翰·B.汤普森编(剑桥:政体出版社,1986年版);阿尔文·W.古尔德纳:《意识形态与技术的辩证法:意识形态的起源、基本原理与未来》(伦敦:麦克米兰出版社,1976年版)。

4 见雷蒙·阿隆:《知识分子的鸦片》,特伦斯·基尔马丁译(伦敦:塞克与沃伯格出版社,1957年版);《工业社会:关于意识形态与发展的三篇论文》(伦敦:韦登菲尔德与尼科尔森出版社,1967年版);丹尼尔·贝尔:《意识形态的终结:论五十年代政治思想之枯竭》(伊利诺伊州格伦科:自由出版社,1960年版);西摩·利普塞特:《政治人:政治的社会基础》(伦敦:海涅曼出版社,1959年版);爱德华·希尔斯:《意识形态与礼仪:论知识分子的政治》,载于《西沃尼评论》第66期(1958年),第450—480页;蒙姆·I.韦克斯曼编:《意识形态辩论的终结》(纽约:芬克与瓦格纳尔斯出版社,1968年版)。

5 虽然从19世纪以来,在许多西方工业社会中基督教会的经常参与已经下降,但是很多人仍然宣称某种宗教信仰。最近在英国的一次盖洛普民意调查发现,75%受访者说他们信仰上帝,近60%的人说信仰天堂(见1979年盖洛普民意调查,伦敦:社会调研公司出版社,1979年版,表3);美国的相应数字一般更高些(见罗德尼·斯塔克、威廉·S.班布里奇:《宗教的未来:世俗化、复兴和迷信崇拜》,伯克利:加州大学出版社,1985年版)。而且,基督教会在现代国家的社会与政治事务中继续发挥一些影响,虽然这些影响的性质随不同国家而有很大差异,见戴维·马丁:《世俗化概论》(牛津:巴兹尔·布莱克韦尔出版社,1978年版);帕特里克·米歇尔:《东欧的政治与宗教》(阿尔文·布雷利译,剑桥:政体出版社,1991年版)。

6 见古尔德纳:《意识形态与技术的辩证法》,第175—191页。

7 特别见路易·阿尔都塞:《保卫马克思》,本·布鲁斯特译(哈芒茨沃思,米德克斯:企鹅出版社,1969年版);《意识形态与意识形态国家机器》,载于《列宁与哲学》,本·布鲁斯特译(伦敦:新左派书社,1971年版),第121—173页;尼科斯·普兰查斯:《政治权力与社会阶层》,蒂莫西·奥黑根等人译(伦敦:维索出版社,1973年版);《资本主义国家的问题》,载于罗宾·布莱克本编:《社会科学中的意识形态:社会批判理论读物》(伦敦:方塔娜/考林斯出版社,1972 335
年版),第218—253页。

8 见安东尼奥·葛兰西:《狱中笔记选》,昆廷·霍尔、杰弗里·诺埃尔·史密斯编译(伦敦:劳斯与威沙特出版社,1971年版)。

9 受到阿尔都塞、普兰查斯和葛兰西影响的许多有关著作如下:现代文化研究中心:《论意识形态》(伦敦:赫钦森出版社,1977年版);欧内斯托·拉克劳:《政治与意识形态》,载于《马克思主义理论:资本主义、法西斯主义、民粹主义》(伦敦:新左派书社,1977年版);米歇尔·佩舍:《语言、语义学与意识形态》,

哈班斯·纳格帕尔译(伦敦:麦克米兰出版社,1982年版);科林·萨姆纳:《解读意识形态:马克思主义意识形态与法律理论研究》(伦敦:学术出版社,1979年版);戈兰·塞邦:《权力的意识形态和意识形态的权力》(伦敦:新左派书社,1980年版)。

10 例如见特德·本顿:《结构主义马克思主义的兴衰:阿尔都塞及其影响》(伦敦:麦克米兰出版社,1984年版);鲍勃·杰索普:《尼科斯·普兰查斯:马克思主义理论与政治战略》(伦敦:麦克米兰出版社,1985年版);尚塔尔·穆菲编:《葛兰西与马克思主义理论》(伦敦:劳特利奇与基根·保罗出版社,1979年版)。我在《意识形态理论研究》(剑桥:政体出版社,1984年版)一书中讨论了一些受阿尔都塞影响的作家的著作。

11 迈克尔·曼:《自由派民主的社会凝聚力》,载于《美国社会学评论》第35期(1970年),第423—439页。

12 有关文献概况可见尼科拉斯·阿伯克龙比、史蒂芬·希尔、布赖恩·S.特纳:《统治意识形态命题》(伦敦:艾伦与昂温出版社,1980年版),第140—151页;戴维·赫尔德:《权力与合法性》,载于他所著的《政治理论与现代国家:论述国家、权力和民主文集》(剑桥:政体出版社,1989年版),第99—157页。

13 见保罗·E.威利斯:《学做工:工人阶级子弟为何继承父业》(威斯特米德:萨克逊出版社,1977年版)。

14 "统治意识形态命题"一词采用了上述注12中提到的阿伯克龙比等人的深入研究。

15 见阿尔都塞:《意识形态与意识形态国家机器》,第135—140页。尼科斯·普兰查斯在他的论文《资本主义国家问题》(第250—253页)中对这一观点提供了更为详尽的辩解。

16 在这方面最常提到的著作是恩格斯致J.布洛赫的信(1890年9月21日)和马克思的《路易·波拿巴的雾月十八日》。

17 见马克斯·韦伯:《作为职业的政治》,载于《马克斯·韦伯社会学论文集》,H.H.格特、C.赖特·米尔斯编译(伦敦:劳特利奇与基根·保罗出版社),第77—128页。在分析现代国家兴起与发展时强调领土权与军事力量的新近著作,请见西达·斯科克波尔:《国家与社会革命:法国、俄罗斯与中国比较分
336 析》(剑桥:剑桥大学出版社,1970年版);安东尼·吉登斯:《民族国家与暴力:对历史唯物主义作当代批判之第2卷》(剑桥:政体出版社,1985年版);迈克尔·曼:《社会权力的泉源》第1卷《从太初至公元1760年的权力史》(剑

桥：剑桥大学出版社，1986年版）。

18　关于这一观点特别明确的说明，见拉尔夫·米利班德：《资本主义社会的国家：西方权力体系分析》（伦敦：韦登菲尔德与尼科尔森出版社，1969年版），第8章。

19　关于法兰克福学派的历史及其有关人物的观点的详细说明可参见马丁·杰：《辩证想象：法兰克福学派以及社会研究所的历史，1923—1950年》（伦敦：海涅曼出版社，1973年版）；戴维·赫尔德：《批判理论介绍：从霍克海默到哈贝马斯》（剑桥：政体出版社，1980年版）；赫尔穆特·杜比尔：《学术组织与政治经验：早期批判理论研究》（法兰克福：祖尔坎普出版社，1978年版）；罗尔夫·维格斯豪斯：《法兰克福学派：历史、理论发展、政治意义》（慕尼黑：卡尔·汉泽尔出版社，1986年版）。

20　见马克斯·霍克海默、特奥多尔·W.阿多诺：《启蒙的辩证法》，约翰·卡明译（纽约：西伯里出版社，1972年版）；马克斯·霍克海默：《理性的失色》（纽约：西伯里出版社，1974年版）。

21　例如，见马克斯·霍克海默、特奥多尔·W.阿多诺：《文化产业：欺骗群众的启蒙精神》，载于《启蒙的辩证法》，第120—167页；特奥多尔·W.阿多诺：《文化产业再探讨》，安森·G.雷宾巴赫译，载于《新德意志和批判》第6期（1975年秋），第12—19页；特奥多尔·W.阿多诺：《论音乐中的偶像崇拜与听觉的倒退》，载于《法兰克福学派重要读物》，安德鲁·阿拉托、艾克·格布哈特编（纽约：尤里曾书社，1978年版），第270—299页；特奥多尔·W.阿多诺：《电视与大众文化模式》，载于《大众文化：美国的流行艺术》，伯纳德·罗森、戴维·曼宁·怀特编（伊利诺伊州格伦科：自由出版社，1957年版）；特奥多尔·W.阿多诺：《降临尘世的明星：洛杉矶时代报星相学专栏》，载于《特洛斯》第19期（1974年春），第11—89页。

22　阿多诺：《文化产业再探讨》，第12页。

23　霍克海默、阿多诺：《启蒙的辩证法》。

24　法兰克福社会研究所：《社会学诸方面》，马克斯·霍克海默与特奥多尔·W.阿多诺作序，约翰·维尔特尔译（伦敦：海涅曼出版社，1973年版），第202页。

25　阿多诺：《论音乐中的偶像崇拜与听觉的倒退》，第280页。

26　特别参见特奥多尔·W.阿多诺：《反犹主义与法西斯宣传》，载于欧内斯特·西梅尔编：《反犹主义：一种社会病》（纽约：国际大学出版社，1946年版）；《弗洛伊德理论与法西斯宣传模式》，载于盖萨·罗海姆编：《心理分析与社会科学》（纽约：国际大学出版社，1951年版）。

27 阿多诺:《降临尘世的明星》,第18页。

28 霍克海默、阿多诺:《启蒙的辩证法》,第4页。

29 见罗伯特・霍奇、戴维・特里普:《儿童与电视:一种符号观》(剑桥:政体出版
337 社,1986年版)。

30 见于尔根・哈贝马斯:《公共领域的结构转型:资产阶级社会范畴研究》,托马斯・伯格、弗里德里克・劳伦斯译(剑桥:政体出版社,1989年版)。

31 关于哈贝马斯著作总体的一般说明,请特别参见托马斯・麦卡锡:《于尔根・哈贝马斯的批判理论》(剑桥:政体出版社,1978年版);约翰・B.汤普森、戴维・赫尔德编:《哈贝马斯:批判性辩论》(伦敦:麦克米兰出版社,1982年版)。

32 这种忽略可由下列事实作部分说明:《公共领域的结构转型》一书的英文本在1989年才出版,比德国出版的原文版晚了27年。

33 见马克思:《论犹太人问题》。

34 哈贝马斯:《公共领域的结构转型》,第161页。

35 出处同上,第207页。

36 出处同上,第235页。

37 出处同上,第195页。

38 特别参见于尔根・哈贝马斯:《交往行动理论》第1卷:《理性与社会的理性化》,托马斯・麦卡锡译(剑桥:政体出版社,1984年版),以及《交往行动理论》第2卷:《生活世界与体系:功能主义理性批判》,托马斯・麦卡锡译(剑桥:政体出版社,1987年版)。关于对这一问题的批判评论,请见约翰・B.汤普森:《理性与社会理性化:哈贝马斯交往行动理论评估》,载于《意识形态理论研究》(剑桥:政体出版社,1984年版),第279—302页。亦见理查德・J.伯恩斯坦编:《哈贝马斯与现代性》(剑桥:政体出版社,1985年版),以及阿克塞尔・霍内思、汉斯・乔阿斯编的《交往行动:论于尔根・哈贝马斯(交往行动理论)》,杰里米・盖恩斯、桃丽斯・L.琼斯译(剑桥:政体出版社,1991年版)。

39 哈贝马斯:《交往行动理论》第2卷,第355页。

40 出处同上,第354页。

41 出处同上,第355页。

第三章　文化的概念

1 关于文化概念的一般讨论,请见A.L.克罗伯、克莱德・克拉克洪:《文化:概念

与定义的批判性回顾》(马萨诸塞州坎布里奇：美国皮博迪考古学与人种学博物馆论文集，哈佛大学出版社，1952年版)；雷蒙德·威廉斯：《关键词：文化与社会语汇》(伦敦：芳塔纳出版社，1976年版)以及《文化》(伦敦：芳塔纳出版社，1981年版)。

2 见诺贝特·埃利亚斯：《文明化进程》第1卷：《行为举止史》，埃德蒙·杰夫考特译(牛津：巴西尔·布拉克韦尔出版社，1978年版)，第1章。 338

3 伊曼努尔·康德，载于格林《字典》，引自克勒贝尔、克卢克霍恩：《文化》，第11页。

4 见J.C.阿德隆：《人类文化史研究》(莱比锡：格特利布·赫特尔出版社，1782年版)。

5 见J.G.冯·赫尔德：《人类历史的哲学大纲》，重印于赫尔德的《全集》，第13—14卷，伯纳德·苏凡编(柏林：韦德曼希书店，1887年版)。该书英文版书名为《人类历史的哲学概要》，J.丘吉尔译(伦敦：J.约翰逊出版社，1800年版)。

6 J.G.冯·赫尔德：《人类历史的哲学概要》(节译本)。

7 见古斯塔夫·克勒姆：《人类文化通史》(莱比锡：B.G.路勃纳出版社，1843—1852年版)，特别是第1卷。

8 爱德华·B.泰勒：《原始文化：神话、哲学、宗教、语言、艺术与习俗发展研究》第1卷(伦敦：约翰·默里出版社，1903年版)，第1页。

9 出处同上，第8页。

10 出处同上，第1页。

11 见布朗尼斯拉夫·马林诺夫斯基：《一种科学的文化理论及其他论文》(北卡罗来纳州查珀尔希尔：北卡罗来纳大学出版社，1944年版)。

12 布朗尼斯拉夫·马林诺夫斯基：《文化》，见《社会科学百科全书》第4卷(伦敦：麦克米兰出版社，1931年版)，第621、623页。

13 莱斯利·A.怀特：《文化科学：人类和文明研究》(纽约：法勒—斯特劳斯—卡达希出版社，1949年版)，第363页。

14 克利福德·格尔茨：《文化的解释》(纽约：基础书社，1973年版)，第5页。

15 出处同上，第89、44页，并参见第10、216、363页。

16 特别见保罗·利科：《解释学与人类科学：语言、行动与解释论文集》，约翰·B.汤普森编译(剑桥：剑桥大学出版社，1981年版)，以及《解释理论：话语与意义的剩余》(沃思堡：得克萨斯基督教大学出版社，1976年版)。我将在第六章中更详细地讨论解释理论。

17 见克利福德·格尔茨:《深度表演:记巴厘岛斗鸡》,载于《文化的解释》,第412—453页。

18 格尔茨著作中的某些方法论问题被文森特·克拉潘扎诺在其下面这篇著作中进行了讨论:《"赫尔墨斯"困境:人种史描述中对破坏的掩饰》,载于詹姆斯·克利福德、乔治·A.马库斯编:《书写文化:人种史的诗意与政治》(伯克利:加利福尼亚大学出版社,1986年版),第51—76页。

19 见格尔茨:《文化的解释》,第10、448、449页,也见克利福德·格尔茨:《地方性知识》(纽约:基础书店,1983年版),第30—31页。

20 格尔茨:《地方性知识》,第31页。

21 关于对利科观点的详细讨论和批评,见约翰·B.汤普森:《批判解释学:保罗·利科和于尔根·哈贝马斯思想研究》(剑桥:剑桥大学出版社,1981年版),
339 以及《行动、意识形态和文本:利科的解释理论再阐述》,载于《意识形态理论研究》(剑桥:政体出版社,1984年版),第173—204页。

22 见H.P.格赖斯:《意义》,载于《哲学评论》第66期(1957年),第377—388页,以及《表述者的意义与意愿》中有所修改的内容,载于《哲学评论》第78期(1969年),第147—177页;小埃里克·D.赫希:《解释的合法性》(纽黑文:耶鲁大学出版社,1967年版)。

23 见彼得·温奇:《社会科学理念及其与哲学的关系》(伦敦:劳特利奇与基根·保罗出版社,1958年版);R.S.彼得斯:《论动机概念》(伦敦:劳特利奇与基根·保罗出版社,1958年版);A.J.梅尔登:《论自由行动》(伦敦:劳特利奇与基根·保罗出版社,1961年版);A.R.劳奇:《解释与人类行动》(牛津:巴兹尔·布莱克韦尔出版社,1966年版)。关于对温奇的中肯批评,见阿利斯戴尔·麦金太尔:《社会科学理念》,载于布赖恩·R.威尔逊编:《理性》(牛津:巴兹尔·布莱克韦尔出版社,1970年版),第112—130页。对温奇关于意义行动的解释的更多批评讨论,见汤普森:《批判解释学》,第121—123、151—153页。

24 见费迪南·德·索绪尔:《普通语言学教程》,沙·巴利、阿·薛施蔼编,韦德·巴斯金译(伦敦:芳塔纳/考林斯出版社,1974年版)。

25 见罗兰·巴特:《神话》,安妮特·拉弗斯译(圣奥尔本斯:帕拉丁出版社,1973年版),第116页。

26 见德·索绪尔:《普通语言学教程》,第65—67页。关于对索绪尔的信号概念中肯的批评性讨论,请见埃米尔·本维尼斯特:《语言符号的性质》,载于他的

《普通语言学问题》，玛丽·伊丽莎白·米克译（佛罗里达州科勒尔盖布尔斯：迈阿密大学出版社，1971年版），第43—48页。

27 见P.F.斯特劳森：《真实》，载于他的《逻辑—语言学论文集》（伦敦：梅休因出版社，1971年版），第190—213页。

28 巴特：《神话》，第116页。

29 关于对结构概念不同用法的批判性评述，请见安东尼·吉登斯的著作，他也提出了关于这个概念的一个新颖阐述。特别见他的《社会学方法的新规则：一种对解释社会学的建设性批判》（伦敦：赫钦森出版社，1976年版）；《社会理论的中心问题：社会分析的行为结构与矛盾》（伦敦：麦克米兰出版社，1979年版）；《社会的构成：结构理论概论》（剑桥：政体出版社，1984年版）。关于对吉登斯提出的结构概念的阐述的批判性讨论，见齐格蒙特·鲍曼和我的论文，载于戴维·赫尔德、约翰·B.汤普森编：《现代社会的社会理论：安东尼·吉登斯与他的批评者》（剑桥：剑桥大学出版社，1989年版）。

30 在勾画这个架构时，我详述了我早先在《批判解释学》第139—149页以及《意识形态理论研究》第127—130页中的评论。

31 布迪厄最为相关的著作：皮埃尔·布迪厄：《实践理论概要》，理查德·尼斯译（剑桥：剑桥大学出版社，1977年版）；《区分：关于审美判断的社会批判》，理查德·尼斯译（马萨诸塞州坎布里奇：哈佛大学出版社，1984年版）；《学者》，彼得·科利尔译（剑桥：政体出版社，1988年版）；《实践逻辑》，理查德·尼斯译（剑桥：政体出版社，1990年版）；《语言与象征力量》，约翰·B.汤普森编，吉诺·雷蒙德、马修·亚当森译（剑桥：政体出版社，1991年版）。 340

32 关于布迪厄著作的分析和批判性讨论，请见尼科拉斯·加纳姆、雷蒙德·威廉斯：《皮埃尔·布迪厄与文化社会学导论》，载于《传媒、文化与社会》（1980年）第2期，第209—223页；罗杰斯·布鲁贝克：《古典社会理论再思：皮埃尔·布迪厄的社会学观》，载于《理论与社会》（1985年）第14期，第745—775页；阿克塞尔·亨奈思：《象征形式的破碎世界：反思皮埃尔·布迪厄的文化社会学》，T.塔尔博特译，载于《理论、文化与社会》（1986年）3/3期，第55—66页；约翰·B.汤普森：《象征暴力：皮埃尔·布迪厄著作中的语言与权力》，载于《意识形态理论研究》，第42—72页。

33 关于转变与再转变策略的长篇讨论，见皮埃尔·布迪厄、路克·博尔坦斯基：《正式资格与职业等级制：生产体系与再生产体系之间的关系》，理查德·尼斯译，载于埃德蒙·J.金编：《重组教育：变化中的管理和参与》（伦敦与比弗利山庄：

塞奇出版社,1977年版),第61—69页,以及布迪厄:《区分》,第125—168页。

34 安东尼·吉登斯特别清楚地强调了这一点,尤其请见他的《社会的构成》第1、4章。

35 这一策略由布迪厄在《区分》一书的第1、3章中作为一种范例加以分析。

36 宫廷贵族的态度被诺贝特·埃利亚斯详细地分析;特别见他的《国家形成与文明》(《文明进程》第2卷),埃德蒙·杰夫科特译(牛津:巴兹尔·布莱克韦尔出版社,1982年版);以及《宫廷社会》(牛津:巴兹尔·布莱克韦尔出版社,1983年版)。

37 对佯装与有关策略在产生语言表达中的作用的分析,见布迪厄:《语言与象征权力》,第1—2章。

38 除以上引述的埃利亚斯的著作以外,见约纳斯·弗里克曼、奥瓦尔·勒夫格伦:《文化建设者:中产阶级生活的历史人类学》,艾伦·克罗泽译(新泽西州新不伦瑞克:拉特格斯大学出版社,1987年版);奥瓦尔·勒夫格伦:《解构瑞典:现代瑞典的文化与阶级》,载于《国内人类学》,安东尼·杰克逊编(伦敦:塔维斯托克出版社,1987年版),第74—93页。

39 见布迪厄在《区分》一书第7章中关于当代法国工人阶级所特有的"对必要性的品位"的说明。

40 见保罗·E.威利斯:《学做工:工人阶级子弟为何继承父业》(威斯特米德,法恩博罗,汉兹:萨克森出版社,1977年版)与斯图尔特·霍尔、托尼·杰弗逊编:《通过仪式抵抗:战后英国青年亚文化》(伦敦:赫钦森出版社,1976年版)。

341 41 见雷蒙德·威廉斯:《漫长的革命》(哈蒙茨沃思:企鹅出版社,1961年版)。

第四章　文化传输与大众传播:传媒产业的发展

1 关于对大规模复制与艺术品之间关系的一般讨论,请见瓦尔特·本雅明的经典论文《机械复制时代的艺术品》,载于他所著的《启发》,哈里·佐恩译(伦敦:方塔那出版社,1973年版),第219—253页。

2 见G.J.法伊夫:《艺术与复制:伦敦画家与雕刻家之间关系的一些方面,1760—1850年》,载于《传媒、文化与社会》第7期(1985年),第399—425页。

3 见哈罗德·A.英尼斯:《帝国与传播》(牛津:牛津大学出版社,1950年版),以及《传播的偏见》(多伦多:多伦多大学出版社,1951年版)。亦见安东尼·吉登斯:《当代历史唯物主义批判》第1卷:《权力、财产与国家》(伦敦:麦克米兰出版社,1981年版);《社会的构成:结构理论纲要》(剑桥:政体出版社,1984年版);《民族—国家与暴力:当代历史唯物主义批判之第2卷》(剑桥:政体出版社,1985年版)。

4 "离距"一词来自保罗·利科的著作,他用它来描述书面材料(文本)不同于口头材料的方式。特别见保罗·利科:《解释学与人类科学:语言、行动与解释论文集》,约翰·B.汤普森编译(剑桥:剑桥大学出版社,1981年版)。我使用"离距"一词的方式与利科的用法有别。

5 见I.J.盖尔布:《书写研究:文法学基础》(伦敦:劳特利奇与基根·保罗出版社,1952年版);戴维·迪林格:《书写》(伦敦:泰晤士与赫德森出版社,1962年版);杰克·古迪:《野蛮心灵的驯化》(剑桥:剑桥大学出版社,1977年版)。

6 见托麦斯·弗兰西斯·卡特:《中国印刷术的发明及其西渐》(纽约:罗兰出版公司,1925年版)。

7 出处同上,第19、24章。

8 见S.H.施泰因贝格:《印刷术五百年》(哈蒙茨沃思:企鹅出版社,1974年版),第17页;伊丽莎白·L.爱森斯坦:《近代欧洲的印刷革命》(剑桥:剑桥大学出版社,1983年版),第12页及以下;卢西恩·费弗尔、亨利—让·马丁:《书籍的出现:印刷的影响,1450—1800年》,戴维·杰拉尔德译(伦敦:新左派书社,1976年版),第45页及以下。

9 见约瑟夫·弗兰克:《英国报纸的发端,1620—1660年》(马萨诸塞州坎布里奇:哈佛大学出版社,1961年版),第3页及以下。

10 见米歇尔·哈里斯:《报刊的结构、产权和控制,1620—1780年》,载于乔治·波伊斯、詹姆斯·柯伦、保林·温盖特编:《17世纪以来的报纸史》(伦敦:康斯特布尔出版社,1978年版),第87页。

11 关于欧洲早期实行的检查制度的更多讨论,请见施泰因贝格:《印刷术五百年》,第260—272页;费弗尔、马丁:《书籍的出现》,第244—247页;F.S.西伯特:《英国的报刊自由,1476—1776年》(伊利诺伊州厄巴纳:伊利诺伊大学出 342
版社,1952年版)。

12 19世纪美国报业的发展由哈罗德·A.英尼斯记录在《美国的技术与舆论》,载于他的《传播的偏见》,第156—189页。关于法国的有关材料,请见艾琳·科林斯:《法国政府与报刊,1818—1881年》(牛津:牛津大学出版社,1959年版)。

13 见伊冯·阿斯奎思:《报刊结构、产权与控制,1780—1855年》,载于波伊斯等人《17世纪以来报纸史》,第102页。

14 关于19世纪大众报刊增加的更详细讨论,请见艾伦·J.李:《英国大众报刊的起源,1855—1914年》(伦敦:克鲁姆·赫尔姆出版社,1976年版)。

15 主要新闻社的性质与发展记录在格雷厄姆·斯托里:《路透社的世纪,1851—1951年》(伦敦:马克斯·帕里什出版社,1951年版);奥立弗·波伊德·巴勒特:《国际新闻社》(伦敦:康斯特布尔出版社,1980年版);安东尼·史密斯:《信息的地缘政体学:西方文化如何统治世界》(伦敦:费伯出版社,1980年版)。

16 见波伊德·巴勒特:《国际新闻社》,第40—49页。应当注意到,虽然非洲的代表性在美国通讯社中很低,法新社海外局中的很大部分却位于非洲,这是由于法国与许多非洲国家之间有牢固的历史联系。

17 关于对广播在美国发展的充分讨论,请见西德尼·W.黑德:《广播在美国:电视与无线电一览》(波士顿:雷顿·米夫林出版社,1976年版),第二部分。广播在法国的发展记录在帕特里斯·弗利希:《想象的产业:传媒经济分析》(格勒诺布尔:格勒诺布尔大学出版社,1980年版)。

18 贝阿萨·布里格斯:《英国广播史》第1卷:《广播的诞生》(伦敦:牛津大学出版社,1961年版);汤姆·伯恩斯:《英国广播公司:公共机构与私人世界》(伦敦:麦克米兰出版社,1977年版)。

19 见阿萨·布里格斯:《英国广播史》第4卷:《音与像》(伦敦:牛津大学出版社,1979年版),第239页及以下。

20 见彼得·戈尔丁:《大众传媒》(埃塞克斯,哈洛:朗文出版社,1974年版),第35页。

21 见杰里米·滕斯托尔:《英国的传媒》,第61页,以及《社会趋势》(伦敦:英国皇家文书局,1985年版),第150页。

22 见彼得·马森:《电视对其他传媒的影响》,载于詹姆斯·哈洛伦编:《电视的影响》(伦敦:黑豹出版社,1970年版),第138—180页。

23 见《资助英国广播公司委员会报告》,艾伦·皮科克主席(伦敦:英国皇家文书局,1986年版)。

24 见伊凡·里德:《英国的社会阶级分野》第2版(伦敦:格兰特·麦金太尔出版社,1981年版),第266—268页。

25 《九十年代的广播:竞争、选择与质量》(伦敦:英国皇家文书局,1988年版)。

26 见罗杰·G.诺尔、J.佩克·默顿、约翰·麦戈文:《电视管理的经济方面》(华盛顿特区:布鲁金斯出版社,1973年版),第61页。

343 27 见黑德:《广播在美国》,第224页。关于公司担保的细节,请见詹姆斯·罗曼:

《公共电视节目》,载于《通讯杂志》30/3期(1980年),第150—156页。

28 见伊莱休·卡茨、乔治·韦德尔:《第三世界的广播: 诺言与实况》(马萨诸塞州坎布里奇: 哈佛大学出版社,1977年版)。

29 出处同上,第60—62页。

30 关于美国的材料, 见本·E.巴格迪坚:《传媒垄断》第3版(波士顿: 灯塔出版社, 1989年版)。关于法国的材料, 见弗利希:《想象的产业》。关于德国的材料, 见赫尔穆特·H.迪德里希斯:《大众传媒的集中化: 对德意志联邦共和国情况的系统调研》(慕尼黑: 汉泽尔出版社,1973年版)。

31 见巴格迪坚:《传媒垄断》,第21页及以后。

32 见格雷厄姆·默多克:《大公司与传播产业的控制》, 载于迈克尔·古莱维奇、托尼·本尼特、詹姆斯·柯伦、珍妮特·伍拉科特编:《文化、社会与传媒》(伦敦: 梅休因出版社,1982年版),第136页及以下。

33 见《独立广播局年度报告与情况, 1984—1985年》(伦敦: 英国皇家文书局, 1985年版);《英国广播公司手册、综合年度报告与情况, 1984—1985年》(伦敦: 英国广播公司,1985年版),第90—93页。

34 见塔比奥·瓦里斯:《电视节目的国际流动》,联合国教科文组织关于大众传播报告与文化论文,第100辑(巴黎: 联合国教科文组织出版社,1986年版)。

35 关于这一主题的进一步讨论, 请见赫伯特·I.希勒:《大众传播与美帝国》(纽约: 传播奥古斯塔斯·M.凯出版社, 1969年版); 杰里米·滕斯托尔:《传媒是美国的: 世界上的英美传媒》(伦敦: 康斯特布尔出版社, 1977年版); 奥立弗·波伊德·巴勒特:《传媒帝国主义: 走向对传媒制度分析的国际架构》, 载于詹姆斯·柯伦、迈克尔·古莱维奇、珍妮特·伍拉科特编:《大众传播与社会》(伦敦: 爱德华、阿诺德出版社,1977年版),第116—135页。

36 关于卫星通讯的历史与技术方面的讨论, 见艾布拉姆·蔡斯、詹姆斯·福西特、马沙米·伊托、亚历山大—查尔斯·基斯等:《卫星广播》(伦敦: 牛津大学出版社, 1973年版); 乔纳森·F.因洛韦:《卫星通讯的政治与技术》(马萨诸塞州列克星敦: D.C.希思出版社, 1972年版); 马塞勒斯·S.斯诺:《国际卫星通讯组织: 一个国际例子》,载于《通讯杂志》30/2期(1980年),第147—156页。

37 见唐·希勒:《企业用户与电讯网络》, 载于《通讯杂志》32/4期(1982年), 第84—96页; R.奥尔迪奇:《跨国界数据流动中的新问题》, 载于《国际电讯政策原始资料》(华盛顿特区: 尤洛出版社,1983年版)。

38 对美国广播政策和解除管制更为详尽的讨论, 可参见缪里尔·G.坎特、乔尔·M.坎特:《管制与解除管制: 美国的电讯政治》,载于梅杰里·弗格森编:《新的传播技术与公共利益: 政策与研究的比较观》(伦敦与比弗利山: 塞奇出版社,1986年版),第84—101页。

344 39 关于欧洲解除管制的材料,见丹尼斯·麦奎尔、卡伦·西恩编:《新的传媒政治: 西欧的比较观》(伦敦与比弗利山: 塞奇出版社,1986年版)。

40 见彼得·戈尔丁、格雷厄姆·默多克:《不平等的信息: 新传播市场上的准入与排斥》,载于弗格森《新传播技术与公众利益》,第71—83页。

41 关于综合服务数据网传播和有关发展的深入讨论,见G.A.穆尔甘:《传播与控制: 网络与传播的新经济学》(剑桥: 政体出版社,1990年版)。

第五章　走向一种大众传播的社会理论

1 见丹尼斯·麦奎尔:《受众的不确定性和大众传媒传播者》,载于保罗·哈尔莫斯编:《大众传媒传播者社会学》(斯塔福德: 基尔大学出版社,1969年版),第75—84页; 汤姆·伯恩斯:《公共服务与私人世界》,载于《大众传媒传播者社会学》,第53—73页。

2 有关著作包括哈罗德·A.英尼斯:《帝国与传播》(伦敦: 牛津大学出版社,1950年版)和《传播的偏见》(多伦多: 多伦多大学出版社,1951年版); 马歇尔·麦克卢汉:《印刷人的形成》(伦敦: 劳特利奇与保罗·基根出版社,1962年版)和《理解传媒: 人的扩展》(伦敦: 劳特利奇与保罗·基根出版社,1964年版)。

3 关于书写与读写对传统的、主要是口头的文化之影响已经被人类学家等进行研究,例如见杰克·古迪:《野蛮心灵的驯化》(剑桥: 剑桥大学出版社,1977年版); 杰克·古迪编:《传统社会中的识字文化》(剑桥: 剑桥大学出版社,1968年版); 沃尔特·J.翁:《口头与书面: 文字的技术化》(纽约: 梅休因出版社,1982年版)。关于近代欧洲印制材料的性质与影响,见罗杰·查迪尔:《近代法国对印刷的文化使用》,莉迪亚·G.科克伦译(新泽西普林斯顿: 普林斯顿大学出版社,1987年版); 罗杰·查迪尔编:《印刷文化: 权力与近代欧洲对印刷的使用》,莉迪亚·G.科克伦译(剑桥: 政体出版社,1989年版)。

4 这一点的深入阐述见乔舒亚·梅罗维茨:《没有地域概念: 电子媒体对社会行为的影响》(纽约: 牛津大学出版社,1985年版)。

5 关于电话谈话有序性的分析,见伊曼纽尔·A.谢格洛夫:《谈话开端的顺序》,载于约翰·J.冈珀兹、戴尔·海默斯编:《社会语言学的方向: 通讯的人种史》,

第349—380页;《电话谈话开端的识别与认识》,载于乔治·沙萨斯编:《日常语言:人种方法学研究》(纽约:欧文顿出版社,1979年版),第21—78页;伊曼纽尔·A.谢格洛夫、哈维·萨克斯:《打开封闭》,载于《符号学》第8期(1973年),第289—327页。A.A.I.里德:《比较电话与面对面接触》,载于伊锡尔·德·索拉·浦尔编:《电话的社会影响》(马萨诸塞州坎布里奇:麻省理工学院出版社,1977年版),第386—414页。 345

6 在一篇早先的文章中,霍顿和沃尔曼以类似的方式提出大众传播产生一种新型的社会关系,他们称之为"类社会互动";见唐纳德·霍顿、贝·理查德·沃尔德:《大众传播与类社会互动:观察远距离的亲密感》,载于《精神病学》第19期(1956年),第215—229页。

7 特别见欧文·戈夫曼:《日常生活中的自我展示》(哈蒙茨沃思:企鹅出版社,1969年版)。虽然戈夫曼关于前区与后区的概念是主要有关面对面互动而提出的,但它们也适用于分析技术媒体互动影响的目的。

8 见詹姆斯·勒尔:《家庭如何选择电视节目:一项大众观察研究》,载于《广播杂志》第26期(1982年),第801—811页;戴维·莫利:《家庭电视:文化权力与家庭休闲》(伦敦:考米迪亚出版社,1986年版)。

9 关于对这种两分法的性质与发展的更多讨论,见于尔根·哈贝马斯:《公共领域的结构转型:资产阶级社会范畴研究》,托马斯·比格尔、弗雷德里克·劳伦斯译(剑桥:政体出版社,1989年版);诺伯托·博比奥:《民主与独裁:政权的性质与局限》,彼得·肯奈利译(剑桥:政体出版社,1989年版)。

10 见艾伦·韦尔:《在利润与国家之间:英国与美国的中间组织》(剑桥:政体出版社,1989年版)。

11 见博比奥:《民主与独裁》,第1章。

12 例如,见理查德·森尼特:《公共人的失落》(剑桥:剑桥大学出版社,1974年版),第282页及以下。森尼特的论点在某些方面与哈贝马斯在《公共领域的结构转型》一书中提出的论点相一致。

13 见S.H.斯坦伯格:《印刷业五百年》(哈蒙茨沃思:企鹅出版社,1955年版);亚瑟·阿斯皮诺尔:《政治与报刊,1780—1850年》(布赖顿:收获者出版社,1973年版);乔治·波伊斯、詹姆斯·柯伦、保林·温盖特编:《17世纪以来的报纸史》(伦敦:康斯特布尔出版社,1978年版)。

14 《科贝特的政治登记》(1803年5月14日),引自阿斯皮诺尔的《政治与报刊》第10页。

15 特别见詹姆斯·穆勒:《出版自由》,载于他的《论政府、法理、出版自由与国家法律》(纽约:凯里出版社,1967年版);约翰·斯图尔特·穆勒:《论自由》,载于他的《功利主义,论自由与代议制政府的考虑》,H.B.阿克顿编(伦敦:登特出版社,1972年版)。

346 16 见约翰·斯图尔特·穆勒:《论自由》,第150页。

17 出处同上,第153页。

18 见J.C.W.里思:《英国的广播》(伦敦:霍德与斯托顿出版社,1924年版),第57页及以下;阿萨·布里格斯:《广播的诞生》(伦敦:牛津大学出版社,1961年版),第234—239页。

19 J.C.W.里思:《迎风而上》(伦敦:霍德与斯托顿出版社,1949年版),第103页。

20 见阿萨·布里格斯:《管理英国广播公司》(伦敦:英国广播公司,1979年版),第2章;斯图尔特·胡德:《论电视》第2版(伦敦:普卢托出版社,1983年版),第41页。

21 这一点的充分说明,见皮埃尔·布迪厄:《差别:关于审美判断的社会批判》,理查德·尼斯译(马萨诸塞州坎布里奇:哈佛大学出版社,1984年版)。

22 见克里思·库马尔:《公共服务广播与公益》,载于科林·麦凯布、奥利维亚·斯图尔特编:《英国广播公司与公共服务广播》(曼彻斯特:曼彻斯特大学出版社,1986年版),第50—51页。

23 J.C.W.里思:《迎风而上》,第108页。

24 《英国广播公司年鉴,1933年》,库马尔在《公共服务广播与公益》第54页引用。

25 我感到伊锡尔·德·索拉·普尔的《自由的技术》(马萨诸塞州坎布里奇:哈佛大学出版社,1983年版)一书中似乎冲淡了新传播技术领域中公司化集中的危险,尽管它是一部富有思想和启发性的研究著作。

26 有关这些问题的最新讨论,请见威廉·H.梅洛迪:《全球信息经济的传播政策:公益往何处去?》,载于马乔里·弗格森编:《公共传播:新的规则》(伦敦与加利福尼亚州纽伯里帕克:塞奇出版社,1990年版),第16—39页;詹姆斯·迈克尔:《管理通讯传媒》,出处同上,第40—60页。

第六章 解释的方法论

1 见马丁·海德格尔:《存在与时间》,约翰·麦夸里、爱德华·罗宾逊译(牛津:巴兹尔·布莱克韦尔出版社,1978年版),特别是第31—33页。

2 见汉斯—格奥尔格·伽达默尔：《真理与方法》(伦敦：希德与沃德出版社，1975年版)，特别是第235—274页。

3 马克思：《路易·波拿巴的雾月十八日》，见《马克思恩格斯选集》中文版第1卷，第603页，人民出版社，1972年版。请参见本书第一章中我对这一内容的讨论。

4 见埃里克·霍布斯鲍姆、特伦斯·兰格编：《传统的发明》(剑桥：剑桥大学出版社，1983年版)。

5 特别见保罗·利科：《解释学与人类科学：语言、行动与解释论文集》，约
翰·B.汤普森编译(剑桥：剑桥大学出版社，1981年版)；《解释的矛盾：解释 347
学论文集》，唐·德编(伊利诺伊州埃文斯顿：西北大学出版社，1974年版)；《弗洛伊德与哲学：论解释》，丹尼斯·萨维奇译(纽黑文：耶鲁大学出版社，1970年版)；《解释理论：意义的论述与剩余》(沃恩堡：得克萨斯基督教大学出版社，1976年版)。关于深度解释学的类似观点可参见于尔根·哈贝马斯、卡尔—奥托·阿佩尔的著作；特别是于尔根·哈贝马斯的《认识与人的兴趣》，杰里米·J.夏皮罗译(剑桥：政体出版社，1987年版)，以及《论社会科学的逻辑》，希里·韦伯·尼科尔森、杰里·A.斯塔克译(剑桥：政体出版社，1988年版)；卡尔—奥托·阿佩尔：《走向哲学的转型》，格林·阿迪、戴维·弗里斯比译(伦敦：劳特里奇与基根·保罗出版社，1980年版)，以及《理解与解释：一种先验—实用视角》，乔治亚·沃恩克译(马萨诸塞州坎布里奇：麻省理工学院出版社，1984年版)。

6 保罗·利科：《什么是文本？解释和理解》，载于《解释学与人类科学》，第161页。

7 见约翰·B.汤普森：《批判解释学：保罗·利科和于尔根·哈贝马斯思想研究》(剑桥：剑桥大学出版社，1981年版)，第5章；《行动、意识形态与文本：重新阐述利科的解释理论》，载于《意识形态理论研究》，第173—204页。

8 见罗兰·巴特：《神话》，安妮特·拉弗斯译(圣奥尔本斯：帕拉丁出版社，1973年版)。

9 朱迪思·威廉森吸收巴特的著作，在她的《解码广告：广告中的意识形态与意义》(伦敦：马里恩·博亚尔斯出版社，1978年版)中提出了对广告的一种符号学分析。亦请见霍华德·戴维斯、保罗·沃尔顿编：《语言、形象、传媒》(牛津：巴兹尔·布莱克韦尔出版社，1983年版)中第3部分的内容。

10 这项研究的大部分已经以文章形式发表，例如见伊曼纽尔·A.谢格洛夫、哈

维·萨克斯:《打开封闭》,载于《符号学》第8期(1973年),第289—327页;哈维·萨克斯、伊曼纽尔·A.谢格洛夫、盖尔·杰弗逊:《组织会话顺序的最简体系学》,载于《语言》杂志第50期(1974年),第696—735页;伊曼纽尔·A.谢格洛夫:《会话开始的次序》,载于约翰·J.贡佩兹、戴尔·海姆斯编:《社会语言学方向:交往的人种学》(纽约:霍尔特、莱因哈特和温斯顿出版社,1972年版),第349—380页。关于对话分析的有用的一般观察,见斯蒂芬·C.莱文森:《语言符号学》(剑桥:剑桥大学出版社,1983年版),第294—370页;约翰·C.赫里蒂奇:《会话分析的最新发展》,载于《社会语言学》第15/1期(1985年),第1—15页。

11 见哈罗德·加芬克尔:《民族方法学研究》(剑桥:政体出版社,1984年版)。

12 特别见罗杰·福勒、罗伯特·霍奇、冈瑟·克雷斯、托尼·特鲁:《语言与控制》(伦敦:劳特利奇与基根·保罗出版社,1979年版);罗伯特·霍奇、冈瑟·克雷斯:《社会符号学》(剑桥:政体出版社,1988年版)。关于对这一材料的批判性
348 评价,见汤普森:《意识形态理论研究》,第118—126页。

13 关于这些文化特点的进一步讨论见下面两部著作:霍奇、克雷斯:《社会符号学》;德博拉·卡梅伦:《女权主义与语言学理论》(伦敦:麦克米兰出版社,1985年版)。

14 见罗兰·巴特:《结构性叙事分析导论》,载于他的《形象—音乐—文本》,斯蒂芬·希思译(格拉斯哥:芳塔纳/柯林斯出版社,1977年版),第79—124页;克劳德·列维—斯特劳斯:《对神话的结构性研究》,载于他的《结构人类学》,克莱尔·雅各布森、布鲁克·格伦斯菲尔德·舍夫译(哈蒙茨沃思:企鹅出版社,1963年版),第206—231页;克劳德·布雷蒙:《叙事的逻辑》(巴黎:瑟伊尔出版社,1973年版);A.J.格雷马斯:《符号学结构:对方法的研究》(巴黎:拉鲁斯出版社,1966年版);A.J.格雷马斯:《论意义:符号学论文集》(巴黎:瑟伊尔出版社,1970年版);兹维坦·托多洛夫:《散文诗》,理查德·霍华德译(牛津:巴兹尔·布莱克韦尔出版社,1977年版);热拉尔·甘尼特:《叙事话语》,简·E.卢因译(牛津:巴兹尔·布莱克韦尔出版社,1980年版)。把叙事分析应用到政治论述的尝试可以在以下著作中看到:伊夫·德拉埃:《边界与文本》(巴黎:帕约出版社,1977年版);伊夫·德拉埃:《文字中的欧洲:文本与割裂》(巴黎:帕约出版社,1979年版);让·皮埃尔·法耶:《极权语言》(巴黎:埃尔芒出版社,1973年版)。

15 关于对格雷马方法的一种赞同性批判,见保罗·利科:《叙事的功能》,载于

《解释学与人类科学》,第274—296页。

16 辩论分析的一个方法是由乔治斯·维尼奥和他的同伴提出的,见乔治斯·维尼奥:《辩论》(日内瓦:德鲁兹出版社,1977年版)。被米歇尔·佩舍和他的同伴发展的这个方法也可以理解为对谈话辩论分析的一个相当正式的贡献;见约翰·B.汤普森:《意识形态与话语分析:米歇尔·佩舍著作批判性导论》,载于《意识形态理论研究》,第232—254页。

17 特别见哈维·萨克斯:《对一则黄段子的一些技术性考虑》,载于杰姆·申凯恩编:《对组织谈话互动的研究》(纽约:学术出版社,1978年版),第249—269页;哈维·萨克斯:《对谈话中说笑话过程的分析》,载于理查德·鲍曼、乔尔·舍策尔编:《探讨言说的人种学》(剑桥:剑桥大学出版社,1974年版),第337—353页。

18 摘编自萨克斯:《对一则黄段子的一些技术性考虑》,第250—252页。

19 萨克斯:《对一则黄段子的一些技术性考虑》,第263页。

20 出处同上,第268—269页。

21 事实上,这些设想似乎是关于男人们黄段子的相当典型的特征,这一考虑对于萨克斯认为这则笑话实际上要在12岁女孩中流传的想法提出了进一步质疑。见格申·莱格曼:《黄段子的基本原理:色情幽默分析》(纽约:格罗夫出版社,1968年版);迈克尔·马尔凯:《论幽默:它在现代社会中的性质与地位》(剑桥:政体出版社,1988年版)。

22 可以用各种研究来说明传媒机构的社会—历史分析和生产程序。关于生产电视新闻的研究选样,见彼得·戈尔丁、菲利浦·埃利奥特:《制作新闻》(伦敦: 349
朗文出版社,1979年版);菲利浦·施莱辛格:《把"现实"放到一起:英国广播公司新闻节目》(伦敦:康斯特布尔出版社,1978年版);盖伊·塔奇曼:《制作新闻:对建构现实的研究》(纽约:自由出版社,1978年版)。

23 关于传媒信息的建构,有许多材料谈到。现选择数种介绍如下:卡尔·埃里克·罗森格伦编:《内容分析的进展》(伦敦与比弗利山庄:塞奇出版社,1981年版);霍华德·戴维斯、保罗·沃尔顿编:《语言、形象、传媒》;威利亚德·D.罗兰、布鲁斯·沃舍斯编:《解释电视:当前研究透视》(伦敦与比弗利山庄:塞奇出版社,1985年版)。

24 这些年来,关于传媒信息的受众性质与接收情况涉及社会学内容的著作有显著增加。例如见安东尼·皮珀、迈尔斯·埃默森、朱迪·兰农:《电视与工人阶级》(韦斯特米德,法恩博罗,汉茨:萨克森豪斯出版社,1975年版);戴维·莫利:《家庭电视: 文化权力与家庭休闲》(伦敦: 考米迪亚出版社,1986年版); 罗伯特·霍奇、戴维·特里普:《儿童与电视: 一种符号学观点》(剑桥: 政体出版社,1986年版); 伊恩·安格:《观看达拉斯: 肥皂剧与情节剧想象》, 德拉·库林译(伦敦: 梅休因出版社,1985年版); 塔马·利布斯、伊莱休·卡茨:《参与电视小说的模式》,载于《通讯杂志》1986年第1期,第151—171页。

25 贾尼丝·拉德威:《阅读爱情小说: 妇女、家长制与大众文学》(北卡罗来纳州查珀尔希尔: 北卡罗来纳大学出版社,1984年版)。该书在1987年加了一篇新的导言重新出版(伦敦: 维尔索出版社,1987年版)。

26 拉德威追随乔多罗对弗洛伊德思想作女权主义修正,认为父母对子女的关怀培育过程使女孩构成了对母性关怀的不断需要。因为这种关怀无法由男子提供(他们已习惯于没有温柔的和耐心关怀培育的能力),妇女必须设法以其他方式来满足这一经常性的需要。乔多罗提出,她们设法满足这一需要的一个方式就是通过对别人给予母亲般的关怀: 见南茜·乔多罗:《母性关怀的复制: 心理分析与性别社会学》(伯克利: 加利福尼亚大学出版社,1978年版)。拉德威对这一论点加了一项新的扭曲: 她提出,阅读爱情故事是一种替代性方式,妇女可从中设法满足对关怀培育的需要,这是由父母培育过程所构成的,但是被她们日常生活中的异性关系所抹杀。阅读爱情故事是对形成她们自身认同性的心灵过程的仪式性重述,在这种重述中,她们共鸣地经历了自己成人生活中所缺失的关怀。我没有对这一分析思路追溯下去,因为我觉得它似乎是拉德威内容中最为推测性的和成问题的方面之一。

350 27 关于阅读方法史,见罗歇·夏蒂埃:《近代法国印刷文化的运用》,莉迪亚·科克伦译(新泽西州普林斯顿: 普林斯顿大学出版社,1987年版); 罗歇·夏蒂埃编:《印刷文化: 权力与近代欧洲印刷的运用》,莉迪亚·科克伦译(剑桥: 政体出版社,1989年版); 保罗·萨恩杰:《默读: 它对中世纪晚期手稿与社会的影响》,载于《中世纪与文艺复兴研究》第13期(1982年),第367—414页。

28 关于论述看电视的世俗性的新近著作,见莫利:《家庭电视》; 罗杰·西尔弗斯通:《电视与日常生活: 走向电视观众的人类学》,载于梅杰里·弗格森编:《公共传播: 重要的新问题》(伦敦与加州纽伯里帕克: 塞奇出版社,1990年版),第173—189页; 彼得·科利特、罗杰·拉姆:《看人看电视》(给独立广播署的报告,1986年)。

29 关于这类探索的具有深刻见解的贡献,可见下面两个文献: 霍奇、特里普:《儿童与电视》; 利布斯、卡茨:《卷入电视小说的模式》。

30 关于对妇女在工作时谈论肥皂剧的方式进行的一些周到思考，见多萝西·霍布森:《工作时间谈肥皂剧》，载于艾伦·赛特、汉斯·保尔歇斯、加布里尔·克罗伊茨纳、伊娃·玛丽亚·沃思编:《遥控：电视观众与文化权力》（伦敦：劳特利奇出版社，1989年版），第150—167页；《妇女观众与工作场所》，载于玛丽·艾伦编:《电视与妇女的文化：大众政治》（伦敦与加州纽伯里帕克：塞奇出版社，1990年版）。

31 在研讨意识形态解释与批判性质之间的关系时，我从哈贝马斯近来的著作中得到一些启发，他提出一个处理现代社会批判理论所面对的认识论与规范问题的新颖而有价值的方法。特别见于尔根·哈贝马斯:《交往与社会进化》，托马斯·麦卡锡译（剑桥：政体出版社，1979年版），以及《交往行动理论》第1、2卷，托马斯·麦卡锡译（剑桥：政体出版社，1987年版）。然而，我虽然从哈贝马斯的著作中得到启发，却没有详尽遵从他的建议，因为我相信他的解释中存在严重的、在某些方面是无可救药的难题。关于对这些难题的讨论，见约翰·B.汤普森:《意识形态理论研究》，第253—302页。 351

索 引

（条目后数字为原书页码，见本书边码）

Adelung, J. C. 阿德隆 125
Adorno, Theodor W. 特奥多尔·阿多诺 116, 117, 268
  on the culture industry 论文化产业 75, 76, 97, 98, 100—109
advertising 广告 178, 285
age of ideologies 意识形态时代 77, 80, 84
Althusser, Louis 路易·阿尔都塞 55, 86, 92, 96
anthropological conceptions of culture 文化的人类学概念 123, 127—135
apathy, and relations of domination 冷漠，和统治的关系 68—69
argumentative analysis 论点分析 288—289
art 艺术
  and the culture industry 与文化产业 99
  and social-historical analysis 与社会—历史分析 281—282
Aspects of Sociology 《社会学诸方面》 100, 103

Bacon, Francis 弗兰西斯·培根 30
Barthes, Roland 罗兰·巴特 142, 144—145, 285, 288
BBC (British Broadcasting Corporation) 英国广播公司 184—189, 191, 192, 202, 255—260, 263
Begin, Menachem 梅纳昌·贝京 62—63
belief systems 信仰体系
  emergence of secular 世俗信仰体系的出现 11, 76—78, 265
  role-specific 特定角色的信仰体系 88—90
Bentham, Jeremy 杰里米·边沁 18,

249
Bourdieu, Pierre 皮埃尔·布迪厄 147, 158
Britain 英国
radio broadcasting 无线电广播 183—184, 205
television broadcasting 电视广播 184—189, 205
broadcasting *see also* BBC 广播，另见英国广播公司
development of 广播的发展 182—192, 224
end of technical limitations 技术限制的终结 262
institutional controls 机构控制 252—253
and the operation of ideology 和意识形态的运作 266—267
principle of public service 公共服务原则 248, 253—260, 261
television 电视 184—192, 224, 226
BSB (British Satellite Broadcasting) 英国卫星广播公司 211

cable television 有线电视 209—210, 224, 253, 259, 262
capital 资本
conversion strategies 资本转换策略 157
economic 经济资本 148, 159
types of 资本的类型 148, 151
capitalism 资本主义
and the concept of ideology 与意识形态概念 11
and critical theory 与批判理论 328, 329
and the decline of religion 与宗教的衰微 11, 77—79, 265
and the epiphenomenal conception of ideology 与意识形态的副现象概念 39, 40
and the mediazation of modern culture 与现代文化的传媒化 15
and the process of demystification 与去神秘化过程 77—78
Caxton, William 威廉·卡克斯顿 174
censorship 检查制度
and liberal theory 与自由派理论 253—254
in the Middle Ages 中世纪的检查制度 175—176
of the press 报刊检查制度 249, 250
Channel 4 第四频道 186—189, 259, 263
charismatic grounds of legitimacy 合法性的感召力根据 61
children, and television 儿童与电视 245
cinema industry 电影业 185, 186, 194
Citicorp 花旗银行 203
civil society, in Habermas 哈贝马斯著作中的市民社会 110, 111
civilization, and culture 文明与文化 124—128

class 阶级
and ideology, in Marx 马克思著作中的阶级与意识形态 57—58
and television viewing 阶级与观看电视 187—257
class consciousness, and the epiphenomenal conception of ideology 阶级觉悟与意识形态的副现象概念 37—40
class-reductionist approach, to ideology and the modern state 对意识形态和现代国家的阶级简化观 92—96
classical conception of culture 文化的古典概念 123, 126—128
Cobbett, William 威廉·科贝特 249
commercial concerns, media industries as 传媒产业作为商业公司 18
commodities, symbolic forms as 象征形式作为商品 155
communication conglomerates 传播综合大企业 14, 196—198, 251—252, 262—264
concept of ideology 意识形态概念 2, 5—11, 28—73
and critical theory 与批判理论 330—331
in the grand narrative of cultural transformation 文化转型宏大叙事中的意识形态概念 83—85
of the *ideologues* 观念学家的意识形态概念 29—33
in Mannheim 曼海姆著作中的意识形态概念 29, 47—52
in Marx 马克思著作中的意识形态概念 29, 33—44
condescension, as strategy of symbolic valuation 作为象征评价策略的恩赐 159
Condillac,E. 孔狄亚克 29—31
Condorcet,M. 孔多塞 30—31
conflict 冲突
of economic valuation 经济评价的冲突 156
of symbolic valuation 象征评价的冲突 155
consensual theory, of social reproduction 社会复制的共识理论 80—90, 96
contestatory symbolic forms 争辩性象征形式 68
contextual aspect, of symbolic forms 象征形式的背景方面 137, 143, 145
Contribution to the Critique of Political Economy (Marx), 1859 Preface 《政治经济学批判》1859年导言(马克思) 37, 38, 41
conventional aspect, of symbolic forms 象征形式的常规方面 137—141
conversation analysis 会话分析 286—287
core consensual theory, of social reproduction 社会复制的核心共识理论 87, 88, 90
critical conceptions of ideology 意识形态的批判性概念 6, 53—56, 67, 72, 84, 265

critical theory, and modern societies 批判理论与现代社会 328—331
cross-valorization 交叉评价 157
cultural analysis 文化分析 136
cultural capital 文化资本 148, 159
cultural paternalism, and the BBC 文化家长式统治与英国广播公司 257
cultural transformation, grand narrative of 文化转型的宏大叙事 75—85, 97, 117, 265
cultural transmission 文化传输 164—171
  institutional apparatus of 机构部门 167—168, 170
  modalities of 方式 146, 170—171, 214—215, 222—225
  space-time distanciation of 时空离距 168—171
  of symbolic forms 象征形式的文化传输 13
  technical medium of 技术媒体 165—166, 170
culture 文化
  anthropological conceptions of 人类学概念 123, 127—135
  classical conception of 古典概念 123, 126—128
  and civilization 与文明 124—127
  and the social contextualization of symbolic forms 与象征形式的社会背景化 146—154
  structural conception of 结构性概念 123, 135—145
culture industry 文化产业 76, 97—109, 113, 116
cuneiform writing 楔形文字书写 171—172
Czechoslovakia 捷克斯洛伐克 234

Darwin, Charles 查尔斯·达尔文 129
Deep Play: Notes on the Balinese Cockfight (Geertz) 《深度表演：记巴厘岛斗鸡》(格尔茨) 133—134
democratization, process of 民主化进程 115, 120
depth hermeneutics 深度解释学 21—23, 272—274, 292, 294
  methodological framework of 方法论架构 277—291
derision, as strategy of symbolic valuation 嘲笑,象征评价策略 159
descriptive conception of culture 文化的描述性概念 123, 127—130
devaluation, as strategy of symbolic valuation 贬低,象征评价策略 158, 160
differentiated consensual theory, of social reproduction 社会复制的区别共识理论 87—90
differentiation 分化 65
discursive analysis 推论分析 22, 23, 284—293, 303, 306, 320
displacement 转移 62
dissimulation 虚饰化
  and relations of domination 与统治的

关系 60, 62—64
and the social cement theory of ideology 与意识形态的社会胶合剂理论 106
distinction, as strategy of symbolic valuation 显赫，象征评价策略 158—159
division of labour 劳动分工
and consensual theory 与共识理论 88—90
and the polemical conception of ideology 与意识形态的论战概念 36
dominant ideology thesis 统治意识形态理论 86, 90—96
dominant individuals, strategies of symbolic valuation 统治地位的个人，象征评价策略 158—159
domination, relations of 统治关系 151—152, 266
and the analysis of ideology 与意识形态分析 279
and concepts of ideology 与意识形态概念 7, 9, 56, 57—71, 265
and critical theory 与批判理论 330, 331
and the grand narrative of cultural transformation 与文化转型的宏大叙事 84, 85
and the interpretation of ideology 与意识形态解释 324—326
socio-historical analysis of 社会—历史分析 292—294
doxa 日常认知
interpretation of 解释 279—281, 290, 304—306, 316
interpretative transformation of 解释性转型 25, 320, 323—324
Durkheim, Emile 埃米尔·迪尔凯姆 2

Eastern Europe, revolutionary upheavals (1989) 东欧的革命动荡（1989） 234—235
economic capital 经济资本 148, 159
economic valorization 经济评价 155—157, 161
economic value, of symbolic forms 象征形式的经济价值 13
Eighteenth Brumaire of Louis Bonaparte (Marx) 《路易·波拿巴的雾月十八日》（马克思） 42—44, 277
electronic media, growth of, and the role of ideology 电子媒体的发展与意识形态的作用 83
electronic telecommunications 电子电讯 1
Élemens d'Idélogie (Destutt de Tracy) 《观念学的要素》（德斯蒂·德·特拉西） 30
Elias, Norbert 诺贝特·埃利亚斯 125
end of ideology theory 意识形态终结理论 80—82, 84
in Habermas 在哈贝马斯的著作

中　117—119
Engels, F.　恩格斯　9, 39, 93
conceptions of ideology　意识形态概念　34—37
Enlightenment, the　启蒙运动　29, 30, 32—33, 106—107, 124, 126
epiphenomenal conception of ideology　意识形态的副现象概念　37—40, 45—47, 55
error, and concepts of ideology　错误和意识形态概念　56—57, 67
eternalization　永恒化　66
ethnography, in Geertz　格尔茨著作中的人种学　131, 133, 134
euphemization　美化　62—63
European countries　欧洲国家
broadcasting　广播　202, 204—205
cable television　有线电视　209
evaluative conception of ideology　意识形态的评价性概念　55
expurgation of the other　排他　65

Falklands conflict　福克兰群岛冲突　234
fallacy of internalism　内在主义的谬误　24—25, 105, 116, 268, 291, 306, 307, 319
fallacy of reductionism　简化论的谬误　291
false consciousness　虚假意识　118
Fascism　法西斯主义　81, 98, 101
fields of interaction　互动场所
in social contexts　社会背景中的互动场所　147—148, 150—151, 282
and strategies of symbolic valuation　与象征评价策略　157—161
formal analysis *see* discursive analysis　正式分析，见推论分析
Foucault, Michel　米歇尔·福柯　136
fragmentation　分散化
and relations of domination　与统治关系　60, 65
and the social cement theory of ideology　与意识形态的社会胶合剂理论　106
fragmented consciousness　支离破碎的意识　118
Frankfurt School　法兰克福学派　75—76, 97, 328
French Revolution (1789)　法国大革命（1789年）　11, 29—31
functionalist explanations of ideology　意识形态的功能主义解释　69—70

Gadamer, Hans-Georg　汉斯—格奥尔格·伽达默尔　274, 276—278
Garfinkel, Harold　哈罗德·加芬克尔　287
Geertz, Clifford　克利福德·格尔茨　55, 123, 131—135, 162
General Strike (1926)　总罢工（1926）　258—259
Genette, Gérard　热拉尔·热内特　288
German Ideology, The (Marx and Engels)　《德意志意识形态》（马克思、恩格斯）　34—37

Germany, concept of culture 德国，文化的概念 124—126
Giddens, Anthony 安东尼·吉登斯 13, 168
globalization 全球化
of cultural transmission 文化传输的全球化 260
of mass communication 大众传播的全球化 263
of the media industries 传媒产业的全球化 14, 198—203
Goffman, E. 戈夫曼 230
Gouldner, Alvin 阿尔文·古尔德纳 55, 83, 84
Gramsci, A. 葛兰西 86, 89
Greimas, A. J. 格雷马 136, 288
Gutenberg, Johann 约翰·古腾堡 14, 163, 173

Habermas, Jürgen 于尔根·哈贝马斯 76, 83, 97, 109—121, 268, 278
Havas, Charles 夏尔·哈瓦斯 180, 181
Hegel, G. 黑格尔 35
Heidegger, Martin 马丁·海德格尔 274, 275, 278
Herder, J. C. von 赫尔德 125—126
hermeneutics 解释学 20—23
and social-historical inquiry 与社会—历史研究 274—277
see also depth hermeneutics **另见**深度解释学 276—277
historicity of human experience 人类经验的历史性 276—277
Hodge, Robert 罗伯特·霍奇 287
Horkheimer, Max 马克斯·霍克海默 116, 117, 268
on the culture industry 论文化产业 75, 76, 97, 98, 100—109

IBA (Independent Broadcasting Authority) 独立广播局 184, 186—188
ideological state apparatuses 意识形态国家机器 92, 95
Ideology and Utopia (Mannheim) 《意识形态与乌托邦》(曼海姆) 29, 47, 49—52
illusion 幻想
and concepts of ideology 与意识形态概念 56—57, 67
ideology as 意识形态作为幻想 9—10
Independent Television Commission (ITC) 独立电视委员会 189
individuals 个人
and consensual theory 与共识理论 88—90
and the culture industry 与文化产业 100—101
and social integration 与社会整合 108—109
Innis, Harold 哈罗德·英尼斯 13, 168, 225—226
Institut National 国家研究院 29—31

Integrated Services Digital Network (ISDN) 综合服务数字网 213—214
intelligentsia, socially unattached 社会无隶属知识分子 50
intentional aspect, of symbolic forms 象征形式的意愿方面 137—139
internalism *see* fallacy of internalism 内在主义,见内在主义的谬误
Interpretation of Cultures, The (Geerz) 《文化的解释》(格尔茨) 131—135
interpretation of ideology 意识形态的解释 22—23, 25—26, 291—303
ITV companies 独立电视公司 187, 189

Kant, I. 康德 125
Klemm, Gustav 古斯塔夫·克勒姆 126, 127
Koberger, Anton 安东·科伯格 174
Kress, Gunther 冈瑟·克雷斯 287

language, as a symbolic system 语言,作为象征系统 141—142
latent conception of ideology 意识形态的潜在概念 40—44, 56, 58, 67
Latin America, broadcasting 拉丁美洲的广播 192, 202
Leofort, Claude 克劳德·勒福尔 65
legitimation 合法化
　and relations of domination 与统治关系 60—62
　and the social cement theory of ideology 与意识形态的社会胶合剂理论 106
Lenin, V.I. 列宁 45—47, 54
Lévi-Strauss, Claude 克劳德·列维—斯特劳斯 136, 288
liberal theory, of the freedom of the press 出版自由的自由派理论 248—254, 258, 260—261
literature, emergence of popular 大众文学的出现 161—162
Louis Bonaparte *see* Napoleon Ⅲ 路易·波拿巴,见拿破仑三世
Louis Philippe, King of France 路易·菲利浦,法国国王 42
Lukács, G. 卢卡奇 45—47, 54, 102

Malinowski, B. 马林诺夫斯基 129, 130
Manifesto of the Communist Party (Marx and Engels) 《共产党宣言》(马克思、恩格斯) 39—41, 77
Mannheim, Karl 卡尔·曼海姆 2, 29, 47—52, 54, 55, 71, 72, 73, 79
Marconi, G. 马科尼 182
Marcuse, Herbert 赫伯特·马尔库塞 109
Marx, Karl 卡尔·马克思 2, 74, 93, 102, 227, 328
　and the bourgeois public sphere 与资产阶级公共领域 112
　conceptions of ideology 意识形态概念 29, 33—48, 52, 55, 67, 68
　on cultural transformation 论文化转

型 75—79
on ideology and class domination 论意识形态与阶级统治 57—58
and ideology as illusion 和意识形态作为幻想 9
and the science of ideas 和观念的科学 51
Marxism 马克思主义 6, 45, 47, 81, 84
mass communication 大众传播
between market and state 在市场与国家之间 248—264
characteristics of 特点 218—225
commercialization of 商业化 112—115
critical theorists on 批判理论家论大众传播 75—76
and the culture industry 与文化产业 97, 101—103
development of 发展 1—3, 10—11, 14
and the dominant ideology thesis 和统治意识形态命题 95—96
and ideology 和意识形态 10—11, 19—20, 264—271
in modern societies 现代社会中的大众传播 75, 83
as negative force 作为消极力量 245—246
and private/public boundaries 与公私界限 238—248
and social interaction 与社会互动 225—238
and the structural conception of culture 与文化的结构性概念 123
tripartite approach 三重观点 23—24, 273—274, 303—313
mass-mediated products, everyday appropriation of 大众传媒化产品的日常占用 313—319
McLuhan, Marshall 马歇尔·麦克卢汉 225—226
meaning 意义
and aspects of symbolic forms 与象征形式诸方面 12—13, 136—144
and the concept of ideology 与意识形态概念 6—7, 9, 59
and relations of domination 与统治关系 68—69, 279
and the symbolic conception of culture 与文化的象征概念 12, 135
media industries 传媒产业 163—215
concentration of 集中 193—195, 261, 262
deregulation of 取消管制 203—205
development of broadcasting 广播的发展 182—192
development of printing and newspapers 印刷与报纸的发展 173—182
diversification of 多样化 195—198
globalization of 全球化 14, 198—203
impact of new communication technologies 新传播技术的影响 205—215
principle of regulated pluralism 有管

理的多元主义原则 249, 257, 260—264
see also broadcasting 另见广播
mediated private events 传媒化私人事件 241—242
mediated public events 传媒化公共事件 241—242
mediated quasi-interaction 传媒化准互动 228—230, 233, 237, 243—244, 247, 268
mediazation of modern culture 现代文化的传媒化 3—4, 11, 12—20, 75, 82, 120
and critical theory 与批判理论 329, 330
metaphor 隐喻 63—64
methodology 方法论 4, 20—27, 272—327
metonymy 转喻 63
Middle Ages, censorship 中世纪的检查制度 175—176
middle-class attitudes, and consensual theory 中产阶级的态度与共识理论 88
Mill, James 詹姆斯·穆勒 18, 249
Mill, John Stuart 约翰·斯图尔特·穆勒 18, 249, 251, 254
moderation, as strategy of symbolic valuation 适中，作为象征评价策略 158, 159
Murdoch, Rupert 鲁珀特·默多克 198, 199, 200—201, 210, 211
Napoleon Bonaparte, Emperor 拿破仑·波拿巴皇帝 31—35, 43, 44, 51, 52, 54, 55, 58, 67
Napoleon Ⅲ (Louis Bonaparte) 拿破仑三世（路易·波拿巴） 42, 43, 62
narrative structure, analysis of 分析的叙事结构 287
romantic fiction 爱情小说 309—311
narrativization 叙事化 61—62, 64
naturalization 自然化 66
negative conception of ideology 意识形态的消极概念 44—45, 47, 53—55
neutral conception of ideology 意识形态的中性概念 5—6, 53—55, 84
in Mannheim 曼海姆的著作中 47
news agencies 通讯社 180—182, 198, 202
News Corporation 新闻公司 198—201
news sheets 报纸 174—175
newspaper industry 报业 175—182
concentration of ownership 所有权的集中 193—194, 261
and the freedom of the press 与出版自由 249—251
News Corporation 新闻公司 198—200
Nigerian Broadcasting Corporation 尼日利亚广播公司 192
nominalization 名词化 66
non-exclusion, principle of 非排他原则 325—326

non-imposition, principle of 非强加原则 321
Northcliffe Revolution 诺思克利夫革命 178

obscene publications 色情出版物 253—254
On the Jewish Question (Marx) 《论犹太人问题》(马克思) 112

paper making 造纸 172—173
papyrus sheets 莎草纸 172
Paris-Match 《巴黎竞赛》 142, 144, 285
particular conception of ideology 意识形态的特定概念 48
passive recipients 被动接收者 25, 114, 115, 319
passivization 被动化 66
polemical conception of ideology 意识形态的论战概念 34—37
political leaders, on television 电视上的政治领导人 228—229, 232, 246—248, 270
politically sensitive information 政治敏感信息 253—254
politics 政治
  and the development of technical media 与技术媒体的发展 16—17, 241—248
  and the end of ideology 与意识形态的终结 77, 80—82
  and the public sphere 与公众范围 114, 115, 119, 120
Poulantzas, N. 普兰查斯 86, 96
power 权力
  and the concept of ideology 与意识形态概念 6—7, 9, 59, 265
  and mass communication 与大众传播 247—248
  relations of 权力关系 151—152, 235, 237, 302
  and the symbolic conception of culture 与文化的象征概念 134—135
  see also domination, relations of 另见统治关系
practicality, as strategy of symbolic valuation 实用,作为象征评价策略 158, 160
press 出版
  development of printing 印刷的发展 14, 83, 173—174
  freedom of the 出版自由 18, 111—112, 248—254
  see also newspaper industry 另见报业
pretension, as strategy of symbolic valuation 佯装,作为象征评价策略 158, 159
Primitive Culture (Tylor) 《原始文化》(泰勒) 127—128
printed materials 印刷材料 119, 120
printing 印刷
  development of 发展 14, 83, 173—174
  presses 印刷机 14, 163, 166, 173—174

private life *see* public/private boundaries 私人生活,见公私界限
private realm, in Habermas 哈贝马斯著作中的私人领域 110, 111
proletarian ideology 无产阶级意识形态 45—46
public authority, in Habermas 哈贝马斯著作中的公共权威 110—111
public opinion, formation of 舆论的形成 112
public sphere, transformation of 公共领域的转型 80, 109—114, 119—121
public/private boundaries, and mass communication 公私界限与大众传播 238—248
publishing industry 出版业
  and press freedom 与出版自由 249
  recent trends 近期趋势 194, 199, 261
  and romantic fiction 与爱情小说 307—308

radios 无线电
  broadcasting 广播 183—184
  ownership patterns 所有权形式 192
Radway, Janice 贾尼丝·拉德威 307—313, 316
rational grounds of legitimacy 合法的理性根据 61
rationalization 合理化 61
  and the culture industry 与文化产业 97, 98, 100—103, 106
reading, activity of 阅读活动 311—312, 314
receptive activity, social organization of 接收活动的社会组织 235—238
recipients 接收者
  of mass communication 大众传播的接收者 218—219, 267, 268, 316—317
  passive 被动接收者 25, 114, 116, 319
  virtual community of 虚拟社区 318
referential aspect, of symbolic forms 象征形式的关联方面 137, 142—145, 286
regulated pluralism, principle of 有管理的多元主义原则 18—19, 249, 257, 260—264
reification 物化
  and the culture industry 与文化产业 100—103, 106
  and fragminted consciousness 与支离破碎的意识 118
  and relations of domination 与统治关系 60, 65—66
re-interpretation of ideology 意识形态的再解释 22—23, 273, 285, 289—290, 320
Reith, John (later Lord) 约翰·里思 184, 192, 255—261
rejection, as strategy of symbolic valuation 拒绝,作为象征评价策略 158, 160—161
relationalism, in Mannheim 曼海姆著

作中的相关主义 49
relativism, in Mannheim 曼海姆著作中的相对主义 49
religion, decline of in modern societies 宗教在现代社会中的衰落 76, 77, 265
republicanism, politics of, and the *ideologues* 共和主义的政治与观念学家 30—32
respectful resignation, as strategy of symbolic valuation 尊重地放弃,作为象征评价策略 158, 160
responsive action, concerted forms of 协同形式的回应行动 233—235
restrictive conception of ideology 意识形态的限制性概念 55
Ricoeur, Paul 保罗·利科 21, 131, 133—135, 247, 278
Robespierre, M. 罗伯斯庇尔 29
romance fiction, Radway's study of 拉德威对爱情小说的研究 307—314, 316
Romania 罗马尼亚 234, 268
rules and conventions, in social contexts 社会背景中的规则与常规 148—149, 151, 282

Sacks, Harvey 哈维·萨克斯 287
 analysis of dirty jokes 对黄段子的分析 294—303, 321—322
satellite technology 卫星技术 202—203, 224, 253, 259, 262
 direct broadcasting (DBS) 直接广播(卫星直播) 170, 210—212
Saussuer, Ferdinand de 费迪南·德·索绪尔 141—142, 285
schemata, in social contexts 社会背景中的纲要 148—149, 151, 282
Science of Culture, The (White) 《文化科学》(怀特) 130—131
scientization, of the concept of culture 文化概念的科学化 128—129
secularization 世俗化 11, 76, 77—78, 265
self-reflection, principle of 自我反思的原则 322—323
Seliger, Martin 马丁·塞利格 55
semiotic analysis 符号学分析 285—286
situated practices 区位性行动 315
Sky Channel 天空频道 198, 210, 211
social cement theory of ideology 意识形态的社会胶合剂理论 91, 96
 and the culture industry 与文化产业 104—106
social class *see* class 社会阶级,见阶级
social contextualization, of symbolic forms 象征形式的社会背景化 146—154, 283—284
social institutions 社会机构 149—150, 151, 282
social reproduction 社会复制
 and ideology 与意识形态 75, 85—97

social structure 社会结构 150, 282—283
social-historical analysis 社会—历史分析 22, 23, 71, 281—284
of media messages 传媒信息 304, 305—306
social-historical inquiry 社会—历史探究
hermeneutical conditions of 解释学条件 21, 274—277
socialist ideology 社会主义意识形态 45, 46
socialization, and consensual theory 社会化与共识理论 89—90
sociology of knowledge, in Mannheim 曼海姆著作中的知识社会学 49
Soviet Union, satellite technology 苏联卫星技术 203
space-time distanciation 时空离距
of cultural transmission 文化传输 168—171
and social interaction 与社会互动 227—230
of technical media 技术媒体 13, 16, 17—18, 115, 147, 221
and video cassette recorders 与盒式磁带录像机 208
spatio-temporal settings, of symbolic forms 象征形式的时空背景 146—147, 150, 151, 221, 223, 282
Stalinism, and the culture industry 斯大林主义与文化产业 98
standardization 标准化 64
and the culture industry 与文化产业 98—100
state, the 国家
development of modern 现代国家的发展 15, 79, 329
and the public sphere 与公共领域 112
and public/private boundaries 与公、私界限 239—241
state control, over mass communication 对大众传播的国家控制 222, 261, 262
structural aspect, of symbolic forms 象征形式的结构方面 137, 141—143
structural conception of culture 文化的结构性概念 123, 135—145, 279
Structural Transformation of the Public Sphere, The (Habermas) 《公共领域的结构转型》(哈贝马斯) 110, 114, 117
subordinate individuals, strategies of symbolic valuation 从属的个人,象征评价策略 158, 160—161
Sumerian writing 苏美尔书写 171, 172
Sun, The 《太阳报》 65, 198
Sunday newspapers 星期日报纸 177, 178, 179, 180, 194
survival in culture 文化的遗留 129
symbolic capital 象征资本 148
symbolic conception of culture 文化的象征概念 123, 127, 130—135
symbolic construction, strategies of 象征

建构的策略 61—62
symbolic forms 象征形式
analysis of, by depth hermeneutics 深度解释学分析 272—274
characteristics of 特征 137—145
contestatory 争辩性 68
and the dominant ideology thesis 与统治意识形态命题 91—92
and ideology as illusion 与作为幻想的意识形态 9—10
and the mediazation of modern culture 与现代文化的传媒化 10—11
production and reception of 生产与接收 152—154
production and transmission of 生产与传输 304—307
public circulation of 公共流通 221—224
and relations of domination 与统治关系 58, 59, 70—71
role in social life 在社会生活中的作用 69—70
social contextualization of 社会背景化 146—154, 283—284
social uses of 社会使用 8
valorization of 价值化 10—11, 146, 154—162
symbolic goods 象征货品 13, 155
institutionalized production and diffusion of 体制化生产与传布 219—220, 223
production and reception of 生产与接收 220—221, 223
symbolic systems 象征体系 141—142
symbolic valuation, strategies of 象征评价的策略 157—162
symbolization of unity 统一的象征化 64—65
synecdoche 提喻 63
syntactic analysis 句法分析 287—288

technical media 技术媒体
and the analysis of ideology 与意识形态分析 265
and cultural transmission 与文化传输 13, 165—167, 170
interactional impact of 互动影响 15—16, 21, 226—238, 271
and the public sphere 与公共领域 119—120
and social interaction 与社会互动 225—238
and space-time distanciation 与时空离距 13, 16—18, 115, 147, 169—170, 221
telephones, and social interaction 电话与社会互动 227, 230—233, 235
television 电视 115, 119
broadcasting 广播 184—192, 224, 226
cable systems 有线系统 209—210, 224, 253, 259, 262
concentration of ownership 所有权的集中 195

hours spent watching　花在看电视上的时间　1
and ideological messages　与意识形态信息　269—270
and the mediazation of modern culture　与现代文化的传媒化　14, 16—18
and the operation of ideology　与意识形态的运作　266, 267
ownership patterns　所有权形式　192
political leaders on　政治领导人　228—229, 232, 246—248, 270
and the privatized reception of mediated events　与传媒化事件的私人化接收　242—245
sale of programmes in foreign markets　在国外市场上销售　199—202
and social interaction　与社会互动　16—17, 228—235, 237, 314
viewing patterns　观看模式　1, 189
see also broadcasting　另见广播
Thatcher, Margaret　玛格丽特·撒切尔　63—64
Theory of Communicative Action, The (Habermas)《交往行动理论》(哈贝马斯) 117—118
Thorn-EMI　索恩—EMI公司　196
total conception of ideology　意识形态的总体概念　48
general formulation of　一般阐述　48—49, 51
Tracy, Destutt de　德斯蒂·德·特拉西　28, 29—34, 37, 48, 51, 54, 55
traditional grounds of legitimacy　合法性的传统根据　61
traditions, invention of　传统的发明　61—62, 277
trope　转义　63—64
Tylor, E. B.　泰勒　126, 127—129

unification　统一化
and relations of domination　与统治关系　60, 64—65
and the social cement theory of ideology　与意识形态的社会胶合剂理论　106
United States　美国
radio broadcasting　无线电广播　183
satellite technology　卫星技术　203
television broadcasting　电视广播　189—191
trends in media industries　传媒产业趋势　193—194, 196, 199, 202—203, 204
universalization　普遍化　6
utopia, notion of, in Mannheim　曼海姆著作中的乌托邦概念　50, 52

valorization, of symbolic forms　象征形式的价值化　12—13, 146, 154—162
values　价值观
role-specific　特定作用　88—90
shared　共有的　7—8
video cassette recorders (VCRs)　盒式磁带录像机　206—209
Vietnam War　越南战争　234

Watergate　水门事件　232
Weber, Alfred　艾尔弗雷德・韦伯　50
Weber, Max　马克斯・韦伯　2, 61, 74, 100, 117, 131, 328, 329
on cultural transformation　论文化转型　75—79
on the modern state　论现代国家　93
White, L.A.　怀特　130—131
Willis, Paul E.　保罗・威利斯　89
working-class attitudes, and consensual theory　工人阶级态度与共识理论　88—90
writing systems, development of　书写系统的发展　171—172

Young Hegelians　青年黑格尔派　34—37, 55

人文与社会译丛

第一批书目

1.《政治自由主义》(增订版),[美]J. 罗尔斯著,万俊人译　118.00 元
2.《文化的解释》,[美]C. 格尔茨著,韩莉译　89.00 元
3.《技术与时间:1. 爱比米修斯的过失》,[法]B. 斯蒂格勒著,裴程译　62.00 元
4.《依附性积累与不发达》,[德]A. G. 弗兰克著,高铦等译　13.60 元
5.《身处欧美的波兰农民》,[美]F. 兹纳涅茨基、W. I. 托马斯著,张友云译　9.20 元
6.《现代性的后果》,[英]A. 吉登斯著,田禾译　45.00 元
7.《消费文化与后现代主义》,[英]M. 费瑟斯通著,刘精明译　14.20 元
8.《英国工人阶级的形成》(上、下册),[英]E. P. 汤普森著,钱乘旦等译　168.00 元
9.《知识人的社会角色》,[美]F. 兹纳涅茨基著,郏斌祥译　49.00 元

第二批书目

10.《文化生产:媒体与都市艺术》,[美]D. 克兰著,赵国新译　49.00 元
11.《现代社会中的法律》,[美]R. M. 昂格尔著,吴玉章等译　39.00 元
12.《后形而上学思想》,[德]J. 哈贝马斯著,曹卫东等译　58.00 元
13.《自由主义与正义的局限》,[美]M. 桑德尔著,万俊人等译　30.00 元

14.《临床医学的诞生》,[法]M. 福柯著,刘北成译 55.00 元

15.《农民的道义经济学》,[美]J. C. 斯科特著,程立显等译 42.00 元

16.《俄国思想家》,[英]I. 伯林著,彭淮栋译 35.00 元

17.《自我的根源:现代认同的形成》,[加]C. 泰勒著,韩震等译 128.00 元

18.《霍布斯的政治哲学》,[美]L. 施特劳斯著,申彤译 49.00 元

19.《现代性与大屠杀》,[英]Z. 鲍曼著,杨渝东等译 59.00 元

第三批书目

20.《新功能主义及其后》,[美]J. C. 亚历山大著,彭牧等译 15.80 元

21.《自由史论》,[英]J. 阿克顿著,胡传胜等译 89.00 元

22.《伯林谈话录》,[伊朗]R. 贾汉贝格鲁等著,杨祯钦译 48.00 元

23.《阶级斗争》,[法]R. 阿隆著,周以光译 62.00 元

24.《正义诸领域:为多元主义与平等一辩》,[美]M. 沃尔泽著,褚松燕等译 24.80 元

25.《大萧条的孩子们》,[美]G. H. 埃尔德著,田禾等译 27.30 元

26.《黑格尔》,[加]C. 泰勒著,张国清等译 135.00 元

27.《反潮流》,[英]I. 伯林著,冯克利译 48.00 元

28.《统治阶级》,[意]G. 莫斯卡著,贾鹤鹏译 98.00 元

29.《现代性的哲学话语》,[德]J. 哈贝马斯著,曹卫东等译 78.00 元

第四批书目

30.《自由论》(修订版),[英]I. 伯林著,胡传胜译 69.00 元

31.《保守主义》,[德]K. 曼海姆著,李朝晖、牟建君译 58.00 元

32.《科学的反革命》(修订版),[英]F. 哈耶克著,冯克利译 58.00 元

33.《实践感》,[法]P. 布迪厄著,蒋梓骅译　75.00 元
34.《风险社会:新的现代性之路》,[德]U. 贝克著,张文杰等译　58.00 元
35.《社会行动的结构》,[美]T. 帕森斯著,彭刚等译　80.00 元
36.《个体的社会》,[德]N. 埃利亚斯著,翟三江、陆兴华译　15.30 元
37.《传统的发明》,[英]E. 霍布斯鲍姆等著,顾杭、庞冠群译　68.00 元
38.《关于马基雅维里的思考》,[美]L. 施特劳斯著,申彤译　78.00 元
39.《追寻美德》,[美]A. 麦金太尔著,宋继杰译　68.00 元

第五批书目

40.《现实感》,[英]I. 伯林著,潘荣荣、林茂译　30.00 元
41.《启蒙的时代》,[英]I. 伯林著,孙尚扬、杨深译　35.00 元
42.《元史学》,[美]H. 怀特著,陈新译　89.00 元
43.《意识形态与现代文化》,[英]J. B. 汤普森著,高铦等译　68.00 元
44.《美国大城市的死与生》,[加]J. 雅各布斯著,金衡山译　78.00 元
45.《社会理论和社会结构》,[美]R. K. 默顿著,唐少杰等译　128.00 元
46.《黑皮肤,白面具》,[法]F. 法农著,万冰译　58.00 元
47.《德国的历史观》,[美]G. 伊格尔斯著,彭刚、顾杭译　58.00 元
48.《全世界受苦的人》,[法]F. 法农著,万冰译　17.80 元
49.《知识分子的鸦片》,[法]R. 阿隆著,吕一民、顾杭译　45.00 元

第六批书目

50.《驯化君主》,[美]H. C. 曼斯菲尔德著,冯克利译　68.00 元
51.《黑格尔导读》,[法]A. 科耶夫著,姜志辉译　98.00 元
52.《象征交换与死亡》,[法]J. 波德里亚著,车槿山译　68.00 元
53.《自由及其背叛》,[英]I. 伯林著,赵国新译　48.00 元

54.《启蒙的三个批评者》,[英]I. 伯林著,马寅卯、郑想译　48.00 元
55.《运动中的力量》,[美]S. 塔罗著,吴庆宏译　23.50 元
56.《斗争的动力》,[美]D. 麦克亚当、S. 塔罗、C. 蒂利著,李义中等译　31.50 元
57.《善的脆弱性》,[美]M. 纳斯鲍姆著,徐向东、陆萌译　55.00 元
58.《弱者的武器》,[美]J. C. 斯科特著,郑广怀等译　82.00 元
59.《图绘》,[美]S. 弗里德曼著,陈丽译　49.00 元

第七批书目

60.《现代悲剧》,[英]R. 威廉斯著,丁尔苏译　45.00 元
61.《论革命》,[美]H. 阿伦特著,陈周旺译　59.00 元
62.《美国精神的封闭》,[美]A. 布卢姆著,战旭英译,冯克利校　68.00 元
63.《浪漫主义的根源》,[英]I. 伯林著,吕梁等译　49.00 元
64.《扭曲的人性之材》,[英]I. 伯林著,岳秀坤译　22.00 元
65.《民族主义思想与殖民地世界》,[美]P. 查特吉著,范慕尤、杨曦译　18.00 元
66.《现代性社会学》,[法]D. 马尔图切利著,姜志辉译　32.00 元
67.《社会政治理论的重构》,[美]R. J. 伯恩斯坦著,黄瑞祺译　72.00 元
68.《以色列与启示》,[美]E. 沃格林著,霍伟岸、叶颖译　128.00 元
69.《城邦的世界》,[美]E. 沃格林著,陈周旺译　85.00 元
70.《历史主义的兴起》,[德]F. 梅尼克著,陆月宏译　48.00 元

第八批书目

71.《环境与历史》,[英]W. 贝纳特、P. 科茨著,包茂红译　25.00 元
72.《人类与自然世界》,[英]K. 托马斯著,宋丽丽译　35.00 元

73.《卢梭问题》,[德]E. 卡西勒著,王春华译 39.00 元
74.《男性气概》,[美]H. C. 曼斯菲尔德著,刘玮译 28.00 元
75.《战争与和平的权利》,[美]R. 塔克著,罗炯等译 25.00 元
76.《谁统治美国》,[美]W. 多姆霍夫著,吕鹏、闻翔译 35.00 元
77.《健康与社会》,[法]M. 德吕勒著,王鲲译 35.00 元
78.《读柏拉图》,[德]T. A. 斯勒扎克著,程炜译 68.00 元
79.《苏联的心灵》,[英]I. 伯林著,潘永强、刘北成译 59.00 元
80.《个人印象》,[英]I. 伯林著,林振义、王洁译 35.00 元

第九批书目

81.《技术与时间:2. 迷失方向》,[法]B. 斯蒂格勒著,
赵和平、印螺译 59.00 元
82.《抗争政治》,[美]C. 蒂利、S. 塔罗著,李义中译 28.00 元
83.《亚当·斯密的政治学》,[英]D. 温奇著,褚平译 21.00 元
84.《怀旧的未来》,[美]S. 博伊姆著,杨德友译 85.00 元
85.《妇女在经济发展中的角色》,[丹]E. 博斯拉普著,陈慧平译 30.00 元
86.《风景与认同》,[美]W. J. 达比著,张箭飞、赵红英译 68.00 元
87.《过去与未来之间》,[美]H. 阿伦特著,王寅丽、张立立译 58.00 元
88.《大西洋的跨越》,[美]D. T. 罗杰斯著,吴万伟译 108.00 元
89.《资本主义的新精神》,[法]L. 博尔坦斯基、E. 希亚佩洛著,
高铦译 58.00 元
90.《比较的幽灵》,[美]B. 安德森著,甘会斌译 79.00 元

第十批书目

91.《灾异手记》,[美]E. 科尔伯特著,何恬译 25.00 元

92.《技术与时间:3. 电影的时间与存在之痛的问题》,
　[法]B. 斯蒂格勒著,方尔平译　65.00 元
93.《马克思主义与历史学》,[英]S. H. 里格比著,吴英译　78.00 元
94.《学做工》,[英]P. 威利斯著,秘舒、凌旻华译　68.00 元
95.《哲学与治术:1572—1651》,[美]R. 塔克著,韩潮译　45.00 元
96.《认同伦理学》,[美]K. A. 阿皮亚著,张容南译　45.00 元
97.《风景与记忆》,[英]S. 沙玛著,胡淑陈、冯樨译　78.00 元
98.《马基雅维里时刻》,[英]J. G. A. 波考克著,冯克利、傅乾译　108.00 元
99.《未完的对话》,[英]I. 伯林、[波]B. P. -塞古尔斯卡著,
　杨德友译　65.00 元
100.《后殖民理性批判》,[印]G. C. 斯皮瓦克著,严蓓雯译　79.00 元

第十一批书目

101.《现代社会想象》,[加]C. 泰勒著,林曼红译　45.00 元
102.《柏拉图与亚里士多德》,[美]E. 沃格林著,刘曙辉译　78.00 元
103.《论个体主义》,[法]L. 迪蒙著,桂裕芳译　30.00 元
104.《根本恶》,[美]R. J. 伯恩斯坦著,王钦、朱康译　78.00 元
105.《这受难的国度》,[美]D. G. 福斯特著,孙宏哲、张聚国译　39.00 元
106.《公民的激情》,[美]S. 克劳斯著,谭安奎译　49.00 元
107.《美国生活中的同化》,[美]M. M. 戈登著,马戎译　58.00 元
108.《风景与权力》,[美]W. J. T. 米切尔著,杨丽、万信琼译　78.00 元
109.《第二人称观点》,[美]S. 达沃尔著,章晟译　69.00 元
110.《性的起源》,[英] F. 达伯霍瓦拉著,杨朗译　85.00 元

第十二批书目

111.《希腊民主的问题》,[法]J. 罗米伊著,高煜译 48.00 元
112.《论人权》,[英]J. 格里芬著,徐向东、刘明译 75.00 元
113.《柏拉图的伦理学》,[英]T. 埃尔文著,陈玮、刘玮译 118.00 元
114.《自由主义与荣誉》,[美]S. 克劳斯著,林垚译 62.00 元
115.《法国大革命的文化起源》,[法]R. 夏蒂埃著,洪庆明译 38.00 元
116.《对知识的恐惧》,[美]P. 博格西昂著,刘鹏博译 38.00 元
117.《修辞术的诞生》,[英]R. 沃迪著,何博超译 48.00 元
118.《历史表现中的真理、意义和指称》,[荷]F. 安克斯密特著,周建漳译 58.00 元
119.《天下时代》,[美]E. 沃格林著,叶颖译 78.00 元
120.《求索秩序》,[美]E. 沃格林著,徐志跃译 48.00 元

第十三批书目

121.《美德伦理学》,[新西兰]R. 赫斯特豪斯著,李义天译 68.00 元
122.《同情的启蒙》,[美]M. 弗雷泽著,胡靖译 48.00 元
123.《图绘暹罗》,[美]T. 威尼差恭著,袁剑译 58.00 元
124.《道德的演化》,[新西兰]R. 乔伊斯著,刘鹏博、黄素珍译 65.00 元
125.《大屠杀与集体记忆》,[美]P. 诺维克著,王志华译 78.00 元
126.《帝国之眼》,[美]M. L. 普拉特著,方杰、方宸译 68.00 元
127.《帝国之河》,[美]D. 沃斯特著,侯深译 76.00 元
128.《从道德到美德》,[美]M. 斯洛特著,周亮译 58.00 元
129.《源自动机的道德》,[美]M. 斯洛特著,韩辰锴译 58.00 元
130.《理解海德格尔:范式的转变》,[美]T. 希恩著,邓定译 89.00 元

第十四批书目

131.《城邦与灵魂:费拉里〈理想国〉论集》,[美]G. R. F. 费拉里著,刘玮编译 58.00 元
132.《人民主权与德国宪法危机》,[美]P. C. 考威尔著,曹晗蓉、虞维华译 58.00 元
133.《16 和 17 世纪英格兰大众信仰研究》,[英]K. 托马斯著,芮传明、梅剑华译 168.00 元
134.《民族认同》,[英]A. D. 史密斯著,王娟译 55.00 元
135.《世俗主义之乐:我们当下如何生活》,[英]G. 莱文编,赵元译 58.00 元
136.《国王或人民》,[美]R. 本迪克斯著,褚平译(即出)
137.《自由意志、能动性与生命的意义》,[美] D. 佩里布姆著,张可译 68.00 元
138.《自由与多元论:以赛亚·伯林思想研究》,[英]G. 克劳德著,应奇等译 58.00 元
139.《暴力:思无所限》,[美]R. J. 伯恩斯坦著,李元来译 59.00 元
140.《中心与边缘:宏观社会学论集》,[美]E. 希尔斯著,甘会斌、余昕译 88.00 元

第十五批书目

141.《自足的世俗社会》,[美]P. 朱克曼著,杨靖译 58.00 元
142.《历史与记忆》,[英]G. 丘比特著,王晨凤译 59.00 元
143.《媒体、国家与民族》,[英]P. 施莱辛格著,林玮译 68.00 元
144.《道德错误论:历史、批判、辩护》,

[瑞典]J. 奥尔松著,周奕李译　58.00元

145.《废墟上的未来:联合国教科文组织、世界遗产与和平之梦》,[澳]L. 梅斯克尔著,王丹阳、胡牧译　88.00元

146.《为历史而战》,[法]L. 费弗尔著,高煜译(即出)

147.《语言动物:人类语言能力概览》,[加]C. 泰勒著,赵清丽译(即出)

148.《我们中的我:承认理论研究》,[德]A. 霍耐特著,张曦、孙逸凡译　62.00元

149.《人文学科与公共生活》,[美]P. 布鲁克斯编,余婉卉译(即出)

150.《美国生活中的反智主义》,[美]R. 霍夫施塔特著,何博超译　68.00元

第十六批书目

151.《关怀伦理与移情》,[美]M. 斯洛特著,韩玉胜译　48.00元

152.《形象与象征》,[罗]M. 伊利亚德著,沈珂译(即出)

153.《艾希曼审判》,[美]D. 利普斯塔特著,刘颖洁译(即出)

154.《现代主义观念论:黑格尔式变奏》,[美]R. B. 皮平著,郭东辉译(即出)

155.《文化绝望的政治:日耳曼意识形态崛起研究》,[美]F. R. 斯特恩著,杨靖译(即出)

156.《作为文化现实的未来:全球现状论集》,[印]A. 阿帕杜拉伊著,周云水、马建福译(即出)

157.《一种思想及其时代:以赛亚·伯林政治思想的发展》,[美]J. L. 彻尼斯著,寿天艺、宋文佳译(即出)

158.《人类的领土性:理论与历史》,[美]R. B. 萨克著,袁剑译(即出)

159.《理想的暴政:多元社会中的正义》,[美]G. 高斯著,范震亚译(即出)

160.《荒原:一部历史》,[美]V. D. 帕尔马著,梅雪芹译(即出)

有关"人文与社会译丛"及本社其他资讯,欢迎点击 www. yilin. com 浏览,对本丛书的意见和建议请反馈至新浪微博@译林人文社科。